权威·前沿·原创

皮书系列为
“十二五”“十三五”国家重点图书出版规划项目

会展蓝皮书
BLUE BOOK OF
MICEE INDUSTRY

中外会展业动态评估研究报告（2016）

RESEARCH REPORT ON GLOBAL MICEE INDUSTRY (2016)

主　编／张　敏
副主编／任中峰　聂鑫焱　牛盼强

社会科学文献出版社
SOCIAL SCIENCES ACADEMIC PRESS (CHINA)

图书在版编目（CIP）数据

中外会展业动态评估研究报告. 2016 / 张敏主编
. --北京：社会科学文献出版社，2016. 12
（会展蓝皮书）
ISBN 978-7-5201-0201-8

Ⅰ. ①中… Ⅱ. ①张… Ⅲ. ①会展经济-研究报告-世界-2016 Ⅳ. ①F713. 7

中国版本图书馆 CIP 数据核字（2016）第 322052 号

会展蓝皮书
中外会展业动态评估研究报告（2016）

主　　编 / 张　敏
副 主 编 / 任中峰　聂鑫焱　牛盼强

出 版 人 / 谢寿光
项目统筹 / 王　绯　曹长香
责任编辑 / 曹长香

出　　版 / 社会科学文献出版社 · 社会政法分社（010）59367156
地址：北京市北三环中路甲 29 号院华龙大厦　邮编：100029
网址：www. ssap. com. cn
发　　行 / 市场营销中心（010）59367081　59367018
印　　装 / 北京季蜂印刷有限公司

规　　格 / 开 本：787mm × 1092mm　1/16
印 张：24. 75　字 数：377 千字
版　　次 / 2016 年 12 月第 1 版　2016 年 12 月第 1 次印刷
书　　号 / ISBN 978-7-5201-0201-8
定　　价 / 98. 00 元

皮书序列号 / B-2012-568

会展蓝皮书编委会

主编简介

张　敏　博士，上海大学教授、博士生导师，上海会展研究院执行院长。曾赴欧、美、日、澳及港台地区访学交流。兼任上海会展协会副会长，长三角会展城市联盟专家委员会副主任，中国会展经济研究会学术委员会委员。曾担任上海世博会咨询专家，主持上海大虹桥国家会展中心项目可行性研究和“十三五”规划研究、中国上海国际艺术节三年系列调研评估、国家社科基金规划课题“全球化视野下国际会展业发展比较研究”等项目，主编“会展人”丛书、“会展蓝皮书”、《中国会展研究30年论文选》，获评影响中国会展十大理论人物（2009年、2011年、2013年）。

研创机构

上海会展研究院（SMI）是部市合作框架下，上海大学与上海市商务委、上海会展协会联合组建的一个会展研究专门机构，服务于会展业发展，促进新学科建设，目标是建成国家会展研究基地。研究院成立于2011年12月，实行官产学研结合、学科交叉、面向海内外学界业界全方位开放及项目聘任制，适应国家战略地方需求，从事第三方独立研究和高层次人才培养。上海交大、华东师大、上海社科院、上海图书馆等参与共建，与日本电通、英国创意商学院、美国密苏里大学长期合作。现设现代会展研究、国际比较研究、大型活动研究、博览会展国家战略等研究方向。

摘　要

这本研究报告的主题是中外会展业的现状、动态与走向，内容包括中外会展国力与会展城市实力研究、国内外会展基础设施研究、国内外商展与组展商研究、国外会展机构评估报告编译和研究综述等几个组成部分。在价值取向和研究方法上，强调专业视点、学术逻辑、实证根基和量化把握，关注中外会展产业的生态环境、发展历程、重大现象、热点问题、经验教训和理论结晶，追求资料基础坚实可靠，重视统计数据和典型案例的搜集、整理、提炼和研究。研究报告涉及的数据和案例来自公开发布的专业资料，主要包括如下来源：国内外各级公共机构和行业协会、专业组织的官方公报，会展研究机构如 UFI、AUMA、FKM、ICCA 的研究报告，组展机构、场馆企业、会展节庆组织正式发布的数据，权威媒体的专题报道等。

研究发现，随着世界经济增速放缓，会展业面临的外部压力持续增大。但是，会展业界并没有因此而丧失信心，无论是走势相对稳健的欧洲会展业，还是 2015 年下半年遭遇小幅震荡的美洲和亚太会展业，都在 2016 年上半年呈现进一步回暖的趋势。本书立足于会展业生产力三要素，即场馆、展会与组展企业三大系列指标，通过创立 SMI 会展指数，构建起会展业发展综合评价模型，并在此基础上开展了对全球会展国力的综合评价。报告认为：当前世界会展业发展呈现“梯队化”分布格局。欧洲在世界会展指数综合评价中占据绝对优势。德国会展业在场馆、展会和组展商三大系列指标上依然全面领跑世界。位居第二梯队的中国会展业在规模数量方面已经赶超了传统会展强国，但国际化程度和产业竞争力仍需进一步提升。就会展城市实力比较而论，欧洲会展城市实力强劲，亚洲会展城市取得了重大进步，中国上海的展馆指标形成了相对优势。国内已形成三大会展城市群、三条会展城市带和两个会展城市特区的会展业格局，北京、上海、广州三个一线城市成为国内三个会展增长极。二线城市呈现多点开花的局面，其中重庆一马当先。三线会展城市数量骤增，然而总体实力较弱。会展基础设施方面，全球场馆室内展能增长日渐放缓。以中国为代表的亚太地区则增长迅速。如何保持场馆的可持续发展正在成为业界关注的焦点。商贸类展会和组展商方面，区域产业驱动、消费市场驱动、旅游资源驱动、政府行为驱动、综合实力驱动成为组展商成长动力的主要类型，商贸类展会的专业化、国际化是构成商展影响力的重要因素。今后的发展，需要充分认识新媒体新技术给会展业带来的冲击，重新回归会展活动作为三次产业营销沟通战略工具的本质属性，切实发挥会展业在沟通供给与需求方面的桥梁纽带作用。

前　言

2016 年 6 月 8 日，在国际展览业协会（UFI）和美国展览与活动协会（IAEE）的共同推动下，全球会展人迎来了属于自己的节日——首个“全球展览日”（Global Exhibitions Day）。这是一个有历史意义的事件。世界各地的会展行业协会、会展公司、会展院校和会展人，为此举办了各种各样的论坛和活动，纪念这一特殊节日的到来。“全球展览日”的设立将有助于在世界范围内推广会展业对于经济与社会发展的交往沟通作用。会展是市场经济体制下的一种交往沟通活动。它以有组织现场集聚为特征，以主题化时空为核心，以“新、特、专、精”为看点，以表达展示为手段，以供需互动为目的，通过竞争激励共识合作，促进创新研发和品牌营销，优化资源配置，提高市场效率。会展业是公共利益目的性和市场经济规律性的有机统一。它不只是世界经济的晴雨表，而且是三次产业的推动力。经济衰退的迹象或许首先在会展业中表现出端倪，而产业复苏的号角也将由会展业率先吹响。

在新媒体新技术日新月异的今天，会展业面临着来自其他营销沟通方式更加激烈的挑战与竞争。然而，会展活动所能提供的核心利益和根本价值并未因此而遭到削弱，反而越发显得弥足珍贵。会展的形态特征是现场集聚，具体体现为供需商家集聚、行业品牌集聚、市场信息集聚、创新创意集聚、展示表达集聚、高层决策和专业人才集聚、业内外媒体集聚。尽管新媒体新技术层出不穷，但迄今为止还没有哪一种新的营销沟通方式能够替代会展把有组织现场集聚的特性发挥到极致。同时，主题化、目的化多边召集平台有条件把创新激励、精准营销和关联建构做到极致。每一项媒体技术的进步，都有可能在某一方面增强人们对信息的识别、获取、传递、处理和利用能力，但是多媒体技术至少在未来很长一段时间内都不可能模拟出展会现场的真实感、体验感和信任感。想要获得对产品对象全面可靠的认知体验，依然需要企业的决策者亲赴展会现场，与产品本身以及它们的发明者、设计者、生产者、合作者进行现场体验、交流与沟通。

在过去的几年里，世界各地的会展业一直都在承受着“会展业重要性下降”的质疑。时至今日，这种质疑正在变得越来越不足为据，因为人们已经更多地注意到了会展方式与其他营销手段、媒体技术并不完全是竞争对手这一现实。它们彼此之间的互补性，应该能够使包括会展在内的各种营销沟通工具变得更加完善，而不是使其中的任何一种变得更加糟糕。例如，新的信息技术将使会展管理变得更为高效、使会展场馆更加智能、使展览过程更加环保、使参展体验更为美好。这在以往，无论对组展商、参展商、专业或非专业观众来说全都无法想象。反之也是一样。会展空间为其他营销手段和媒体技术带来了新的挑战和机遇。我们要做的是正视挑战、抓住机遇，而不是因习惯而漠视挑战，更不是因畏惧而作茧自缚。

与世界上其他国家和地区相比，中国的会展业一直保持着高速增长的发展态势。增长的背后，是各级政府对会展业的大力支持。近年来，随着国内会展市场逐步走向成熟，增长速度逐渐趋于平稳理性，我国的会展业进入了结构调整和创新驱动的新时期。2015 年 3 月，国务院印发了《关于进一步促进展览业改革发展的若干意见》，明确提出到 2020 年“基本建成结构优化、功能完善、基础扎实、布局合理、发展均衡的展览业体系”，首次从国家层面对展览业的改革发展作出了部署。2015 年 9 月，国务院批复同意建立由商务部牵头的促进展览业改革发展部际联席会议制度，要求通过展览业促进现代市场体系和开放性经济建设，更好地服务于全面深化改革中的国民经济与社会发展全局。国内会展业改革发展的目标和方向，由此变得更加明确、更可期待。

从 2013 年开始，根据“八项规定”“六项禁令”等的要求，全国各地开展了对各级政府主办的展会和论坛活动的清理、规范工作，政府具名主办的展会得到了全面、深入的清理、压缩、规范、整顿。这些有力措施推动了会展市场向着规范、健康的方向发展，同时纠正了会展业内存在的铺张浪费、大操大办等不正之风，勤俭办会展的风气开始在我国会展业界兴起。一些单纯依赖政府的展览和会议或主动或被动已经或正在实现市场化转型。

深化体制机制改革进一步推动了会展管理简政放权。《关于进一步促进展览业改革发展的若干意见》明确提出，改革展会的行政审批模式，适时将审批制调整为备案制，推行网上备案核准，提高行政许可效率和便利化水平。2016 年 5 月 1 日起，商务部开始通过“展览业管理信息系统”全面推行在境内举办对外经济技术展览会的预审批和总结报送工作。2016 年 6 月，上海取消了大部分展览项目的行政审批，并从 7 月 1 日起正式启用了上海市会展业公共信息服务平台。从当前发展趋势看，会展业行政管理正在朝着两个方向推进改革创新：一是简政放权，即简化办展程序，增强服务功能，建立公平、公正、开放、透明的市场秩序，尊重会展业发展规律，鼓励企业作为主体参与市场竞争；二是统一有序，维护市场完整性，繁荣市场活动，加强会展业基础设施建设，制定全局性战略发展规划，整合会展业全行业乃至各行各业的资源，推进对会展业的整体协调管理和引导创新。

“供给侧改革”引发了会展业界对新一轮展馆投资建设热潮的关注。2016 年 6 月，在京交会会展板块“供给侧改革”高端对话会上，“展能过剩”话题再次成为业界专家讨论的热点。中国国际贸易促进委员会发布的《中国展览经济发展报告》显示，2015 年中国 145 个主要城市新建成与正式投入使用的场馆展览总面积达 107 万平方米，未来还将有一大批场馆投入建设或建成使用。2016 年后，总计还有超过 120 万平方米的场馆展览面积投入建设或列入规划。2015 年 3 月，位于上海的国家会展中心迎来了正式运营的第一个展会。这个世界级会展综合体拥有 40 万平方米的室内展览面积和 10 万平方米的室外展览场地。2015 年 6 月，室内展览面积达 30 万平方米的昆明滇池国际会展中心正式投入使用。据悉，深圳、青岛、杭州、长沙、哈尔滨、西安等地也在规划和建设大型、超大型的展览场馆和会展中心。尽管现代化大型场馆是会展业供给侧改革的基础和保障，但在场馆建设与扩建浪潮之后，城市管理者、场馆运营者所遭遇的直接难题就是场馆的利用率以及可持续发展的问题。场馆急速扩张带来的经营隐忧正在转变为现实。如果不能及时得到关注和妥善处理，大型场馆的投资者、运营者甚至所在城市的管理者都可能因此而受到拖累。

合作托管成为场馆管理体制改革创新的重要内容。展能供给的大幅度增加势必导致场馆之间的竞争形势变得白热化，迫使场馆的经营者必须向组展商、参展商、专业和非专业观众提供更加优质的现场管理和展会服务，以便能够在竞争中生存和发展。然而管理水平的提高依赖于优秀的管理人才和先进的管理模式与经验，会展市场不会给场馆方留出他们需要的时间来提高自身的能力，单纯依靠内部的管理资源，也不可能在短时间内使管理水平从根本上得到改善。在这种情况下，面向业界的优秀管理者购买托管服务成为相对合理的一个选择，对于那些已经形成品牌优势的成熟的场馆管理者来说，管理输出是优化资源配置、扩张品牌影响力的绝好机会。2015 年 12 月成立的北辰会展集团是业界管理输出的典范。北辰会展集团不仅管理着自有的场馆国家会议中心、北京国际会议中心，还托管着珠海国际会展中心、杭州奥体博览中心、南昌国际会展中心、连云港徐圩新区会展中心、北京雁栖湖国际会展中心和宁夏国际会堂等，同时还获得了 4 家会展中心配套酒店的受托经营权。地方政府和场馆投资方有必要给予托管经营更多的重视，将城市最重要的会展资源交给那些优秀的、有经验的管理团队来经营，为场馆的可持续发展创造更好的体制环境，确保这些投入巨大的城市资产发挥效益并得到增值。

“互联网 +” 推动了会展业的创新融合。在会展业刚刚结束了对“虚拟展会”的恐惧并以开放的心态迎接“O2O”时代之后，“互联网 +”的概念又横空出世，引发了业界无尽的猜想。“互联网 +” 被定义为创新 2.0 下的互联网发展新形态、新业态。这一概念整合了新一代移动通信、云计算、大数据、物联网、智能多媒体等技术，将互联网平台深度融合于传统行业，创造出新的经济、社会与文化发展生态。当前互联网技术在会展行业的应用并不少见，但主要局限于信息数据搜集、展会现场管理、参展体验增强、客户关系维持、营销传播推广等基本层面的应用，缺乏行业性结构性深度融合的成功案例。2015 年 12 月，阿里巴巴集团旗下的线上批发贸易平台阿里巴巴 B2B 事业群与博闻集团的子公司亚洲博闻在杭州签署了战略合作协议。双方将融合阿里巴巴的线上贸易资源和技术，与亚洲博闻的线下展会优势互补，开发展会 App，在市场营销、商贸匹配、客户开发等方面开展一系列合作。阿里巴巴和亚洲博闻在各自行业内的地位，使得人们对它们的合作充满期待，其合作成效则有待在未来的实践中得到验证。对于会展业来说，“互联网+”不应该仅仅是一种新的信息沟通和体验增强工具，它意味着思维模式、商业模式的创新，意味着以互联网为平台对会展产业链上的各个环节、各个产业进行深度融合。这一概念的影响力究竟能穿透多深、持续多久，最终能够给会展业带来什么样的变化，这些目前都还引人期待。

绿色会展正在成为一种规范和标准。虽然绿色环保、节能降耗早已是业界的共识，但展台搭建的高能耗、高污染、高浪费的现状并没有得到根本性改观。2016 年 2 月 26 日，商务部流通促进中心在北京组织召开了《环保展台评定标准》国内贸易行业标准审定会，并通过了《环保展台评定标准》国内贸易行业标准送审稿。这为国内环保展台的设计、搭建提供了依据，表明“绿色会展”已经不再仅仅是一种号召，而是即将成为行业通行的标准和自觉遵守的规范。对于会展业来说，这无疑是一件非常有意义的事情。

回顾近一两年来的会展业发展动态，改革、创新是主题。宏观层面，政府致力于行政管理体制的改革，积极简政放权，规范会展市场，优化资源配置，推动会展产业的结构性调整。微观层面，场馆、组展商、参展商、观众以及会展服务商在经营管理各个层面努力推进创新，不断吸纳新技术新手段，倡导绿色环保，强化用户体验，创新服务应用，增强会展业的竞争力与吸引力。

中国会展业所取得的成就有目共睹。然而必须清醒地认识到，在通往世界会展强国的道路上，我们还有很长的路要走。此时此刻，我们更加需要从经济全球化的角度，从跨境城市综合实力竞争的视野来审视自身的优势与不足。正是基于此，我们希望能够以此书为会展强国的建设尽一点微薄之力。

上海会展研究院执行院长
中外会展业动态评估研究报告课题组长
上海大学教授、博士生导师　张敏

2016 年 8 月

目 录

Ⅰ 总报告

B.1 2015 年全球会展业：曲折道路上的坚守与希望 …………………… 001
一 世界经济增速放缓中的会展业 ……………………………… 002
二 全球会展业动态扫描 ……………………………………… 009
三 国内会展业动态综述 ……………………………………… 024
四 走向与启示 ……………………………………………… 041

Ⅱ 会展国力与会展城市实力

B.2 全球会展国力报告
——基于 SMI 指数评价的研究 ……………………………… 045
B.3 世界会展城市实力报告
——基于 SMI 会展指数评价的研究 ………………………… 069
B.4 中国会展城市成长现状 ……………………………………… 081

Ⅲ 国内外会展基础设施

B.5 全球场馆实力地图 ………………………………………… 098

B.6 中国场馆展能报告 …… 113
B.7 国内外场馆典型案例 …… 136

Ⅳ 国内外商展与组展商

B.8 全球组展商实力报告 …… 154
B.9 组展商成长的驱动要素 …… 203
B.10 世界商展百强评估 …… 232
B.11 中国商展现状报告 …… 254

Ⅴ 国外会展机构评估报告编译和研究综述

B.12 德国展览业年度回顾 …… 285
B.13 国际会议业发展动态 …… 325
B.14 近年来会展研究综述 …… 344
B.15 后 记 …… 366

Abstract …… 369
Contents …… 371

总 报 告

General Report

B.1

2015年全球会展业：曲折道路上的坚守与希望

中外会展业动态评估研究报告课题组*

摘 要： 2015 年世界经济增速继续放缓，会展业的外部压力进一步加大，组展商面临着区域经济复苏缓慢的风险和内部管理挑战增强的双重压力。但会展业界的信心并没有丧失。无论是走势相对稳健的欧洲会展业，还是2015 年后半年遭遇小幅震荡的美洲和亚太会展业，都在2016 年上半年呈现进一步回暖的趋势。会展强国德国的会展业各项指标甚至出现了小幅上扬。纵观世界，中国依然是会展经济最有活力的国家。政府报告频繁强调发展会展业的重要性。从中央到地方各级政府出台的一系列政

* 该报告的撰写人为张敏、任中峰、聂鑫焱。本文为国家社科基金规划课题“全球化视野下国际会展业发展比较研究”（13BGL086）的阶段性成果。

策法规给会展业带来了新的机遇和挑战。新会风催生会展新气象。政府主导项目减员瘦身，让出了新的市场空间，促使会展业上下游产业链初步联手形成了群策群力的发展机制。

关键词： 会展业 全球 评估 发展

一 世界经济增速放缓中的会展业

（一）世界经济环境：纵横交错，逆流而上①

1. 世界经济整体复苏疲弱乏力

2015 年，世界工业生产低速增长，贸易持续低迷，金融市场动荡加剧，大宗商品价格大幅下跌。发达国家经济复苏缓慢，新兴经济体增速进一步回落，世界经济整体复苏疲弱乏力，增长速度放缓。国际货币基金组织（International Monetary Fund，IMF）2015 年 4 月发布的预测报告认为：2015 ~ 2016 年的全球增长率预计为 3.5% 和 3.7%②。2015 年 7 月的报告显示：全球经济将增长 3.3%，再次降低了先前预测。与此同时，发达经济体的增长受宽松的金融条件、欧元区采取的更加中性的财政政策、燃料价格下跌以及信心和劳动力市场状况不断改善等因素的影响逐步好转；而新兴市场和发展中经济体则受大宗商品价格下跌和外部金融条件收紧、结构性瓶颈、与地缘政治因素相关的经济困境的影响，增长放缓。总体而言，全球经济活动面临的风险分布依然偏向下行③。

---

① 说明：文中数据以2015年的为主，如无2015年数据，则以官网目前最新数据为主。

② IMF：《世界经济展望：纵横交错，逆流而上》，（2015 - 1）[2015 - 01 - 20]，http://www.imf.org/external/chinese/pubs/ft/weo/2015/update/01/pdf/0115c.pdf。

③ IMF：《世界经济展望：新兴市场的经济增长放缓，发达经济体的增长逐步好转》，（2015 - 7）[2015 - 07 - 09]，http://www.imf.org/external/chinese/pubs/ft/weo/2015/update/02/pdf/0715c.pdf。

国家统计局2015年3月7日发布了题为《世界经济增长乏力　外部环境更趋复杂》的报告，报告显示：世界经济仍增速低缓，2015年世界经济将增长2.5%，增速比上年放缓0.3个百分点。工业生产低迷，2015年全年，发展中国家工业生产同比增长3.9%，比上年放缓1.3个百分点。前11个月，世界、发达国家工业生产同比分别增长2.3%和1.1%，比上年同期放缓1.1个和1.0个百分点。从逐月走势看，世界、发达国家工业生产同比增速分别从1月份的最高点3.2%和1.7%波动下滑到11月份的最低点1.2%和0.1%；发展中国家则从1月份的最高点4.1%波动下滑至12月份的3.6%（最低点为9月份的3.2%）。报告判断：2016年，世界经济仍将处于国际金融危机后的修复期，政策措施的有效性下降，新的增长动能尚未确立，仍会维持“低利率、低通胀、低增长、高负债”的“三低一高”态势，复苏将依然疲弱乏力①。

2. 主要经济体仍处于调整期

从主要经济体的发展来看，自2014年10月后，一些主要经济体（特别是新兴市场经济体）出现了意料之外的需求疲软。发达经济体中，美国的复苏强于预期，而所有其他主要经济体（特别是日本）的经济表现未达到预期。这些经济体的增长之所以弱于预期，主要是因为它们正在经历对中期增长前景预期减弱的漫长调整过程，在此过程中，长期政府债券收益率进一步下降，反映为“避风港”效应和一些经济体经济活动的减弱。主要先进经济体中，美国经济在2014年第一季度收缩后，出现了早于预期的增长反弹，失业率进一步下降，通胀压力进一步减弱，反映了美元升值和油价下跌的影响。预计2015～2016年美国增长率将超过3%，国内需求将得到油价下跌、财政调整放慢、继续实施宽松货币政策等因素的支持，利率预计将逐步上升。

欧元区2014年第三季度的增长比预期略弱，主要原因是投资疲软。通

---

① 《世界经济增长乏力　外部环境更趋复杂：2015年世界经济回顾及2016年展望》，（2015－3）［2016－03－07］，国家统计局，http：//www.stats.gov.cn/tjsj/sjjd/201603/t20160307_1327685.html。

胀和通胀预期继续下降，油价的下跌、货币政策的进一步放松（已被金融市场普遍预期并体现在利率中），更为中性的财政政策态势以及欧元的贬值预计将为经济活动提供支持。但这些因素将被投资前景减弱所抵销，而投资前景减弱在一定程度上反映了新兴市场经济体增长减缓对欧元区出口部门的影响。预计欧元区的复苏步伐将比2013年10月的预测略慢，2015年和2016年的年增长率预计分别为1.2%和1.4%。

日本经济在2014年第三季度陷入技术概念上的衰退。在上一季度提高消费税率后，国内私人需求没有如期加速，尽管基础设施支出扩大提供了缓冲作用。如果货币政策在定量和定性方面的进一步放松以及第二次消费税率上调的推迟等政策应对措施将支持经济活动逐步回升，同时，加上油价下跌和日元贬值的影响，预计日本经济在2015～2016年将提高到趋势水平以上①。

对于新兴经济体而言，美元的升值以及欧元和日元贬值对许多新兴市场经济体（特别是商品出口国）的货币造成了影响，因此，许多新兴市场经济体（尤其是商品出口国）的利率和风险利差已经上升，暴露于能源价格风险之下的高收益债券和其他产品的风险利差也已扩大。IMF在2015年的预测中提出：预计新兴市场和发展中经济体的增长在2015年将大体稳定维持在4.3%，2016年将升至4.7%，与2014年10月预测数据相比有所下调。造成此次下调主要基于以下三个因素：中国经济增长放缓、俄罗斯经济实力显著减弱、商品出口国潜在增长率下调。相比2014年10月的预测，许多新兴和发展中商品出口国的增长回升放慢或推迟，这是因为，目前预计石油和其他商品价格下跌对贸易条件和实际收入的影响将对中期增长产生更大阻碍作用②。

---

① IMF：《世界经济展望：新兴市场的经济增长放缓，发达经济体的增长逐步好转》，（2015－7）［2015－07－09］，http：//www.imf.org/external/chinese/pubs/ft/weo/2015/update/02/pdf/0715c.pdf。

② IMF：《世界经济展望：新兴市场的经济增长放缓，发达经济体的增长逐步好转》，（2015－7）［2015－07－09］，http：//www.imf.org/external/chinese/pubs/ft/weo/2015/update/02/pdf/0715c.pdf。

3. 世界贸易温和增长为会展业带来新希望

在全球经济增速进一步放缓的背景之下，与会展业紧密相关的世界贸易也随之放慢了增长的脚步。世界贸易组织（World Trade Organization，WTO）2015年出版的世界贸易报告显示：2015年伊始，仍处于三年疲软扩张期的世界贸易保持温和增长，2015年商品贸易平均增长额占2014年的2.5%、2013年的2.5%和2012年的2.2%。进出口贸易额方面，受季节性调整影响，2015年第一季度世界贸易呈现发达经济体的进口需求增大、发展中国家相关需求慢停的态势[①]。IMF在2016年1月份的预测报告中称：2015年世界贸易量增长2.6%，比上年回落0.8个百分点。波罗的海干散货运指数波动走低。2015年，波罗的海干散货运指数从年初的771点一度回升至8月5日的1222点（年中最高点），随后持续回落并屡创新低，2016年1月6日，该指数降至467点[②]。

在世界进出口贸易与GDP增长率的关系方面，连续两年来，世界出口贸易额的增长率和GDP的增长率相当，而不是两倍于GDP的增速——这在过去的许多年里都很常见[③]（见图1）。

总而言之，尽管2015年世界经济仍处于疲软状态，但IMF 7月的预测报告显示：发达经济体的增长将由2014年的1.8%升至2015年的2.1%和2016年的2.4%；新兴市场和发展中经济体的增长将由2014年的4.6%放缓至2015年的4.2%。2016年，新兴市场和发展中经济体的增长有望加快至4.7%。因此，伴随着经济活动的持续加强，世界贸易以及与贸易紧密联系的会展业也将迎来新的增长希望[④]。

---

① WTO. World Trade Report 2015.（2015-10）[2015-10-26]. https://www.wto.org/english/res_e/booksp_e/world_trade_report15_e.pdf.

② IMF：《世界经济展望最新预测：需求疲软，前景减弱》，（2016-1）[2016-01-19]，http://www.imf.org/external/chinese/pubs/ft/weo/2016/update/01/pdf/0116c.pdf。

③ 官网未更新2015年数据，因此使用2014年数据。见WTO. World Trade Report 2015，（2015-10）[2015-10-26]，https://www.wto.org/english/res_e/booksp_e/world_trade_report15_e.pdf。

④ IMF：《世界经济展望：新兴市场的经济增长放缓，发达经济体的增长逐步好转》，（2015-7）[2015-07-09]，http://www.imf.org/external/chinese/pubs/ft/weo/2015/update/02/pdf/0715c.pdf。

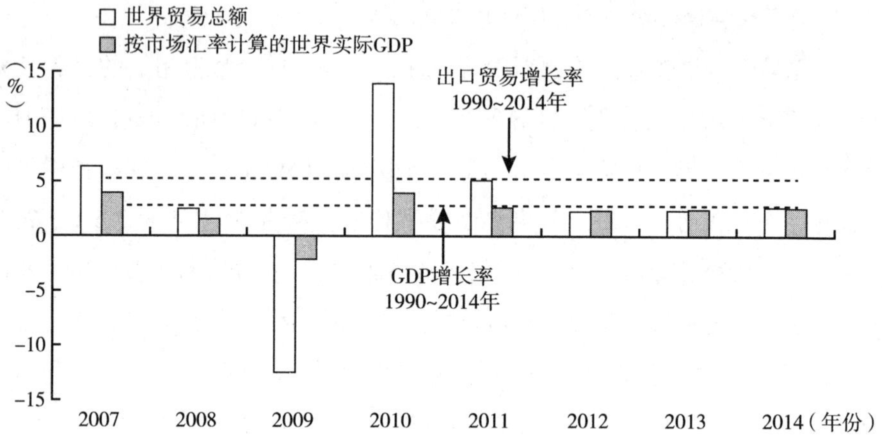

图 1　世界商品出口增长与 GDP 增长的对比（WTO）

（二）全球会展业发展前景

1. 区域经济和内部管理带来双重压力

经济增速放缓和贸易增长乏力给会展业的发展带来了不利影响，2015 年会展业面临经济不确定性的风险与内部挑战增强的双重压力。

国际展览业协会（The Global Association of the Exhibition Industry，UFI）2015 年 7 月发布的第 15 版《全球展览业晴雨表》[①] 针对来年业务最重要的问题进行了调查，印证了区域经济复苏乏力对会展业所造成的影响。对近年来经营中最重要的问题的调查显示，25% 的受访者选择了“国内/区域经济状况”，19% 的受访者选择了“内部管理挑战（资金、人力资源和员工培训）”，18% 的受访者选择了“区域/国内的会展业竞争”，16% 的受访者选择了“世界经济的不确定性”（见图 2）。然而，与第 12 版相比，对“世界经济的不确定性”一项的关注度降低了 3 个百分点，这从一个侧面也说明，随着对未来经济形势信心的增强，会展业对全球性经济危机的担心正在逐渐减少。

① UFI. Global Exhibition Barometer 15th edition（July 2015）.［2015 - 07 - 14］. http://www.ufi.org/wp - content/uploads/2016/01/ufi _ global _ exhibition _ barometer _ july _ 2015.pdf.

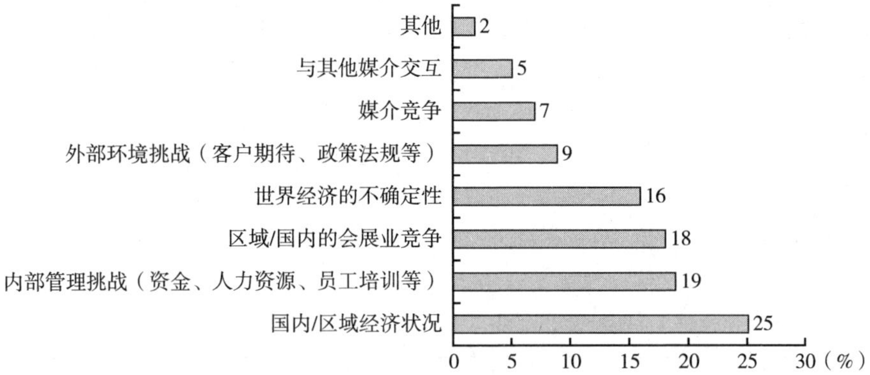

图2　近年来经营中最重要的问题（UFI）

2. 差异与反复中的复苏

根据 UFI 发布的第 15 版《全球展览业晴雨表》，全球会展业总营业额统计显示（见图 3）：与 2014 年相比，欧洲与美洲的会展企业在 2015 年的营业额表现出相当稳定的态势，然而，在 2014 年增速较快的亚洲/太平洋地区、中东和非洲地区，则在 2015 年表现出轻微的下滑。具体而言，2015 年和 2016 年上半年，中国和美国的会展业营业额高于其期待的平均值区间；在欧洲，德国和俄罗斯会展业 2015 年的营业额与 2014 年相比有所下降，只有 5 家企业称 2015 年的平均营业额上涨，在德国，该情况在 2016 年的上半年出现好转，而在俄罗斯，好转的迹象仍不明朗①。

利润方面，UFI 调查报告显示：在受访者中，90% 左右的美洲和亚太地区企业声称 2015 年利润额稳定（－10% ～10%），而这一情况在中东和非洲、欧洲约占 80%；与此同时，有约 40% 的美洲企业，约 35% 的亚太、中东和非洲企业和约 25% 的欧洲企业声称 2015 年利润额超过 10%。总体上，与 2014 年相比，2015 年有更多的会展企业声称营业额趋于稳定，利润增长高于 10% 的情况与上一年相比总体上有所降低（见图 4）。

---

① UFI. Global Exhibition Barometer 15th edition（July 2015）.［2015 － 07 － 14］. http：//www. ufi. org/wp － content/uploads/2016/01/ufi _ global _ exhibition _ barometer _ july _ 2015. pdf.

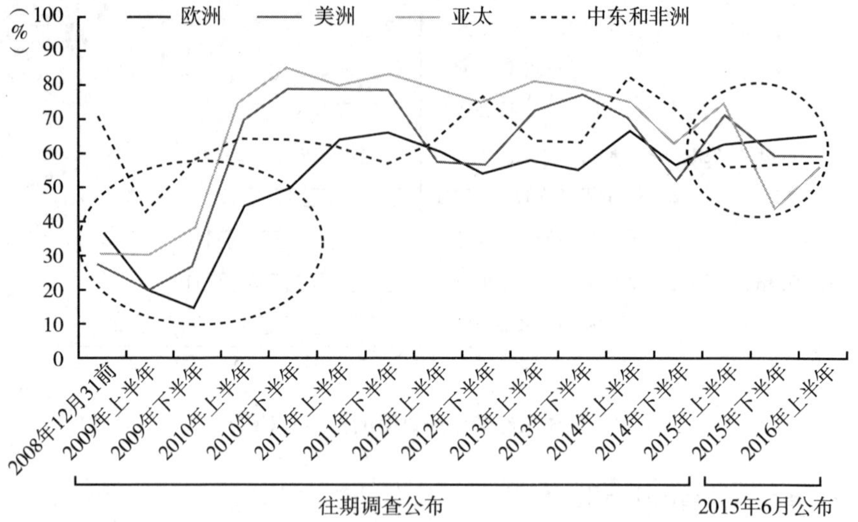

图 3　全球会展业营业额走势（UFI）

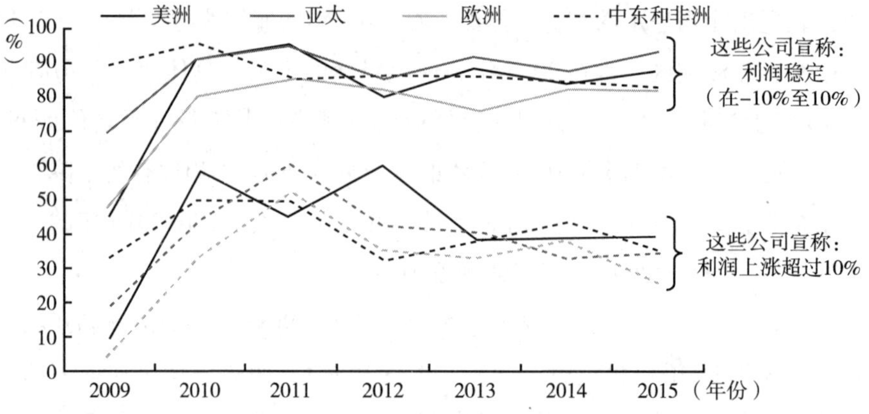

图 4　与上年相比的利润增长情况（UFI）

3. 主动与新技术融合，扩大会展优势

与 UFI 此前发布的第 12 版相比，第 15 版《全球展览业晴雨表》中会展企业对于“互联网、智能移动终端、虚拟与交互技术带来竞争”一项效应的关注度由 8% 降至 7%，与此同时，出现了“与互联网、智能移动终端、虚拟与交互技术的融合”一项（占 5%）。这说明，会展业对于其他营销媒介带来的竞争经历了从关注到担忧再到融合的过程，互联网、智能移动终端和虚拟交互技术已成为会展业可利用的营销工具。与其他媒体营销工具相比，会展的优势在于："在中立、公正的立场上与消费者对话——不仅仅是一个好想法，而且这种思想显然也非常现代。展会作为少数几个实实在在的对话工具之一，所具有的功能，在创造情感联系方面有着独特的作用。"① 因此，即使在营销媒介的竞争日益激烈的今天，会展业依然保持着自己独有的优势。

种种迹象表明，经济危机所造成的负面作用仍然没有完全消退，但会展业界的信心显然并没有丧失，无论是走势相对稳健的欧洲会展业，还是在2015年后半年遭遇小幅震荡的美洲和亚太会展业，都在2016年上半年呈现出进一步回暖的趋势，国内市场和区域经济状况将继续成为制约会展业发展的重要因素。

二　全球会展业动态扫描

（一）世界会展业格局：欧洲仍占主导，新兴经济体势头强劲

1. 欧洲会展市场：强国林立，实力雄厚

尽管受2008~2009年经济危机余波的影响，欧洲经济遭遇了严重的危机，但2012年下半年以来，欧洲债务危机的风险逐渐下降，金融状况开始好转，带动了实体经济的回暖。外部需求的下降、财政巩固政策的紧缩效应、不确定的市场环境、限制性信贷政策等因素使欧洲，特别是欧元区经济的复苏较为缓慢。欧盟官方统计数据显示，在经历2009年的触底后，虽略有震荡，但GDP增长整体趋于平稳（见表1）。

尽管在经济衰退中欧洲会展业遭遇了严重危机，但整体仍实力雄厚。作为近代会展业的发源地，欧洲交通便利、场馆林立、优质展会云集，同时拥

---

① AUMA. German Trade Fair Industry-Review 2013. ［2015－07－14］. http：//www. auma. de/en/DownloadsPublications/PublicationDownloads/AUMA_ Review2013. pdf.

表1　欧盟28国2004～2015年GDP增长率*

单位：%

年份	2004	2005	2006	2007	2008	2009	2010	2011	2012	2013	2014	2015
增长率	2.5	2.1	3.3	3.1	0.5	-4.4	2.1	1.8	-0.5	0.2	1.4	2

* Eurostat. Real GDP Growth Rate. http://ec.europa.eu/eurostat/tgm/table.do?tab=table&plugin=1&language=en&pcode=tec00115.

有高质量的组展商、参展商和观众群体，积累了丰富的展会资源、品牌声誉和运营经验。这一地区不仅拥有超级会展强国——德国，还汇聚了意大利、法国、英国、西班牙、瑞士、荷兰等其他会展强国。总体而言，欧洲凭借其国际贸易的显著优势和工业革命以来的商贸秩序、渠道关系、机制体制、会展基础设施等因素的长期积累，在世界会展业大格局中仍占举足轻重的支配地位。

（1）欧洲场馆展能①。

UFI在2013年对全球成员单位的调查统计显示：欧洲以36家场馆位列第一，目前的室内展能为890万平方米（132家成员单位），2006～2011年展能增长了1.2%，2011～2013年增长了0.2%；馆均面积达到了3.15万和3.59万平方米；就场馆密度而言，欧洲在1016万平方公里的地理面积上拥有496个室内展能面积达到5000平方米以上的场馆，在全球范围内处于领先地位；目前，全球最大场馆是位于德国中北部的汉诺威展览中心（Hannover Exhibition Grounds），室内展能达46.33万平方米。除此之外，法兰克福展览中心（Frankfurt/Main Exhibition Grounds）、米兰展览中心（Fiera Milano）等欧洲场馆也榜上有名。

（2）欧洲展会数量和展出面积②。

从展会数量和展出面积来看，《进出口经理人》2015年发布的“世界百强商展”中，仅德国就占了50席，其他欧洲国家意大利占10席、法国占9

① 本部分概括自本书《全球场馆实力地图》，意在为读者提供全局情况，数据来源和研究方法请参阅报告全文。UFI exhibition industry statistics数据更新仅到2014年。

② 本部分概括自本书《世界商展百强评估》，意在为读者提供全局情况，数据来源和研究方法请参阅报告全文。

席、俄罗斯占2席，英国、西班牙、瑞士也均上榜，欧洲7国在商展百强中共计举办展会75场，展出面积1857.27万平方米。

（3）欧洲展商实力①。

2014年德国展览业协会（AUMA）统计了28家全球营业额超过1亿欧元的组展商的数据，28家组展公司中，位于欧洲的有24家，亚洲有3家，美洲有1家。欧洲的24家组展公司中，德国有8家，英国有7家，法国有3家，意大利、荷兰各有2家，西班牙、瑞士各有1家，充分显示了欧洲展商的实力。

在营业额及利润方面，根据公司规模现状、组展数量和面积以及知名度等指标，得出近年来全球综合实力最强的十大组展商：励展博览集团（英国）、智奥会展（法国）、杜塞尔多夫展览有限公司（德国）、博闻集团（英国）、法兰克福展览有限公司（德国）、米兰国际博览集团（意大利）、慕尼黑国际博览集团（德国）、汉诺威展览公司（德国）、科隆国际展览公司（德国）和高美爱博展览集团（法国），它们均为欧洲公司，再一次印证了欧洲会展市场的实力（见表2）。

表2　AUMA 2014年全球组展商十强

排名	公司名称		最大年营业额（亿欧元）	组展数量（个/年）	国家
1	励展博览集团	Reed Exhibitions	11.04(2014年)	500	英国
2	智奥会展公司	GL Events	9.39(2014年)	250	法国
3	杜塞尔多夫展览有限公司	MesseDuesseldorf	4.96(2008年)	160	德国
4	博闻集团	UBM Group	5.61(2014年)	200	英国
5	法兰克福展览有限公司	Messe Frankfurt	5.54(2014年)	100	德国
6	米兰国际博览集团	Fiera Milano	3.75(2006年)	70	意大利
7	慕尼黑国际博览集团	Messe München	3.53(2013年)	40	德国
8	汉诺威展览公司	Deutsche Messe	3.12(2013年)	50	德国
9	科隆国际展览公司	Koelnmesse	2.81(2013年)	70	德国
10	高美爱博展览集团	Comexposium	2.26(2008年)	135	法国

① 本部分概括自本书《全球组展商实力报告》，意在为读者提供全局情况，数据来源和研究方法请参阅报告全文。

组展商自身评价方面，UFI 发布的第 16 版《全球展览业晴雨表》显示：与 2014 年同期相比，2015 年欧洲展商的营业额呈上升趋势，有 80% 左右的展商称利润保持稳定（－10% 至 10%），与 2014 年基本持平，20% 左右的展商称利润增长超过 10%，比 2014 年有所下降。总体看来，受世界经济复苏疲软的影响，虽然营业额上升，但与 2014 年相比，欧洲展商对于 2015 年整体营业情况的评价较为保守。

必须指出的是，大型组展商的业绩不一定能代表欧洲的整体会展业发展状况，展会的周期性也可能会对组展商巨头的年营业额带来比较大的波动。从以上数据来看，欧洲 28 家大组展商中有 17 家的营业额实现了增长。虽然展会排期的轮空可能会造成营业额下降，但负增长在任何时候都是负面情况的一种反映。2013 年多数公司出现了负增长，以此标准来看，2014 年对于欧洲的大型组展商来说是较为令人满意的一年。

2. 亚洲会展市场：经济调整中蕴含新希望

IMF 在对全球经济形势的预测中认为：2015 年全球经济活动的回升预计将更为缓慢，特别是新兴市场和发展中经济体复苏速度较慢（见图 5）。2015 年，除印度和日本外，其余四国 GDP 增速均低于 2014 年，验证了之前对于“全球经济活动的回升预计将更为缓慢，特别是在新兴市场和发展中

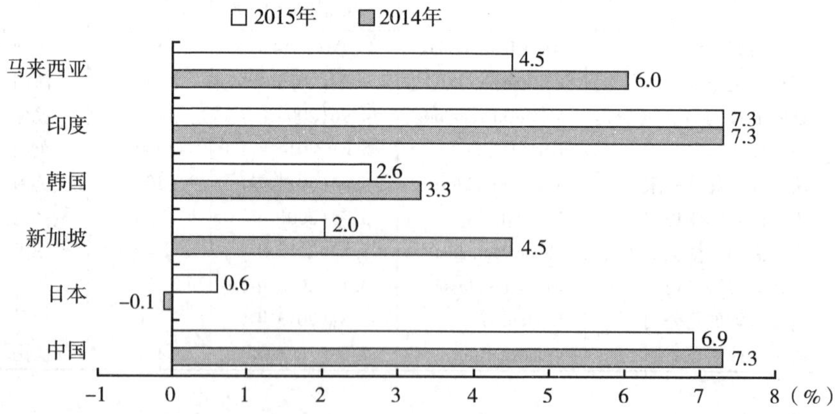

图 5　亚洲六国 2014 ~ 2015 年 GDP 增长率

经济体”的预测。然而，IMF 对 2016 年的最新预测显示，“尽管中国经济增长目前在减缓，但未来两年的全球增长预计仍将回升”，表现出对于中国经济发展的乐观态度。与此同时，UFI 第 16 版《全球展览业晴雨表》显示，2015 年上半年，有 59% 的亚太成员认为自身的营业额与上年同期相比呈上涨趋势，其中，有 69% 的中国受访成员认为与上年同期相比自身的营业额取得了增长。以上情况说明，尽管新兴经济体的复苏速度较慢，但整个亚太会展市场对自身发展和前景仍持乐观态度，特别是在中国，虽处于经济的减缓和再平衡调整时期，但由于投资、消费与外贸并行，中国会展业在经济下行的整体趋势下逆势上扬。

（1）亚洲场馆展能①。

会展场馆作为会展产业的基础设施，刚性制约着会展业的规模和效益，其标志性指标是室内展览面积。新兴市场和发展中国家的会展业腾飞带来了巨大的场馆需求，亚太地区的场馆发展速度走在了所有地区的最前面。根据 UFI 在 2013 年对全球成员单位的调查统计，亚太地区室内展能为 260 万平方米（46 家成员单位）。截至 2013 年，全球 52 个超大型场馆中，亚洲占了 12 席，就超大场馆室内展能而言，亚洲地区四年间增长显著，年均增长率 17.3%。与增长相对平缓的欧洲地区和略有下降的美洲地区相比，亚洲超大型场馆的建设和展能的迅速扩张表现十分抢眼。

然而，场馆建设扩建浪潮之后，城市管理者、场馆运营者所遭遇的一个直接危机就是场馆的可持续性发展问题：全球经济增速放缓，世界贸易增长乏力，发达经济体内部的分化，新兴市场和发展中经济体内需疲软，以及会展自身发展的周期性等问题都将会对展馆利用的可持续性提出挑战，场馆急速发展所带来的隐忧正在变成现实，如不能及时关注和妥善处理，新兴市场和发展中经济体的场馆有可能会率先受到打击。

---

① 本部分概括自本书《全球场馆实力地图》，意在为读者提供全局情况，数据来源和研究方法请参阅报告全文。

（2）亚洲展会数量和展出面积①。

《进出口经理人》2015年发布的“世界百强商展”中，亚太地区仅有中国的20个展会上榜，展出面积共346.99万平方米。同年，德国有50个展会入围，展出面积1040.13万平方米。亚洲地区与欧洲传统会展业强国相比仍存在很大的差距，同时也说明还有较大的发展空间。

（3）亚洲展商实力②。

2014年亚洲仍有3家营业额超过1亿欧元的组展商，显示了亚洲展览业的蓬勃朝气，特别是来自中国香港地区的组展商——香港贸发局（HKTDC）表现抢眼：2013年以1.63亿欧元的营业额从第21位上升到第16位，2014年全年营业额大幅增长至2.25亿欧元，是亚洲地区名次最为靠前的组展商。亚太地区3家上榜组展商分别是：中国香港贸发局（HKTDC），2014年营业额为2.25亿欧元，排名第16位，占比2.9%；中国上海新国际博览中心（SNIEC Shanghai），2014年营业额为1.52亿欧元，排名第20位，占比2.0%；日本东京国际展示场（Tokyo Big Sight），2013年营业额为1.41亿欧元，位居第21位，占比1.9%（见表3）。在全球展览业市场格局中，亚洲地区虽然有着巨大的市场空间，但与拥有24家营业额超过1亿欧元的欧洲地区相比，组展商实力还有待进一步开发，差距主要体现在国际化、专业化和品牌化的市场运作经验和理念方面。

表3　亚洲组展商营业额汇总

单位：亿欧元

	2014	2013	2012	2011	2010	2009
香港贸发局(HKTDC)	2.25	1.63	1.58	1.42	1.38	1.00
上海新国际博览中心(SNIEC Shanghai)	1.52	1.17	1.04	—	—	—
东京国际展示场(Tokyo Big Sight)	—	1.41	1.76	1.95	1.85	1.58

① 本部分概括自本书《世界商展百强评估》，意在为读者提供全局情况，数据来源和研究方法请参阅报告全文。

② 本部分概括自本书《全球组展商实力报告》，意在为读者提供全局情况，数据来源和研究方法请参阅报告全文。

3. 美洲会展市场：北美的展能优势与新兴市场的开拓[①]

虽然近年来欧洲北美会展场馆的市场需求逐渐趋于饱和，但美国在展能方面的地位仍不可撼动：根据UFI在2012年发布的世界各国场馆展能统计[②]，世界会展国家场馆展能十强依次为：美国，67123平方米；中国，47551平方米；德国，33778平方米；意大利，22273平方米；法国，20946平方米；西班牙，15481平方米；荷兰，9605平方米；巴西，701882平方米；英国，701857平方米；加拿大，6842平方米。其他美洲国家中，墨西哥以4318平方米名列第15位，在新兴经济体中表现抢眼。

《进出口经理人》2015年发布的“世界百强商展”中，美洲仅有美国上榜，入围展会数量5个，展出面积为106万平方米，单个展会平均面积21.2万平方米，入围数量排在第五位，平均面积排名第二位。

AUMA公布的2014年全球组展商营业额（超过1亿欧元）28强国家中，美洲国家中仅有美国占得一席（见图6）。UFI发布的第16版《全球展览业晴雨表》显示，2015年上半年，在美国，91%的美国受访企业认为营业额与上年同期相比呈上涨趋势；在墨西哥和巴西，这一数字分别是79%和44%；而在其他的南美国家，有56%的受访企业认为2015年上半年的营业额与上年同期相比增加。这印证了IMF的预测：发达经济体在经历温和、不均衡的复苏，与此同时，发展中国家和新兴经济体的经济复苏相对缓慢。

（二）全球会展国力报告：三维五类18国[③]

1. 评价依据：SMI指数

会展指数是表征相对关系的一组基本数据，用于测度不同时期和不同地区会展业发展的综合变动进程情况。本书立足展馆、展会与组展企业三方面

① 本部分概括自本书《全球场馆实力地图》，意在为读者提供全局情况，数据来源和研究方法，请参阅报告全文。

② 该数据是目前UFI对全球展馆统计的最新数据。

③ 本部分概括自本书《全球会展国力报告》，意在为读者提供全局情况，数据来源和研究方法，请参阅报告全文。

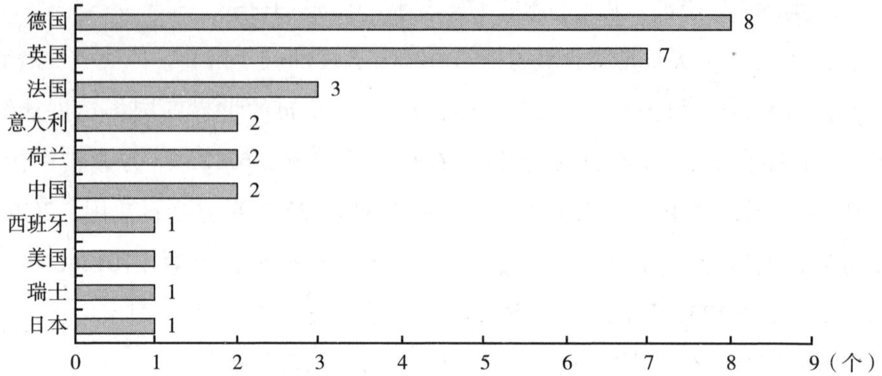

图6　2014年全球组展商营业额（超过1亿欧元）28强国家分布

指标，创立SMI会展指数，构建了会展业发展综合评价模型，并在此基础上开展了对全球会展国力的综合评价。研究发现，在SMI指数体系中，就其重要性而言，展会业绩指标是会展业发展的第一表征，组展企业的年营业额居于第二位，位列第三的是作为产业基础设施的会展场馆的室内展能。从实际出发，本次对全球会展国力作指数评价，主要基于世界最具影响力展会、国际最具感召力展商和全球最具竞争力场馆。

本报告对会展国家的选择标准是：拥有全球百强展会，或拥有10万平方米以上展馆，或拥有营业额在1亿欧元以上的组展商。达到上述标准的国家方能进入评价范围。数据来源如下：展馆数据来自“AUMA Review 2014”，展会数据来自“2015年世界商展100大排行榜”，组展商数据来自“AUMA Review 2014”。基于以上标准，入选的国家包括欧洲的英国、意大利、西班牙、瑞士、捷克、荷兰、法国、俄罗斯、德国、波兰、比利时、瑞典，亚洲的中国、新加坡、泰国、韩国、日本，北美洲的美国。共18个国家。

2. 整体印象：梯队分布

当前世界会展业发展呈现“梯队化”分布格局。欧洲长期保持并不断刷新了全球会展业发展高地的各项指标，在洲际会展指数综合评价中占据绝对优势，占比高达67.2%。与此同时，亚洲、北美洲分别占比23.79%和0.09%。在全球会展国力评价体系中，德国会展业发展一骑绝尘，场馆、展会和组展商三大系列指标全面领跑世界，在综合评价中，德国仍独占鳌头。

位于第二梯队的中国会展业近年来迅猛发展，综合得分 64.72 分。第三梯队的意、西、美、法、俄，综合评价分值在 16～34 分。其中，西班牙会展业发展迅速，在全球综合评价中上升了一个梯队。作为传统会展强国，意、法、美在总量上形成了一定优势，跻身世界会展大国前列，然而在平均水平和高端竞争力方面，距会展强国仍有很长的路要走。其中，需要注意的是，传统会展强国英国综合评价有所下降。美国会展业却独具特色，更加注重国内需求和中小市场，以及文化娱乐业的发展。第四梯队会展国家有英国、瑞士、荷兰、泰国，得分在 4～8 分。位列第五梯队的有日本、捷克、比利时、新加坡、韩国、波兰、瑞典，得分在 0～1.6 分。

（1）一枝独秀：德国。

从会展指数综合得分看，德国领先第二位的中国约 35 分，无疑是世界会展超级帝国。德国是老牌会展强国，经过几十年的精心经营，德国会展业的优势在强化，与其他国家的差距并没有缩小的趋势，德国依然是世界会展发展的中心和风向标。

德国会展的发展不仅体现在它的综合得分上，展馆发展指数、展会发展指数和组展商发展指数得分都位列第一。可见德国的会展基本上是全面领跑。德国这三个指标中，组展商发展指数的优势最为明显，与第二名得分相差 35 分；展馆发展指数优势其次，与第二名得分相差也达到 22.12 分，优势也很突出。

（2）中流砥柱：中国。

中国会展指数综合得分为 64.72 分，得分超越了除德国以外的其他传统会展强国，综合得分排名全球第二。会展业发展的根基在经济发展，国际会展的根基在于国际贸易。现在我国已经是世界第二大经济体，在国际贸易上更是全球第一大国。国内大量的商业机会促进了国内会展业的兴旺，国际上的商业信息不对称，使很多发达国家的组展商纷纷瞄准了中国，也促进了我国国际会展业的发展。尽管我国会展业起步晚，但在会展内需和外需两个需求拉动下，特别是内需的拉动，促进了我国会展的跨越式发展。

（3）老牌劲旅：意大利、法国、美国、西班牙。

老牌会展强国意大利、美国、西班牙和法国的会展指数综合得分分别为33.96、27.36、23.86及16.44分，分列第三到六位。与第二位的中国在各项对比中得分均有一定差距。就这四个国家而言，纵向比较相差不大，不但源自这四个国家的会展业历史悠久，是国民经济结构中非常重要的组成部分，具有较为成熟的管理体制和发展经验，是传统的会展大国和强国。其中尤其要说明的是，美国组展商的迅猛发展，使其一跃超过其他会展强国，位居组展商指数排名第二位。当然，这从侧面反映出我国会展业的跨越式发展及在组展商发展方面还有一定的提升空间。

（4）低调贵族：俄罗斯、英国、瑞士。

来自欧洲的俄罗斯、英国、瑞士会展指数综合得分分别为11.93分、8.26分、4.91分，排名第七到九位。随着全球一体化的加深，欧洲会展业对俄罗斯会展业的发展产生了积极的影响，加之俄罗斯国内经济改革步伐加大，产业调整后成果初步显现，尤其是从展馆发展指数上可以看出国内对会展发展的支持与投入。

（5）亚洲新星：泰国。

泰国在过去一年中的表现也可圈可点，综合得分4.1分，排在俄罗斯、英国、瑞士之后，名列第十。在会展二级指数中，泰国的组展商发展指数得分为11.2分，排名第六，是组展商发展指数前十强中除中国外唯一的亚洲国家；展馆发展指数得分为6.3分，排名第10。

（三）国际会展城市比较[①]

在全球会展业竞争日趋激烈的今天，世界会展城市间的竞争更加多样。本书以SMI会展指数评价模型为基础，从展馆、展会与组展商三个方

① 本部分概括自本书《世界会展城市实力报告》，意在为读者提供全局情况，数据来源和研究方法请参阅报告全文。

面分析世界会展城市的发展态势，以及各国会展城市发展进程中的实力水平差异。经过研究发现：欧洲会展城市实力强劲，入围城市占世界六成；亚洲会展城市实力取得巨大进步，入围城市占到世界四分之一强；德国会展城市占据世界会展城市实力十强将近半壁江山，法国巴黎的展会最具竞争力；中国上海的展馆具有相对优势；英国伦敦的组展商优势无与伦比。我国共有十个城市入围世界会展城市，其中排名最前的是上海，综合排名第三。

1. 比较依据：SMI 指数①

从展馆、展会、组展商三个维度来设计会展发展指数系统指标群，通过 AHP 层次分析法计算得出室内展馆面积、展会展览面积和组展商营业额，这是最能反映展馆、展会和组展商三个维度的指标，并由此形成会展指数指标体系及权重。在此基础上，采用线性加权综合法，即用均值法进行无量纲化，形成会展指数综合评价模型，从而对世界会展城市实力进行评价。这符合数据可得性、科学性、可比性以及一定的系统性原则。

资料和数据源方面，本书借助 AUMA、UFI、ICCA 等机构发布的全球或区域内会展业发展情况研究报告获取相关数据：展馆和组展商数据来自 AUMA Review 2014，展会数据来自 2015 年世界商展 100 大排行榜。

2. 整体印象：欧洲独领风骚

通过考察全球各大城市会展业在展馆展能、商展规模、展商实力的发展表现，对相关排名中出现的国际性会展城市进行整理归纳，共得到世界会展城市 55 个，主要分布在欧洲（34 个）、亚洲（14 个）和北美（7 个），分别占 61.82%、25.45%、12.73%（见图 7）。

3. 欧洲会展城市实力强劲：入围城市占世界六成

在世界会展城市实力前 55 强中，欧洲一共有 34 个城市入围，占到了 61.82%。其中德国有 10 个城市入围，意大利 7 个，西班牙 4 个，英国 3

① 详细计算方式见本书《全球会展国力报告》。

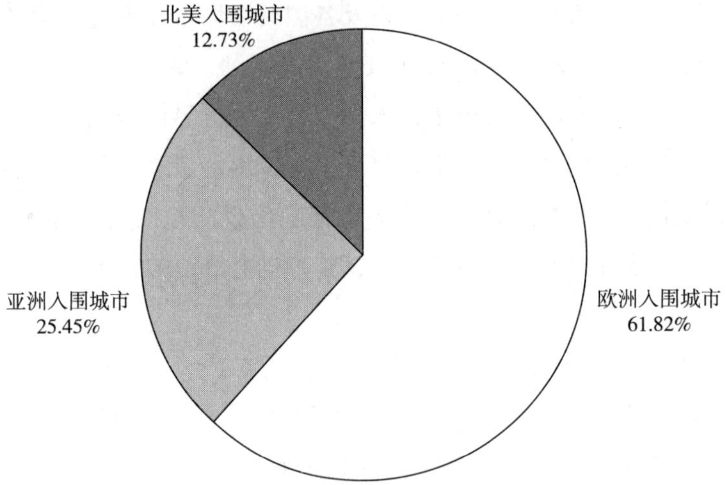

图7　各洲入围世界会展城市比例

个，法国、荷兰和瑞士各2个，捷克、俄罗斯、波兰和比利时各1个。

4. 亚洲会展城市：入围城市占到世界四分之一强

亚洲一共有14个城市入围世界会展实力城市前55强，占到了25.45%。亚洲入围的城市中，中国共有10个，新加坡、泰国、韩国和日本各有1个。其中，泰国曼谷会展指数得分6.29分，排名第30位；新加坡会展指数得分3.57分，排名第42位；韩国首尔会展指数得分3.55分，排名第43位；日本东京会展指数得分3.15分，排名第54位。就发展优势而言，曼谷、首尔和新加坡的优势在大型展馆的建设，而东京则在组展商发展方面更具优势。

5. 北美洲会展城市：呈集中态势

北美洲有7个城市入围世界会展城市前55强，7个城市均在美国，这7个城市分别是拉斯维加斯、芝加哥、奥兰多、亚特兰大、休斯敦、新奥尔良和加利福尼亚，其中实力最强的城市是拉斯维加斯，得分35.49分，排名第15位。美国会展城市相对在展馆发展上具有优势，在展会与组展商发展上处于劣势，美国7个入围城市都是展馆发展排名靠前，而展会发展仅2个城市入围，组展商发展仅有1个城市入围。

（四）全球会展场馆实力地图[①]

1. 场馆展能实力：欧洲展能面积领先，北美展馆数量领先

根据 UFI 2014 年的统计数据：欧洲、北美、亚太、南美、中东和非洲这六大地区的会展场馆共有 55 个室内展能面积达到了 10 万平方米以上；其中欧洲以 36 家位列第一，亚洲则以 12 家紧随其后，北美有 6 家，中东有 1 家。非洲和南美暂时还没有超大场馆，室内展能面积达到 5000 平方米以上的场馆分别为 25 家和 70 家，属于会展基础设施欠发达地区。欧洲和亚洲场馆的馆均面积达到了 3.15 万和 3.59 万平方米，北美地区馆均面积 2.03 万平方米，且以规模 5000 至 2 万平方米的一般场馆为多。

就场馆密度而言，欧洲在 1016 万平方公里的土地面积上拥有 496 个室内展能面积达到 5000 平方米以上的场馆，在全球范围内处于领先地位。亚太地区虽在超大场馆的数量上超过北美地区近一半，但就场馆总量和分布密度而言，远不及北美地区。

2. 顶级场馆归属：欧洲保持优势地位，亚洲发展锐不可当

根据 AUMA 2014 年的数据回顾，2014 年全球室内展览面积超过 10 万平方米的展馆，即世界最具竞争力的顶级展馆，展能面积合计为 890.68 万平方米，相比 2013 年增加了 94418 平方米，增长 1.06%。目前国际顶级场馆主要分布在欧洲，展能合计 609.85 万平方米；其次为亚洲，展能合计 183.87 万平方米；第三为北美，展能合计 96.96 万平方米；三大地区占比分别为 68%、21% 和 11%。由此可见，顶级场馆展能面积欧洲是亚洲和北美总和的 2.17 倍，在最具竞争力的场馆拥有量上，欧洲拥有传统形成的绝对优势。

直接体现场馆竞争力水平或质量的指标，是顶级场馆在本国场馆总面积中的比重，可称之为顶级指数。这一指标，德国高达 68%，俄罗斯为 63%，

---

① 本部分概括自本书《全球场馆实力地图》，意在为读者提供全局情况，数据来源和研究方法请参阅报告全文。

西班牙 58%，瑞士 53%，意大利 45%，英国 43%，法国 28%，中国 26%，美国 14%。

顶级场馆馆均展能面积十强国家，德国排名第一，馆均展能 21.20 万平方米；法国排名第二，馆均 19.47 万平方米；俄罗斯第三，17.96 万平方米；西班牙第四，17.88 万平方米；意大利第五，17.26 万平方米；中国第六，16.46 万平方米，比 2013 年上升了一个位次；美国第七，16.16 万平方米；英国第八，15.08 万平方米；泰国 14.00 万平方米，瑞士 12.45 万平方米，分列第九和第十。

3. 全球十大顶级场馆：欧洲包揽前八位

全球十大顶级场馆合计拥有室内展能 301.61 万平方米，相比 2013 年增加了 13454 平方米。这十大顶级场馆的总面积在全球场馆 50 强中占比接近 43%，馆均高达 30.16 万平方米。其中八强在欧洲，展能面积 254.53 万平方米，馆均 31.82 万平方米，分别位于德国、意大利、法国和西班牙。剩余两家分布在中国和美国。

在全球十大顶级场馆中，德国拥有量排名第一，共计 4 家，总室内展能面积 136.61 万平方米，总量占比 45.3%，馆均 34.15 万平方米，呈现数量多、展能面积大、实力强的特征。其中包括：目前世界上规模最大、排名第一的汉诺威博览中心，室内展能 46.33 万平方米；排名第二的法兰克福展览中心，36.66 万平方米；排名第五的科隆展览中心，28.40 万平方米；排名第六的杜塞尔多夫展览中心，26.22 万平方米。

对比 2013 年，在全球十大顶级场馆拥有量中，其他国家位次几乎不变。西班牙位列第二，拥有全球排名第九和第十的两个场馆，室内展能总面积 47.08 万平方米，总量占比近 15.6%，馆均 23.54 万平方米；第三是意大利，米兰展览中心排行全球第三大展馆，面积 34.50 万平方米，总量占比 11%；第四是中国，拥有全球第四大场馆中国进出口商品交易会广州琶洲馆，面积 34.00 万平方米，占比 11%；法国第五，拥有全球第七大场馆巴黎北维勒班特会展中心，面积 24.26 万平方米，占比 8%；美国第六，拥有全球第八大场馆麦考密克展览中心，面积 24.15 万平方米，占比 8%。

（五）全球组展商实力：欧洲主导，英德为首

1. 欧洲整体实力最强，英德两国占据主导

营业额是考量组展商综合实力的主要因素，根据 AUMA 2014 年组展商的营业额排名，全球 30 大组展商中进入前十强的包括：英国励展集团（Reed Exhibitions）第一，营业额 11.04 亿欧元，占比 14.24%；法国智奥会展公司（GL events）第二，营业额 9.39 亿欧元，占比 12.12%；英国 UBM 集团（United Business Media）第三，营业额 5.61 亿欧元，占比 7.24%；德国法兰克福展览公司（Messe Frankfurt）第四，营业额 5.54 亿欧元；德国杜塞尔多夫展览有限公司（Messe Düsseldorf）第五，营业额 4.12 亿欧元；瑞士 MCH 展览公司排名第六，营业额 3.74 亿欧元；巴黎展览集团（VIPARIS）第七，营业额 3.16 亿欧元；德国慕尼黑国际博览集团（Messe München）第八，营业额 3.09 亿欧元；德国汉诺威展览公司（Deutsche Messe）第九，营业额 2.81 亿欧元；柏林展览公司（Messe Berlin）第十，营业额 2.69 亿欧元。

以营业额为基础，再根据公司规模现状、组展数量和面积以及知名度等指标，得出近年来全球综合实力最强的十大组展商，排名如下：励展博览集团（英国）、智奥会展（法国）、杜塞尔多夫展览有限公司（德国）、博闻集团（英国）、法兰克福展览公司（德国）、米兰国际博览集团（意大利）、慕尼黑国际博览集团（德国）、汉诺威展览公司（德国）、科隆国际展览公司（德国）和高美爱博展览集团（法国），十强组展商中，德国占据 5 席，世界龙头地位凸显；英国和法国各有 2 家，意大利 1 家。全部十强均为欧洲组展商，作为现代展览业的发源地，欧洲仍在国际展览业中占据着优势地位。

2. 亚非美洲市场潜力大，本土组展商亟须成长

2014 年世界上年营业额超过 1 亿欧元的全球组展商共 28 家，亚太为 3 家，分属中国香港、日本和中国，占比 11%，北美 1 家为美国，占比仅 4%，拉美、非洲、中东仍无一入围。

根据全球顶尖组展商营业额 28 强国家分布，2014 年亚洲仍有 3 家营业

额超过1亿欧元的组展商，显示了亚洲展览业的蓬勃朝气。亚太地区3家上榜组展商分别是：中国香港贸发局，2014年营业额为2.25亿欧元，排名第16位，占比2.9%；中国上海新国际博览中心，2014年营业额为1.52亿欧元，排名第20位，占比2.0%；日本东京有明展览公司，2013年营业额为1.4亿欧元，位居第21位，占比1.9%。在全球展览业市场格局中，亚洲地区虽然有着巨大的市场空间，但与拥有24家营业额超过1亿欧元的欧洲地区相比，组展商实力还有待进一步开发，差距主要体现在国际化、专业化和品牌化的市场运作经验和理念方面。

美洲地区能够较好地满足本国市场需求的是美国。作为世界头号强国，美国展览业受内需主导，具有“自给自足”的特点，并且办展经验丰富。其中，营业额超过1亿欧元的组展企业有1家——尼尔森展览公司（Emerald Expositions），该企业2014年总营业额位居世界第15位。

三 国内会展业动态综述

（一）世界贸易第一大国语境下的中国会展业

1. 全球经济增速放缓条件下的外贸结构调整期

2015年中国经济继续探底，国家统计局的数据显示①，2015年我国GDP增长率从2014年的7.3%下降到6.9%，为近年来的最低水平（见图8）。

在全球经济增速放缓、国际市场需求低迷、内外形势严峻复杂的不利环境中，中国政府出台了外贸稳增长的结构性政策，有力地推动了外贸规模扩大和结构优化。2013年中国出口贸易取得历史性突破，成为世界第一货物贸易大国。中国货物进出口4.16万亿美元，增长7.6%，成为首个货物贸易总额超过4万亿美元的国家，创造了世界贸易发展史上的奇迹。与2013

---

① 中华人民共和国国家统计局：《国内生产总值》，[2015-07-17]，http://data.stats.gov.cn/ks.htm?cn=C01。

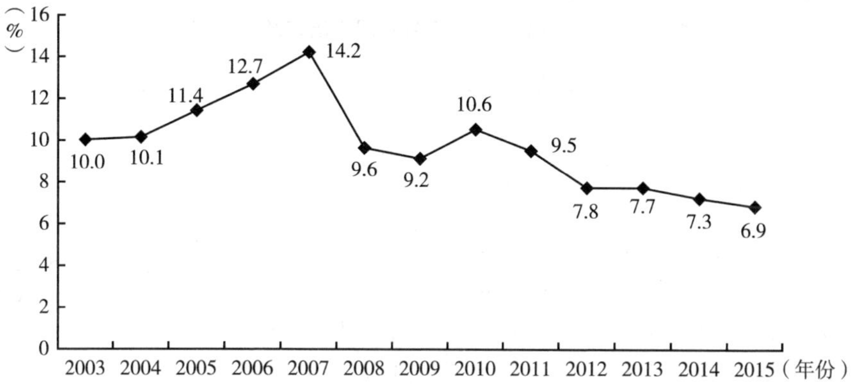

图8　中国经济 GDP 年增长率

年相比，2014 年中国货物进出口总额增速提高了 3.4%。然而，由于外贸需求持续低迷、综合成本居高不下、国内经济下行压力加大和大宗商品价格大幅下跌，2015 年中国的进出口总体情况再次放缓，进出口增速分别下降 14.1%和 2.9%，总体降低 8%（见表 4）。虽然 2015 年我国进出口贸易总体下行，但是因为受国际经济复苏乏力、外需不振、出口综合成本居高不下、人民币实际有效汇率持续高位的大环境影响，属正常表现。此外，2015 年以来我国的出口与其他主要经济体相比，表现相对较好：按美元计价，2016 年第一季度我国出口增长 4.6%，而同期欧盟、美国和日本出口则分别下降 14.3%、4.9%和 6%。最新数据显示，2016 年 5 月份，我国出口下降 2.8%，而日本和美国则分别下降 13.7%和 7.2%[①]。

2. 会展业发展迅速

（1）相关指标增速位于世界前列。

2015 年，中国会展业发展继续保持在世界各地会展市场的前列。中国会展经济研究会发布的《中国展览数据统计报告2015》[②] 显示，在展览数

① 中华人民共和国商务部：《2016 年中国对外贸易发展情况（2016 年春季）》，［2016－05－10］，http：//zhs. mofcom. gov. cn/article/cbw/201605/20160501314656. shtml。

② 《中国展览数据统计报告 2015》，［2015－03］，中国会展经济研究会，http：//www. meorient. com/report2011/？act＝success&id＝2021。

表 4　2005 ~ 2015 年 1 ~ 3 月中国进出口总体情况*

单位：亿美元，%

年份	进出口		出　口		进　口		差额
	总额	增速	总额	增速	总额	增速	
2005	14219.06	23.2	7619.53	28.4	6599.53	17.6	1020.01
2006	17604.39	23.8	9689.78	27.2	7914.61	19.9	1775.17
2007	21765.72	23.6	12204.56	26.0	9561.16	20.8	2643.40
2008	25632.60	17.8	14306.93	17.3	11325.67	18.5	2981.26
2009	22075.35	-13.9	12016.12	-16.0	10059.23	-11.2	1956.89
2010	29740.01	34.7	15777.54	31.3	13962.47	38.8	1815.07
2011	36418.64	22.5	18983.81	20.3	17434.84	24.9	1548.97
2012	38671.19	6.2	20487.14	7.9	18184.05	4.3	2303.09
2013	41603.08	7.6	22100.19	7.9	19502.89	7.3	2597.30
2014	43030.4	3.4	23427.5	-6.1	19602.9	0.4	3824.6
2015	395000	-8.0	22700	-2.9	16800	-14.1	5900

* 中华人民共和国商务部：《2016 年中国对外贸易发展情况》（2016 年春季），[2016 - 05 - 10]，http：//zhs. mofcom. gov. cn/article/cbw/201605/20160501314656. shtml。

量和面积方面，被调研的城市办展总数量从 2011 年的 7333 场上升至 2015 年的 8157 场，增加 11%；办展总面积从 2011 年的 8173 万平方米上升至 2015 年的 10846 万平方米，增长 33%（见图 9），展览面积增长速度超过展览数量增长速度，展览效益良好。

（2）展能大幅上升。

在展馆建设方面，《中国展览数据统计报告 2015》显示：2015 年统计到的已建、在建和待建场馆无论是数量还是面积都有大幅上升。在 2015 年调研的城市中专业展馆室内面积达 1120.41 万平方米，其中已建的展馆数量为 286 个，展馆总面积为 892.89 万平方米；在建的展馆数量为 21 个，展馆总面积为 186.82 万平方米；待建的展馆数量为 5 个，展馆总面积为 41.5 万平方米①。

① 《中国展览数据统计报告 2015》，[2015 - 03]，中国会展经济研究会，http：//www. meorient. com/report2011/？ act = success&id = 2021。

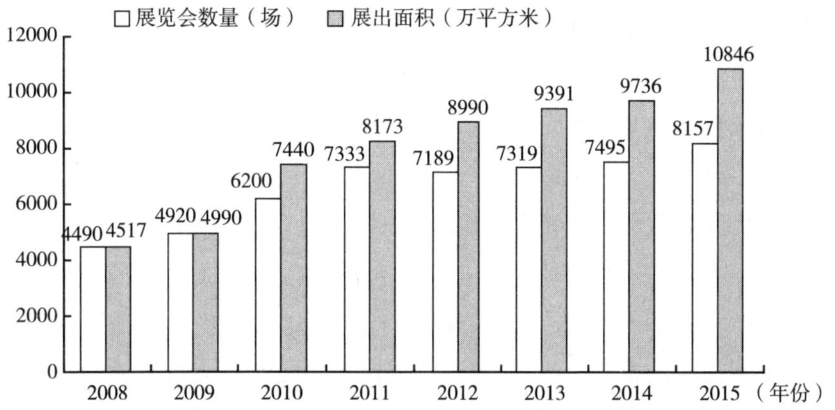

图9　2008～2015年全国展览会数量及展出面积

（3）有效推动了社会发展。

在会展业与社会发展的关系方面，单从会展对于就业的拉动作用来看，2013年我国会展业在取得良好经济效益的同时，有力地促进了社会就业。据《中国展览行业发展报告2015》的统计：2014年，展会主办单位从业人数为12362人，比2013年增加4.6%。据测算，当年展览行业经营单位3.49万家，比2013年增加1.2%，直接从业人员87.6万人，比2013年增加1.7%，带动全国就业人数可达2905万人，会展市场有力地推动了上中下游产业的蓬勃发展①。

（二）顶层设计与政策扶持：推波助澜，破冰交融

2015年，中国会展业在持续贯彻中央八项规定和经济进入新常态的大背景、大形势下出现了一些新的趋势和特点，其中最突出的是诸多助推产业发展的利好政策相继出台，会展业逐步走向规范化、科学化、全球化。

1. 顶层设计推波助澜

如表5所示，在国家政策层面，与会展业发展有关的顶层文件表述逐年

① 说明：因2015年数据未发布，此部分采用2014年数据。见《中国展览行业发展报告2015》，［2016－05－19］，中国会展经济研究会，http：//www.cces2006.org//Uploads/Editor/2016－05－19/573d309b303c3.pdf。

增加：中央办公厅、国务院办公厅《关于加快构建现代公共文化服务体系的意见》中指出，“积极发展与公共文化服务相关联的教育培训、体育健身、演艺会展、旅游休闲等产业，引导和支持各类文化企业开发公共文化产品和服务，满足人民群众多层次的文化消费需求”①；2015 年 2 月，《国务院关于加快发展服务贸易的若干意见》指出，“支持企业赴境外参加服务贸易重点展会。积极培育服务贸易交流合作平台，形成以中国（北京）国际服务贸易交易会为龙头、以各类专业性展会论坛为支撑的服务贸易会展格局，鼓励其他投资贸易类展会增设服务贸易展区。积极与主要服务贸易合作伙伴和‘一带一路’沿线国家签订服务贸易合作协议，在双边框架下开展务实合作”②；2015 年 3 月，国家发展改革委、外交部、商务部联合发布的《推动共建丝绸之路经济带和 21 世纪海上丝绸之路的愿景与行动》指出，“继续发挥沿线各国区域、次区域相关国际论坛、展会以及博鳌亚洲论坛、中国—东盟博览会、中国—亚欧博览会、欧亚经济论坛、中国国际投资贸易洽谈会，以及中国—南亚博览会、中国—阿拉伯博览会、中国西部国际博览会、中国—俄罗斯博览会、前海合作论坛等平台的建设性作用。支持沿线国家地方、民间挖掘‘一带一路’历史文化遗产，联合举办专项投资、贸易、文化交流活动，办好丝绸之路（敦煌）国际文化博览会、丝绸之路国际电影节和图书展。倡议建立‘一带一路’国际高峰论坛”③；2015 年 4 月，国务院发布《国务院关于进一步促进展览业改革发展的若干意见》，该意见包括总体要求、改革体制、创新发展、优化环境 5 部分，共 22 条内容④。以上文件分别从公共文化服务、服务贸易、会

① 《关于加快构建现代公共文化服务体系的意见》，［2015 - 01 - 15］，新华网，http：//news. xinhuanet. com/zgjx/2015 - 01/15/c_ 133920319_ 2. htm。

② 《国务院关于加快发展服务贸易的若干意见》，［2015 - 02 - 14］，中国政府网，http：//www. gov. cn/zhengce/content/2015 - 02/14/content_ 9482. htm。

③ 《推动共建丝绸之路经济带和 21 世纪海上丝绸之路的愿景与行动》，［2015 - 03 - 28］，新华网，http：//news. xinhuanet. com/gangao/2015 - 06/08/c_ 127890670. htm。

④ 《国务院关于进一步促进展览业改革发展的若干意见》，［2015 - 04 - 19］，中国政府网，http：//www. gov. cn/zhengce/content/2015 - 04/19/content_ 9621. htm。

展业与“一带一路”战略对接、展览业改革发展等方面为会展业发展提供了政策和纲领性保障，进一步明确了中国会展业下一步发展的方向，推动中国会展业破浪远航。

表5　2015年国家及各省、自治区、直辖市会展业政策文件一览[①②]

省份	时间	文件
中央办公厅、国务院办公厅	2015年1月	《关于加快构建现代公共文化服务体系的意见》[③]
国务院办公厅	2015年2月	《国务院关于加快发展服务贸易的若干意见》（国发〔2015〕8号）[④]
国家发展改革委、外交部、商务部	2015年3月	《推动共建丝绸之路经济带和21世纪海上丝绸之路的愿景与行动》[⑤]
国务院	2015年4月	《国务院关于进一步促进展览业改革发展的若干意见》[⑥]
潍坊	2015年3月	《潍坊市人民政府办公室关于进一步促进全市会展业发展的意见》[⑦]
江苏	2015年3月	《江苏省政府关于加快发展对外文化贸易的实施意见》[⑧]
石家庄	2015年5月	《石家庄市人民政府关于促进我市会展业规范发展的实施意见》[⑨]
南京	2015年6月	《南京市会展业管理办法》《关于加快推进会展经济发展的意见》[⑩]
西安	2015年7月	《西安市会展业促进条例实施办法》[⑪]
福建	2015年8月	《促进展览业改革发展实施方案》[⑫]
沈阳	2015年9月	《沈阳市促进会展业发展的实施方案》[⑬]
本溪	2015年9月	《加快会展业发展的意见》[⑭]
宁夏	2015年11月	《自治区人民政府办公厅关于加快发展会展业的实施意见》[⑮]
昆明	2015年12月	《昆明市会展业促进条例》[⑯]
海南	2015年12月	《海南省会展业发展专项资金管理暂行办法》[⑰]
杭州	2015年12月	《杭州市“十二五”会展业发展规划》[⑱]
吉林	2015年12月	《吉林省人民政府办公厅关于加快全省展览业改革发展的实施意见》[⑲]
浙江	2016年1月	《浙江省人民政府办公厅关于进一步促进展览业发展的实施意见》[⑳]
厦门	2016年2月	《厦门市大力推动会展业改革创新发展的实施意见》[㉑]

续表

省份	时间	文件
长春	2016 年 3 月	《中共长春市委、长春市人民政府关于促进服务业加快发展的若干实施意见》[22]
上海	2016 年 3 月	《上海市展览业管理办法(上海市人民政府令第 47 号令)》[23]
广东	2016 年 4 月	《广东省进一步促进展览业改革发展的实施方案》[24]

①根据各省、自治区、直辖市政府发布信息整理而成。

②《2001~2015 年中国会展业顶层文件表述一览》，［2015-11-9］，中经网会展中国，http://expo. ce. cn/sy/gd/201511/09/t20151109_ 6948575. shtml。

③《关于加快构建现代公共文化服务体系的意见》，［2015-01-15］，新华网，http://news. xinhuanet. com/zgjx/2015-01/15/c_ 133920319_ 2. htm。

④《国务院关于加快发展服务贸易的若干意见》，［2015-02-14］，中国政府网，http://www. gov. cn/zhengce/content/2015-02/14/content_ 9482. htm。

⑤《推动共建丝绸之路经济带和 21 世纪海上丝绸之路的愿景与行动》，［2015-03-28］，新华网，http://news. xinhuanet. com/gangao/2015-06/08/c_ 127890670. htm。

⑥《国务院关于进一步促进展览业改革发展的若干意见》，［2015-04-19］，中国政府网，http://www. gov. cn/zhengce/content/2015-04/19/content_ 9621. htm。

⑦《潍坊市人民政府办公室关于进一步促进全市会展业发展的意见》，［2015-02-26］，潍坊市人民政府网，http://www. weifang. gov. cn/ZF/WYLJ/ZFWJ/WZBF/201509/t20150907_ 956220. html。

⑧《江苏省政府关于加快发展对外文化贸易的实施意见》，［2015-03-21］，江苏省政府信息公开网，http://www. jiangsu. gov. cn/jsgov/tj/bgt/201504/t20150416474043. html。

⑨《石家庄市人民政府关于促进我市会展业规范发展的实施意见》，［2015-05-30］，石家庄人民政府网，http://www. sjz. gov. cn/col/1420448946495/2015/06/11/1434006902041. html。

⑩《南京市会展业管理办法》，［2015-04-27］，南京市人民政府网，http://www. nanjing. gov. cn/njszfnew/szf/201505/t20150508_ 3300040. html。《关于加快推进会展经济发展的意见》，［2015-04-27］，南京市人民政府网，http://www. nanjing. gov. cn/njszf/szf/201505/t20150508_ 3300072. html。

⑪《西安市会展业促进条例实施办法》，［2015-07-01］，西安市人民政府法制办公室，http://xafz. xa. gov. cn/websac/cat/1801281. html。

⑫《福建省人民政府办公厅关于印发〈促进展览业改革发展实施方案〉的通知》，［2015-08-11］，福建省商务厅，http://www. fiet. gov. cn/zjswt/jgzn/jgcs/fwyfzc/zcfg_ 464/201508/t201508 11_ 153827. htm。

⑬《沈阳市促进会展业发展的实施方案》，［2015-09-06］，中国沈阳政府网，http://www. shenyang. gov. cn/zwgk/system/2015/09/06/010124939. shtml。

⑭《加快会展业发展的意见》，［2015-08-05］，本溪政府网，http://www. benxi. gov. cn/News. asp? ID=2036947。

⑮《自治区人民政府办公厅关于加快发展会展业的实施意见》，［2015-11-03］，宁夏回族自治区政府信息网，http://www. nx. gov. cn/zwgk/gtwj/zcgwj/nzbf/114145. htm。

⑯《昆明市会展业促进条例》，［2015-12-01］，昆明市人民政府法制办公室，http://fzb. km. gov. cn/c/2016-03-01/1239038. shtml。

⑰《海南省会展业发展专项资金管理暂行办法》，［2015－09－30］，海南省政府办公厅，http：//xxgk. hainan. gov. cn/hi/HI0101/201510/t20151009_ 1678278. htm。

⑱《杭州市“十二五”会展业发展规划》，［2015－12－15］，杭州市人民政府，http：//www. ztcec. org/article/400. html。

⑲《吉林省人民政府办公厅关于加快全省展览业改革发展的实施意见》，［2015－12－24］，吉林省人民政府办公厅，http：//www. jl. gov. cn/kzgn/nrtj/wj/201512/t20151224_ 2132805. html。

⑳《浙江省人民政府办公厅关于进一步促进展览业发展的实施意见》，［2015－12－28］，浙江省人民政府办公厅，http：//www. zh. gov. cn/zwgk/fggw/szcfg/201601/t20160108_ 511140. shtml。

㉑《厦门市大力推动会展业改革创新发展的实施意见》，［2016－02－25］，厦门市人民政府办公厅，http：//www. xm. gov. cn/zwgk/flfg/sfbwj/201603/t20160303_ 1278370. htm。

㉒《中共长春市委、长春市人民政府关于促进服务业加快发展的若干实施意见》，［2016－02－25］，长春市人民政府，http：//www. ccszf. gov. cn/ccszf/8/34/2016/04/i174848. shtml。

㉓《上海市展览业管理办法（上海市人民政府令第47号令）》，［2016－03－14］，上海市会展行业协会网，http：//www. sceia. com. cn/news/News－del－14. html。

㉔《广东省进一步促进展览业改革发展的实施方案》，［2016－04－01］，广东省人民政府，http：//zwgk. gd. gov. cn/006939748/201604/t20160411_ 651125. html。

2. 地方政府有力保障

与此同时，会展业的发展越来越受到各地政府的重视。如表5所示，据不完全统计，2015年，浙江、吉林、南京、昆明、沈阳、石家庄、西安等17个省、自治区、直辖市分别发布了促进会展业发展的办法与意见。与2013～2014年各地出台的纲领性规划不同，2015年跟进出台的会展业扶持、鼓励和规范相关政策涉及会展业发展专项资金、补贴与贴息贷款等具体内容，为各地的行动提供了切实可行的依据，也为会展业的繁荣发展提供了有力保障。其中，2015年5月，会展业强市上海制定的《上海市展览业管理条例》已被列为正式法案[①]。一些会展产业相对薄弱的城市，也希冀通过相关政策的出台与完善，扶持会展产业向市场化、多元化发展，2015年12月起实施的《昆明市会展业促进条例》规定了会展的概念、政府及有关部门职责、扶持促进措施、服务规范和法律责任，充分反映了这座西南边陲城市发展会展业的决心与信心。

3. 相关产业破冰交融

值得注意的是，2015年，除了中央和地方政府发布的宏观决策外，几

---

① 《上海市展览业管理条例已列为正式立法案》，《新民晚报》2015年5月19日，http：//www. expo－china. com/pages/news/201505/89902/index. shtml。

个具体指导政策也充满了亮点。首先是国务院办公厅发布的《关于促进跨境电子商务健康快速发展的指导意见》指出，“支持跨境电子商务发展，有利于用‘互联网+外贸’实现优进优出，发挥中国制造业大国优势，扩大海外营销渠道；有利于增加就业，推进‘大众创业、万众创新’，打造新的经济增长点；有利于加快实施共建“一带一路”等国家战略，推动开放型经济发展升级”①。该意见为跨境电子商务企业和实体展会的结合提出了明确的发展方向。同年9月，国务院办公厅再次印发《关于推进线上线下互动　加快商贸流通创新发展转型升级的意见》，该意见第八部分指出，“加快商务服务业创新发展。鼓励展览企业建设网上展示交易平台，鼓励线上企业服务实体展会，打造常态化交流对接平台，提高会展服务智能化、精细化水平”②。

政府对会展业的顶层设计是会展业可持续发展的保障，国内各地会展业的蓬勃发展离不开政府的支持。同时，我们也必须看到，政府的支持和帮助必须纳入公平、公正、公开、合理的制度化框架内，以确保会展市场的主体——会展企业的积极性不会受到打击和抑制。

（三）中国会展场馆展能实力：继续扩张，大型场馆整装待发③

1. 经济下行中的展能扩张

2015年，虽然世界经济下滑、全球会展市场规模收缩，但场馆投资热仍在继续，已建、在建和待建场馆无论是数量还是面积都有大幅上升。据不完全统计，截至2016年3月，我国共有场馆292家，室内展能总面积927.72万平方米，馆均面积3.18万平方米，分布在31个省（市、自治区）。其中室内展能在10万平方米以上的特大场馆14个，5万~10万平方

---

① 《关于促进跨境电子商务健康快速发展的指导意见》，［2015-06-20］，国务院办公厅，http：//www.gov.cn/xinwen/2015-06/20/content_2882205.htm。

② 《关于推进线上线下互动　加快商贸流通创新发展转型升级的意见》，［2015-09-29］，国务院办公厅，http：//www.gov.cn/zhengce/content/2015-09/29/content_10204.htm。

③ 本部分概括自本书《中国场馆展能报告》，意在为读者提供全局情况，数据来源和研究方法请参阅报告全文。

米的大型场馆44个，3万～5万平方米的上规模场馆42个，3万平方米以下的一般场馆192个，分布在31个省（市、自治区）①。2015年我国投入使用的会展场馆总数达到了292个，相比2014年增加了66个。

2. 会展区域展能实力概览

全国各省份普遍重视会展产业的拉动效应，2015年全国拥有10个以上会展场馆的省份达到8个，省份总数占比25.8%；拥有5～10个场馆的省份11个，总数占比35.5%；拥有5个以下专业场馆的省份12个，总数占比38.7%，场馆数量在全国排名进入第一梯队的省份分别为：山东省44个、江苏省31个、四川省25个、广东省24个、辽宁省19个、浙江省19个、河北省13个、上海市12个，这8个省份的场馆数量之和占全国场馆总数的64%。值得注意的是，这8个省份大部分是中国经济、社会与文化发达地区，可见会展业的繁荣与区域发达程度存在正相关关系。

（1）长三角会展城市群。

中国长三角地区共有场馆71个，占全国场馆总数的24.3%，室内展能面积合计达259万平方米，占全国室内展能总面积的27.9%，场馆数量和展能面积位居全国第一。

江苏省以31个场馆位居该地区第一，浙江省以19个场馆位居第二，上海市以12个场馆位居第三，安徽省以9个场馆位居第四。室内展能总面积排名依次是上海市、江苏省、浙江省和安徽省，四地分别为83.48万平方米、82.03万平方米、65.84万平方米和27.65万平方米。

长三角会展城市群10万平方米以上的超大场馆共有3个，占长三角场馆总数的4.2%，分别是上海国家会展中心、上海新国际博览中心和南京国际博览中心，室内展能面积分别为40万平方米、20万平方米和11万平方米；大型场馆共有13个，占总数的18.3%；上规模场馆11个，占总数的15.5%；一般场馆44个，数量最多，占总数的62%。

① 《中国展览数据统计报告2015》，[2015-03]，中国会展经济研究会，http://www.meorient.com/report2011/?act=success&id=2021。

（2）环渤海会展城市群。

环渤海地区共有会展场馆66个，占全国场馆总数的22.6%，室内展能面积合计197.18万平方米，占全国总室内展览面积的21.3%，馆均面积2.99万平方米，数量和展能面积均位居全国第二。

环渤海地区就展馆数量而言，山东省以44个场馆遥遥领先，河北省以13个场馆位居第二，北京以6个场馆位居第三，天津以3个场馆位居第四。室内展能总面积排名依次是山东省、河北省、北京市和天津市，四地分别为137.35万平方米、27.55万平方米、19.38万平方米和12.90万平方米。

本地区10万平方米以上的超大场馆有3个，占环渤海场馆总数的4.5%，分别是青岛新南国际博览中心、中国国际展览中心新馆和石家庄国际会展中心，展能面积分别为12万平方米、10.68万平方米和10万平方米；大型场馆有9个，占总数的13.6%；上规模场馆12个，占总数的18.2%；一般场馆占绝大多数，为42个，占总数的63.6%。

（3）珠三角会展城市群。

珠三角地区共有展览场馆27个，占全国场馆总数的9.2%，室内展能面积合计118.07万平方米，占全国室内展能总面积的12.7%，展能面积位列全国第四，馆均面积4.37万平方米，位列全国第一。

广东省共有24个会展场馆，占珠三角场馆总数的88.9%，室内展览面积高达104.37万平方米，占珠三角室内展能总面积的88.4%，以绝对优势领先。香港有一个一般场馆和两个大型场馆，澳门目前还没有达到一般层级的会展场馆。珠三角地区拥有目前中国室内展能面积第二的场馆——中国进出口商品交易会场馆（广交会场馆），室内展能面积为33.8万平方米。

本地区10万平方米以上的超大场馆集中在广东省，共有2个，占珠三角场馆总数的7.4%，分别为中国进出口商品交易会场馆和深圳会展中心，展能面积分别为33.8万平方米和10.5万平方米；大型场馆5个，占总数的18.5%；上规模场馆3个，占总数的11.1%；一般场馆17个，是珠三角地区的主体，占总数的63%。

（4）西部会展城市群。

西部地区共有会展场馆 57 个，占全国场馆总数的 19.5%，室内展能面积合计 181.65 万平方米，占全国总室内展览面积的 19.6%，馆均面积 3.19 万平方米，数量和展能面积均位居全国第三。

四川省以 25 个场馆遥遥领先，位居第一，广西壮族自治区、陕西省和重庆市以 5 个场馆并列第二，内蒙古自治区以 4 个场馆位居第三，甘肃省和西藏自治区以 3 个场馆数并列第四，贵州省以 2 个场馆位居第五，宁夏回族自治区、新疆维吾尔自治区和青海省以 1 个场馆并列第六。室内展能总面积排名依次是四川省、重庆市、陕西省、广西壮族自治区、贵州省、内蒙古自治区、西藏自治区、云南省、青海省、甘肃省、新疆维吾尔自治区和宁夏回族自治区，分别为 61.09 万平方米、30.52 万平方米、22.37 万平方米、20.92 万平方米、10.35 万平方米、8.51 万平方米、6.25 万平方米、5.50 万平方米、4.69 万平方米、4.24 万平方米、4.21 万平方米和 3 万平方米。

本地区 10 万平方米以上的超大展馆有 2 个，占西部地区场馆总数的 3.5%，分别是重庆国际博览中心和成都世纪城新国际会展中心，展能面积分别为 23 万平方米和 11 万平方米；大型场馆有 10 个，占总数的 17.5%；上规模场馆 10 个，占总数的 17.5%；一般场馆数量最多，为 35 个，占总数的 61.4%。同我国其他内陆地区一样，现有场馆以规模较小的一般展馆为主。

（5）中部会展城市群。

中部地区共有场馆 27 个，占全国场馆总数的 9.2%，总室内展览面积 74.7 万平方米，占全国总室内展览面积的 8%，馆均面积 2.77 万平方米。

山西省以 9 个展馆位居第一，河南省以 7 个场馆位居第二，湖北省以 5 个场馆位居第三，湖南省和江西省都拥有 3 个场馆，并列第四。室内展能总面积排名依次是湖北省、山西省、河南省、湖南省和江西省，五地分别为 22.20 万平方米、20.05 万平方米、17.40 万平方米、9.20 万平方米和 5.85 万平方米。相较其他省份，这几个省份面积大、人口多，展馆数量却很少，会展场馆无法满足当地经济发展对资源整合的迫切需求。

本地区 10 万平方米以上的超大场馆有 2 个，占中部地区场馆总数的 7.4%，分别是武汉国际博览中心和南昌绿地国际博览中心，展能面积分别为 15 万平方米和 13.72 万平方米；大型场馆有 3 个，占总数的 11.1%；上规模场馆 2 个，占总数的 7.4%；一般场馆占绝大多数，为 20 个，占总数的 74.1%。

（6）东北会展城市群。

东北地区会展场馆总共 36 个，占全国场馆总数的 12.3%，室内展能面积合计 78.18 万平方米，占全国总室内展览面积的 8.4%，馆均面积 2.17 万平方米。

辽宁省以 19 个场馆位居第一，吉林省以 9 个场馆位居第二，黑龙江省以 8 个场馆位居第三。室内展能总面积排名依次是辽宁省、黑龙江省和吉林省，三地分别为 40.01 万平方米、19.96 万平方米和 18.21 万平方米。

本地区 10 万平方米以上的超大场馆只有 1 个，占东北地区场馆总数的 2.8%，为沈阳国际展览中心，展能面积为 10.56 万平方米；大型场馆有 5 个，占总数的 13.9%；上规模场馆 1 个，占总数的 2.8%；一般场馆数量最多，为 29 个，占总数的 80.6%。相较其他几个地区，东北地区的场馆普遍偏小。

（7）海西经济区和海南国际旅游岛会展城市群。

福建海西经济区和海南国际旅游岛两个地区共有场馆 11 个，占全国场馆总数的 3.8%，总室内展览面积为 32.64 万平方米，占全国总室内展览面积的 3.5%。其中，福建省共有会展场馆 9 个，占全国场馆总数的 3.1%，总室内展览面积 27.45 万平方米，占全国展馆总面积的 3%。海南省仅有 2 个会展场馆，占全国场馆总数的 0.7%，总室内展览面积 5.19 万平方米，占全国总室内展览面积的 0.6%（见表 6）。

这两个地区 10 万平方米以上的超大展馆只有 1 个，占这两个地区场馆总数的 9.1%，为厦门国际会展中心，展能面积为 10 万平方米；大型场馆有 1 个，占总数的 9.1%；上规模场馆 3 个，占总数的 27.3%；一般场馆 6 个，占总数的 54.5%。

表 6　全国会展经济区场馆展能对比

单位：万平方米，个

会展经济区	室内展览面积	场馆数量	馆均面积	最大场馆面积
长三角	259.00	71	3.65	40.00
环渤海	197.18	66	2.99	12.00
珠三角	118.07	27	4.37	33.80
西　部	181.65	57	3.19	23.00
中　部	74.70	27	2.77	15.00
东　北	78.18	36	2.17	10.56
海　西	27.45	9	3.05	8.00
海　南	5.19	2	2.60	3.79

3. 超大型场馆整装待发

现代化的大型和超大型会展场馆，甚至被推崇为区域和城市的象征。与会展业整体市场出现放缓、收缩态势有区别的是，国内新一轮展馆投资建设的热潮仍在持续，中国会展经济研究会发布的《中国展览数据统计报告2015》显示，2014 年中国超大展馆室内展览面积为 193.54 万平方米，2015 年达到 231.26 万平方米（见图 10）。该统计结果表明，中国不仅领跑亚太，而且成为全球范围内室内展能增长最突出的国家。

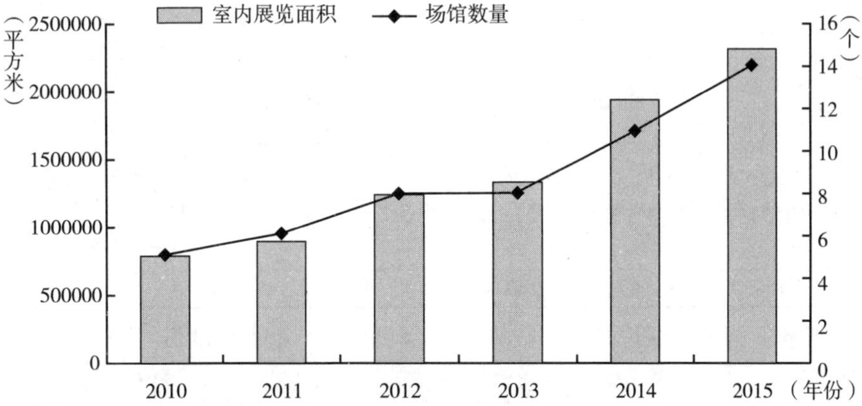

图 10　中国超大展馆室内展览面积变化

中国国际贸易促进委员会发布的《中国展览经济发展报告2015》显示：2015年建成并投入使用了一大批建设规模大、设计规格高、建设理念新的展览场馆，积极促进了地方展览经济的发展，如上海40万平方米的国家会展中心、云南30万平方米的昆明滇池国际会展中心等。但在场馆建设不断升温的同时，展馆设施利用率不足的隐忧也逐渐凸显，据统计，2015年仍有多达约一半的展览馆全年展览会总面积在20万平方米以下，44%的展览馆租馆率低于10%，反映了中国展览馆建设存在较为严重的过剩现象[①]；与此同时，超大型展馆在投入使用的过程中应对大展还将经历一段内部设施完善及与周边配套设施磨合的过渡期，超大型场馆的运营模式还在形成和探索中（见表7）。

表7　2015～2016年投入使用（预计投入使用）的超大型场馆

名称	位置	投用时间	展览面积	承接展会
国家会展中心（上海）	上海青浦区	2015年正式投入使用	40万平方米	上海车展、上海工博会、中国健康产业领袖峰会等
滇池国际会展中心	昆明市官渡区	2015年6月	30万平方米	中国—南亚博览会
中亚会展中心	深圳市宝安区	2015年	14.8万平方米	—
苏州金鸡湖国际会议中心	苏州市工业园区	2016年3月	15万平方米	—
杭州奥体博览城杭州国际博览中心	杭州市萧山区	2016年6月	15万平方米	G20领导人峰会
中国西部国际博览城	成都双流地区	2016年9月	30万平方米	中国西部国际博览会和中国西部国际合作论坛永久会址
南昌绿地国际博览中心	南昌市红谷滩新区	2016年5月	20万平方米	—

资料来源：林云等《2015中国会展气象万千》，《中国会展》2016年第1期，第47页。

① 数据来源：《中国展览经济发展报告2015》。

（四）中国组展商实力：数量稳步增长，综合实力提升[①]

组展商是中国展会市场不断成熟与繁荣的亲历者、见证者和推动者，组展商的不断成长，对中国会展市场的专业化、品牌化、国际化发展起到了重要作用。

目前，中国会展组展商区域格局表现为：北上广位列前三名，引领全国发展；东、中、西分布不均，东部地区主导地位明显，展会举办相对集中。具体而言，2015 年中国组展商实力表现出以下几个特点。

1. 组展商数量增长放缓，综合实力有所提升

该特点主要体现在 UFI 成员数量方面，UFI 是迄今为止世界展览业最重要的国际性组织，能够成为其会员是该企业或机构在全球会展业中具有重要地位的体现。截至 2014 年底，中国共有 95 家组展商通过了 UFI 认证，较上年增长 9 个，是拥有 UFI 会员数量最多的国家之一。

几乎从 2009 年开始，中国会展业发展进入了一个相对高峰期，国内组展商数量迅猛增长；但进入 2013 年，组展商的数量增长速度有所减缓；2015 年，组展商数量基本进入稳步增长的阶段，同时组展商的城市分布结构也趋向合理。随着中国会展公司数量不断增加，已经能够逐步满足各大城市包括各大行业不同层级的办展需求。但是，地方性展会的行业限制较为明显，因城市人口、交通、环境、展馆等条件限制，各地展会质量参差不齐，组展商较难在行业限制明显的城市立足，只能选择会展大城市，组展商城市分布结构正随着会展经济的发展逐步朝健康方向发展。品牌展会的逐步形成使新兴组展商较难进入会展行业中，中小型会展公司因其资本的限制、自身结构的调整转型，缺乏与品牌及大型外资组展公司竞争的实力。现有的组展商一部分因服务质量低劣已被市场淘汰，一部分迫于市场竞争不得不进行结构调整转型，逐步提升综合实力。复合型组展商的出现使得组展商的综合实

① 本部分概括自本书《全球组展商实力报告》，意在为读者提供全局情况，数据来源和研究方法请参阅报告全文。

力大大提高，既拥有场馆经营权又能够自行组织展会。

2. 北上广组展商实力雄厚

2015年组展商百强统计中，北京、上海、广州三地一如既往地保持着领先优势。三地的组展商进入2015年组展商百强统计名单的共有67家，占比高达67%，其中北京实力最强，共有26家上榜组展商，其次为上海，有25家，广东省以16家排名第三。

3. 展会组织者占主流，展馆运营商多样化经营

统计发现，加入UFI的95家中国组展商，展会组织者依然是中国组展商的中坚力量。95家成员中有72家展会组织者，这其中还包括了部分展馆拥有者与经营者，占比达75.8%。展会组织者以主办方的身份举办不同类型的展会，获得收益。展馆运营商也逐渐开始由单一经营者向复合型经营转变。有6家展馆运营者同时还拥有展会组织者的身份，占比6%。北上广三地会展业发达，大型场馆数量较多，因此复合型运营的趋势也主要是从北上广三地开始的。6家复合型经营的展馆运营者中，北京2家、上海2家、广州1家、深圳1家。

4. 组展业绩佳

在组展业绩方面，年组展面积过百万平方米的共3家，分别是中国对外贸易中心，组展面积为168.5万平方米，中国对外贸易广州展览公司，组展面积达164万平方米，位居第三的上海博华国际展览有限公司，组展面积为102.6万平方米，中国对外贸易中心和中国对外贸易广州展览公司在年组展面积上占有绝对的优势。年组展面积在50万~100万平方米的有3家，分别是：法兰克福展览有限公司，73.4万平方米；汉诺威米兰展览（上海）有限公司，67.1万平方米；北京中装华港建筑科技展览有限公司，55.9万平方米。年组展面积20万~50万平方米的公司有55家，占55%，是中国组展商百强的中坚力量。年组展面积在10万~20万平方米的共39家，占比39%。

（五）“新会风”催生会展新气象

1. 政府主导项目减员瘦身

为落实2012年中共中央政治局审议通过的“改进工作作风、密切联系

群众的八项规定”，部分依赖政府的展会、会议开始向市场化转型。2015年，各地人大和政协会议、政府机构主办的国际性会议和论坛，需要财政拨款的事业单位会议、国有企业及其下属单位的会议、社团与协会会议，通过削减专题座谈频次、压缩会议持续时间、会展布置简朴务实、会务用具杜绝浪费、餐饮接待节俭朴素等做法进一步按照节约、简朴的原则安排会务，大兴勤俭节约之风、狠刹铺张浪费之风。

2. 传统会议产业加速融合

2015 年，传统的会议业也经历了一个洗牌、磨合、重生、认识、定位的过程。在“八项规定”催生的新会风下，中青旅、华远国旅、会唐网、国家会议中心、北京雁栖湖国际会议中心、金沙中国等会展企业作出了积极响应，从数据战略、“互联网 +”、年会活动、发布会、年节经济等多方面积极寻找新的增长点，致力于开发新的市场空间。

虽然政策变动短时期内会对会议业产生一定影响，但从长远看，精简会议活动有助于挤出会展市场的泡沫、开发新的市场空间，促进会展上下游产业链共同联手形成群策群力机制。2015 年，新会风洗礼后的会展游、年会等传统项目呈现出与“互联网 +”时代、会展大数据、精准营销加速融合的趋势，逐渐引导会展业向健康、专业化、国际化的方向发展。与此同时，新会风还促使会展行业与相关行业联动，对于充分发挥会展信息交流作用、展示中国会展业的现状及运作模式、推动会展企业“走出去”具有重要意义。

“新会风”虽然给会展业带来了短期压力，但从更长远的周期来看，这些压力是中国会展业朝着规范、健康方向发展所必须接受的挑战。只有摆脱了习惯性的依赖才能在竞争中成为真正的强者，会展业应该有足够的勇气将压力转变为动力，以积极的心态努力拥抱会展市场的新气象。

四　走向与启示

（一）中国会展业发展环境：新常态下的激烈竞争与责任担当

2015 年，在世界经济整体复苏疲软的大形势下，国际会展业总体呈现出全方位、多元化、高增长的发展趋势，发展格局也发生了变化：欧美会展业市场份额日趋饱和，全球会展市场的中心正逐渐由欧美市场向新兴市场转移；欧美国际展览巨头凭借其在全球会展业中的主导地位，正不断通过资本运作的方式加速实现全球性的扩张。对于中国会展业发展而言，随着经济增长速度换挡期、结构调整阵痛期和前期刺激政策消化期的叠加而至，除了外部压力，中国会展业内部发展环境复杂：随着房地产调控、促进国内消费、自由贸易区建设、新技术迅猛发展等一系列外部条件不断变化，会展业的主办方、场馆、服务等产业链条上的各环节也面临着重新洗牌。

因此，在全球经济复苏缓慢、购买力下降的情况下，无论是从维持全球经济温和增长还是从保持中国经济中高速增长的角度来看，中国必须由全球制造业中心向制造和消费双中心发展。会展业既服务于生产制造业，也服务于消费，对于提升商贸流通、促进就业、拉动消费有着重要的意义。因此，会展业应充分发挥其作为营销沟通工具的优势，主动担当责任，服务于投资、外贸和消费，从而促进经济又好又快发展。

（二）中国会展生态圈未来：超级展馆、超级展商和国际会展之都

中国从会展大国走向会展强国，需要一个健康和谐的生态圈。2015 年，中国展览场馆面积继续扩大、展能进一步扩张、超级展馆不断涌现。特别是国家会展中心（上海）的正式运营，作为目前世界最大的单体展馆，大幅提高了中国会展业的展能实力，同时，也使上海在建设国际会展之都的道路上又前进了一大步。未来的一年中，深圳、青岛、杭州、长沙、哈尔滨、西安等将有一大批展览场馆投入建设或建成投入使用，其中深圳国际会展中心展览面积高达 50 万平方米，将建成世界最大的展览中心；青岛、杭州新展馆面积也分别达到 18 万平方米和 15 万平方米。虽然在投资惯性和地方政府政策扶持下，展馆建设在一个时期内还将继续增长，但是在房地产投资趋缓的形势下，未来部分城市依靠房地产带动展览馆建设的投资模式将难以为继。展览会市场竞争的加剧，将加速展览会市场中心化趋势。部分二、三线城市展览馆由于展览会市场发展的瓶颈将面临转型升级。而随着一批新展馆

的建成并投入使用，一些老旧展馆也面临升级改造。

在组展商成长方面，中国需要本土超级展商。在2014年AUMA公布的全球十大组展商名单中，中国无一上榜；在2014年全球营业额超过一亿欧元的组展商名单中，仅有香港贸发局和上海新国际博览中心上榜。一方面说明，在全球展览业市场格局中，中国虽然有着巨大的市场空间，但与拥有24家营业额超过1亿欧元的欧美国家相比，组展商实力还有待进一步开发。目前，中国贸易需求的巨大增长和企业营销方式的转变，刺激了会展业的快速发展，国外实力展览集团纷纷进驻中国以抢占中国会展市场，中国本土会展公司也大量涌现，中央和地方各级政府也重视会展业，并参与到会展业的建设中来。政府行为是我国会展业发展中的重要驱动因素，我国组展机构目前还有很多政府（或具有政府背景的）主办的，但政府行为在会展业的宏观管理和扶持以及组展商的微观运营中是否合适，目前还在探索之中。与此同时，大量中小民营会展公司还处在成长阶段，它们的成长壮大离不开政府扶持和市场机制的完善。在贸易需求和政府行为双重驱动下的中国会展业，其组展商的发展模式还需要借鉴国外先进经验，结合本土实际，进一步积极地探索完善。

（三）会展功能新认知：从营销沟通到舆论发起

我们将会展定义为“一种以现场集聚为形式，以表达展示为手段，以主题化时空为核心，以新、特、专、精为看点，以供需交往为目的的规模化营销沟通服务手段”，强调了会展作为营销沟通独特工具的重要性，肯定了展会在传播信息、达成交易、构建和维护品牌关系等方面的功能。随着中国举办和承办奥运会、世博会、G20、APEC等国际大型活动和高端会议论坛的增多，我们发现，会展活动还体现出舆论发起的功能，其根源在于“用户生成”，具有自发涌现、全方位场域化体验、定向精准的特征。未来无论是在配合国家战略层面，还是在关注世界共同问题层面，都将通过舆论发起，推进“亲、诚、惠、融”，塑造负责任大国形象，大力构建利益共同体基础上的命运共同体，从而充分体现出会展作为沟通工具在塑造国家形象、推进国家战略方面的独特优势。

（四）创新发展新驱动：“互联网 + 会展”

2015 年，是会展业和新技术融合最迅猛的一年。随着中国基础网络建设的不断完善、移动互联技术的日新月异、云平台的用户积累、智能手机的深度普及、可穿戴设备走向成熟，会展业与新技术的融合不断加深：通过数字化手段开展的信息收集、产品展示、观众互动的比重越来越高。应该说，在目前的展览和会议中，信息技术服务商的收入比例已经向传统服务商的份额逼近，甚至有些传统服务商的服务领域将会被信息服务商彻底覆盖。信息化服务，使得会展业焕发了崭新的活力，信息技术的导入，使得展会活动的效度、精度、广度和深度得到准确优化。特别是借助大数据工具，展会活动的信息量化得以提升到前所未有的高度，过去展览主办方仅仅能够提供展览面积、展商数量、现场观众数量等几项有限的汇总数据，现在则可以提供每一位观众驻足展台甚至观察展品的准确起止时间，甚至还包括其对展品是否进行了线上检索。当然更重要的是，观众信息会被按照购买潜力由高到低、结构化地呈现在参展商面前。传统商业模式与新技术的联姻，使得买家和卖家都获得革命性的体验。

会展国力与会展城市实力

MICEE Power of Various Countries and Cities

B.2

全球会展国力报告

——基于 SMI 指数评价的研究

中外会展业动态评估研究报告课题组 *

摘 要： 会展指数是表征相对关系的一组基本数据，用于测度不同时期和不同地区会展业发展的综合变动情况。本报告立足展馆、展会与组展企业三大系列指标，创立 SMI 会展指数，构建了会展业发展综合评价模型，并在此基础上开展了对全球会展国力的综合评价。研究发现，在 SMI 指数体系中，就其重要性而言，展会业绩指标是会展业发展的第一表征，组展企业的年营业额居于第二位，位列第三的是作为产业基础设施的会展场馆的室内展能。从实际出发，本次对全球会展国力做

* 该报告的撰写人为张敏、牛盼强、狄丹。本文为国家社科基金规划课题“全球化视野下国际会展业发展比较研究”（13BGL086）的阶段性成果。

指数评价，主要基于世界最具影响力展会、国际最具号召力展商和全球最具竞争力场馆。

当前世界会展业发展呈现“梯队化”分布格局。欧洲长期建成并不断刷新了全球会展业发展高地的各项指标，在各洲会展指数综合评价中占据绝对优势。在全球会展国力评价体系中，德国会展业发展一骑绝尘，场馆、展会和组展商三大系列指标全面领跑世界，在综合评价中，德国仍独占鳌头。位列第二梯队的中国会展业近年来迅猛发展，目前已跻身世界会展大国前列，然而在平均水平和高端竞争力方面，建成会展强国仍有很长的路要走。第三梯队的意大利、美国、西班牙、法国、俄罗斯，综合评价分值在10~34分。其中，西班牙会展业发展迅速，在全球综合评价中上升了一个台阶。作为传统会展强国，意大利、法国、美国在总量上形成了一定优势。其中需要注意的是，传统会展强国英国的综合评价有所下降。美国会展业却独具特色，更加注重国内需求和中小市场以及文化娱乐业的发展。第四梯队的会展国家有英国、瑞士、泰国、捷克、比利时、新加坡、韩国、波兰、荷兰、日本，得分10分以下。

关键词： 会展指数　综合评价　会展国力　场馆　展会　组展商

一　会展指数的构想与设计

（一）会展指数

指数在经济社会等方面的应用已经非常普遍，而且十分成功，如价格指数、物价指数、道琼斯指数、幸福指数等，得到了社会各界的认可，并为经济与社会发展提供了重要参考。随着我国会展业的快速发展，国家相关部门与会展业相关企事业单位迫切需要一个能够全面准确体现会展发展状况的会展指数。然而，时至今日，能够达到这一标准的会展指数却寥寥无几。本报告的主要目的之一就是构建会展指数。

会展指数是用于测定不同时期不同地区会展发展综合变动的一种相对数值，由反映会展业基本面的若干指标组成。会展指数作为会展业评价综合指标，用以弥补单一指标的不足，不仅能够反映会展业发展的总体状态，而且可以表现会展业发展的哪些方面需要提高，比较特定时段不同国家或城市会展业发展的相对关系。

（二）会展指数相关研究及实践

国内会展研究起步较晚，随着会展业的快速发展和作用显现，目前已经有越来越多的学者开始加入会展领域的研究。其中，会展评价成为会展研究的一个重要方面。当前会展评价研究主要有两种，一种是以波特的产业竞争力模型为理论基础，研究有关会展业发展的城市竞争力指标体系，形成了一种广义的会展评价；另一种是以会展业本身的指标为评价范畴，研究会展业评价指标体系，形成了一种狭义的会展评价。本报告属于后一研究路径。

在会展评价中，指标体系和权重的设计是关键。这两个方面的差异将影响会展评价的结果。前述会展竞争力评价和会展业发展评价，由于评价的对象范畴不同，所以设计的指标体系也大相径庭，表现为以下两个方面。

第一，当前的会展竞争力评价大多基于波特的钻石模型和 SWOT 方法。王新刚从经济发展水平、商贸发展水平、会展业发展水平、社会事业发展水平、区域交通条件、地理区位条件、旅游业发展水平七个方面构建中国城市会展业竞争力的综合评价指标体系①。翟红斌从城市基础性要素、展览业的国际化、品牌化、专业化特征要素四个方面构建城市展览业国际竞争力指标

① 王新刚:《中国会展经济研究》，吉林大学博士学位论文，2004。

体系[①]。王述珍等从相关环境因素、会展竞争业绩、内部资源条件、外部产业支持四个方面构建城市会展业竞争力指标体系[②]。徐洁从会展核心产业层、会展支持产业层、会展城市环境层三个方面构建国际会展中心城市评价指标体系[③]。马勇、陈慧英从会展产业规模、会展产业业绩、产业发展环境和产业成长能力四个方面构建中国城市会展业竞争力的综合评价指标体系[④]。

第二，相对而言，会展业发展评价当前研究不足。国外开展这方面研究的是美国会展业研究中心。该中心提出了一个“CEIR 指数”，即会展行业研究中心指数。该指数的指标体系有四个方面，分别是：净展览面积、专业观众、展商、总收入，主要用于对美国会展业的评价。国内尝试过相关研究的是中国会展研究中心，该中心依托《中国会展》杂志，对我国会展指数进行了研究，提出了“中国会展综合指数”“中国会展 60 指数”和“中国会展城市指数”，其权重由专家讨论给出。其中，“中国会展综合指数”包括展览会数量、综合面积、综合收入三个指标，权重分别为 0.2、0.5 和 0.3；“中国会展 60 指数”包括 60 面积指数和 60 收入指数两个指标，权重分别为 0.4 和 0.6；“中国会展城市指数”指标体系包括数量指数、面积指数、收入指数三个指标，权重分别为 0.2、0.5 和 0.3。

会展评价中的权重设计非常重要。因为权重不同，所得的结果就会有显著的差异。关于会展评价的权重研究主要有两类，一是定性方法，一是定量方法。定性方法确定会展权重，大多采用专家讨论的方式得出，如中国会展指数报告（2011）；定量方法可以采用因子分析法[⑤]、GEM 模型法[⑥]等，多

① 翟红斌：《城市展览业国际竞争力研究》，华东师范大学硕士学位论文，2009。

② 王述珍、庾为、李智玲：《城市会展业竞争力评价指标体系研究》，《商业研究》2009 年第 7 期，第 115 ~ 119 页。

③ 徐洁：《国际会展中心城市评价指标体系研究》，华东师范大学硕士学位论文，2010。

④ 马勇、陈慧英：《会展项目质量评价综合指标体系研究》，《现代商业》2013 年第 2 期，第 70 ~ 71 页。

⑤ 程林、涂建华：《武汉会展业的竞争力水平及发展对策分析》，《湖北大学学报》（哲学社会科学版）2008 年第 5 期，第 70 ~ 73 页。

⑥ 卢晓：《上海会展产业集群竞争力研究》，《学术论坛》2012 年第 5 期，第 35 ~ 139 页。

用于会展竞争力研究。

综合以上论述可知，以往相关研究主要集中于三方面：会展评价的范围，有广义狭义之别；评价的指标体系；评价的方法，有定性定量之别。这些研究为我们的会展指数评价研究提供了路径参考和方法启示。然而，以往的研究也存在明显不足，影响了会展研究与评价构成的科学性和评价结果的权威性，主要表现为以下三个方面。

第一，评价的范围过大，选择的指标过多，包含了很多曲折间接甚至完全不相关的指标。如前述广义会展竞争力评价，虽然体现了评价的系统性，但是针对性不强，过于皮毛浮泛，对现实会展业发展意义不大。

第二，评价方法有失于主观。例如，中国会展研究中心发布的中国会展指数报告即采用了专家讨论法，采用此种方法的主要问题是客观性受到质疑。因为参与的专家不同，评价的结果就会不同。

第三，评价对象的选择不够系统全面，缺乏针对性和可比性。以往的评价主要选择的是特定的中国会展城市或美国会展城市，不适应全球化条件下国家和城市发展对会展业竞争的完整的信息需求。特别是以全球会展国家和世界会展城市为评价对象，开展穷尽性系统性研究，进行会展指数评价及对比分析，文献检索没有先例。

（三）会展指数指标体系和权重

在上一本蓝皮书中，我们提出了评价会展的三个维度——展馆维度、展会维度和展商维度。这里构建的会展指标体系，仍然以这三个维度为基础设置。由于国内会展产业不够成熟，会展研究起步较晚，微观、中观和宏观数据明显不足，这已经成为当前制约会展评价的瓶颈所在。鉴于这种情况，我们在保持数据可获取性以及科学性、可比性的基础上，有必要尽量保持指标体系的系统性完整性。找出能够代表这三个维度的主要的具体指标，是当前研究的重点和难点。

为了能够从众多反映会展发展状况的指标中选出代表会展相关维度的主要的具体指标，我们遵循如下思路和方法：第一步，邀请相关专家和高管采用头脑风暴法，选出会展发展三个维度的系统指标群；第二步，采用群决策AHP层次分析法，评价这一系列指标的重要性，据此选出反映每一维度的代表性指标。

经过第一轮头脑风暴，我们确定了如下指标群（见表1）。

表1　会展发展指数系统指标群

指数	三个维度	系统指标	备注
会展指数	展馆维度	室内展馆面积	展馆展出能力的主要指标
		年办展面积	展馆的运营情况
	展会维度	展会展览面积	展会的展出业绩
		国外参展商数量	展会所在行业国外号召力
		国内参展商数量	展会所在行业国内号召力
		展会观众数量	展会的品牌影响力
	组展商维度	组展商营业额	组展商的经营业绩
		年组展面积	组展商的组展成就

第二步采用群决策AHP层次分析法，计算最能反映相应维度的一个指标。群决策AHP层次分析法的模型研究已经很多，这里不再赘述。进行群决策的业界高管和权威专家共有10位，其中4位来自会展行业，3位来自会展协会和会展管理机构，3位来自大学和研究机构。相关专家在一定程度上具有代表性，如4个会展公司在国内相关行业均属顶级展商，3个会展协会和管理机构都来自国内会展业发达地区，3位专家也是国内会展研究方面的权威专家。这一专家结构使研究更具权威性、代表性。这10位高管和专家具体见表2。

表2　层次分析法调研高管和专家

编号	单位	姓名	职务或职称
1	上海博览会有限责任公司	韩　雪	部门经理
2	上海国际展览中心	刘丽瑛	副总经理
3	法兰克福展览(上海)公司	赵慰平	总经理
4	上海博览会有限责任公司	毕任重	副总裁

续表

编号	单位	姓名	职务或职称
5	上海市会展业促进中心	罗志松	主任
6	大连市会展办	葛玉广	前秘书长
7	广东省会展行业协会	姜 淮	副秘书长
8	南开大学	何会文	副教授
9	上海市商务发展研究中心	刘迪玲	副主任
10	上海第二工业大学	辜应康	会展经济研究所所长

注：排名不分先后。

通过 Yaahp 7.5 软件得出的指标群相对重要性如下（见表 3）。

表 3 会展指数指标群相对重要性

指数	三个维度	指标群相对重要性
会展指数	展馆维度(0.24)	室内展馆面积(0.15)
		年办展面积(0.09)
	展会维度(0.49)	展会展览面积(0.22)
		国外参展商数量(0.12)
		国内参展商数量(0.07)
		展会观众数量(0.08)
	组展商维度(0.27)	组展商营业额(0.20)
		年组展面积(0.07)

注：相关指标后括号数字为该指标的相对重要性程度。

从上述会展指标群相对重要性表格可以看出，“室内展馆面积”能够解释展馆发展指数的 0.15/（0.15 +0.09） =63%；“展会展览面积”能够解释展会发展指数的 45%；“组展商营业额”能够解释组展商发展指数的 74%。由此可知，“室内展馆面积”“展会展览面积”和“组展商营业额”是最能反映展馆、展会和组展商三个维度的指标，而且这三个指标的数据便于搜集且结果可证。据此，该指标体系满足了上述几个原则——数据可获取性、科学性、可比性以及一定的系统性要求。最终，我们确定的会展指数指标体系及二级指标权重见表 4。

表4　会展指数指标体系及权重

一级指数	二级指数及权重	具体指标
会展指数	展馆发展指数(0.24)	室内展馆面积
	展会发展指数(0.49)	展会展览面积
	组展商发展指数(0.27)	组展商营业额

注：括号内数字为该指数的权重。

（四）会展指数的评价模型

会展指数的二级指标有三个，分别是展馆发展指数、展会发展指数和组展商发展指数。进行会展指数评价的目标是设计一种总的模型，使三个指数的综合评价效能达到最优。因此会展指数的评价模型本质上是一个多目标优化模型。本文采用线性加权综合法来解决这个问题，即构建线性加权综合法，对会展指数进行综合评价。

会展指数的线性加权综合法有两个构成因素：一个因素是无量纲化的指标评价值f_i（$\overline{X_i}$），即会展的二级指标——展馆发展指数、展会发展指数和组展商发展指数；另一个因素则是权重。因此，线性加权综合法模型为：

$$U = \sum_{j=1}^{3} w_j f_i(\overline{X_i})$$

上式中的U为会展指数，权重$w_j \geqslant 0$（$j=1$、2、3），且$\sum_{j=1}^{3} w_j = 1$。

这里假设“室内展馆面积”为展馆发展指数的初始值，“展会展览面积”为展会发展指数的初始值，“组展商营业额”为组展商发展指数的初始值，综合评价模型中的无量纲化就是对这三个指标的无量纲化。目前常用的无量纲化方法主要有极值法、标准化法和均值法。在多指标评价中使用极值法时，当一个指标的最大值与最小值之差很大，该指标就会很小，这相当于降低了该指标的权重，反之，则相当于提高了该指标的权重，因此极值法会对指标的权重产生很大影响。标准化法在这三种方法中用得最多。标准化法在消除了量纲的同时，也会消除各指标变异程度上的差异，因此也不能准确反映原始数据所包含的信息，会导致评价的结果不准确。叶宗裕经过实证研究后指出，在多指标评价中，均值法相对来说是一种较好的方法，因为它能够保留指标变异程度的相关信息①。据此，本报告进行无量纲化的方法选用均值法。均值法模型是：

$$y_{ij}^{*} = \frac{x_{ij}}{\bar{x}_j}$$

其中，$$\bar{x}_j = \sum_{j=1}^{n} x_{ij}/n$$

（五）会展指数评价的意义、局限性与未来努力的方向

1. 会展指数评价的意义

第一，有利于掌握会展业发展的总体态势。会展指数是一个综合概念，它能全方位体现一个国家或城市的会展业发展状况。相比单项会展指标，能够更加全面地反映会展业发展的总体进程和态势，有助于决策者据此作出更科学有效的决策。

第二，有利于横向比较，找出标杆，开展学习与赶超。通过会展指数可以在一个统一的指标范畴内，对世界主要国家、主要城市的会展业发展水平进行具体评价，并在此基础上开展横向对比。横向对比可以发现行业标杆以及自身的不足，有利于学习和借鉴会展业发达地区的经验，逐步实现赶超。

第三，有利于纵向对比，发现本国或本地区会展业发展演化的路径，为会展预测提供帮助。会展指数可以按照顺序对每个时间段内的会展业发展情况进行评价，然后进行纵向对比。通过纵向对比可以发现会展业相对以往取得了多大进步；并且可以根据长期的发展趋势，对未来会展业发展的状况进行预测。从而为政府或协会等相关部门管理、决策以及为会展企业制定战略提供有力依据。

① 叶宗裕：《关于多指标综合评价中指标正向化和无量纲化方法的选择》，《浙江统计》2003年第4期。

2. 会展指数评价的局限性

虽然本报告所构建的会展指数有相当的应用价值和现实意义，然而在应用过程中也存在某些局限性，主要表现在缺乏系统、全面、统一、准确的会展业统计数据。目前国际通行的会展业统计数据主要针对具有相当规模的展馆、展会，以及经营良好的组展商。对大部分的中小型展会、展馆和组展商缺乏统计。而发展良好的中小型展会、展馆和组展商对一个地区会展的发展不仅不可或缺，而且非常重要。再如，观众特别是专业观众数量，对展会评价来说是非常重要的指标，然而当前多项统计数据都没有纳入该指标，导致无法将其反映在指标体系中。

3. 未来努力的方向

未来努力的主要方向有三个。第一，持续评价，积累更多的年份数据。因为会展指数评价是第一次尝试，评价的年份可以作为“元年”，只能进行横向对比。今后我们将每年定期发布国家和城市的会展指数，并对不同年份的指数进行纵向对比分析。第二，纳入更多的指标。受数据可获取性等局限，展会专业观众数量等非常重要的指标未被纳入评价体系。未来随着各国和各城市会展统计的完善，我们将逐步把这类指标纳入评价体系。第三，扩大评价面，考虑更多的国家和城市。同样是由于数据原因，目前能获取的可用数据多为大型展馆、展会和组展商，因此纳入评价范围的国家和城市相对较少。未来随着统计数据的完善，我们将降低门槛和标准，把更多的国家和城市包括进来。

二　全球会展国家的展馆、展会和组展商发展评价

根据会展指数的评价模型，我们将采用展馆发展指数和组展商发展指数针对“AUMA Review 2014”的数据情况进行评价，展会发展指数对2015年世界商展100大排行的情况进行评价，在此基础上分析世界会展国力发展的总体格局和发展态势。

（一）评价标准与数据来源

本报告对会展国家的选择标准是：拥有全球百强展会，或拥有10万平

方米以上展馆，或拥有营业额在1亿欧元以上的组展商。达到上述标准的国家方能进入评价范围。

数据来源如下：第一，展馆数据来自“AUMA Review 2014”；第二，展会数据来自“2015年世界商展100大排行榜”；第三，组展商数据来自“AUMA Review 2014”。

基于以上标准，入选的国家包括：欧洲的英国、意大利、西班牙、瑞士、捷克、荷兰、法国、俄罗斯、德国、波兰、比利时、瑞典，亚洲的中国、新加坡、泰国、韩国、日本，北美洲的美国。共18个国家。

对以上18国的相关数据进行无量纲化后可以得到展馆发展指数、展会发展指数和组展商发展指数三个二级指数（见表5）。

表5　无量纲化后的各国会展发展二级指数

单位：分

国别	展馆发展指数	展会发展指数	组展商发展指数
中　国	77.88	89.89	53.22
英　国	13.57	2.13	16.76
意大利	51.49	27.24	7.10
新加坡	4.91	—	—
西班牙	40.22	14.66	16.00
泰　国	6.30	—	11.20
瑞　士	11.20	2.10	—
美　国	43.63	—	89.26
捷　克	5.46	—	6.12
荷　兰	4.50	—	—
韩　国	4.88	—	—
法　国	26.29	9.01	5.78
俄罗斯	16.16	1.82	5.12
德　国	100.00	100.00	100.00
波　兰	4.84	—	—
比利时	5.15	—	—
瑞　典	—	—	—
日　本	—	—	1.16

为了便于比较排名，我们进行标准的百分化处理，即把得分最高国家的指数确定为100分，其他国家指数则进行相应换算，得分与排名见表6。

从会展国家展馆、展会和组展商排名的情况来看，德国展馆、展会和组展商三项指数评分均位列第一，显示其会展强国的地位不可撼动。中国作为全球会展业发展最为迅猛的国家，已超越英、意、美等传统会展强国，在展馆和展会的评价中位居第二，相较以往相对落后的组展商发展指数也迎头赶上，位列第三。此外，西班牙和俄罗斯在展馆和展会评价中提升较快，法国和英国组展商指数下降较大，而美国组展商指数则提升较大，这些都与相关国家自身会展行业的发展有着密切的联系。

表6　会展国家展馆、展会与组展商评价得分及排名

单位：分，位

国别	展馆发展指数	排名	展会发展指数	排名	组展商发展指数	排名
德　国	100.00	1	100.00	1	100.00	1
中　国	77.88	2	89.89	2	53.22	3
意大利	51.49	3	27.24	3	7.10	7
美　国	43.63	4	—	—	89.26	2
西班牙	40.22	5	14.66	4	16.00	5
法　国	26.29	6	9.01	5	5.78	9
俄罗斯	16.16	7	1.82	8	5.12	10
英　国	13.57	8	2.13	6	16.67	4
瑞　士	11.20	9	2.10	7	—	—
泰　国	6.30	10	—	—	11.20	6
捷　克	5.46	11	0	—	6.12	8
比利时	5.15	12	0	—	—	—
新加坡	4.91	13	0	—	0	—
韩　国	4.88	14	0	—	0	—
波　兰	4.84	15	0	—	0	—
荷　兰	4.50	16	0	—	—	—
日　本	0	17	0	—	1.16	—
瑞　典	0	17	0	—	—	—

（二）展馆发展指数

展馆是会展活动得以开展的特定空间，是现代会展业最重要的物质载体，被誉为会展经济发展的龙头。最近几年，随着全球对会展经济发展的迫切需求，越来越多的国家开始重视对大型、特大型场馆的建设，并由此带动相关配套设施的现代化，从而在整体上推动展馆建设的发展。

1. 德国展馆实力超群

从表6的展馆发展指数看，德国排名第一位，且与第二位的中国有近23分的差距。在德国的场馆建设中，有超过10万平方米室内展馆面积的城市达到10个（见表7），其数量在世界城市中独占鳌头。德国展馆实力超群的原因在于德国有悠久的会展业发展历史，长期以来注重对场馆的建设，以及源自于专业、创新的德国会展业蓬勃发展的持久动力。

表7　德国室内展馆面积超过10万平方米的城市

单位：万平方米

德国城市	室内展馆面积	德国城市	室内展馆面积
汉诺威	46.33	纽伦堡	17.00
法兰克福	36.66	柏林	17.00
科隆	28.40	莱比锡	11.13
杜塞尔多夫	26.22	埃森	11.00
慕尼黑	18.00	斯图加特	10.52

2. 中国展馆建设高速发展

在全球所有国家中，中国的展馆发展指数排名第二，得分77.88分，相对于比我们起步早很多年的其他发达国家来说，我国在展馆发展上取得的成就非常突出。这不仅得益于我国近些年经济的高速增长，还得益于国家对会展业的高度重视、产业转型带来的迫切需求，以及会展业对第三产业拉动的积极效应。在中国室内展馆面积超过10万平方米的城市有15个（见表8），可见我国各地普遍对会展展馆的建设非常重视。

3. 意大利、美国、西班牙、法国仍具有一定优势

意大利、美国、西班牙、法国在展馆发展指数上同处于第三梯队。这四个国家会展业发展较早，其场馆建设都具有一定特色和优势，时至今日，这种优势依然保持。这四个国家中，意大利展馆发展指数得分为51.49分，与

表 8 中国室内展馆面积超过 10 万平方米的城市

单位：万平方米

中国城市	室内展馆面积	中国城市	室内展馆面积
上海	84	沈阳	14
广州	54	临沂	13
昆明	36	天津	13
重庆	32	东莞	13
北京	26	杭州	13
深圳	25	义乌	12
武汉	21	成都	11
南京	14		

说明：数据参照中国国际贸易促进委员会《中国展览经济发展报告 2015》。

中国得分最为接近。美国、西班牙分别以 43.63 分和 40.22 分排名第四、五位。法国以 26.29 分排名第六。这四个国家室内展馆面积超过 10 万平方米的城市，意大利为 7 个，美国为 6 个，西班牙为 4 个，法国为 2 个（见表 9），此外，四国城市数量与其展馆发展指数排名一致。

表 9 意大利、美国、西班牙、法国室内展馆面积超过 10 万平方米的城市

单位：平方米

意大利	室内展馆面积	美国	室内展馆面积	西班牙	室内展馆面积	法国	室内展馆面积
米兰	345000	芝加哥	241549	巴塞罗那	240000	巴黎	469962
博罗尼亚	200000	奥兰多	190875	瓦伦西亚	230837	里昂	114275
维罗纳	151536	拉斯维加斯	184456	马德里	200000		
巴厘	120000	亚特兰大	130112	毕尔巴鄂	108000		
罗马	118910	休斯敦	120402				
里米尼	109000	新奥尔良	102230				
帕尔玛	100000						

说明：数据源自“AUMA Review 2014”。

4. 新兴的俄罗斯与传统的英国、瑞士同处第四梯队

俄罗斯、英国和瑞士展馆发展指数得分分别为 16.16、13.57 和 11.2

分，处于全球展馆建设的第四梯队。俄罗斯虽然经济实力上比英国弱，在发展水平上也比不过瑞士，但近些年经济发展速度却超过这两个国家，作为世界金砖国家成员之一，俄罗斯经济的快速发展也催生了会展场馆的建设。俄罗斯场馆建设的重要特点是较为集中，如莫斯科的会展场馆接近 36 万平方米。英国是老牌帝国，瑞士更是全球会议之都，这两个国家的会展场馆发展在国际处于前列也在情理之中。英国和瑞士室内展馆面积超过 10 万平方米的各有两个城市（见表 10）。

表 10　俄罗斯、英国和瑞士室内展馆面积超过 10 万平方米的城市

单位：平方米

英国	室内展馆面积	瑞士	室内展馆面积	俄罗斯	室内展馆面积
伯明翰	201634	巴塞尔	141000	莫斯科	359119
伦敦	100000	日内瓦	108000		

说明：数据源自“AUMA Review 2014”。

5. 欧洲中等发达国家与亚洲中等发达、发展中国家角逐展馆发展第五梯队

泰国是亚洲除中国外展馆发展指数排名最高的国家，展馆发展指数为 6.3 分。除了泰国外，展馆发展指数处于第五梯队的国家都是欧洲与亚洲的中等发达国家，如北欧的捷克、比利时、波兰、荷兰，亚洲的新加坡和韩国。这些国家的展馆发展指数得分都在 0～10 分。可以预见，将来这些国家在第五梯队层面会展开激烈的角逐。

（三）展会发展指数

展会是会展活动的平台和核心，是会展活动的核心要素之一，对会展来说非常重要，它基本能够反映一个国家会展发展的实际情况。

1. 德国展会发展遥遥领先

作为全球展会发展领头羊的德国与第二梯队的中国在展会发展指数得分上相差约 10 分。一方面德国在展会发展上的领先优势明显，另一方面中国在会展发展上取得了长足进步。德国年展览展会面积超过 10 万平方米的城

市就有 8 个，如汉诺威、法兰克福、科隆、杜塞尔多夫、慕尼黑、纽伦堡、柏林、莱比锡，各城市 2014 年展览展会面积见表 11。

表 11　2014 年德国年展览展会面积超过 10 万平方米的城市

单位：平方米

德国城市	年展览展会面积	德国城市	年展览展会面积
汉　诺　威	2366420	慕　尼　黑	1566500
法 兰 克 福	4040700	纽　伦　堡	320600
科　　　隆	1795100	柏　　　林	758600
杜塞尔多夫	1570100	莱　比　锡	758600

说明：数据源自“AUMA Review 2014”。

2. 中国展会发展超过意大利与西班牙，独占第二梯队

中国展会发展指数为 89. 89 分，领先第三梯队意大利约 63 分，领先西班牙约 75 分，中国独占第二梯队。

事实上，虽然中国展会发展很晚，但 2014 年相关数据统计显示，中国已经与排在首位的德国展会发展指数相差约 10 分，取得了巨大的进步，相较于第三梯队的意大利和西班牙领先较多。从我国的展馆发展指数、展会发展指数与德国的相关数据比较中可以看出，我国现阶段的展馆建设和展馆利用可谓“双箭齐发”，未来我国将继续挖掘展馆的利用效率。我国年展览展会面积在 10 万平方米以上的城市有 6 个，分别是上海、北京、广州、香港、重庆和厦门，各城市 2014 年展览展会面积见表 12。

表 12　2014 年中国年展览展会面积超 10 万平方米的城市

单位：平方米

城市	年展览展会面积	城市	年展览展会面积
香港	135000	北京	666000
广州	580000	厦门	120000
上海	1958920	重庆	130000

数据源自“2015 年世界商展 100 大排行”。

3. 意大利、西班牙和法国排第三梯队

意大利和西班牙展会发展指数得分区间在 13～28 分，其中意大利为 27.24 分，西班牙为 14.66 分。意大利年展览展会面积在 10 万平方米以上的城市有 4 个传统典型会展城市，分别是米兰、博罗尼亚、维罗纳和里米尼。其中，米兰以约 85 万平方米位列第一。西班牙年展览展会面积 10 万平方米以上的城市有 1 个，法国年展览展会面积 10 万平方米以上的城市也有 1 个，法国展会发展指数为 9.01 分。

4. 俄罗斯、瑞士和英国排在第四梯队

俄罗斯、瑞士和英国等国展会发展指数得分都在 2.5 分以下，我们把这四个国家归为展会发展第四梯队。

（四）组展商发展指数①

组展商是会展活动的主体，通过经营展馆、展会和相关配套服务赢利。作为将展会市场上的参展与观展双方结合起来的组织，它的作用相当于企业在经济发展中所扮演的重要角色。在我们的权重计算中，组展商发展指数的权重也是仅次于展会发展指数的第二重要指数。

1. 德国、美国和中国居前三位

在组展商发展指数中，列前三位的国家为：德国 100 分，排名第一；美国 89.26 分，居第二位；中国 53.22 分，列第三位。作为会展强国，德国和美国的组展商无论在市场资源利用还是潜在市场开发上都抢得先机。相较于 2013 年组展商指数排名，美国组展商排名上升最快，归因于其在世界市场采取的多元化赢利模式所带来的巨大收益。

2. 英国和西班牙角逐第四、第五位

英国与西班牙组展商发展指数分别为 16.76 分和 16 分，两国得分相差不大，分别列第四和第五位。

---

① 数据源自于 AUMA Review 2014。

3. 捷克、法国和俄罗斯位列十强之末

组展商发展指数中，捷克、法国和俄罗斯均在 10 分以下，捷克得分 6.12 分，法国得分 5.78 分，俄罗斯得分 5.12 分。相较 2013 年组展商发展指数排名，法国下降较多。

三　全球会展国力综合评价

本部分采用前述会展指数综合评价模型，把无量纲化的二级指数按照相应权重进行加权，并进行百分化处理，计算 2014 年各国会展指数，评价各国的会展国力，结果见表 13。

表 13　2014 年世界会展国家会展指数得分及排名

梯度	国别	会展指数	排名	展馆发展指数	排名	展会发展指数	排名	组展商发展指数	排名
第 1 梯队	德　国	100. 00	1	100. 00	1	100. 00	1	100. 00	1
第 2 梯队	中　国	64. 72	2	77. 88	2	89. 89	2	53. 22	3
	意大利	33. 96	3	51. 49	3	27. 24	3	7. 10	7
	美　国	27. 36	4	43. 63	4	—	—	89. 26	2
第 3 梯队	西班牙	23. 86	5	40. 22	5	14. 66	4	16. 00	5
	法　国	16. 44	6	26. 29	6	9. 01	5	5. 78	9
	俄罗斯	11. 93	7	16. 16	7	1. 82	8	5. 12	10
	英　国	8. 26	8	13. 57	8	2. 13	6	16. 76	4
	瑞　士	4. 91	9	11. 20	9	2. 10	7	—	—
	泰　国	4. 10	10	6. 30	10	—	—	11. 20	6
	捷　克	1. 65	11	5. 46	11	—	—	6. 12	8
	比利时	1. 51	12	5. 15	12	—	—	—	—
第 4 梯队	新加坡	1. 31	13	4. 91	13	—	—	—	—
	韩　国	1. 24	14	4. 88	14	—	—	—	—
	波　兰	1. 18	15	4. 84	15	—	—	—	—
	荷　兰	1. 17	16	4. 50	16	—	—	—	—
	日　本	1. 16	17	—	17	—	—	—	—
	瑞　典	—	—	—	—	—		—	—

数据源自于“AUMA Review 2014”。

从各国的会展指数得分可以明显看出，很多国家的数据呈现集中趋势。借鉴聚类分析原理，我们把得分相近的一组划分为一个梯队，这18个会展国家可以分为四个梯队，即世界会展国家形成了四个梯队的格局。

第一梯队——德国，会展指数得分100分；第二梯队——中国，得分64.72分；第三梯队——意大利、美国、西班牙、法国、俄罗斯，得分10～34分；第四梯队——英国、瑞士、泰国、捷克、比利时、新加坡、韩国、波兰、荷兰、日本、瑞典，得分在10分以下。

（一）欧洲是全球会展业的中心和主体，然后是亚洲和北美

我们把以上国家的会展指数按照洲际进行区分，然后进行加总，就可以得到该洲的会展指数（见图1）。从图1可以看出，欧洲会展指数为204.87分，占全球会展指数的67.22%，可见欧洲是全球会展业的中心和主体。亚洲会展指数为72.53分，占全球会展指数的23.80%，与欧洲还有很大差距。北美的会展指数为27.36分，占全球会展指数的8.98%。

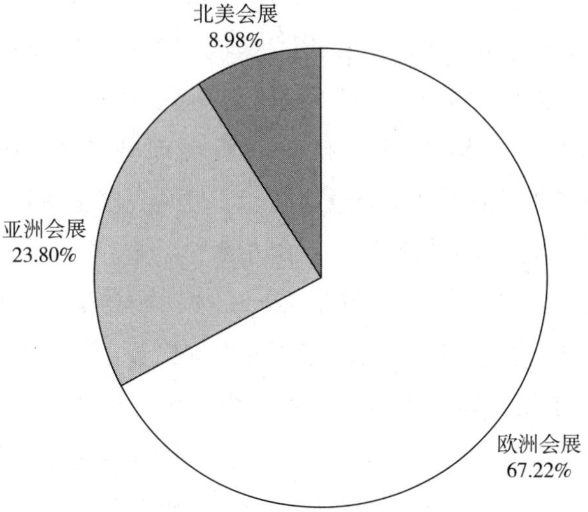

图1　2014年各洲会展指数得分比例

（二）德国会展发展一骑绝尘，全面领跑

从会展指数综合得分看，德国领先第二位的中国约35分，无疑是世界会展超级帝国。德国是老牌会展强国，经过几十年的精心经营，德国会展业的优势在强化，与其他国家的差距并没有拉近的趋势，德国依然是世界会展发展的中心和风向标。

德国会展的发展不仅体现在它的综合得分上，展馆发展指数、展会发展指数和组展商发展指数得分都位列第一。可见德国的会展基本上全面领跑。德国在这三个指标中，展馆发展指数优势明显，与第二名得分相差也达到22.12分，优势也很突出。

（三）中国会展已赶超传统会展强国，但仍需提升

中国会展指数综合得分为64.72分，在得分上超越了除德国以外的其他传统会展强国，综合得分排名全球第二。会展业发展的根基在经济发展，国际会展的根基在于国际贸易。现在我国已经是世界第二大经济体，在国际贸易上更是全球第一大国。国内大量的商业机会促进了国内会展业的兴旺，国际市场上的商业信息不对称，使很多发达国家的组展商纷纷瞄准了中国，也促进了我国国际会展业的发展。尽管我国会展业起步晚，但在会展内需和外需两个需求拉动下，特别是内需的拉动，我国会展业实现了跨越式发展。

尽管我国会展指数综合得分全球第二，但是我国会展发展中存在结构不均衡的问题。在我国会展发展的二级指数中，展馆发展指数得分77.88分，排名第二，与第一位德国相差22.12分；展会发展指数得分89.89分，与第一位德国相差10.11分；组展商发展指数得分53.22分，排名第三（见图2）。这说明我国当前会展发展中场馆建设在先，经营在后，这种现象与我国经济发展的方式有很大关系。我国各省份经济发展都有较大的自主权，政府在经济发展中的作用仍很大。近几年各省份看到会展作为一种新兴业态，有巨大的发展空间，不顾自身条件和环境，纷纷上马大项目，后果是展馆面积一路攀升，但闲置率居高不下。我国会展二级指数

中，最大的瓶颈在于组展商，从中可以明显看出我国大部分组展商的规模较小、经营效益偏低。这与我国会展业前期发展中政府主导有直接关系，过多的政府行为限制了组展商经营能力和效益的提高。从这三个二级指标的比较可知，我国会展业尽管规模很大，但是实力并不强。

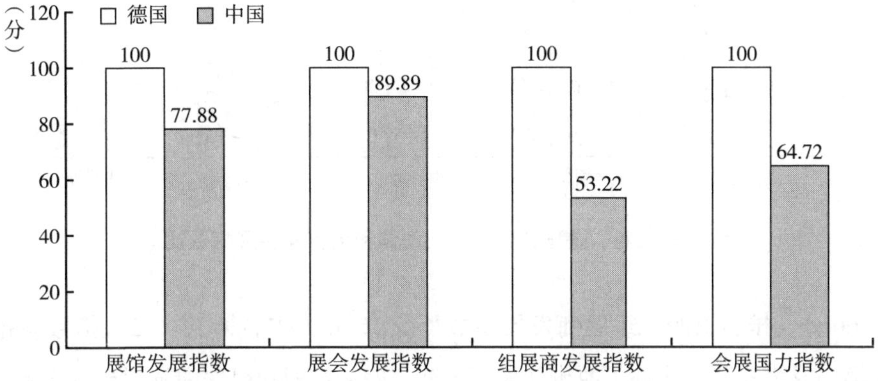

图 2　我国与德国会展指数的比较

（四）意大利、美国、西班牙、法国和俄罗斯的会展强国地位稳固

老牌会展强国意大利、美国、西班牙、法国和俄罗斯的会展指数综合得分分别为 33.96 分、27.36 分、23.86 分、16.44 分及 11.93 分，分列第三到七位（见图 3）。与第二位的中国各项指标得分均有一定差距。就这五个国家而言，纵向比较相差不大，源自这五个国家会展业的悠久历史，是其国民经济结构中非常重要的组成部分，具有较为成熟的管理体制和丰富的发展经验，是传统的会展大国和强国。其中尤其要说明的是，美国组展商的迅猛发展，使其一跃超过其他会展强国，位居组展商指数排名第二位。这从侧面反映了我国会展业的跨越式发展及在组展商发展方面还有一定的提升空间。

在展馆发展指数、展会发展指数和组展商发展指数等三个指数上，意大利、法国和西班牙的发展特点接近，即发展较为均衡，而美国相对来说组展商的发展尤为突出。

西班牙的展馆发展指数得分 40.22 分，排名第五；展会发展指数得分

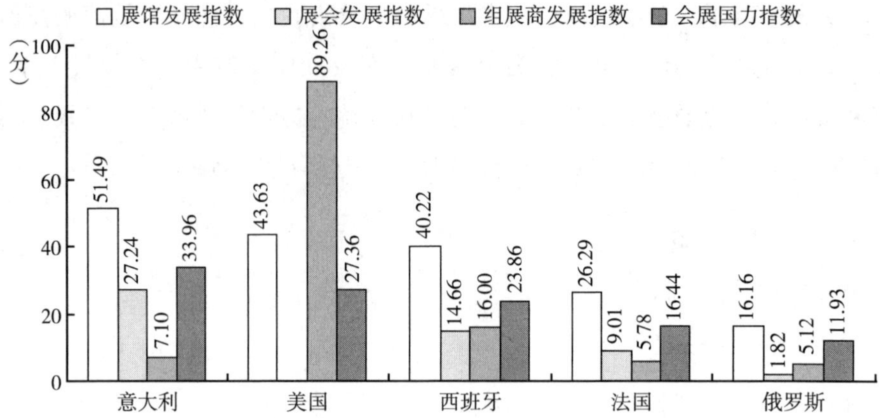

图3　意大利、美国、西班牙、法国和俄罗斯会展指数比较

14.66分，排名第四；组展商发展指数得分16分，排名第五。二级指数均排在第四或第五名，体现了西班牙展馆发展、展会发展和组展商发展相对均衡。

意大利的展馆发展指数得分51.49分，排名第三；展会发展指数得分27.24分，排名第三；而组展商发展指数得分7.1分，排名第七。其中二级指数的前两项排名都在第三位，组展商发展指数排名第七。相较于展馆和展会发展指数，意大利组展商发展指数落后。

法国的展馆发展指数得分26.29分，排名第六；展会发展指数得分9.01分，排名第五；组展商发展指数得分5.78分，排名第九。法国的这三个二级指数排名相比意大利波动幅度小一些，但也都在第五到九名，各项发展相对均衡。法国会展发展中，展馆的发展相对更具有优势。

作为世界经济最发达的国家，美国会展发展更注重内需，其竞争优势凸显。美国的会展指数综合得分27.36分，排名第四。在二级指数中，美国的展馆发展指数得分为43.63分，排名第四；展会发展指数暂为缺失项；组展商发展指数得分为89.26分，排名第二。可见，美国展馆建设具有一定优势，组展商指数仅次于德国，位居第二。与欧洲不同，美国是内需主导型的会展经济体，主要立足本国市场。在赢利模式上，美国也形成了与欧洲不同的模式——基于业态创新实现综合经营。

俄罗斯会展指数 11.93 分，排名第七。二级指数中，展馆发展指数得分 16.16 分，排名第七；展会发展指数 1.82 分，排名第八；组展商发展指数 5.12 分，排名第十。随着全球一体化的加深，欧洲会展业对俄罗斯会展业的发展产生了积极的影响，加之俄罗斯国内经济改革步伐加大，产业调整后成果初步显现，尤其是从展馆发展指数可以看出国内对会展发展的支持与投入。

（五）英国、瑞士和泰国单项突出，占据第四梯队上游

来自欧洲的英国、瑞士，以及来自亚洲的泰国会展指数综合得分分别为 8.26 分、4.91 分和 4.1 分（见图 4），排名为第八到第十位。

英国的会展优势在展馆和组展商上。在会展二级指数中，英国的展馆发展指数得分为 13.57 分，排名第八；展会发展指数得分 2.13 分，排名第六；组展商发展指数得分为 16.76 分，排名第四。

在会展二级指数中，瑞士的展会发展指数得分为 2.1 分，排名第七，而展馆发展指数得分为 11.2 分，排名第九，其组展商发展指数数据暂缺。

亚洲新星——泰国的会展二级指数中，组展商发展指数得分为 11.2 分，排名第六，是组展商发展指数前十强中除中国外唯一的亚洲国家；而展馆发展指数得分为 6.3 分，排名第十，是亚洲国家展馆发展成长较快的国家。

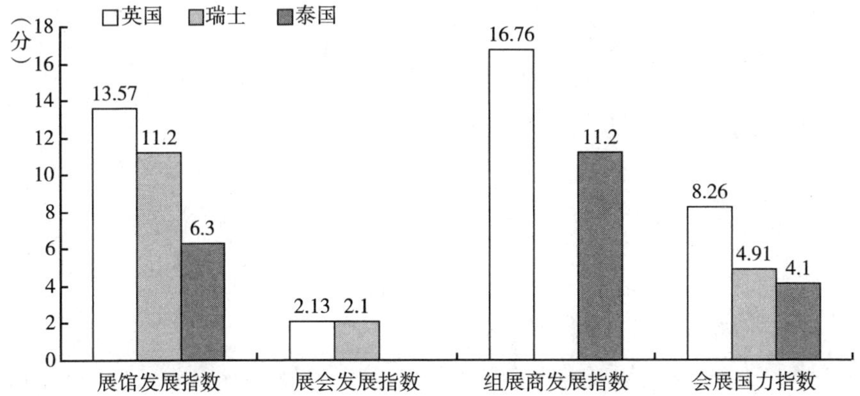

图 4　英国、瑞士和泰国会展发展比较

（六）第四梯队亚欧多国竞争力平平

捷克、比利时、新加坡、韩国、波兰、荷兰和日本位于第四梯队。在不考虑相关国家数据暂缺的情况下，分析现有数据及二级指数，展馆发展指数得分在4.5~5.5分，发展水平相差不大。会展国力发展指数在1.15~1.65分，发展水平较为接近。

需要注意的是，新加坡和韩国作为“亚洲四小龙”，能够跻身世界会展18强也在意料之中。新加坡是国际性城市，也是世界最开放的城市之一，再加上良好的经济条件，具有承载会展发展的基础。新加坡会展指数综合得分为1.31分，排名第13位，相较于2013年提升了两位。韩国会展指数综合得分为1.24分，排名第14位。新加坡和韩国会展发展的优势均在于展馆建设，两国都具有超过10万平方米的室内展览馆。相较于新加坡和韩国，作为亚洲国家的日本则会展国力指数得分所有下降，排名降至第17位。

B.3

世界会展城市实力报告

——基于 SMI 会展指数评价的研究

中外会展业动态评估研究报告课题组 *

摘　要：在全球会展业竞争日趋激烈的今天，世界会展城市间的竞争更加多元多样。本文以 SMI 会展指数评价模型为基础，从展馆、展会与组展商三个方面分析世界会展城市的发展态势，以及各国会展城市的实力水平。研究发现，欧洲会展城市实力强劲，入围城市占世界六成。亚洲会展城市实力取得了巨大进步，入围城市占世界四分之一强。德国会展城市占据世界会展城市实力十强中的半壁江山。法国巴黎的展会最具竞争力。中国上海的展馆具有相对优势。英国伦敦的组展商优势无与伦比。我国共有 18 个城市入围世界会展城市，其中排名最前的是上海，综合排名位列世界第三。

关键词：世界会展城市　实力　会展指数　评价　展馆　展会　组展商

一　基于 SMI 会展指数评价的世界会展城市

从展馆、展会、组展商三个维度设计会展发展指数系统指标群，通过 AHP 层次分析法计算确定室内展馆面积、展会展览面积和组展商营业额是

* 该报告的撰写人为张敏、牛盼强、狄丹。本文为国家社科基金规划课题“全球化视野下国际会展业发展比较研究”（13BGL086）的阶段性成果。

最能反映展馆、展会和组展商三个维度的指标，并由此形成会展指数指标体系及权重（见表1）[①]。在此基础上，采用线性加权综合法，即用均值法进行无量纲化，形成会展指数综合评价模型，从而对世界会展城市实力进行评价，符合数据可得性、科学性、可比性以及一定的系统性原则。

表1　会展指数指标体系及权重

一级指数	二级指数及权重	具体指标
会展指数	展馆发展指数(0.24)	室内展馆面积
	展会发展指数(0.49)	展会展览面积
	组展商发展指数(0.27)	组展商营业额

作为会展业最为核心的指标，世界范围内的展馆、展会和组展商的发展情况都得到了国际会展业权威研究机构、会展协会和统计机构的高度关注。本报告借助AUMA、UFI、ICCA等机构发布的全球或区域内会展业发展情况研究报告获取相关数据，具体来源如下：展馆数据来自“AUMA Review 2014”，展会数据来自2015年世界商展100大排行榜，组展商数据来自“AUMA Review 2014”。

通过考察全球各大城市会展业在展馆展能、商展规模、展商实力的发展表现，对相关排名中出现的国际性会展城市进行整理归纳，共得到世界会展城市55个，主要分布在欧洲（34个）、亚洲（14个）和北美洲（7个），分别占比61.82%、25.45%、12.73%（见表2）。

表2　世界会展城市一览

地区	国家	城市
欧洲（34个）	德国(10个)	汉诺威、法兰克福、科隆、杜塞尔多夫、慕尼黑、纽伦堡、柏林、莱比锡、埃森、斯图加特
	意大利(7个)	米兰、博罗尼亚、维罗纳、巴厘、罗马、里米尼、帕尔玛
	西班牙(4个)	巴塞罗那、瓦伦西亚、马德里、毕尔巴鄂

① 具体请参阅本书《全球会展国力报告》指数评价部分。

续表

地区	国家	城市
欧洲（34个）	英国（3个）	伯明翰、伦敦、范堡罗
	法国（2个）	巴黎、里昂
	荷兰（2个）	乌德勒支、阿姆斯特丹
	瑞士（2个）	巴塞尔、日内瓦
	俄罗斯（1个）	莫斯科
	比利时（1个）	布鲁塞尔
	波兰（1个）	波兹南
	捷克（1个）	布尔诺
亚洲（14个）	中国（10个）	香港、广州、重庆、上海、武汉、义乌、北京、沈阳、深圳、厦门
	日本（1个）	东京
	新加坡（1个）	新加坡
	泰国（1个）	曼谷
	韩国（1个）	首尔
北美洲（7个）	美国（7个）	芝加哥、奥兰多、拉斯维加斯、亚特兰大、休斯敦、新奥尔良、加利福尼亚

二　世界会展城市的展馆、展会与组展商发展评价

（一）展馆发展指数

对这55个世界会展城市的展馆、展会、组展商发展指数进行无量纲化，并进行标准化处理，可以得到标准化的世界城市展馆评价得分及排名（见表3）。

1. 中国上海力压群雄

在世界会展城市展馆发展中，中国上海得分100分，排在第一位，法国巴黎以78.33分排名第二，德国汉诺威以77.21分排名第三。其中，法国巴黎与德国汉诺威两个城市展馆发展指数的差距，相较于法国巴黎与第一位的中国上海的差距较小，这主要得益于国家会展中心（上海）的建成及运营。

表3　世界会展城市展馆评价得分及排名

国别	城市	展馆发展指数	排名
中　国	上　　海	100.00	1
法　国	巴　　黎	78.33	2
德　国	汉 诺 威	77.21	3
德　国	法兰克福	61.11	4
俄罗斯	莫 斯 科	59.85	5
意大利	米　　兰	57.50	6
中　国	广　　州	56.67	7
德　国	科　　隆	47.33	8
德　国	杜塞尔多夫	43.70	9
美　国	芝 加 哥	40.26	10
西班牙	巴塞罗那	40.00	11
西班牙	瓦伦西亚	38.47	12
中　国	重　　庆	34.00	13
英　国	伯 明 翰	33.61	14
西班牙	马 德 里	33.33	15
意大利	博罗尼亚	33.33	15
美　国	奥 兰 多	31.81	17
美　国	拉斯维加斯	30.74	18
德　国	慕 尼 黑	30.00	19
德　国	柏　　林	28.33	20
德　国	纽 伦 堡	28.33	20
意大利	维 罗 纳	25.26	22
中　国	武　　汉	25.00	23
瑞　士	巴 塞 尔	23.50	24
泰　国	曼　　谷	23.33	25
美　国	亚特兰大	21.69	26
捷　克	布 鲁 诺	20.22	27
美　国	休 斯 敦	20.07	28
中　国	义　　乌	20.00	29
意大利	巴　　厘	20.00	29
意大利	罗　　马	19.82	31
比利时	布鲁塞尔	19.07	32
法　国	里　　昂	19.05	33

续表

国别	城市	展馆发展指数	排名
德　国	莱 比 锡	18.55	34
德　国	埃　　森	18.33	35
新加坡	新 加 坡	18.20	36
意大利	里 米 尼	18.17	37
韩　国	首　　尔	18.08	38
西班牙	毕尔巴鄂	18.00	39
瑞　士	日 内 瓦	18.00	40
波　兰	波 兹 南	17.94	41
中　国	北　　京	17.80	42
中　国	沈　　阳	17.53	43
德　国	斯图加特	17.53	44
中　国	深　　圳	17.50	45
美　国	新奥尔良	17.04	46
意大利	帕 尔 玛	16.67	47

注：展馆发展指数得分为0的城市没有进入该表。

资料来源：AUMA. German Trade Fair Industry-Review 2014. http://www.auma.de/en/DownloadsPublications/Seiten/GermanTradeFairIndustry－Review.aspx.

2. 德中意法美俄包揽十强

世界城市展馆前十强中德国占有四席，分别是汉诺威、法兰克福、科隆和杜塞尔多夫，德国会展城市展馆发展仍然遥遥领先。

3. 中国八城入围前50：沪穗场馆名列前十

在世界城市展馆发展指数排行中，我国有8个进入了50强。其中，上海更是以100分摘得桂冠，广州以56.67分进入世界前十，在世界城市展馆发展排名第七位。重庆以34分在世界城市展馆中排名第13位；武汉得分25分，排名第23位；义乌20分，排名第29位；北京17.8分，排名第42位；沈阳17.53分，排名第43位；深圳17.5分，排名第45位。由此可见，国内许多城市的会展业发展正在步入快车道，开始具备一定的国际竞争力。

（二）展会发展指数

通过计算，标准化的世界城市展会发展指数得分及排名见表4。

表4　世界会展城市展会发展指数得分及排名

国别	城市	展会发展指数	排名
法　国	巴　　黎	100.00	1
德　国	法兰克福	34.12	2
德　国	汉 诺 威	19.98	3
中　国	上　　海	16.54	4
德　国	科　　隆	15.16	5
德　国	杜塞尔多夫	13.26	6
德　国	慕 尼 黑	13.23	7
美　国	拉斯维加斯	7.64	8
意大利	米　　兰	7.16	9
德　国	柏　　林	6.40	10
德　国	莱 比 锡	6.40	10
意大利	博罗尼亚	6.05	12
中　国	北　　京	5.62	13
中　国	广　　州	4.90	14
德　国	纽 伦 堡	2.71	15
瑞　士	巴 塞 尔	2.37	16
俄罗斯	莫 斯 科	2.34	17
西班牙	巴塞罗那	2.03	18
意大利	维 罗 纳	1.73	19
意大利	里 米 尼	1.37	20
美　国	芝 加 哥	1.31	21
中　国	香　　港	1.14	22
中　国	重　　庆	1.10	23
中　国	厦　　门	1.01	24

注：展会发展指数得分为0的城市没有进入该表。

资料来源：AUMA. German Trade Fair Industry-Review 2014. http://www.auma.de/en/Downloads Publications/Seiten/GermanTradeFairIndustry – Review.aspx.

1. 德法城市占据前三强

在世界会展城市展会发展指数中，法国巴黎以100分位居第一，法兰克福得分34.12分，排名第二位，汉诺威得分19.98分，排名第三位。德国城市占据了世界展会发展前三强的两席，实力远超其他国家。

2. 十强中意美各占一席

美国拉斯维加斯进入了世界城市展会发展前十强，以7.64分排名第八位，意大利米兰以7.16分排名第九位。

3. 沪京穗跻身前15位

在世界会展城市展会发展指数得分中，上海得分16.54分，排名第四位。北京以5.62分排名第13位，广州以4.9分列第14位。我国进入世界展会指数15强的城市有三个，另外，香港以1.14分排名第22位；重庆以1.1分位列第23位，厦门则以1.01分排名第24位。

（三）组展商发展指数

通过计算，标准化得分的世界城市组展商发展指数得分及排名见表5。

表5　世界会展城市组展商发展指数得分及排名

国别	城市	组展商发展指数	排名
英国	伦敦	100.00	1
法国	里昂	38.40	2
德国	法兰克福	22.65	3
法国	巴黎	18.20	4
德国	杜塞尔多夫	16.82	5
瑞士	巴塞尔	15.27	6
德国	慕尼黑	12.65	7
德国	汉诺威	11.47	8
德国	柏林	11.01	9
意大利	米兰	10.04	10
德国	科隆	9.45	11
德国	纽伦堡	9.35	12

续表

国别	城市	组展商发展指数	排名
中　国	香　　港	9.21	13
美　国	加利福尼亚	9.21	13
西班牙	巴塞罗那	6.21	15
中　国	上　　海	6.21	15
德　国	斯图加特	5.60	17
荷　兰	乌德那支	5.38	18
意大利	博罗尼亚	4.91	19
荷　兰	阿姆斯特丹	4.89	20

注：组展商发展指数得分为0的城市没有进入该表。

1. 英国伦敦独占鳌头

英国伦敦在组展商发展中的首位优势依然强劲。在世界会展城市组展商评价中，伦敦领先第二名的法国里昂约62分，高居榜首。这主要是因为伦敦的励展博览集团（Reed Exhibitions）、博闻集团（United Business Media）、国际贸易与展览集团（ITE）和英富曼展览公司（Informa）集团全部进入全球组展商30强。在全球组展商十大巨头中，伦敦就独占两席（列第一的励展和第三的博闻），其中励展集团更是世界公认的最大组展商，多年来营业额稳居世界第一，2013年营业额达到了10.17亿欧元。

2. 十强全部花落欧洲，德国占五席

欧洲组展商凭借传统和实力领跑世界，占据世界会展城市组展商发展的前十强。其中，德国有5个城市入围，分别是法兰克福（第三位）、杜塞尔多夫（第五位）、慕尼黑（第七位）、汉诺威（第八位）、柏林（第九位），可见德国会展城市组展商发展的总体实力强劲。其余五个欧洲城市是位列第一的英国伦敦，位列第二和第四位的法国里昂和巴黎，位列第六的瑞士巴塞尔和第十位的意大利米兰。

3. 中国香港和上海入围前20强

我国没有城市进入世界会展城市组展商发展前十强，主要原因是我国大部分组展商的实力依然较弱，未来还需要整合发展，做大做强。另外，由于对组展商的统计标准过高以及对我国大陆市场经济地位的质疑等，我国很多城市的组展商未被统计在内，这也在一定程度上影响了我国城市组展商发展的排名。虽受上述因素的影响，我国香港的组展商仍以发展指数得分9.21分排名第13位，上海组展商发展指数得分6.21分，排名第15位，进入世界前20强。由此可以看出，中国会展城市组展商实力与世界会展城市的差距较大，应在今后的工作中寻找到中国会展城市组展商发展的提升空间。

三　世界会展城市实力综合评价

本部分运用会展指数综合评价模型，计算世界会展城市会展指数，对世界会展城市实力进行综合评价，评价得分及排名见表6。

表6　世界会展城市实力排名

国别	城市	排名	国别	城市	排名
法国	巴黎	1	美国	芝加哥	19
德国	法兰克福	2	西班牙	瓦伦西亚	20
中国	上海	3	中国	重庆	21
德国	汉诺威	4	英国	伯明翰	22
英国	伦敦	5	西班牙	马德里	23
德国	杜塞尔多夫	6	美国	奥兰多	24
德国	科隆	7	德国	莱比锡	25
意大利	米兰	8	中国	北京	26
德国	慕尼黑	9	意大利	维罗纳	27
中国	广州	10	中国	武汉	28
俄罗斯	莫斯科	11	德国	斯图加特	29
法国	里昂	12	泰国	曼谷	30
德国	柏林	13	荷兰	乌德勒支	31
西班牙	巴塞罗那	14	美国	亚特兰大	32
美国	拉斯维加斯	15	意大利	里米尼	33
意大利	博罗尼亚	16	捷克	布鲁诺	34
瑞士	巴塞尔	17	美国	休斯敦	35
德国	纽伦堡	18	中国	义乌	36

续表

国别	城市	排名	国别	城市	排名
意大利	巴　　厘	36	中　国	深　　圳	47
意大利	罗　　马	38	美　国	新奥尔良	48
比利时	布鲁塞尔	39	意大利	帕　尔　玛	49
德　国	埃　　森	40	中　国	香　　港	50
新加坡	新　加　坡	41	美　国	加利福尼亚	51
韩　国	首　　尔	42	荷　兰	阿姆斯特丹	52
西班牙	毕尔巴鄂	43	英　国	范　堡　罗	53
瑞　士	日　内　瓦	44	中　国	厦　　门	54
波　兰	波　兹　南	45	比利时	布鲁塞尔	55
中　国	沈　　阳	46			

通过计算，2015 年世界会展城市实力排名显示出以下几个特征。

（一）欧洲会展城市实力强劲，入围城市占世界六成

在世界会展城市实力前 55 强中，欧洲一共有 34 个城市入围，占到了 61.82%（见图 1）。其中德国有 10 个城市入围，意大利 7 个，西班牙 4 个，英国 3 个，法国、荷兰和瑞士各 2 个，捷克、俄罗斯、波兰和比利时各 1 个。

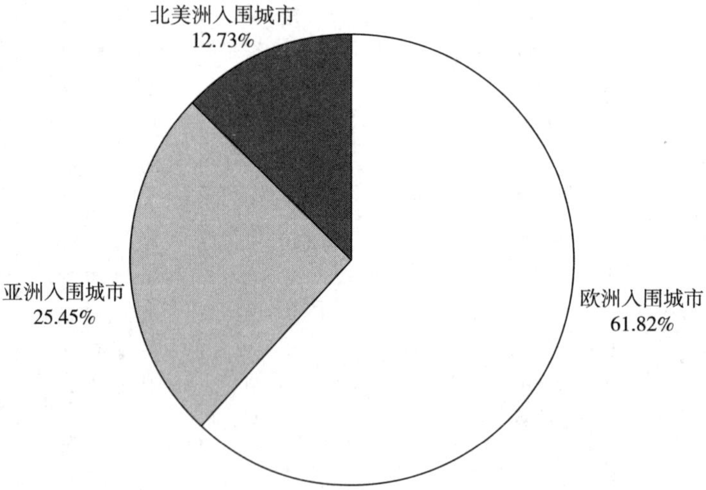

图 1　各洲入围世界会展城市比例

法国巴黎城市会展指数得分 72.71 分，综合排名第一。二级指标中，巴黎在展会发展上非常具有竞争力，展会发展指数为 100 分，排名第一，展馆发展指数 78.33 分，排名第二，同样具有很强的竞争力；组展商发展指数 18.2 分，排名第四。

英国伦敦城市会展指数得分 31 分，排名第五。但需要注意的是，伦敦会展具有非常独特的特点，它在组展商发展上优势最突出，其组展商发展指数排名世界第一，伦敦的劣势在于展馆与展会。

意大利米兰会展指数得分 20.02 分，排名第八，米兰在展馆、展会和组展商三个方面的发展都较为均衡。米兰展馆、展会与组展商三个二级指数排名分别为第六、第九和第十，相对差距不大，综合实力较强。

（二）亚洲入围城市占世界四分之一强

亚洲一共有 14 个城市入围世界会展实力城市前 55 强，占到了 25.45%。亚洲入围的城市中，中国共有 10 个，新加坡、泰国、韩国和日本各有 1 个。其中，泰国曼谷会展指数得分 5.6 分，排名第 30 位；新加坡会展指数 4.37 分，排名第 42 位；韩国首尔会展指数 4.34 分，排名第 43 位。

就发展优势而言，曼谷、首尔和新加坡的优势在大型展馆建设，而东京则在组展商发展方面更具优势。

（三）北美会展城市全部集中在美国，共占7席

北美洲有 7 个城市入围世界会展城市前 55 强，全部集中在美国。这 7 个城市分别是拉斯维加斯、芝加哥、奥兰多、亚特兰大、休斯敦、新奥尔良、加利福尼亚。美国会展城市实力最强的是拉斯维加斯，得分 11.12 分，排名第 15 位。

美国会展城市相对在展馆发展上具有优势，在展会与组展商发展上处于劣势。在美国 7 个入围城市中，都以展馆发展排名靠前入围，而以展会发展入围排名的仅 2 个城市，以组展商发展入围的仅有 1 个城市。

（四）世界会展城市实力前十强中，德国占据五席

德国法兰克福、汉诺威是世界会展发展最好的五个城市中的代表。法兰克福的会展指数得分为 37.5 分，汉诺威得分 31.42 分。相比而言，德国汉诺威的展馆与展会发展较好，而法兰克福在组展商方面发展较好。

（五）中国共有10个城市跻身世界会展城市，实力不断提升

我国一共有 10 个城市跻身世界会展城市 55 强。其中，上海和广州作为我国会展最发达城市，更是跻身综合排名前十强：上海的展馆、展会和组展商三项指数遥遥领先，而广州作为十强中的另一个中国城市，无论在展馆、展会还是组展商发展方面，与上海相比仍存在一定差距。香港会展指数得分为 3.04 分，列世界第 51 位，虽综合排名未进入 50 强，却是我国仅有的在组展商方面进入世界前 15 名的城市。

除此之外，重庆、北京、武汉、义乌、沈阳、深圳进入了综合排名前 50 强，排名分别为第 21、26、28、36、47、48 位（见表 7）。

表 7　我国的世界会展城市实力世界排名*

城市	会展指数	排名	展馆发展指数	展会发展指数	组展商发展指数
上海	33.78	3	100.00	16.54	6.21
广州	16.00	10	56.67	4.90	—
重庆	8.10	21	34.00	1.10	—
北京	7.03	26	17.80	5.62	—
武汉	6.00	28	—	—	—
义乌	4.80	36	20.00	—	—
沈阳	4.21	47	17.53	—	—
深圳	4.20	48	17.50		—
香港	3.04	51	—	—	—
厦门	0.50	54	—	—	—

* 由于组展商企业性质及商业机密等原因，部分城市组展商数据暂缺。

B.4
中国会展城市成长现状

中外会展业动态评估研究报告课题组*

摘　要：本文根据 SMI 会展指数评价模型，以及现有数据资料条件，主要着眼于展馆与展会两个会展业要素，分析中国会展城市的实力分布、成长态势和未来前景。研究发现，从会展区域看，长三角、珠三角和环渤海三大会展城市群引领全国会展业发展。西部、东北和中部三大会展城市群骨架坚韧，成长迅速。海西经济区和海南国际旅游岛会展城市群实力亟待提升。从会展城市看，上海、广州、重庆、北京四大会展增长极可称为中国会展一线城市。以武汉为龙头的29个二线会展城市，已经形成了多点开花快速发展的格局。146个三线会展城市数量骤增，然而总体实力仍然偏弱。

关键词：展馆发展指数　展会发展指数　会展城市实力分布　会展指数评价

一　评价标准与数据来源

在世界会展国力与城市会展实力的评价中，所采用的评价标准是“拥

---

* 该报告的撰写人为张敏、牛盼强、吉薪元。本文为国家社科基金规划课题“全球化视野下国际会展业发展比较研究”（13BGL086）的阶段性成果。

有全球百强展会，或拥有10万平方米以上展馆，或拥有营业额在1亿欧元以上的组展商”。这一标准对于发达经济体或许适用，但对发展中国家来说则明显过高，即便作为世界会展大国的中国，也仅有10多个城市能够达到其中的某一项标准。因此，进行中国国内会展城市实力的评价时，确立“发展中国家会展实力标准”可能更为合适。

为了研究需要，我们在这里尝试确立中国会展城市的入选标准：第一，场馆室内展能面积在10万平方米以上；第二，年度办展在100万平方米以上；第三，组展营业收入在规模以上，即主营业务收入在2000万元人民币以上。

由于国内会展城市选择的标准与世界会展城市不同，相关数据来源也不一样，对同一个城市的评价结果将可能产生差异。因此一些城市会有两个会展指数，如上海、广州、北京等，既入选了世界会展城市，又入选了中国会展城市。为区分这两个会展指数，我们把世界会展城市评价中的指数称为“中国上海会展指数”，而本文中的指数称为“上海会展指数”。

在国内组展商收益数据缺失的情况下，我们尝试使上海会展指数的计算方法与全球会展国力、世界会展城市实力[①]略有不同。由于常态下组展商营业额与展会展览面积的数值成正比关系，且国内组展商发展指数暂时统一排除，因此考虑“上海会展指数 = 展馆发展指数 ×0.24 + 展会发展指数 ×0.49”，这样国内的会展城市排名并不会出现过多的偏差。

二　我国会展城市展馆、展会与组展商发展评价

（一）我国城市的展馆发展指数

根据《中国展览经济发展报告（2015）》[②]，在把我国城市展馆建设相关

① 具体请参阅本书《全球会展国力报告》。

② 《中国展览经济发展报告（2015）》，中国国际贸易促进委员会，http://www.hui.net/static/uploads/contents/files/20160114/1452757290589353.pdf。

数据进行无量纲化处理之后，便可得到我国城市的展馆发展指数和排名（见表1）。

表1　我国城市展馆发展指数得分及排名

城市	室内展馆面积（万平方米）	展馆发展指数(分)	排名
上海	84	100.00	1
广州	54	64.29	2
昆明	36	42.86	3
重庆	32	38.10	4
北京	26	30.95	5
深圳	25	29.76	6
武汉	21	25.00	7
南京	14	16.67	8
沈阳	14	16.67	9
东莞	13	15.48	10
杭州	13	15.48	11
临沂	13	15.48	12
天津	13	15.48	13
义乌	12	14.29	14
成都	11	13.10	15

1. 上海展馆跃居首位，广州位列次席

在我国城市展馆发展指数中，上海以100分高居榜首，广州为64.29分，排名第二。这两个城市可以看成展馆发展方面的第一梯队。在目前已建成展馆中室内展览面积最大的40万平方米的国家会展中心（上海）于2015年正式投入运营后，上海从原先的第三位跃居第一。

在展馆数量上，上海拥有10个展览馆，成为展馆数量最多的城市。广州拥有5个展馆，仅次于上海和北京。在展馆的室内可租用面积上，上海市展览馆室内可租用总面积约为84万平方米，约占全国总量的13%；第二位的广州市则为54万平方米，约占全国总量的8%。在大型展馆上，国家会展中心（上海）是我国目前规模最大的展馆，室内可租用面积达到约40万平方米；上海新国际博览中心室内可租用面积为20万平方米，位居第四；

广州的中国进出口商品交易会展馆室内可租用面积则达到约34万平方米，位列第二。

2. 昆明、重庆、北京、深圳、武汉分列三到七名，指数依次递减

由于室内可租用面积居于国内第三（约30万平方米）的昆明滇池国际会展中心的建设，第二梯队领头的昆明市地位显著提升。如今，昆明市总体展览馆室内可租用面积约为36万平方米，约占全国总量的6%，展馆发展指数为42.86分，位列第三。拥有室内可租用面积20万平方米的国内第四大展馆的重庆国际博览中心的重庆市，其展馆发展指数为38.1分，紧随昆明排名第四，总展览馆室内可租用面积为32万平方米。第五名北京拥有7个展览馆，总体变化不大，展览馆室内可租用面积为26万平方米，展馆发展指数为30.95分。深圳市暂时与北京市差距不大，展览馆室内可租用面积为25万平方米，展馆发展指数为29.76分，位居第六。但考虑到展览面积高达50万平方米的深圳国际会展中心的规划与建设，未来深圳市有望跻身中国城市展馆建设的第一梯队。拥有15万平方米室内可租用面积的国内第六大展馆即武汉国际博览中心的武汉市，总展览馆室内可租用面积为21万平方米，展馆发展指数为25分。

3. 南京、沈阳、东莞、杭州、临沂、天津、义乌、成都排在第三梯队

中国城市展馆建设第三梯队的八个城市，展馆发展指数都在10~20分，彼此差距不大，可见竞争非常激烈。南京、沈阳、东莞、杭州、临沂、天津、义乌、成都的展览馆室内可租用面积依次为14万、14万、13万、13万、13万、13万、12万、11万平方米，展馆发展指数依次为16.67、16.67、15.48、15.48、15.48、15.48、14.29、13.1分。

总体来看，全国共有7个城市展览馆室内可租用总面积在20万平方米以上，分别为上海、广州、昆明、重庆、北京、深圳、武汉，即中国城市展馆建设的第一梯队与第二梯队，合计展览馆室内可租用总面积约279万平方米，约占全国展览馆室内可租用总面积的43%；第三梯队的南京、沈阳等8个城市展览馆室内可租用总面积在10万~20万平方米，合计展览馆室内可租用总面积约103万平方米，约占全国展览馆室内可租用总面积的16%。

（二）我国城市展会发展指数

2015 年共有 16 个城市年举办展览会总面积在 100 万平方米以上，合计展览会总面积约为 5644 万平方米，约占全国展览会总面积的 74%。

根据《中国展览经济发展报告（2015）》①，把我国城市展会发展相关数据进行无量纲化处理，即可得到我国城市的展会发展指数和排名（见表 2）。

表 2　我国城市展会发展指数得分及排名

国内城市	展会展览面积（万平方米）	展会发展指数(分)	排名
上　海	1398	100.00	1
广　州	1041	74.46	2
北　京	752	53.79	3
深　圳	352	25.18	4
成　都	254	18.17	5
武　汉	248	17.74	6
郑　州	231	16.52	7
济　南	217	15.52	8
天　津	210	15.02	9
青　岛	168	12.02	10
南　京	156	11.16	11
重　庆	151	10.80	12
沈　阳	132	9.44	13
西　安	123	8.80	14
东　莞	102	7.30	15
哈尔滨	102	7.30	16

1. 上海、广州、北京分列我国展会发展指数前三强

我国城市展会发展指数得分上，上海、广州、北京分别以 100 分、

① 《中国展览经济发展报告（2015）》，中国国际贸易促进委员会，http：//www.hui.net/static/uploads/contents/files/20160114/1452757290589353.pdf。

74.46 分和 53.79 分占据前三强位置。上海和广州展会发展情况良好，展会展览面积分别为 1398 万平方米和 1041 万平方米，约占全国展览会总面积的 18% 和 14%，稳居第一、第二名。北京虽然处于第一梯队，但与上海和广州的差距开始拉大，第三位北京市的展会展览面积仅为 752 万平方米，是上海市的一半左右，约占全国展览会总面积的 10%，展会发展指数 53.79 分。

其中，2015 年上海、广州和北京的办展数量分别为 382 个、197 个和 280 个，分别约占全国展览会总数量的 15%、8% 和 11%。

2. 深圳、成都、武汉、郑州、济南、天津形成第二梯队

深圳、成都、武汉、郑州、济南和天津这 6 个城市属于二线会展城市，在展会发展方面具有代表性，但是与第一梯队还有相当大的差距。其中，深圳市展览会总面积约为 352 万平方米，约占全国展览会总面积的 5%，展会发展指数为 25.18 分，展览会数量达 100 个。成都、武汉、郑州、济南、天津的展会发展指数均在 15～20 分，依次为 18.17、17.74、16.52、15.52、15.02 分，相对国内其他二线城市来说办展面积更大。

结合中国城市展会发展第一梯队和第二梯队的数据来看，在展览会总面积方面，2015 年全国共有 9 个城市举办展览会总面积超过 200 万平方米，比 2014 年增加了 4 个城市。其中，广州市展览会总面积首次超过 1000 万平方米，武汉、郑州、济南、天津这 4 个城市展览会总面积首次超过 200 万平方米，显示出中国重点展览城市快速上升的趋势。

3. 青岛、南京、重庆等其余7个城市展会发展指数得分在15分以下

在其余的 7 个城市中，青岛、南京、重庆的展会发展指数在 10～15 分，依次为 12.02、11.16 和 10.8 分，具体的展会展览面积为 168 万、156 万和 151 万平方米。而沈阳、西安、东莞、哈尔滨的展会发展指数则皆在 10 分以下，有待进一步发展，特别是“一带一路”沿线的西安市，随着西安丝路国际会展中心的规划与建设，其展会发展指数将在未来有大幅度提升。

三　我国会展城市实力评价

（一）我国会展城市的等级划分

根据《2015 年中国展览数据统计报告》①，我国会展城市会展指数得分及排名见表 3。通过表中数据，可以发现我国会展城市实力的划分如下。

1. 四个会展增长极——上海、广州、重庆、北京构成我国会展的一线城市

一线会展城市会展指数得分都在 20 分以上，共有四个城市，依次为上海、广州、重庆和北京。

城市群的发展都是基于城市增长极的溢出效应，我国会展城市群的发展也是如此。会展增长极的主要作用是溢出效应，它能带动周边城市会展业的协同发展和进步，对于会展经济的集聚作用是非常巨大的。

目前我国出现的四个会展增长极——上海、广州、重庆和北京，分别是长三角会展城市群、珠三角会展城市群、西部会展城市群和环渤海会展城市群的中心城市。上海目前是我国会展综合实力最强的城市，即便在会展一线城市中仍占据较大优势，会展指数为 73 分，可以说国家会展中心（上海）的展馆建造与展会举办对上海会展综合实力的提升有较大的贡献。广州、重庆、北京分别位列总排名第 2、3、4 位，其中广州与北京保持一线会展城市地位，会展指数分别为 42. 48 和 29. 33 分，重庆则由原二线会展城市的领头羊上升至第一梯队，从会展指数来看与北京市相近，会展指数为 31. 81 分，总排名第三，表现良好。

2. 二线会展城市多点开花

二线会展城市得分在 5 ~20 分，主要包括武汉、青岛、天津、东莞、杭州、成都、沈阳、西安、深圳、南京、济南、哈尔滨、长春、郑州、合肥、南昌、淄博、厦门、潍坊、宁波、贵阳、长沙、苏州、无锡、昆山、大连、

① 中国会展经济研究会：《2015 年中国展览数据统计报告》。

福州、佛山、石家庄，共29个城市。从这些城市的区位来看，并没有特别集中于哪一个区域，相对而言沿海城市较多。我国当前的二线会展城市呈现多点开花的特征，并且在数量上也有所增加。

3. 三线会展城市数量骤增但总体实力较弱

三线会展城市的会展指数得分在5分以下，主要城市有：临沂、义乌、昆明、东营、南宁、廊坊、乌鲁木齐、永康、乐山、海口、泸州、汕头、锦州、呼和浩特、威海、太原、绵阳、烟台、温州、西宁、嘉兴、泰州、中山、宜宾、徐州、兰州、泰安、银川、洛阳、铁岭等，共146个。近年会展业在诸多有利因素的助推下全国各地城市都有一定程度的兴起，但是无论场馆发展指数、展会发展指数还是会展指数都处于较低水平，相信在未来还有很大的提升空间。

表3 我国会展城市实力划分

	国内城市	场馆发展指数	排名	展会发展指数	排名	会展指数	总排名
一线会展城市	上海市	100.00	1	100.00	1	73.00	1
	广州市	60.60	2	57.01	2	42.48	2
	重庆市	37.70	4	46.46	3	31.81	3
	北京市	51.95	3	34.41	4	29.33	4
二线会展城市	武汉市	24.82	7	20.31	9	15.91	5
	青岛市	25.17	6	19.52	10	15.61	6
	天津市	14.96	19	22.89	5	14.81	7
	东莞市	15.54	16	22.49	6	14.75	8
	杭州市	25.43	5	17.56	12	14.71	9
	成都市	18.21	14	20.54	7	14.44	10
	沈阳市	14.80	21	20.51	8	13.60	11
	西安市	19.72	10	17.20	13	13.16	12
	深圳市	13.69	26	18.37	11	12.29	13
	南京市	19.39	11	14.88	15	11.94	14
	济南市	24.35	8	11.84	20	11.65	15
	哈尔滨市	15.78	15	13.02	17	10.17	16
	长春市	19.24	12	11.30	21	10.15	17
	郑州市	9.40	34	15.22	14	9.71	18
	合肥市	15.25	17	12.27	19	9.67	19

续表

	国内城市	场馆发展指数	排名	展会发展指数	排名	会展指数	总排名
二线会展城市	南昌市	23.26	9	7.58	27	9.30	20
	淄博市	9.26	35	14.36	16	9.26	21
	厦门市	11.60	28	12.64	18	8.98	22
	潍坊市	18.22	13	9.12	23	8.84	23
	宁波市	8.98	36	10.06	22	7.08	24
	贵阳市	12.01	27	8.47	24	7.03	25
	长沙市	10.67	31	8.30	25	6.63	26
	苏州市	10.44	32	7.30	28	6.08	27
	无锡市	14.91	20	5.07	35	6.06	28
	昆山市	15.08	18	4.71	38	5.93	29
	大连市	8.58	40	7.81	26	5.89	30
	福州市	9.80	33	6.73	29	5.65	31
	佛山市	13.92	25	4.20	41	5.40	32
	石家庄市	14.80	22	3.26	48	5.15	33
三线会展城市	临沂市	8.82	37	5.74	32	4.93	34
	义乌市	10.81	30	4.53	39	4.81	35
	昆明市	5.80	54	6.39	31	4.52	36
	东营市	14.04	24	2.25	58	4.47	37
	南宁市	8.70	39	4.82	37	4.45	38
	廊坊市	3.89	67	6.40	30	4.07	39
	乌鲁木齐	4.88	63	5.45	34	3.84	40
	永康市	8.82	37	3.05	49	3.61	41
	乐山市	11.14	29	1.86	66	3.59	42
	海口市	6.02	52	4.36	40	3.58	43
	泸州市	6.52	46	4.06	43	3.55	44
	汕头市	14.53	23	—	—	3.49	45
	锦州市	7.31	43	3.31	47	3.38	46
	呼和浩特	5.88	53	3.97	44	3.36	47
	威海市	7.96	41	2.77	52	3.27	48
	太原市	2.32	91	5.47	33	3.24	49
	绵阳市	3.68	70	4.17	42	2.93	50
	烟台市	6.17	49	2.95	50	2.93	51
	温州市	3.85	68	3.51	46	2.64	52
	西宁市	5.44	58	2.54	55	2.55	53
	嘉兴市	2.90	80	3.59	45	2.46	54

续表

	国内城市	场馆发展指数	排名	展会发展指数	排名	会展指数	总排名
三线会展城市	泰州市	7.19	45	1.39	77	2.41	55
	中山市	—	—	4.89	36	2.40	56
	宜宾市	7.42	42	1.23	82	2.38	57
	徐州市	4.99	62	2.22	59	2.29	58
	兰州市	3.69	69	2.75	53	2.23	59
	泰安市	5.16	61	1.89	65	2.16	60
	银川市	3.48	73	2.49	56	2.06	61
	洛阳市	2.55	84	2.86	51	2.01	62
	铁岭市	3.46	74	2.38	57	2.00	63
	连云港市	6.17	49	0.97	89	1.96	64
	唐山市	2.55	84	2.57	54	1.87	65
	菏泽市	4.41	64	1.65	71	1.87	65
	芜湖市	5.22	59	1.23	82	1.86	67
	盐城市	4.06	65	1.73	70	1.82	68
	余姚市	3.60	71	1.90	64	1.80	69
	南通市	3.94	66	1.75	68	1.80	69
	桂林市	3.35	75	2.01	62	1.79	71
	台州市	2.90	80	2.17	61	1.76	72
	拉萨市	7.25	44	—	—	1.74	73
	眉山市	6.29	47	0.42	105	1.72	74
	内江市	5.22	59	0.90	92	1.69	75
	德阳市	5.80	54	0.50	103	1.64	76
	玉林市	6.03	51	0.40	106	1.64	76
	柳州市	6.18	48	0.25	112	1.61	78
	常州市	2.09	97	2.21	60	1.58	79
	惠州市	2.78	82	1.85	67	1.57	80
	漳州市	5.45	57	0.53	102	1.57	80
	沧州市	3.25	77	1.49	74	1.51	82
	攀枝花市	2.76	83	1.55	73	1.42	83
	池州市	5.80	56	—	—	1.39	84
	绍兴市	3.10	79	1.19	83	1.33	85
	莱芜市	3.28	76	1.10	84	1.33	85
	滨州市	1.51	114	1.96	63	1.32	87
	漯河市	1.74	105	1.75	68	1.28	88
	邯郸市	2.32	91	1.40	76	1.24	89

续表

	国内城市	场馆发展指数	排名	展会发展指数	排名	会展指数	总排名
三线会展城市	聊城市	2.38	90	1.30	80	1.21	90
	鞍山市	1.74	105	1.59	72	1.20	91
	常熟市	2.44	88	1.25	81	1.20	91
	马鞍山市	0.23	137	2.25	58	1.16	93
	阜新市	2.09	97	1.32	79	1.15	94
	扬州市	1.74	105	1.42	75	1.11	95
	日照市	1.74	105	1.33	78	1.07	96
	本溪市	3.60	72	0.29	109	1.01	97
	慈溪市	1.91	100	0.98	88	0.94	98
	信阳市	2.32	91	0.79	94	0.94	98
	宁德市	3.25	77	0.19	117	0.87	100
	包头市	—	—	1.74	69	0.85	101
	广元市	2.44	8	0.54	101	0.85	101
	德州市	0.93	128	1.23	82	0.83	103
	温岭市	1.37	117	1.00	85	0.82	104
	三门峡市	1.86	101	0.75	96	0.81	105
	邢台市	1.86	101	0.74	97	0.81	105
	广安市	1.28	119	0.99	86	0.79	107
	盘锦市	1.16	122	0.99	86	0.76	108
	大同市	2.52	87	0.28	110	0.74	109
	海宁市	1.38	116	0.81	93	0.73	110
	鄂尔多斯	1.84	103	0.46	104	0.67	111
	遂宁市	—	—	1.32	79	0.65	112
	牡丹江市	2.55	86	—	—	0.61	113
	秦皇岛市	2.13	95	0.13	121	0.57	114
	满洲里市	2.13	95	0.13	121	0.57	114
	辽阳市	1.94	99	0.19	117	0.56	116
	安阳市	2.32	91	—	—	0.56	116
	佳木斯市	0.68	133	0.73	98	0.52	118
	朝阳市	1.74	105	0.20	116	0.52	118
	达州市	—	—	0.99	86	0.49	120
	枣庄市	1.09	126	0.42	105	0.47	121
	保定市	—	—	0.93	90	0.46	122
	丹东市	—	—	0.91	91	0.45	123
	绥芬河市	1.02	127	0.40	106	0.44	124

续表

	国内城市	场馆发展指数	排名	展会发展指数	排名	会展指数	总排名
三线会展城市	伊春市	1.82	104	—	—	0.44	124
	宁海市	0.93	128	0.42	105	0.43	126
	延吉市	1.66	112	0.05	125	0.42	127
	三明市	1.74	105	—	—	0.42	127
	阜阳市	1.74	105	—	—	0.42	127
	衡水市	—	—	0.81	93	0.40	130
	六安市	1.16	122	0.23	114	0.39	131
	齐齐哈尔	1.30	118	0.15	120	0.39	131
	淮安市	1.62	113	—	—	0.39	131
	运城市	0.81	132	0.38	107	0.38	134
	巴中市	—	—	0.77	95	0.38	135
	张家口市	1.16	122	0.20	116	0.38	135
	昌邑市	1.51	115	—	—	0.36	137
	资阳市	—	—	0.73	98	0.36	137
	郴州市	—	—	0.66	99	0.32	139
	珠海市	—	—	0.66	99	0.32	139
	镇江市	1.28	119	—	—	0.31	141
	临夏回族自治州	1.23	121	—	—	0.30	142
	济宁市	—	—	0.58	100	0.28	143
	蚌埠市	1.16	122	—	—	0.28	143
	宝鸡市	0.89	131	0.02	128	0.22	145
	襄樊市	0.93	128	—	—	0.22	145
	自贡市	—	—	0.42	105	0.21	147
	抚顺市	—	—	0.40	106	0.20	148
	云浮市	—	—	0.40	106	0.20	148
	景德镇市	—	—	0.33	108	0.16	150
	吕梁市	0.23	137	0.21	115	0.16	150
	玉溪市	0.58	134	—	—	0.14	152
	阳泉市	0.58	135	—	—	0.14	152
	梅河口市	—	—	0.26	111	0.13	154
	喀什	—	—	0.24	113	0.12	155
	肇庆市	—	—	0.20	116	0.10	156
	辽源市	—	—	0.20	116	0.10	156
	衢州市	0.42	136	—	—	0.10	156

续表

	国内城市	场馆发展指数	排名	展会发展指数	排名	会展指数	总排名
三线会展城市	白城市	—	—	0.18	118	0.09	159
	吉林市	—	—	0.18	118	0.09	159
	葫芦岛市	—	—	0.17	119	0.08	161
	图们市	0.23	137	0.02	128	0.07	162
	营口市	—	—	0.13	121	0.06	163
	辛集市	—	—	0.13	121	0.06	163
	长白山市	—	—	0.10	122	0.05	165
	晋城市	0.19	140	—	—	0.05	165
	通化市	—	—	0.08	123	0.04	167
	雅安市	—	—	0.07	124	0.03	168
	承德市	—	—	0.07	124	0.03	168
	集安市	—	—	0.07	124	0.03	168
	南充市	—	—	0.07	124	0.03	168
	长治市	0.14	141	—	—	0.03	168
	白山市	—	—	0.04	126	0.02	173
	三亚市	—	—	0.03	127	0.01	174
	凉山	—	—	0.03	127	0.01	174
	公主岭市	—	—	0.03	127	0.01	174
	珲春市	—	—	0.03	127	0.01	174
	四平市	—	—	0.01	129	0.00	178
	阿坝	—	—	0.01	129	0.00	178

（二）我国会展城市的区域划分

当前我国基本形成了多个会展城市群（见表4）。

表4　我国会展城市区域划分

会展区域	包括城市	展馆发展指数	展会发展指数	会展指数
长三角会展城市群	上海、杭州、南京、苏州、宁波、无锡、义乌、昆山、永康、嘉兴、台州、温州、余姚	227.11	178.33	141.89
珠三角会展城市群	广州、深圳、东莞、佛山、惠州	106.53	103.92	76.49

续表

会展区域	包括城市	展馆发展指数	展会发展指数	会展指数
环渤海会展城市群	北京、天津、太原、廊坊、唐山、邯郸、青岛、济南、潍坊、临沂、烟台、威海、淄博、东营、菏泽	196.39	143.34	117.37
西部会展城市群	重庆、成都、昆明、贵阳、西安、西宁、兰州、银川、乌鲁木齐	110.93	112.29	81.64
东北会展城市群	长春、沈阳、大连、铁岭、哈尔滨	61.86	55.02	41.81
中部会展城市群	长沙、郑州、武汉、洛阳	47.44	46.69	34.26
海西经济区和海南国际旅游岛会展城市群	厦门、福州、三亚、海口	27.42	23.76	18.23

1. 东部三大会展城市群引领全国

会展业的发展需要依托区域工业和服务业经济的繁荣，因此区域经济表现出的结构性特征，也会通过会展经济得到一定程度的体现。

长三角、珠三角和环渤海是我国三大城市群，在国际上也是具有一定规模的城市群。长三角、珠三角和环渤海经济的强劲发展，催生了我国三大会展城市群。这三大会展城市群的会展经济不仅在规模上远远超过其他城市的会展经济，而且在发展趋势上也是我国会展经济发展的风向标，引领全国会展经济的发展。

我们把会展城市群内城市的会展指数进行相加，得到的总和就是该城市群的会展指数，各城市群的得分见图 1。

（1）长三角会展城市群实力最为雄厚。

长三角会展城市群的主体城市包括上海、杭州、南京、苏州、宁波、无锡、义乌、昆山、永康、嘉兴、台州、温州、余姚，该会展城市群的会展指数得分为 141.89 分，不论从数量还是质量上看，长三角会展城市群的实力都最雄厚。

长三角会展城市群主体在上海、江苏和浙江，这一市两省分属不同的行政区，因此在协同上要弱于珠三角。但随着行政力量的减弱，各区域经济联系的增强，长三角会展城市群的溢出效应越来越大，协同发展越来越好。

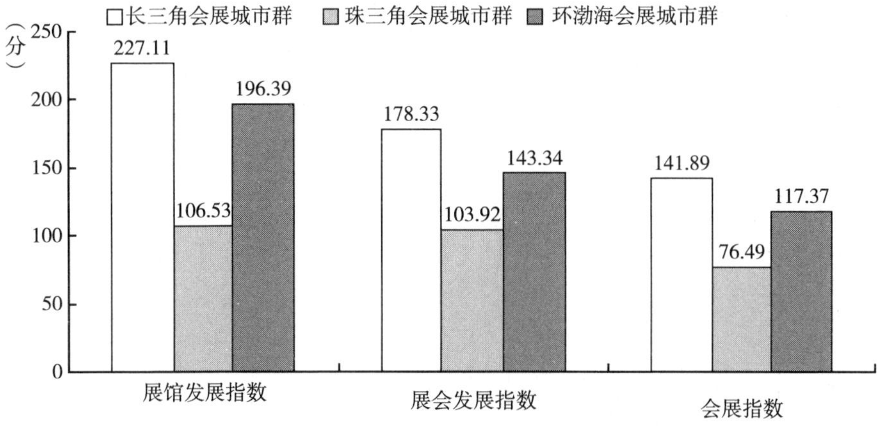

图1　东部三大会展城市群的会展指数

长三角会展城市群的会展指数几乎是珠三角的两倍，一定程度上反映了经济总量差异，长三角城市群经济规模领先于珠三角。会展经济的发展最终还是以该区域的经济发展为基础，因此未来长三角会展城市群的会展经济或将比珠三角拥有更强的竞争力。

（2）珠三角会展城市群实力依旧强大。

珠三角会展城市群的主体城市包括广州、深圳、东莞、佛山、惠州，该会展城市群的会展指数得分为76.49分，与长三角具有较大的差距，但地位仍旧较高。珠三角会展城市群虽然不像长三角那样城市众多，但每个城市的会展业都很发达。

由于珠三角会展城市群涉及的城市在距离上非常近，在行政区划上又都属于同一个省份，因此会展经济能够优势互补、协调发展，在三大会展城市群中效率应该是最高的。

（3）环渤海会展城市群实力不容小觑。

环渤海会展城市群主要包括北京、天津、太原、廊坊、唐山、邯郸、青岛、济南、潍坊、临沂、烟台、威海、淄博、东营、菏泽这15个城市，该会展城市群会展指数得分为117.37分，总体低于长三角但高于珠三角。环渤海包括的省份和城市众多，其综合实力不容小觑。

2. 西部、东北和中部三大传统会展城市群发展迅速

西部、东北和中部三大传统会展城市群是伴随着我国“西部大开发”“东北振兴”“中部崛起”三个重大战略决策而兴起的（见图2）。

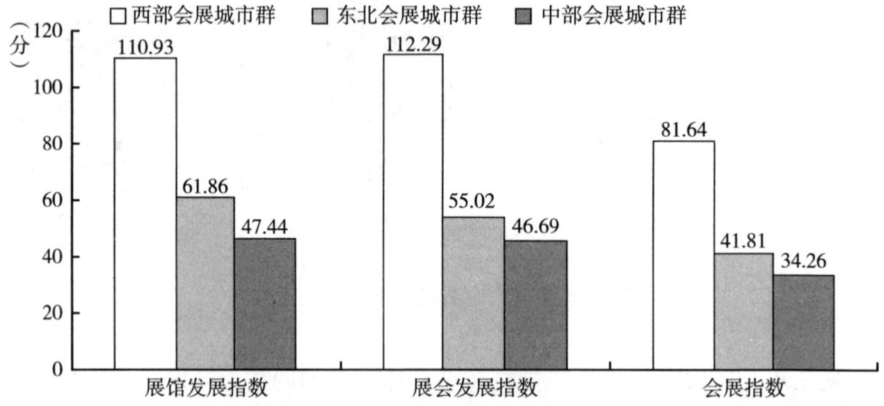

图2　西部、东北和中部会展城市群的会展指数

西部会展城市群包括重庆、成都、昆明、贵阳、西安、西宁、兰州、银川和乌鲁木齐。西部会展城市群会展指数为81.64分，在三大会展城市群中得分最高，甚至比珠三角会展城市群的得分都高，但因该会展城市群城市之间关联度较小，在协同效应上暂时较难与珠三角会展城市群相提并论。随着“一带一路”战略的深入实施，乌鲁木齐的会展业开始加快脚步，从无到有，为西部会展城市群贡献力量。

东北会展城市群的主体城市是长春、沈阳、哈尔滨、大连、铁岭。东北会展城市群会展指数为41.81分，在三个会展城市群中排在第二位。

中部会展城市群主体城市是长沙、郑州、武汉、洛阳。其会展指数为34.26分，在这三大会展城市群中排在第三位，与西部会展城市群差距较大，与东北会展城市群差距较小。

3. 海西经济区和海南国际旅游岛会展城市群实力较弱，亟待快速发展

随着与台湾联系的加强，以及海南国际旅游岛的建设，海西经济区和海南国际旅游岛会展城市群也逐渐成形。海西经济区的主体城市是福州和厦门

等，其会展发展的主要依托是与台湾经济的联系。海南国际旅游岛会展城市群的主体城市是三亚和海口，其会展业发展的主要依托是国际旅游岛的建设。

从会展指数得分看，海西经济区和海南国际旅游岛会展城市群的会展指数得分为18.23分，其实力与其他会展城市群还有较大差距。

国内外会展基础设施

Infrastructures of MICEE Both at Home and Abroad

B.5
全球场馆实力地图

中外会展业动态评估研究报告课题组 *

摘　要：　会展业对经济与社会发展具有显著的促进作用。会展业的基础设施和产能前提是会展场馆。世界各地已经建成并且正在继续涌现一批批规模空前、设施先进的会展场馆。本文着重对10万平方米以上的超大场馆进行相对深入的比较，试图通过数据、案例和图表说明等方式，从不同角度解析世界范围内会展场馆的规模、分布、特点及其近年来的发展趋势。

关键词：　会展场馆　基础设施　室内展能面积　品牌集聚度　展能强国

* 该报告的撰写人为张敏、王烨、张晓雲。本文为国家社科基金规划课题“全球化视野下国际会展业发展比较研究”（13BGL086）的阶段性成果。

随着经济全球化和市场一体化的不断演进，会展业引起了世界各国和众多城市的政府、行业和企业的重视，迅速成长为第三产业领域中一个举足轻重的产业。当今世界各地兴起的会展潮流，促使许多城市以空前的热情投入会展场馆的建设，显示出强大发展势头。会展场馆是会展产业发展的基础设施，常常成为一个国家或城市资源集聚的“热点”、对外联系的“名片”和接待各方宾客前来展示自己的“秀台”。这是因为会展场馆的规模是现场集聚的空间尺度标志，它先在地决定了来自全球市场的参展方、参观者和相关媒体的品牌集聚的可能范围和程度，在全球化浪潮中，会展业对规模化、国际化、现代化的会展场馆的需求进一步加强。本报告试图在国内外调研和量化尺度的帮助下，更加确切地把握全球场馆的实力分布、经营特点和发展趋势。

按照惯例，这里主要根据会展场馆的规模化指标，将室内展能面积按照10万、5万、2万和5000平方米四个节点，将统计视野内的会展场馆划分为超大、大型、上规模和一般四种类型展开论述。

一　全球会展展能现状

（一）世界展能面积

UFI在2013年对全球成员单位的调查统计显示[①]，欧洲目前的室内展能为890万平方米（132家成员单位），2006～2011年展能增长了1.2%，2011～2013年增长了0.2%；亚太地区室内展能为260万平方米（46家成员单位），2006～2011年展能增长了9.6%，2011～2013年增长了5.1%；中东与非洲地区室内展能为90万平方米（33家成员单位），2006～2011年展能增长了3.4%，2011～2013年增长了2.8%；美洲室内展能为40万平方

① UFI. 2014 Exhibition Industry Statistics（2015）.［2014－03］. http：//www. ufi. org/wp－content/uploads/2016/01/2014_ exhibiton_ industry_ statistics_ b. pdf.

米（9 家成员单位），2006 ~2011 年展能增长了 3.5%，2011 ~2013 年保持不变。

（二）场馆数量分布

根据对欧洲、北美、亚太、南美、中东和非洲这六大地区的会展场馆数量统计[①]，有 55 家会展场馆的室内展能面积达到了 10 万平方米以上：其中欧洲以 36 家位列第一，亚洲则以 12 家紧随其后，北美有 6 家，中东有 1 家。非洲和南美暂时还没有超大场馆，室内展能面积达到 5000 平方米以上的场馆分别为 25 家和 70 家，属于会展基础设施欠发达地区。欧洲和亚洲场馆的馆均面积达到了 3.15 万~3.59 万平方米，北美地区馆均面积 2.03 万平方米，且以规模为 5000 平方米至 2 万平方米的一般场馆为多（见图 1）。

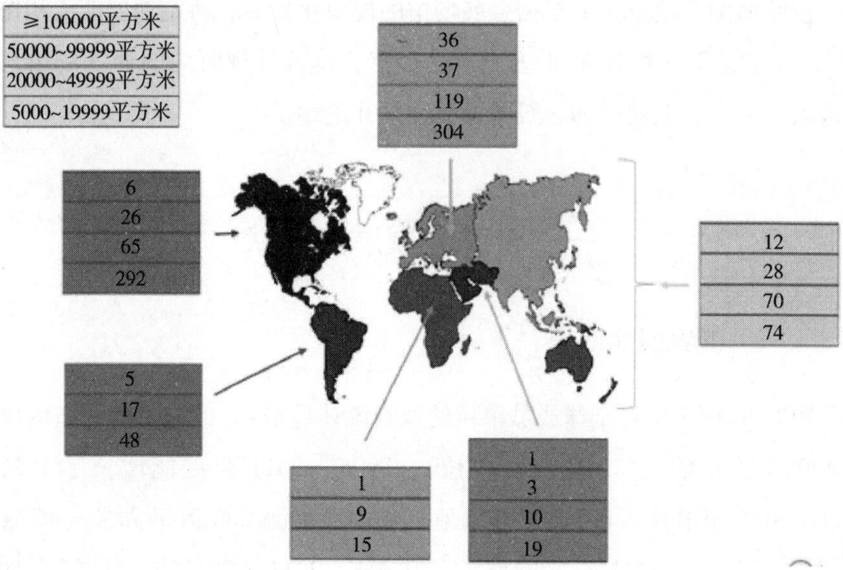

图 1　2012 年全球场馆规模统计*

* UFI. The Global Exhibition Industry Statistics (2014). [2014 - 03]. http://www.ufi.org/wp-content/uploads/2016/01/2014_ exhibiton_ industry_ statistics_ b.pdf.

① UFI 2012 Exhibition Industry Statistics。

就场馆密度而言，欧洲在1016万平方公里的面积上拥有496个室内展能面积5000平方米以上的场馆，在全球范围内处于领先地位。亚太地区虽在超大场馆的数量上超过北美地区一倍，但就场馆总量和分布密度而言，远不及北美地区。

二　全球场馆近年来走势

（一）室内展能面积不断增长

2012年UFI对全球211家成员展馆进行的展能调查显示，自2006年以来，世界范围内的室内展能不断增长，已经从2006年的1090万平方米，增加至2012年的1210万平方米（见图2）。2006～2010年的年均增长率为2.3%，2010～2012年的年均增长率为0.9%，较前一阶段有所放缓。

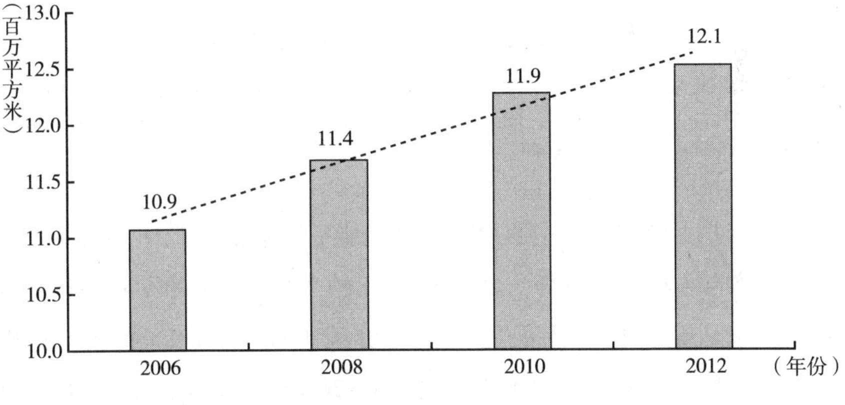

图2　2006～2012年全球211家场馆展能变化趋势

UFI官网未更新（数据统计时间段为2006～2012年），UFI. The Global Exhibition Industry Statistics（2014）.［2014－03］. http：//www. ufi. org/wp－content/uploads/2016/01/2014_ exhibiton_ industry_ statistics_ b. pdf.

（二）主要市场展能增幅显著①

根据全球主要会展市场的展能面积增幅统计，2006～2012 年亚太地区的增幅最为显著，呈直线上升趋势；美洲地区的展能面积增长平稳，欧洲地区增幅不大，中东与非洲地区有所波动，2006～2010 年持续增长，到 2010 年达到近年来的最高点，之后略有回落（见图 3）。

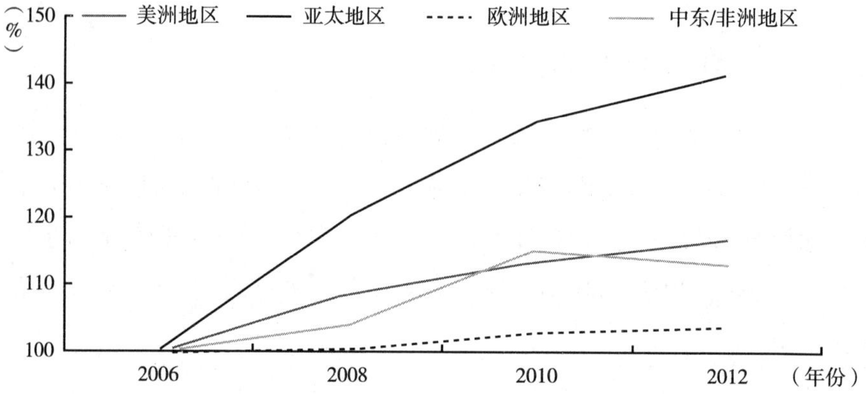

图 3　2006～2012 年全球主要地区展能增幅*

* UFI 官网未更新（该部分采用 2014 年数据），UFI. The Global Exhibition Industry Statistics（2014）.［2014－03］. http：//www. ufi. org/wp－content/uploads/2016/01/2014_ exhibiton_ industry_ statistics_ b. pdf。

2006～2011 年，全球主要地区室内展能平均增长达 12%。其中，亚太地区室内展能增幅高达 38%，远高于欧洲的 7%、北美的 5% 和平均增长率 12%。亚太地区的室内展能占世界份额也由 2006 年的 16% 上升到 20%，欧洲则由 50% 下降到 48%，北美由 26% 下降到 24%。南美和中东地区室内展能增幅分别达到 7%、16%，非洲则呈现为 6% 的负增长，这三

① UFI 官网未更新（数据统计时间为2006～2012年），UFI. The Global Exhibition Industry Statistics（2014）.［2014－03］. http：//www. ufi. org/wp－content/uploads/2016/01/2014_ exhibiton_ industry_ statistics_ b. pdf.

个地区的市场份额全球占比在 2006～2011 年没有变化，仍分别为 4%、2% 和 2%（见图 4）。

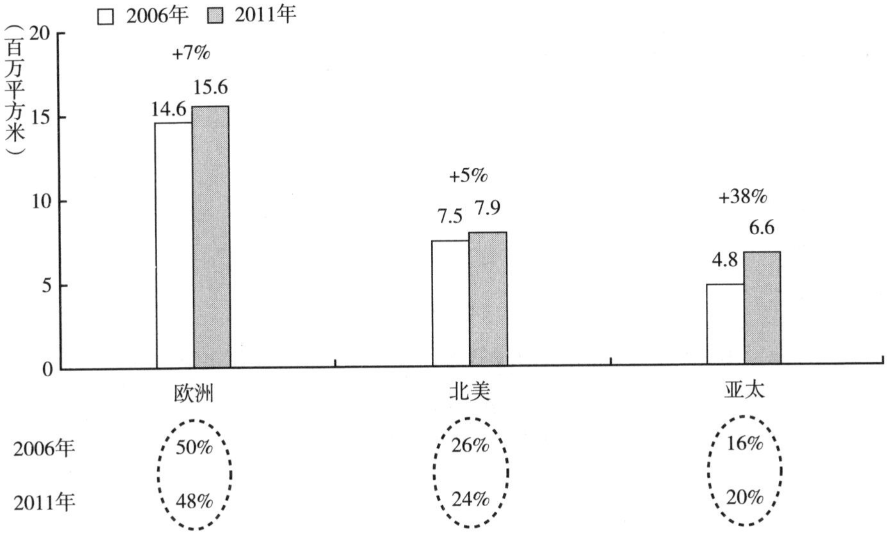

图 4　2006 年与 2011 年全球主要市场室内展能变化

UFI 官网未更新（该部分采用 2014 年数据），UFI. The Global Exhibition Industry Statistics (2014). [2014－03]. http://www.ufi.org/wp－content/uploads/2016/01/2014_ exhibiton_ industry_ statistics_ b. pdf。

（三）会展国家展能增长变化

2006～2012 年全球有 15 个国家的室内展能至少增加了 5 万平方米（见图 5）。中国在全球增长中占 46% 的份额，且其中 69% 的面积来源于新建场馆。除了中国、美国等主要会展国家以外，韩国、新加坡等发达经济体，土耳其、墨西哥等发展中国家，其新场馆增长较快。关注场馆扩建方面可以发现，西班牙、德国、法国、意大利等欧洲会展强国更多的是对原有场馆进行改造扩建和展能升级。

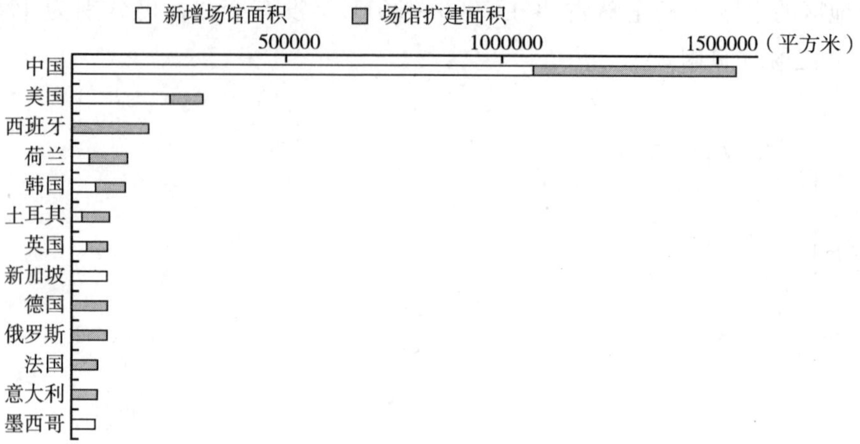

图5　2006～2012年主要国家展馆新增、扩建面积比较*

* UFI. The Global Exhibition Industry Statistics (2014). [2014－03]. http://www.ufi.org/wp－content/uploads/2016/01/2014_ exhibiton_ industry_ statistics_ b.pdf.

三　全球超大场馆近四年动态比较

（一）场馆数量与室内展能同涨

根据AUMA在其报告中所公布的2010～2015年数据，全球10万平方米以上的超大展馆已经从2010年的47家、总面积799.08万平方米增长到2011年的49家、总面积820.53万平方米。2012～2014年都是52家，2015年增长到55家[①]。总面积由2012年的881.24万平方米增加到2013年的882.25万平方米，增长到2014年的890.68万平方米，2015年948.54万平方米[②]（见图6）。AUMA在2015年报告中特别提到，东亚地区会展新场馆

① AUMA. German Trade Fair Industry-Review 2014. http://www. auma. de/en/DownloadsPublications/PublicationDownloads/AUMA_ Review2014. pdf.

② AUMA. German Trade Fair Industry-Review 2015. http://www. auma. de/en/DownloadsPublications/PublicationDownloads/AUMA_ Review2015. pdf.

不断建成投入使用。2015 年国家会展中心（上海）开始全馆运营，在全球 10 万平方米以上超大场馆中排名跃居第二位。

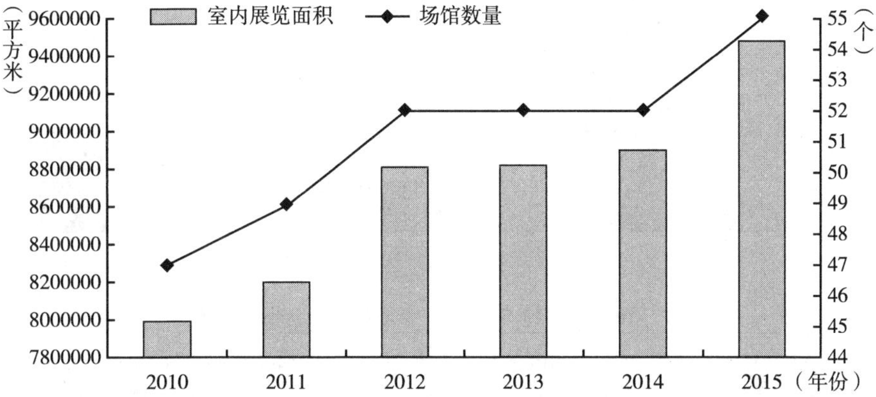

图 6　2010 ~ 2015 年全球超大场馆室内展能及数量

资料来源：UFI 官网未更新，最新数据为 2011 年，图中 2012 ~ 2015 年数据来自“AumA Revuew”。UFI. The Global Exhibition Industry Statistics（2014）.［2014 – 03］. http：//www. ufi. org/wp – content/uploads/2016/01/2014_ exhibiton_ industry_ statistics_ b. pdf. AUMA. German Trade Fair Industry-Review 2014. http：//www. auma. de/en/DownloadsPublications/PublicationDownloads/AUMA_ Review2014. pdf. AUMA. German Trade Fair Industry-Review 2015. http：//www. auma. de/en/Downloads Publications/PublicationDownloads/AUMA_ Review2015. pdf。

（二）欧洲、北美、亚太地区涨停互现

就场馆数量而言，欧洲长期以来居于全球第一位。2010 ~ 2013 年，欧洲和北美地区展馆数量变化不大。欧洲 2010 年拥有 24 个超大场馆，2011 年拥有 36 个超大场馆，2012 年和 2013 年维持在 36 个。北美地区四年间维持 6 个超大场馆不变。亚洲地区拥有的超大场馆数量，则从 2010 年的 7 个，跃升至 2013 年的 12 个（见图 7）。

就超大场馆室内展能而言，亚洲地区四年间增长显著：由 2010 年的 102. 83 万平方米增长到 2011 年的 113. 35 万平方米，2012 年的 158. 50 万平方米，再到 2013 年的 168. 82 万平方米，年均增长率 17. 3%。欧洲地区增长平缓，由 2010 年的 598. 80 万平方米增长到 2011 年的 609. 73 万平方米，再

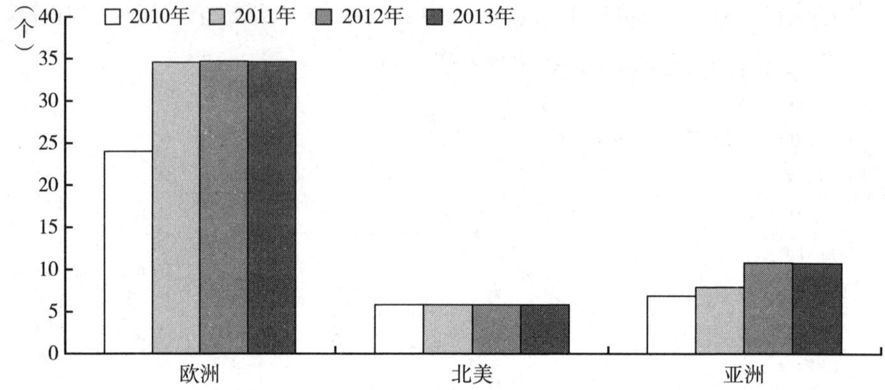

图7　2010～2013年全球超大场馆各大洲数量变化*

*UFI官网未更新，2014、2015年数据暂缺。UFI. The Global Exhibition Industry Statistics (2014). [2014-03]. http://www.ufi.org/wp-content/uploads/2016/01/2014_ exhibiton_ industry_ statistics_ b.pdf.

到2012年的615.88万平方米，而2013年则下降至615.45万平方米，年均增长率0.5%。北美地区略有下降，2010年和2011年为97.45万平方米，2012年和2013年保持在96.96万平方米，年均下降0.25%（见图8）。

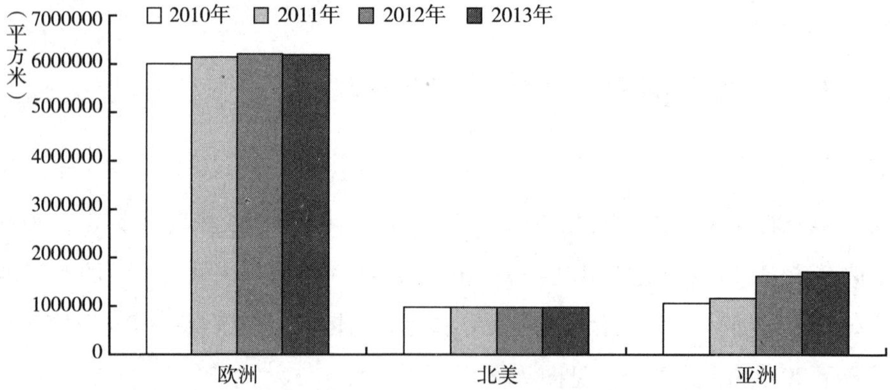

图8　2010～2013年全球超大场馆各地区面积变化*

*UFI官网未更新，2014、2015年数据暂缺。UFI. The Global Exhibition Industry Statistics (2014). [2014-03]. http://www.ufi.org/wp-content/uploads/2016/01/2014_ exhibiton_ industry_ statistics_ b.pdf.

（三）高速成长的中国市场

中国的超大场馆近四年间呈现出高速成长的态势：室内展能从2010年的78.83万平方米增长到2011年的89.35万平方米，2012年的123.70万平方米，2013年增长到133.10万平方米，年均增长率17.4%（见图9）；在亚太地区占比78.8%，不仅领跑亚太，而且成为全球范围内室内展能增长最突出的国家。根据《中国展览数据统计报告》，2014年中国超大展馆室内展览面积为193.54万平方米①，2015年达到231.26万平方米②。

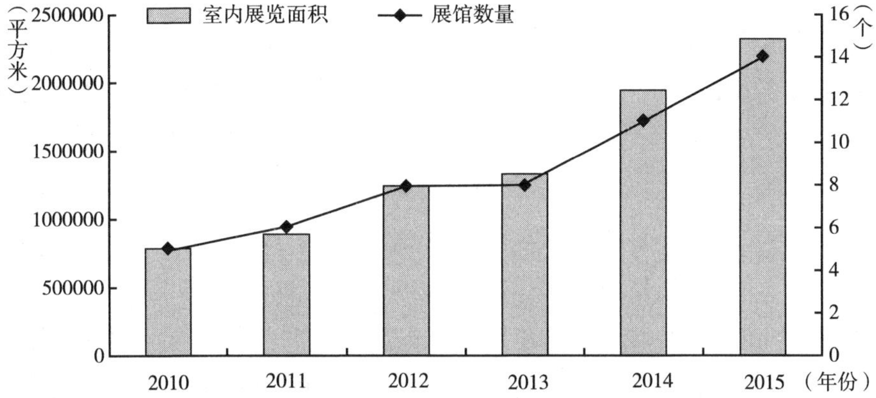

图9　2010～2015年中国超大场馆增幅走势*

*根据中国会展经济研究会发布的历年《中国展览数据统计报告》整理而成。

四　全球场馆展能动态与未来启示

（一）世界会展基础设施总体温和增长

世界会展基础设施总体上呈现出持续温和增长的态势。根据UFI 2012

① 数据来自中国会展经济研究会的2014年《中国展览数据统计报告》。

② 数据来自中国会展经济研究会的2015年《中国展览数据统计报告》。

年数据，目前全球会展场馆展能总量已经突破 3260 万平方米。2006 ~ 2011 年，世界室内展能年均增长率为 2.3%。然而 2010 ~ 2012 年，UFI 调查的全球 211 家成员场馆的室内展能年均增长率仅为 0.9%。据判断，近年来欧洲、北美市场的场馆展能竞争已经趋于平缓，场馆数量和展能面积在原来基础上仅略有增长。亚太和中东地区则增幅显著，尤其是以中国为代表的亚太地区，无论场馆数量还是展能面积，均出现了明显的竞争性增长势头。总体而言，世界会展场馆市场已经从前几年的白热化竞争，转向持续稳定增长。

（二）场馆市场热点由欧美向亚太转移

近年来亚太地区会展业强劲增长的势头有目共睹，已成为激励全球会展业发展的主引擎之一。UFI 年度报告数据显示，2012 年亚太地区室内展能总面积近 660 万平方米，全球占比 20%，与欧洲和北美之间的差距已大大缩小。与 2006 年相比，亚太地区场馆展能增长了 38%，远高于欧洲 7% 和北美 5% 的增长率。亚太场馆展能占世界比重也由 2006 年的 16% 上升到 2011 年的 20%，欧洲同期则由 50% 下降到 48%，北美同期由 26% 下降到 24%。随着欧洲、北美会展场馆的市场需求逐渐趋于饱和，国际会展业的重心正在由欧美地区转向潜在市场巨大的亚太地区。亚太地区会展业发展将迎来空前机遇和历史性繁荣。

（三）发展中国家场馆竞争实力提升

截至 2011 年 11 月，UFI 对世界各国的室内展能统计显示，发展中国家中国以 475.51 万平方米的室内展能总面积位列世界第 2，巴西以 70.189 万平方米位列第 8，土耳其以 43.39 万平方米位列第 14，墨西哥以 43.18 万平方米名列第 15。此外，发展中国家场馆展能的增幅明显超过了发达国家。2006 ~ 2011 年，中国的室内展能面积增长了 48%，土耳其增长了 25%，墨西哥增长了 15%，增幅均保持在两位数，其中个别国家如中国，增幅甚至接近 50%。在世界范围内，发展中国家会展场馆的市场竞争力已经得到了显著提升，各国会展场馆的展能实力对比即将出现根本性变化。

五　全球场馆竞争力排比

（一）世界会展国家场馆展能十强

UFI 统计数据显示，2012 年世界会展业室内展能面积不低于 5000 平方米的场馆共计 1197 座，室内展能总面积约 3260 万平方米①。与 2006 年相比，场馆增加了 57 座，增幅 5%；展能面积增长 349 万平方米，增幅 12%。

按场馆展能强弱排序，世界会展国家场馆展能十强依次为：美国第一，671.23 万平方米；中国第二，475.51 万平方米，达到美国展能的 71%；德国第三，337.78 万平方米，是美国展能的 50%；意大利第四，222.73 万平方米，是美国展能的 33%；法国第五，209.46 万平方米，是美国展能的 31%；西班牙第六，154.81 万平方米，是美国展能的 23%；荷兰第七，96.05 万平方米，是美国展能的 14%；巴西第八，70.19 万平方米，是美国展能的 10%；英国第九，70.19 万平方米，是美国展能的 10%；加拿大第十，68.42 万平方米，是美国展能的 10%（见表 1）。

根据 UFI 统计，以 2006～2012 年室内展能面积增长幅度排队，世界会展国家中排名第一的是中国，增幅高达 48%；土耳其第二，增幅 25%；俄罗斯第三，增幅 17%；墨西哥与荷兰并列第四，增幅 15%；西班牙和英国并列第六，增幅 13%；巴西和加拿大并列第八，增幅 6%；美国第十，增幅 5%。

（二）顶级场馆国际竞争力十强

会展产业的竞争力，首先取决于基础设施条件。在世界范围内，最具竞争力的场馆，往往就是室内展能达到顶级规模的场馆。AUMA 2014 年的数

① UFI. The 2011 World Map of Exhibition Venues（2011）. [2011－12]. http://www.ufi.org/wp－content/uploads/2016/01/ufi_world_map_of_exhibition_venues_december_2011.pdf.

表1　全球场馆展能规模十强*

排名	国家	面积(平方米)	2006～2012 年室内展能扩张率(%)
1	美国	6712342	5
2	中　国	4755102	48
3	德　国	3377821	<5
4	意大利	2227304	<5
5	法　国	2094554	<5
6	西班牙	1548057	13
7	荷　兰	960530	15
8	巴　西	701882	6
9	英　国	701857	13
10	加拿大	684175	6

* UFI 官网未更新，此部分使用了 2014 年数据。UFI. The Global Exhibition Industry Statistics (2014). [2014－03]. http://www.ufi.org/wp－content/uploads/2016/01/2014_ exhibiton_ industry_ statistics_ b. pdf.

据预测显示①：2014 年全球室内展览面积超过 10 万平方米的展馆，即世界最具竞争力的顶级展馆，展能面积合计为 890.68 万平方米，相比 2013 年增加了 94418 平方米，增长率 1.07%；其中亚洲的展能增长至 183.87 万平方米，发展势头锐不可当。目前国际顶级场馆主要分布在欧洲，展能合计 609.85 万平方米；其次为亚洲，展能合计 183.87 万平方米；再次为北美，展能合计 96.96 万平方米；三家占比分别为 68%、21% 和 11%。由此可见，顶级场馆展能面积欧洲是亚洲和北美总和的 2.17 倍，在最具竞争力的场馆拥有量上，欧洲拥有传统形成的绝对优势。

就国别而言，德国排名第一位，在世界顶级场馆中独占 11 席，面积合计达 233.16 万平方米，总量占比 26%；同比上年度增加了 38454 平方米。排名第二的是中国，从 2011 年度的第四位上升至第二位，2014 年度保持第二位，在世界顶级场馆中拥有 9 席，面积合计 148.10 万平方米，总量占比 16%，同比上年度增长 8%；排名第三的是意大利，由 2011 年度排名第二

① AUMA. German Trade Fair Industry-Review 2014. http://www.auma.de/en/Downloads Publications/Publication Downloads/AUMA_ Review2014. pdf.

位滑落到2012年的第三位，2014年保持在第三位，在世界顶级场馆中拥有6席，面积合计103.54万平方米，总量占比11%，同比上年度增长2.8%；排名第四的是美国，由2011年度排名第三位滑落到第四位，在世界顶级场馆中拥有6席，面积合计96.96万平方米，总量占比11%，与上年持平；排名第五的是西班牙，与上年度保持不变，拥有5席，面积89.40万平方米，总量占比10%。其他五国，第六是法国，与上年度保持不变，拥有3席，面积58.42万平方米，占比7%；第七是俄罗斯，拥有2席，面积35.91万平方米，占比4%；第八是英国，拥有2席，面积30.16万平方米，占比3%；第九是瑞士，拥有2席，面积24.90万平方米，占比2.7%，同比增加2.2%；第十是泰国，拥有1席，面积14.00万平方米，占比2%，同比没有增长。

直接体现场馆竞争力水准或质量的指标，是顶级场馆在本国场馆总面积中所占的比重，可称之为顶级指数。这一指标，德国高达68%，俄罗斯63%，西班牙58%，瑞士53%，意大利45%，英国43%，法国28%，中国26%，美国14%。

顶级场馆馆均展能面积十强国家，德国排名第一，馆均展能21.20万平方米；法国排名第二，馆均19.47万平方米；俄罗斯第三，17.96万平方米；西班牙第四，17.88万平方米；意大利第五，17.26万平方米；中国第六，16.46万平方米，比2013年上升了一个位次；美国第七，16.16万平方米；英国第八，15.08万平方米；泰国14.00万平方米，瑞士12.45万平方米，分列第九和第十。

（三）全球十大顶级场馆

全球十大顶级场馆合计拥有室内展能301.61万平方米，相比2013年增加了13454平方米。这十大顶级场馆的合计面积在全球场馆50强中占比接近43%，馆均高达30.16万平方米。其中八强在欧洲，展能面积254.53万平方米，馆均31.82万平方米，分别位于德国、意大利、法国和西班牙。剩余两家分布在中国和美国。

全球十大顶级场馆中德国拥有量第一，共计 4 家，总室内展能面积 136.61 万平方米，总量占比 45.2%，馆均 34.15 万平方米，呈现数量多、展能面积大、实力强的特征。其中包括目前世界上规模最大、排名第一的汉诺威博览中心，室内展能 46.33 万平方米；排名第二的法兰克福展览中心，36.66 万平方米；排名第五的科隆展览中心，28.40 万平方米；排名第六的杜塞尔多夫展览中心，26.22 万平方米。

对比 2013 年，在全球十大顶级场馆拥有量中，其他国家位次几乎不变。西班牙位列第二，拥有全球排名第九和第十的两个场馆，室内展能合计面积 47.08 万平方米，总量占比近 15.6%，馆均 23.54 万平方米；第三是意大利，米兰展览中心排行全球第三大展馆，面积 34.50 万平方米，总量占比 11%；第四是中国，拥有全球第四大场馆中国进出口商品交易会广州琶洲馆，面积 34.00 万平方米，占比 11%；法国第五，拥有全球第七大场馆巴黎北维勒班特会展中心，面积 24.26 万平方米，占比 8%；美国第六，拥有全球第八大场馆麦考密克展览中心，面积 24.15 万平方米，占比 8%。

B.6 中国场馆展能报告

中外会展业动态评估研究报告课题组 *

摘　要：　近年来随着市场地位的提高、招商引资热和会展产业的兴起与成熟，全国各地出现了投资兴建会展场馆的热潮。基础设施率先启动成为我国会展业发展的基本模式。许多城市都在新建或改扩建会展场馆，表现出总量大、速度快、规格高等特点，为各地会展业发展打下了坚实的物质基础。本文在全国 292 家会展场馆数据采集的基础上，试图从这些场馆的展能实力、地域分布、投资运营模式几方面，对我国会展产业基础设施建设的现状与前景展开深入探讨。

关键词：　会展场馆　室内展能　实力分布　区域发展

会展业作为我国快速崛起的朝阳产业，拥有广阔的发展空间和巨大的增长潜力，北京奥运会和上海世博会，以及中国加入 WTO 后日益频繁的国际经贸与文化活动，为以会议、展览和各类活动为基本内容的会展业发展提供了良好机遇。目前，我国已形成包括长三角、珠三角、环渤海组成的三个会展城市群，中部、东北、西部组成的三条会展城市带，以及海南和海西两个会展城市特区在内的会展国家战略布局。

会展场馆作为会展活动的基础设施，近年来在全国各地出现了建设热潮。

---

* 该报告的撰写人为张敏、李翔。本文为国家社科基金规划课题“全球化视野下国际会展业发展比较研究”（13BGL086）的阶段性成果。

现代化的大型和超大型会展场馆，被推崇为区域和城市的象征。在此背景下，课题组采集了全国已建成的292家会展场馆①，根据室内展能面积标准，按3万、5万和10万平方米三条线，将292家场馆划分为一般场馆、上规模场馆、大型场馆和特大场馆四个层级。同时，针对全国127家场馆有据可查的投资运营模式进行了较为深入的调研，在此基础上探讨了目前我国会展场馆的投资运营模式。

一 场馆现状考察

截至2016年3月，据不完全统计，我国共有场馆292家，室内展能总面积927.72万平方米，馆均面积3.18万平方米，分布在31个省（市、自治区）。其中室内展能在10万平方米以上的特大场馆14个，5万～10万平方米的大型场馆44个，3万～5万平方米的上规模场馆42个，3万平方米以下的一般场馆192个，分布在31个省（市、自治区）。各省份的场馆数量、展能面积和馆均面积十强情况见表1②。

表1 2015年各省份会展场馆排名前十位一览*

单位：万平方米

场馆数量		室内展能		馆均面积	
省市名称	个数	省市名称	面积	省市名称	面积
山东	44	山东	137.35	上海	7.81
江苏	31	广东	104.37	江西	6.68
四川	25	上海	83.48	重庆	6.10
广东	24	江苏	82.03	贵州	5.18
辽宁	19	浙江	65.84	青海	4.69
浙江	19	四川	61.09	陕西	4.47
河北	13	辽宁	40.01	湖北	4.44
上海	12	重庆	30.52	广东	4.35
山西	9	安徽	27.65	天津	4.30
福建	9	河北	27.55	新疆	4.21

注：安徽省和吉林省的场馆数量也为9。

① 数据来源：中国会展经济研究会2015年《中国展览数据统计报告》。

② 数据来源：中国会展经济研究会2015年《中国展览数据统计报告》。

从场馆数量上看，山东省的场馆总数量最多，达到44个；其次为江苏省，为31个；四川省和广东省分列第三、第四，分别为25个和24个。从场馆的室内面积看，山东省的展馆面积最大，达137.35万平方米；其次是广东省，为104.37万平方米；再次是上海市，为83.48万平方米。从单位场馆面积看，上海市的馆均面积最大，为7.18万平方米，其次是江西省，为6.68万平方米，重庆市位居第三，为6.10万平方米。

（一）各省份场馆数量分布①

近年来，全国各省份普遍重视会展产业的拉动效应。据不完全统计，2015年我国投入使用的会展场馆总数达到了292个，相比2014年增加了66个。2015年全国拥有10个以上会展场馆的省份达到8个，省份总数占比25.8%；拥有5～10个场馆的省份11个，总数占比35.5%；拥有5个以下专业场馆的省份12个，总数占比38.7%（见表2）。

表2　2015年全国各省份场馆数量统计

单位：个

展馆数量	排名	省份	实际数量	展馆数量	排名	省份	实际数量
>10	1	山东	44	5～10	17	湖北	5
	2	江苏	31		18	广西	5
	3	四川	25		19	陕西	5
	4	广东	24	<5	20	内蒙古	4
	5	辽宁	19		21	西藏	3
	6	浙江	19		22	甘肃	3
	7	河北	13		23	湖南	3
	8	上海	12		24	天津	3
5～10	9	山西	9		25	江西	3
	10	福建	9		26	贵州	2
	11	安徽	9		27	云南	2
	12	吉林	9		28	海南	2
	13	黑龙江	8		29	青海	1
	14	河南	7		30	宁夏	1
	15	北京	6		31	新疆	1
	16	重庆	5				

① 数据来源：中国会展经济研究会2015年《中国展览数据统计报告》。

场馆数量在全国排名进入第一梯队的省份分别为山东省（44 个）、江苏省（31 个）、四川省（25 个）、广东省（24 个）、辽宁省（19 个）、浙江省（19 个）、河北省（13 个）、上海市（12 个），这 8 个省份的场馆数量之和占全国场馆总数的 64%。值得注意的是，这 8 个省份大部分是我国经济、社会与文化较为发达的地区。这说明，会展业的繁荣与区域发达程度存在某种正相关关系（见图 1）。

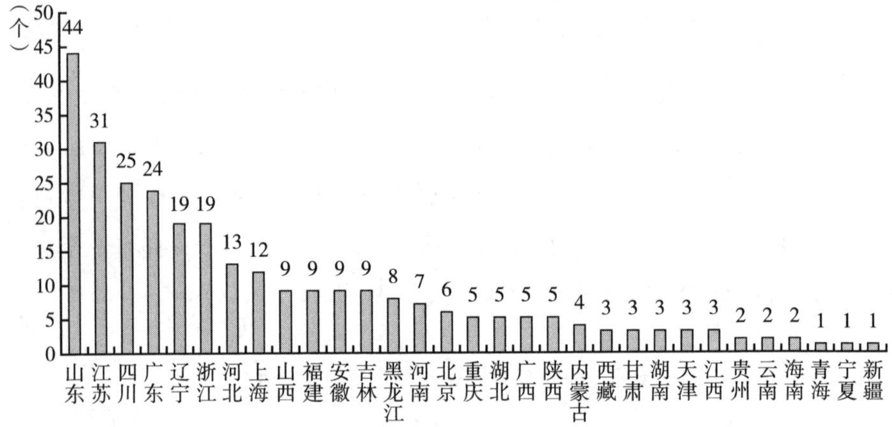

图 1　2015 年全国各省份场馆数量分布

（二）各省份展能面积分布①

2015 年，各省份场馆室内展能面积合计超过 100 万平方米的只有山东省和广东省，分别占全国展能总量的 14.8% 和 11.3%。其他室内展能合计在 50 万～100 万平方米的省份有四个，分别为上海市、江苏省、浙江省和四川省，全国占比分别为 9%、8.8%、7.1% 和 6.6%。室内展能合计在 30 万～50 万平方米的省份有两个，分别为辽宁省和重庆市，全国占比 4.3% 和 3.3%（见表 3）。

① 数据来源：中国会展经济研究会2015年《中国展览数据统计报告》。

表3　2015年各省份室内展馆展能面积统计

展能面积分类（万平方米）	排名	省市	室内展览面积（万平方米）	展能面积分类（万平方米）	排名	省市	室内展览面积（万平方米）
>100	1	山　东	137.35	10～30	17	北　京	19.38
	2	广　东	104.37		18	吉　林	18.21
50～100	3	上　海	83.48		19	河　南	17.40
	4	江　苏	82.03		20	天　津	12.90
	5	浙　江	65.84		21	贵　州	10.35
	6	四　川	61.09	<10	22	湖　南	9.20
30～50	7	辽　宁	40.01		23	内蒙古	8.51
	8	重　庆	30.52		24	西　藏	6.25
10～30	9	安　徽	27.65		25	山　西	5.85
	10	河　北	27.55		26	云　南	5.50
	11	福　建	27.45		27	海　南	5.19
	12	陕　西	22.37		28	青　海	4.69
	13	湖　北	22.20		29	甘　肃	4.24
	14	广　西	20.92		30	新　疆	4.21
	15	江　西	20.05		31	宁　夏	3.00
	16	黑龙江	19.96				

室内展能在30万平方米以上的八个省市，分别是山东省、广东省、上海市、江苏省、浙江省、四川省、辽宁省和重庆市，室内展能合计面积在全国占比65.2%（见图2）。

（三）各省份馆均展能分布①

馆均展能在5万平方米以上的省份共四个，分别是上海市、江西省、重庆市和贵州省。馆均展能在3万平方米以上的省份共17个，馆均展能在3万平方米以下的省份有14个（见表4、图3）。

① 数据来源：中国会展经济研究会2015年《中国展览数据统计报告》。

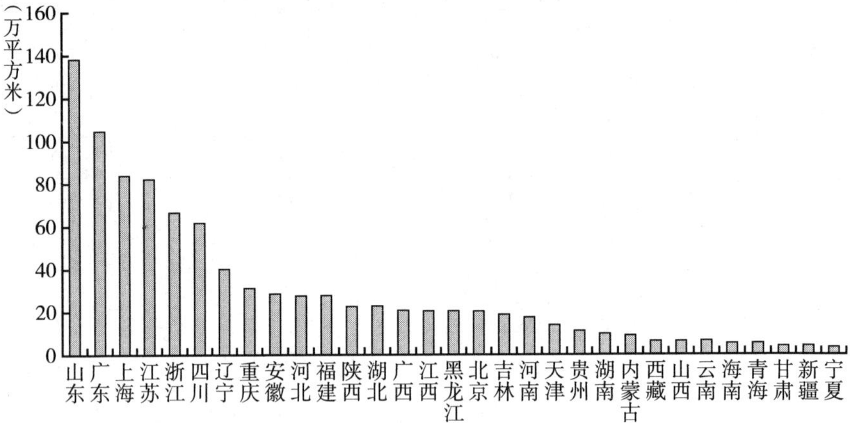

图2　2015年各省份场馆室内展能面积统计

表4　2015年各省份展馆平均展能面积统计

平均展能分类（万平方米）	排名	省市	平均展能面积（万平方米）	平均展能分类（万平方米）	排名	省市	平均展能面积（万平方米）
>5	1	上　海	7.18	<3	18	江　苏	2.82
	2	江　西	6.68		19	云　南	2.75
	3	重　庆	6.10		20	海　南	2.59
	4	贵　州	5.18		21	黑龙江	2.5
3~5	5	青　海	4.69		22	河　南	2.49
	6	陕　西	4.47		23	四　川	2.44
	7	湖　北	4.44		24	辽　宁	2.35
	8	广　东	4.35		25	山　东	2.3
	9	天　津	4.30		26	内蒙古	2.13
	10	新　疆	4.21		27	甘　肃	2.12
	11	广　西	4.18		28	河　北	2.12
	12	浙　江	3.47		29	西　藏	2.08
	13	北　京	3.23		30	吉　林	2.02
	14	安　徽	3.07		31	山　西	2.02
	15	湖　南	3.07				
	16	福　建	3.05				
	17	宁　夏	3.00				

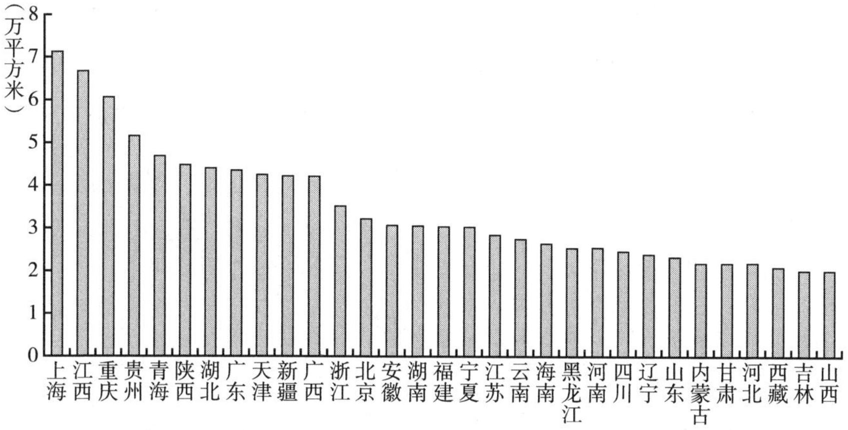

图3　2015年各省份场馆平均展能面积统计

（四）现有场馆建设的特征

从我国2015年展馆建设基本情况来看，中国会展现有场馆主要表现出两个特点。一是场馆建设与市场需求脱节。2012年我国室内展能总面积就已经超过德国，成为仅次于美国的世界第二大国①，然而与此形成鲜明对照的是，无论超大展馆的数量、单馆平均面积，还是专业化程度，与德国和美国都无法匹敌。造成这种现象的重要原因之一，是前些年我国的场馆建设大潮表现出一定程度的盲目性，由此造成很多省会和二、三线会展城市的多数场馆室内展能面积偏小，专业化程度不足，甚至片面追求审美外观，以致脱离了市场化运作的实际需要，从而导致了我国目前场馆展能虽然总规模庞大，但是实用性不强，大多并不适宜承接专业化、规模化、国际化的会展项目，同时缺乏规模效益，常常形成大面积空置和经营困窘的尴尬局面。

二是地区间发展不够均衡。2015年，全国室内展能面积排名前四位的分别是山东省、广东省、上海市和江苏省，室内展能分别是137.35万平方

① 参见2013年全球展馆实力地图统计数据。

米、104.37万平方米、83.48万平方米和82.03万平方米，都分布在东部经济发达地区。此外，我国环渤海、珠三角、长三角等会展业先行地区的场馆数量已经占到了全国总量的56.2%，而其他省份的基础设施建设则明显滞后。随着新一轮改革的深入推进，内陆地区的全方位开放提上了日程，对会展业发展提出了新的更高要求。然而，时至今日，内陆地区不少省份对开放型经济的建设仍然认识不足，对会展业这一资源整合的市场化工具利用不够，会展业基础设施不对路、不够用、不配套，适合当地产业发展的会展项目不得已纷纷外流，招商引资缺乏市场化、规模化、机制化的途径，抑制了企业生产的积极性和生产效率的提高。究其原因，一是场馆投资量大，建设周期长，投资回收相对迟缓，影响短期效益，不想投入；二是对会展服务业前景缺乏认识，不敢投入；三是缺乏科学合理的规划论证，缺乏专业人才和专业队伍，不知道应该怎么投入。

二　区域展能分布①

我国的会展场馆主要分布在八大会展区域，分别是以上海为中心的长三角会展城市群，以广州为中心的珠三角会展城市群，以北京为中心的环渤海会展城市群，以沈阳、大连、长春、哈尔滨为支点的东北会展城市带，以成都、重庆、西安、昆明、南宁、兰州、银川、乌鲁木齐为支点的西部会展城市带，以武汉、长沙、郑州、石家庄、太原为支点的中部会展城市带，以福州、厦门为代表的海峡西岸会展城市特区和以海口、三亚为代表的海南国际旅游岛会展城市特区。

八大会展城市集群的基础设施规模各有不同。其中，长三角是室内展能最大的地区，以259万平方米室内展能全国排名第一，场馆数量71个；环渤海以197.18万平方米的室内展能位列全国第二，场馆数量66个；西部以

① 注：该部分所有数据经由中国会展经济研究会发布的2015年《中国展览数据统计报告》中的数据计算而成。

181.65 万平方米的室内展能，位列全国第三，场馆数量 57 个；珠三角以 118.07 万平方米的室内展能和 27 个场馆位列全国第四，同时它又是全国单馆平均展能最强的会展城市群，高达 4.37 万平方米。此外，目前全国最大的会展场馆“国家会展中心”位于长三角地区（见表5、图4）。

表5　全国会展经济区场馆展能对比

单位：万平方米，个

会展经济区	室内展览面积	场馆数量	馆均面积	最大场馆面积
长三角	259.00	71	3.65	40.00
环渤海	197.18	66	2.99	12.00
珠三角	118.07	27	4.37	33.80
西　部	181.65	57	3.19	23.00
中　部	74.7	27	2.77	15.00
东　北	78.18	36	2.17	10.56
海　西	27.45	9	3.05	8.00
海　南	5.19	2	2.60	3.79

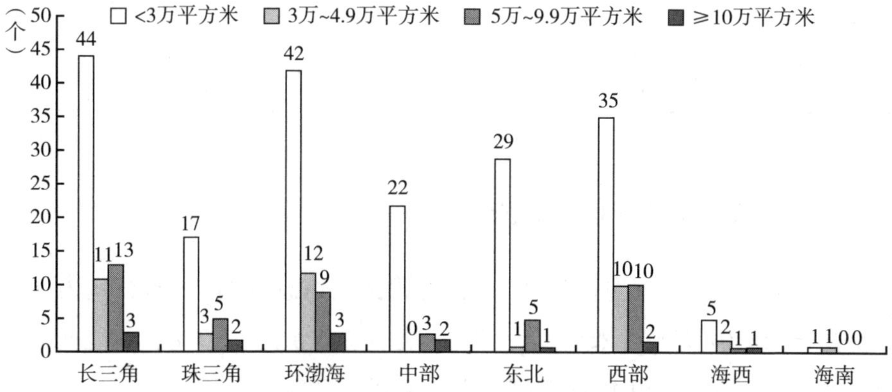

图4　八大会展城市集群场馆规模对比

（一）长三角地区场馆展能

我国长三角地区共有场馆 71 个，占我国场馆总数的 24.3%，室内展能面积合计达 259 万平方米，占我国室内展能总面积的 27.9%，场馆数量和展能面积位居全国第一。

江苏省以31个场馆数量位居该地区第一，浙江省以19个场馆位居第二，上海市以12个场馆位居第三，安徽省以9个场馆位居第四。室内展能总面积排名依次是上海市、江苏省、浙江省和安徽省，四地分别为83.48万平方米、82.03万平方米、65.84万平方米和27.65万平方米。

本地区10万平方米以上的超大场馆共有3个，占长三角场馆总数的4.2%，分别是上海国家会展中心、上海新国际博览中心和南京国际博览中心，室内展能面积分别为40万平方米、20万平方米和11万平方米；大型场馆共有13个，占总数的18.3%；上规模场馆11个，占总数的15.5%；一般场馆44个，数量最多，占总数的62%（见表6）。

表6　长三角地区场馆统计

单位：平方米，个

室内展览面积	江苏省	浙江省	上海市	安徽省	长三角地区
<3万	21	11	7	5	44
3万~4.9万	4	3	2	2	11
5万~9.9万	5	5	1	2	13
≥10万	1	0	2	0	3
总计	31	19	12	9	71

（二）珠三角地区场馆展能

珠三角地区共有展览场馆27个，占我国场馆总数的9.2%，室内展能面积合计118.07万平方米，占我国室内展能总面积的12.7%，展能面积位列全国第四，馆均面积4.37万平方米，位列全国第一。

广东省共有24个会展场馆，占珠三角场馆总数的88.9%，室内展览面积高达104.37万平方米，占珠三角室内展能总面积的88.4%，以绝对优势领先。香港有一个一般场馆和两个大型场馆，澳门目前还没有达到一般层级的会展场馆。珠三角地区拥有目前中国室内展能面积居第二位的中国进出口商品交易会场馆（广交会场馆），室内展能面积为33.8万平方米。

本地区 10 万平方米以上的超大场馆集中在广东省，共有 2 个，占珠三角场馆总数的 7.4%，分别为中国进出口商品交易会场馆和深圳会展中心，展能面积分别为 33.8 万平方米和 10.5 万平方米；大型场馆 5 个，占总数的 18.5%；上规模场馆 3 个，占总数的 11.1%；一般场馆 17 个，是珠三角地区的主体，占总数的 63%（见表 7）。

表 7　珠三角地区场馆统计

单位：平方米，个

室内展览面积	广东省	香港特别行政区	澳门特别行政区	珠三角地区
<3 万	16	1	0	17
3 万~4.9 万	3	0	0	3
5 万~9.9 万	3	2	0	5
≥10 万	2	0	0	2
总计	24	3	0	27

（三）环渤海地区场馆展能

环渤海地区共有会展场馆 66 个，占全国场馆总数的 22.6%，室内展能面积合计 197.18 万平方米，占我国总室内展览面积的 21.3%，馆均面积 2.99 万平方米，数量和展能面积均位居全国第二。

就数量而言，山东省以 44 个场馆遥遥领先，河北省以 13 个场馆位居第二，北京以 6 个场馆位居第三，天津以 3 个场馆位居第四。室内展能总面积排名依次是山东省、河北省、北京市和天津市，四地分别为 137.35 万平方米、27.55 万平方米、19.38 万平方米和 12.90 万平方米。

本地区 10 万平方米以上的超大场馆有 3 个，占环渤海场馆总数的 4.5%，分别是青岛新南国际博览中心、中国国际展览中心新馆和石家庄国际会展中心，展能面积分别为 12 万平方米、10.68 万平方米和 10 万平方米；大型场馆有 9 个，占总数的 13.6%；上规模场馆 12 个，占总数的 18.2%；一般场馆占绝大多数，为 42 个，占总数的 63.6%（见表 8）。

表 8　环渤海地区场馆统计

单位：平方米，个

室内展览面积	山东省	北京市	河北省	天津市	环渤海地区
<3 万	30	2	10	0	42
3 万 ~4.9 万	8	1	1	2	12
5 万 ~9.9 万	5	2	1	1	9
≥10 万	1	1	1	0	3
总计	44	6	13	3	66

（四）中部地区场馆展能

中部地区共有场馆 27 个，占我国场馆总数的 9.2%，总室内展览面积 74.7 万平方米，占我国总室内展览面积的 8%，馆均面积 2.77 万平方米。

山西省以 9 个展馆位居第一，河南省以 7 个场馆位居第二，湖北省以 5 个场馆位居第三，湖南省和江西省都拥有 3 个场馆，并列第四。室内展能总面积排名依次是湖北省、山西省、河南省、湖南省和山西省，五地室内展能分别为 22.20 万平方米、20.05 万平方米、17.40 万平方米、9.20 万平方米和 5.85 万平方米。相较其他省份，这几个省份面积大、人口多，展馆数量却很少，会展场馆无法满足当地经济发展对资源整合的迫切需求。

本地区 10 万平方米以上的超大场馆有 2 个，占中部地区场馆总数的 7.4%，分别是武汉国际博览中心和南昌绿地国际博览中心，展能面积分别为 15 万平方米和 13.72 万平方米；大型场馆有 3 个，占总数的 11.1%；上规模场馆 2 个，占总数的 7.4%；一般场馆占绝大多数，为 20 个，占总数的 74.1%（见表 9）。

（五）东北地区场馆展能

东北地区会展场馆总共 36 个，占我国场馆总数的 12.3%，室内展能面积合计 78.18 万平方米，占我国总室内展览面积的 8.4%，馆均面积 2.17 万平方米。

表 9　中部地区场馆统计

单位：平方米，个

室内展览面积	湖北省	河南省	湖南省	山西省	江西省	中部地区
<3 万	4	6	1	8	1	20
3 万~4.9 万	0	0	1	1	0	2
5 万~9.9 万	0	1	1	0	1	3
≥10 万	1	0	0	0	1	2
总计	5	7	3	9	3	27

辽宁省以 19 个场馆位居第一，吉林省以 9 个场馆位居第二，黑龙江省以 8 个场馆位居第三。室内展能总面积排名依次是辽宁省、黑龙江省和吉林省，三地展能面积分别为 40.01 万平方米、19.96 万平方米和 18.21 万平方米。

本地区 10 万平方米以上的超大场馆只有 1 个，占东北地区场馆总数的 2.8%，为沈阳国际展览中心，展能面积为 10.56 万平方米；大型场馆有 5 个，占总数的 13.9%；上规模场馆 1 个，占总数的 2.8%；一般场馆数量最多，为 29 个，占总数的 80.6%。相较其他几个地区，东北地区的场馆普遍偏小（见表 10）。

表 10　东北地区场馆统计

单位：平方米，个

室内展览面积	辽宁省	黑龙江省	吉林省	东北地区
<3 万	16	6	7	29
3 万~4.9 万	0	1	0	1
5 万~9.9 万	2	1	2	5
≥10 万	1	0	0	1
总计	19	8	9	36

（六）西部地区场馆展能

西部地区共有会展场馆 57 个，占我国场馆总数的 19.5%，室内展能面积合计 181.65 万平方米，占我国总室内展览面积的 19.6%，馆均面积 3.19

万平方米，数量和展能面积均位居全国第三。

四川以 25 个场馆遥遥领先，位居第一，广西、陕西和重庆以 5 个场馆并列第二，内蒙古以 4 个场馆位居第三，甘肃和西藏以 3 个场馆并列第四，贵州以 2 个场馆位居第五，宁夏、新疆和青海以 1 个场馆并列第六。室内展能总面积排名依次是四川、重庆、陕西、广西、贵州、内蒙古、西藏、云南、青海、甘肃、新疆和宁夏，分别为 61.09 万平方米、30.52 万平方米、22.37 万平方米、20.92 万平方米、10.35 万平方米、8.51 万平方米、6.25 万平方米、5.50 万平方米、4.69 万平方米、4.24 万平方米、4.21 万平方米和 3 万平方米。

本地区 10 万平方米以上的超大展馆有 2 个，占西部地区场馆总数的 3.5%，分别是重庆国际博览中心和成都世纪城新国际会展中心，展能面积分别为 23 万平方米和 11 万平方米；大型场馆有 10 个，占总数的 17.5%；上规模场馆 10 个，占总数的 17.5%；一般场馆数量最多，为 35 个，占总数的 61.4%。同我国其他内陆地区一样，现有场馆以规模较小的一般展馆为主（见表 11）。

表 11　西部地区场馆统计

单位：平方米，个

室内展览面积	四川	广西	陕西	重庆	内蒙古	云南	宁夏	贵州	新疆	甘肃	青海	西藏	西部地区
<3 万	17	2	2	3	4	1	1	1	0	2	0	2	35
3 万~4.9 万	5	0	1	0	0	0	0	0	1	1	1	1	10
5 万~9.9 万	2	3	2	1	0	1	0	1	0	0	0	0	10
≥10 万	1	0	0	1	0	0	0	0	0	0	0	0	2
总计	25	5	5	5	4	2	1	2	1	3	1	3	57

四川、重庆、陕西和广西四地在整个西部地区的发展情况较好，其场馆数量和展能面积均居前列。随着西部大开发战略的深入实施和基础设施建设的完善，西部地区的会展场馆也在不断发展，场馆数量和展能面积目前已经位居全国第三，欣欣向荣的会展业也为西部地区注入了新的活力。

（七）福建海西经济区和海南国际旅游岛

福建海西经济区和海南国际旅游岛两个地区共有场馆 11 个，占我国场馆总数的 3.8%，室内展览总面积为 32.64 万平方米，占我国室内展览总面积的 3.5%。其中，福建省共有会展场馆 9 个，占我国场馆总数的 3.1%，总室内展览面积 27.45 万平方米，占 3%。海南省仅有 2 个会展场馆，占我国场馆总数的 0.7%，总室内展览面积 5.19 万平方米，占我国总室内展览面积的 0.6%。

这两个地区 10 万平方米以上的超大展馆只有 1 个，占这两个地区场馆总数的 9.1%，为厦门国际会展中心，展能面积为 10 万平方米；大型场馆有 1 个，占总数的 9.1%；上规模场馆 3 个，占总数的 27.3%；一般场馆 6 个，占总数的 54.5%（见表 12）。

表 12　海西经济区和海南国际旅游岛场馆统计

单位：平方米，个

室内展览面积	福建省	海南省	海西海南地区
<3 万	5	1	6
3 万 ~4.9 万	2	1	3
5 万 ~9.9 万	1	0	1
≥10 万	1	0	1
总计	9	2	11

值得关注的是，旅游业发达的海南省，其会议产业正蓬勃发展，但是场馆却只有 2 家，很难满足其巨大的市场需求。

三　投资运营分析

（一）场馆兴建投资

在世界范围内，会展场馆的投资兴建无不出于对会展业发展势头强劲的乐观预期，这在发展中国家尤为突出。在我国，会展场馆的投资模式为“政府投资为主，民间投资为辅”，投资主体仍以政府为主，虽然也有私人资本投资场馆建设，但是比重较低。由于各国经济体制和机制不同，会展业发展呈现出迥异的阶段性特征，会展场馆的经营管理必然存在显著差异。

我国绝大部分的会展场馆是由政府投资兴建的，只有少数场馆采取了其他投资形式。纵观我国会展场馆的投资模式，主要有三类四种：一是政府独资，这是我国投资兴建会展场馆的基本模式，如沈阳国际展览中心，由沈阳市政府单独出资兴建；二是企业独资，如广州保利世贸博览馆，即由广州市保利国贸投资有限公司投资兴建；三是企业合资，如上海新国际博览中心是由上海陆家嘴展览发展有限公司与德国展览集团国际有限公司（包括汉诺威公司等）联合投资兴建；四是政府与企业联合投资，如成都国际会议展览中心的投资方，是美国加州集团和成都市政府（见图5）。

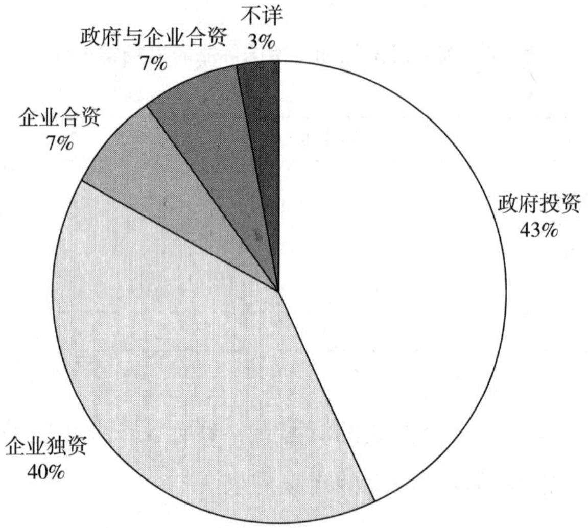

图5　我国127家会展场馆投资方类型比例

1. 政府投资

政府是目前我国兴建会展场馆最主要的投资主体之一。会展场馆由政府出资往往体现了会展业的公共性和外部性，在很多地方被视为城市招商引资中资源整合与经济社会文化发展必不可少的基础设施建设项目。通过兴建会展场馆以及交通、通信、酒店、餐饮等周边配套服务设施，促进会展服务业自身的成长繁荣，能够形成巨大的资源整合和服务业拉动效应，盘活城市乃至周边区域的经济社会文化资源。在本次调查的我国127家会展场馆中，有55家是依靠政府单独出资建设的，占比高达43%。可见政府目前依然是我国会展业基础设施建设最常见也是最活跃的投资主体。

以政府为投资主体最具代表性的会展场馆是郑州国际会展中心。会展中心由郑州市人民政府投资建造，集会议、展览、商务、餐饮、娱乐和旅游观光为一体，功能齐备、设施一流，是郑州市的地标性建筑之一。会议中心包括特大、大、中、小各类会议场地21个，其中轩辕堂可容纳3160人开会，九鼎厅拥有8路1200座的同声传译系统；展览中心室内展能6.6万平方米，层高承重均达国际标准；此外还拥有3.8万平方米的室外展场和4.5万平方米的室外停车场①。多年来引入国际化团队，由中外合资的郑州香港会展管理有限公司专责管理。

2. 企业独资/合资

企业独资/合资是指会展场馆由国有企业、民营机构（包括三资企业）以单独或联合投资的模式兴建。这种模式具有市场化运作、责权利明确以及产权明晰的特点。在调查样本中有50家展馆是由企业投资的，这些企业大部分为国有企业，占比70%；三资企业占比18%，民营企业占比8%，剩余4%为股份制及其他类型。实际上，企业资本中国有企业是投资主体，民营企业、三资企业以及股份制企业所占比重依然很小，所有制结构还需要进一步调整和优化。

企业合资方式最具代表性的会展场馆是上海新国际博览中心。上海新国际博览中心由上海陆家嘴展览发展有限公司与德国慕尼黑展览有限公司、德国汉诺威展览公司以及德国杜塞尔多夫展览公司三大德国会展业巨头联合投资建设，是我国第一个由国外资本参与投资和管理的现代化会展场馆。国外

---

① 郑州会展网，http：//www.zzhzw.net/show.asp？id＝2。

资本参与建设和管理的模式具有诸多优势，如借助德国三大会展企业的市场运营经验、行业知名度以及客户资源优势，吸引了众多国际品牌展会项目落户，集聚了大批国际参展商，带来了许多专业观众，有效提升了上海新国际博览中心的国际知名度和品牌形象。更重要的是，三大德国展览企业还提供了国际标准的专业化管理知识和技术，服务于展馆建设的始终，保证了场馆设计理念与运营管理的先进性①。

3. 政府与企业联合投资

政府与企业合资的模式正在我国渐渐兴起。政府立项会展场馆建设并在土地规划和配套政策上给予有力支持。由于会展场馆的建设资金由政府和其他投资方共同承担，市场风险得以有效降低。投资方共同拥有会展场馆产权，根据投资金额获取利润回报。调查样本中有 9 家会展场馆采取这一形式，占比 7%。该类型的会展场馆以规范的商业运作模式开展经营管理，以市场赢利为主要目标，由资产所有者决定会展场馆的管理人选，所有者与经营者有明确的经营责任和义务规定（见表 13、表 14）。

表 13　我国部分场馆投资情况

场馆名称	建馆年份	总投资(亿元)	建筑面积(万平方米)
石家庄国际会展中心	2008	20. 00	16. 0
大连世界博览广场	2005	10. 00	—
成都世纪城新国际会展中心	2005	6. 00	12. 0
重庆国际会议展览中心	2005	13. 08	10. 0
深圳会展中心	2005	32. 00	28. 0
内蒙古国际会展中心	2005	4. 00	6. 5
唐山国际会展中心	2004	2. 00	3. 0
潍坊富华国际展览中心	2004	1. 30	3. 7
济南国际会展中心	2004	18. 00	15. 0
杭州和平国际会展中心	2003	2. 50	12. 0

① 辜应康：《上海新国际博览中心会展场馆运营管理模式探究》，《现代城市》2009 年第 1 期，第 47 ~50 页。

续表

场馆名称	建馆年份	总投资(亿元)	建筑面积(万平方米)
台州市国际会展中心	2003	4.5	8.6
嘉兴国际会展中心	2002	1.58	4
济南舜耕国际会展中心	2002	2.5	4.1
东莞国际会展中心	2001	4.6	10
海口会展中心	2001	1.5	3.3
上海新国际博览中心	2000	44	25
青岛国际会展中心	2000	10.65	13
厦门国际会展中心	2000	15	23
广东现代国际展览中心	2000	5	—
昆明国际会展中心	1993	12	24
中国国际贸易中心	1989	8	—

表 14　部分大型国际场馆投资情况

场馆名称(投资规划年)	国家	投资额(亿元)	建筑面积(万平方米)
芝加哥麦考密克展览中心西馆扩建工程(2003)	美国	69.7	6.7
莱比锡展览中心(1992)	德国	65.17	18.0
中国香港机场国际展览中心(2003)(首期工程)	中国香港	23.48	6.6
里昂展览中心新馆(2004)	法国	3.72	1.3
东京国际展览中心(1996)	日本	19.00	14.1

作为成都市重点项目的成都国际会议展览中心，则是由成都市人民政府和美国加州集团共同投资 14 亿元人民币兴建，该会展场馆由极具规模的建筑群组成，具有会议、展览、餐饮、酒店、购物、休闲和娱乐多功能一体化的特点，配备我国西部设施最先进、功能最完备、规模最大的会议中心、展览中心、美食中心、星级酒店、购物中心和艺术歌剧院，不仅有效促进了经贸、知识和技术交流，更成为向国内外展示西部形象的一个纽带和桥梁。

（二）经营管理模式

会展场馆是会议、展览和活动举办的场所，不仅要承担安全、卫生、现场管理等责任，还须配合主题化时空的创造，为艺术表达和策略沟通提供用武之地。会展场馆的运营管理水平，对会展活动的成功举办将产生多方面的影响。正是着眼于此，展会项目对场馆的选择，不仅取决于其展能面积，而且会考虑其管理模式和运营水平。

我国会展场馆普遍采用的运营管理模式，基本可概括为两大类，具体包括三种形式。第一类是直接管理，即由投资方成立管理机构直接进行管理。我国大部分会展场馆采取的是这种运营模式。第二类是委托管理，即由投资方选择专业公司，实施委托管理。所谓三种形式，与上述管理模式相联系，一是由投资方自行组建管理机构，自主管理运营；二是由投资方选择并委托专业会展公司，在投资方监管下实施委托管理运营；三是由投资方组成中外合资或合作的专业公司，开展管理运营（见图6）。

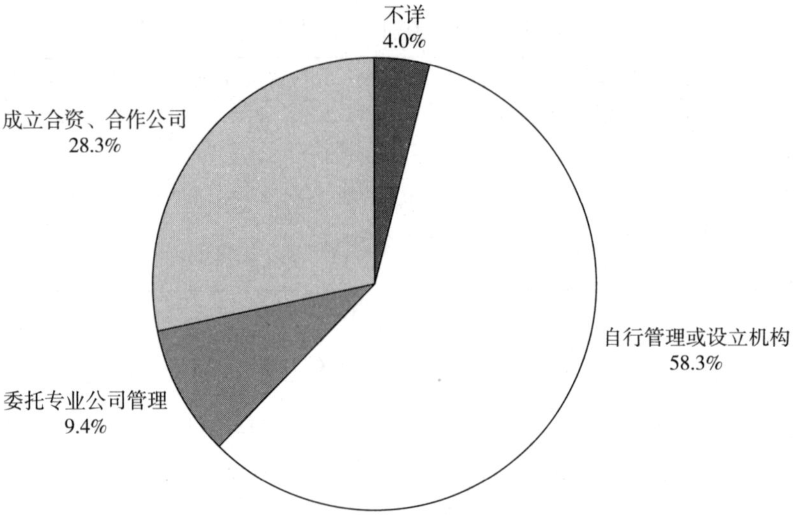

图6　我国127家会展场馆管理类型

1. 自主经营

由运营方选择聘请具有丰富运营经验的会展公司来担任咨询顾问，投资方统筹安排，组建专业的管理团队，开展自主经营管理。本文涉及的127家受调查场馆中，有74家采用这种模式，占比58.3%。显然，这也是我国目前最常见的管理模式。我国最大的会展场馆——中国进出口商品交易会琶洲馆便是此种经营模式的代表。这一模式的优势在于，第一，国家作为投资方，其资金回收相对有保障。与此同时，政府牵头举办的各类活动，尤其是公益性展览、会议和活动，能够保障档期，从而有效提高场馆运营的社会效益和经济效益。第二，自行管理往往比外包公司更熟悉场馆情况，以及当地的市场环境。第三，这一模式有利于为本土培养和锻炼大批专业会展人才。第四，城市的发展战略能够与会展场馆的经营策略实现协调统一①。而其的劣势主要就是运营风险需要自行承担，对管理人才及其运营水平有较高要求。当然，弥补市场经验不足的缺陷需要聘请有丰富会展运营经验的公司，以便提高整体运营管理水平，但是支付较为昂贵的咨询费用又会增加运营成本。

中国进出口商品交易会琶洲馆和中国国际展览中心，均采用该种类型的经营管理模式。中国进出口商品交易会琶洲馆室内展览面积达 338000 平方米，1974 年建成，由商务部直属的中国对外贸易中心（集团）管理运营。中国国际展览中心室内展能面积 106800 平方米，隶属于中国国际贸易促进委员会，由中国国际展览中心集团公司负责管理运营。

2. 委托经营

专业公司受托全权管理。投资方在经营过程中不直接干预，而是就管理事项签订合同，委托专业的会展管理公司开展日常业务，间接实现自己的经营目标。受委托公司根据合同可在委托期限内按场馆经营实际收入的固定比例获得收益或获得固定收益。投资方通常会以公开招标的方式，选择并确定承担经营任务的专业会展场馆管理公司。会展管理公司会与投资方签订经营目标承诺书。目前这类经营管理模式主要在国外应用比较广泛，如美国麦考密克展览中心采用的就是这种模式。但在我国尚不多见，受调查展馆中只有 12 家场馆全权委托给其他公司进行经营管理，占总数的 9.4%。

香港会议展览中心采用委托经营管理模式。香港会议展览中心旧馆建于 1988 年，香港特区政府曾投资 16 亿港元；新翼部分竣工于 1997 年，展览

① 刘青：《中国会展场馆经营管理模式初探》，《特区理论与实践》2003 年第 10 期，第 50 ~ 52 页、第 55 页。

面积6.3万平方米，政府投资48亿港元，启用后由香港贸发局拥有，并委托新世界发展有限公司旗下的新创建集团有限公司经营管理。按照合同约定，每年按照场馆收入的约定比例上缴香港贸发局，旧馆的经营管理期为40年，新翼的经营管理期为20年。数据显示，自2000年以来，新创建集团有限公司每年上缴香港贸发局的资金均在5000万港元左右，占香港会议展览中心全年营业额的5%左右。这种体制避免了政府直接管理的官僚化弊病，维护了市场公平；通过利益驱动最大限度地调动了管理者的积极性，将会展中心的功能效益发挥到极致。不利之处在于运作成本相对提高，投资方的实际收益相对减少。此外，由于具备丰富会展运营经验的公司大多数是国外公司，要求其具有较高的本土市场适应能力，且存在沟通不稳定因素。

3. 合作经营

成立合资或合作公司进行管理。该模式需要吸引外资加入，主要是由中方和外方共同成立合资或合作公司进行场馆经营管理，由约定条件或出资比例共享利润分成、共担市场风险。调查发现，目前我国有36个场馆采用这一方式对会展场馆进行经营管理。

上海国际展览中心和上海新国际博览中心均采用合作经营的管理模式。上海国际展览中心由中国国际贸易促进委员会上海分会、虹桥联合发展有限公司以及英国P&OASIAB. V. 三方共同投资建设，室内展览面积达12000平方米。上海新国际博览中心由上海浦东土地发展（控股）公司、德国杜塞尔多夫展览公司、德国汉诺威展览公司以及德国慕尼黑展览有限公司共同投资建设，双方投资各占50%。上海新国际博览中心的总经理由德方出任，副总经理由中方出任，经营管理期限为50年。这种模式的优势不仅在于可以结合国内外的经营管理理念，由中外双方共同承担风险、分配收益，还能有效整合外方的市场经验、行业品牌以及人才资源。

由于会展场馆建设所需资金庞大，因此选择适当的投资和经营模式至关重要。据统计，我国会展场馆目前还是“国建国营”为主。随着市场化进程的不断推进，虽然政府投资和拥有会展场馆在全世界范围内仍是一个普遍现象，但是可以预见未来政府会逐渐退出场馆经营管理。在市场化过程中，政府的角色和行动通常决定着场馆的经营管理。我国的会展场馆大部分都由国有企业经营管理，国有企业具有“所有者越位”和“所有者缺位”现象并存的通病，与发达国家相比，服务水平和管理效率都较为低下。未来政府对公众股权是逐步转让还是彻底退出场馆经营，抑或是最终放弃对特定场馆或直接或间接的运营监管，更多以政府的身份扮演政策制定者和利益协调者，对我国会展业未来的发展至关重要。

B.7
国内外场馆典型案例

中外会展业动态评估研究报告课题组*

摘　要：据2014年AUMA统计数据，室内展览面积在10万平方米以上的展馆全球共有55家，我国为9家，占比16.4%。本文根据基础设施、建筑风格、运营模式和举办展会类型等影响场馆利用的几个关键性因素，分别选取了国内外6家最具代表性的超大场馆，作为典型案例试作分析，希望有助于专业思考。

关键词：米兰国际展览中心　奥兰多橙郡会议中心　曼谷IMPACT展览中心　国家会展中心　重庆国际博览中心　沈阳国际展览中心

一　国外部分

（一）全球第二大展馆——米兰国际展览中心

米兰国际展览中心是世界上最大的展览中心之一，也是世界上设备最先进的展览场地，包括了米兰展览馆、米兰RHO展览馆、米兰城市展览馆和米兰展览中心（见图1）。总占地面积近430万平方米，展览面积近140万平方米，米兰展览中心是世界展览业巨头，在国际上有举足轻重的地位。著

* 该报告的撰写人为张敏、徐苏杭。本文为国家社科基金规划课题“全球化视野下国际会展业发展比较研究”（13BGL086）的阶段性成果。

图1　米兰国际展览中心外观

名的米兰国际家具展、米兰三年展、米兰时装周、米兰设计周、米兰建筑设计展等一系列世界级展会均在此举行。2015 年米兰世博会，米兰展览馆也承办了部分展览任务。米兰是意大利最大的都会和世界最大的都会之一，是世界顶级的国际大都市，也是世界时尚与设计之都，世界的展览之城①。

米兰国际展览中心（Fieramilano）室内面积 3.45 万平方米，室外面积 6 万平方米，8 个展馆配备最先进的设施，满足参展商和观众的各种需求，是世界上规模最大、功能最强的展览中心之一。展览中心位于米兰郊区，展馆两侧拥有超过 10 公里长的走道以及一个巨大的会议中心。米兰国际展览中心可提供超过 1 万个停车位，供游人与参展商（5000 个停车位）停放车辆，5 个货运商用专用出入口。展馆配套一个拥有 400 间客房的现代化酒店②。

米兰新国际展览中心（RHO Fiero）是由世界知名设计师福克萨斯设计，历经两年半最终建成。整体造型新颖独特，外部结构的主要材料是铝合金和玻璃。200 万平方米的占地面积花费了约 7.5 亿欧元的投资，展出面积为 47 万平方米，包括了 8 个大型展馆和 20 个展区，会议、接待、餐饮等配

① 米兰国际展览中心网站，http：//baike.baidu.com/view/6898087.htm。

② 米兰国际展览中心：《国际展览业中绝对的精品展览中心》，http：//www.tuttofood.it/zh－hans/。

套设施齐全，因而可以独立办展。

米兰城市展览中心（Fieramilano City）包括4个展馆（底楼1号和3号馆，一楼2号和4号馆）。有7个入口供观众出入，4个参展商专用出入口。

米兰展览中心（Milano Convention Center）于2012年竣工，其面积扩大近一倍，取代米兰RHO展览中心成为世界上最大的展览馆，展出面积达到56万平方米。

主要展会：米兰国际家具展（Salone Internationale del Mobile. Milano）。被国际认可的顶级家具展一共有三个：意大利米兰国际家具展、德国科隆国际家具展、美国高点家具展。其中，米兰国际家具展被誉为世界三大家具展之首，它自1961年创办以来逐渐形成了多个系列品牌展，包括米兰国际家具展、米兰国际灯具展、米兰国际厨房卫浴家具展、米兰国际家具半成品及配件展、国际青年明日之星沙龙展等。在建筑、家具、室内、服饰等设计领域，米兰国际家具展已经成为风向标，成为引领全球设计潮流的奥林匹克盛会①，是全世界家居设计者与产业相关者聚集、交流的胜地，展现了意大利家具产业的兴盛与活力，为无数怀揣设计热情的年轻人开启了一扇大门。自2000年起，在米兰国际家具展举办时，米兰设计周（Milano Design Week）也同期进行，此举把米兰整个城市融入了国际设计展，将米兰打造成为大米兰地区一个完整的设计展览系统，每一个展览都锦上添花②。

2015年4月14～19日，第54届米兰家具展总共有1269家参展商参展，包括953家意大利参展商和316家非意大利参展商。专业观众总共285698人，包括了意大利专业观众92674人和非意大利专业观众193024人。公众观众人数为38395人，媒体有5721人③。2016年4月12～17日，第55届米兰国际家具展在米兰国际展览中心举办，在超过14万平方米的展会场地迎

① 源自意大利米兰家具展中文网，http://www.milansalone.com/about/。

② 《意大利米兰家具展简介》，http://www.milanjia.com/。

③ 《2015米兰设计周》，微口网，http://www.vccoo.com/v/d5082e?source=rss。

来约1300家参展商[①]和超过37万的观众，其中有2.4万专业观众来自中国大陆[②]。米兰国际家具展一贯倡导创新与国际化，国际展商数量持续增长，现已占总参展企业的30%[③]。

（二）服务卓越、快速发展——奥兰多橙郡会议中心

奥兰多橙郡会议中心（Orange County Convention Center，OCCC）由奥兰多政府拥有和经营，是当地政府所有的极少数设施之一。作为一个世界级的会议设施，橙郡会议中心举办一些最活跃的区域性、国家性和国际性的会议、论坛、商贸展览等（见图2）。从1994年仅有4000家参展商、165个展位到2013年超过5万家参展商、2500个展位的规模，OCCC进入了美国北部商展发展最快的前50位[④]。自1983年运营以来，已有超过3000万家展商参与了OCCC举办的展商会议、展览等。

图2 奥兰多橙郡展览中心外观

① 意大利米兰家具展中文网，http：//www. milansalone. com/about/。

② 《米兰国际家具展登陆中国》，中国商务新闻网，http：//epaper. comnews. cn/news－1138704. html。

③ 《2016米兰国际家具展（Salone del Mobile. Milano）：创新进行时》，腾讯家居，http：//www. jia360. com/2016/0121/1453345860529. html。

④ OCCA年度报告，http：//www. occc. net/pdf/Report_ OCCCAnnualReport. pdf。

橙郡会议中心以发展经济为使命，最终服务于佛罗里达中部地区的经济发展，旨在不断为当地经济注入新资金、扩大商机。在2014~2015会议年度，共有1142626名会议和商贸展代表和268942名其他观众来到OCCC。出席OCCC会议和贸易展的代表们在当地的花费超过了22亿美元，自1983年以来，各国代表们为佛罗里达中部的经济发展所作的贡献已累计达354亿美元。旅游发展的税收征管创造了全新纪录，共计22620万美元。这些都意味着OCCC给当地带来的巨大商机。

OCCC不仅致力于经济发展，也成为地区慈善组织捐赠的重要来源。在2015年，OCCC所举办会议和商贸展的参展商及观众捐赠了约230万美元的物资给当地的慈善组织。

橙郡会议中心以“好客中心”（The Center of Hospitality，COH）著称，象征着卓越的服务。OCCC工作人员的使命是为客户和用户提供卓越的服务，以刺激他们回报社会的愿望和提高社会声誉的信心①。除了为客户和用户提供卓越的服务，还在市内服务于当地社区，以促进当地的经济增长。OCCC服务的客户主要包括专业协会、医学会、行业协会、展会业主、教育协会、科学组织、宗教团体、消费与票务活动的发起人②。

主要展会：美国高尔夫球具展。2014~2015年，OCCC共举办176个大小展会，包括88个大型会议和商贸展、59个中小型会议、29个活动和宴会。其中，美国奥兰多冲浪展、美国奥兰多高尔夫用品展、美国奥兰多美容展等都是极具代表性的（见表1）。

（三）交通便捷、场地优越——曼谷IMPACT展览中心

作为亚洲规模最大、最具现代化的会展场馆之一——IMPACT会展中心，拥有超过14万平方米室内可展出面积。为了满足各种活动对空间的不同要求，IMPACT展览中心设计了各种规模的场馆。IMPACT展览中心按照

① OCCC 2014~2015年度报告，http：//www. occc. net/pdf/Report_ OCCCAnnualReport. pdf。

② 奥兰多橙郡会议中心，http：//www. chinaispo. com. cn/exhibit/hall/121. html。

表1　2015 年 OCCC 主要展会及相关信息

展会名称	展会周期	展会概况
美国奥兰多冲浪展（Surf Expo）	每年1月和9月	Surf Expo是全球最大、历史最悠久的水上运动展会，2015年成为年度参展商、观众数量增长最快的前50展会。上届展会吸引了来自全球近1000家企业参展，同比增长了25%，新展商同比增长10%，超过2600个展位的展出面积，观众数量超过了26500名① 2016年9月，Surf Expo于9月8日至10日举办，预计参展商将达2500家，观众数量将超过27600名，展出面积达25万平方米②
美国奥兰多高尔夫用品展（PGAMerc－Handise Show）	每年1月	美国奥兰多高尔夫用品展是1954年由美国职业高尔夫协会创办而成。经过多年发展，PGA已经成为引领国际高尔夫球市场发展的世界高端高尔夫专业展览盛会。PGA每年吸引众多专业观众的目光，每年均保持着14%的专业观众量增长水平。其主办宗旨是构筑与会参展公司及专业观众的桥梁。在PGA举办期间，专家讲座与商务会议和高尔夫展示日也同期进行，这不仅为参展商提供了极好的贸易洽谈环境，也为买家观众提供了观赏和提高高尔夫球技的机会③ 2015年1月20～23日，第62届PGA Merchandise Show成功举办，迎来了近1000家顶级高尔夫企业及品牌商，吸引了约4万名来自全球各地的专业观众④
美国奥兰多美容展（Premiere Orlando）	每年6月	Premiere Orlando是全美最大的美容盛会，是全美美发、美甲、皮肤护理的顶级盛会。“Premiere Orlando 2015”一共有多达800家企业参展，吸引了来自全球44个国家和美国50个州的买家，共计57000人。近年更是携手*DAYSPA*杂志在同期同地举办全美最大的专业SPA展，是美国针对消费级别皮肤护理的最大展会⑤

①《2016美国奥兰多冲浪展》，万国企业网，http：//cn. trustexporter. com/cz432o 2832191. htm。

②Surf Expo官网，http：//www. surfexpo. com。

③《2015年美国高尔夫球具展会》，http：//www. cnena. com/waizhan/bencandy－htm－fid－24－id－15751. html。

④2017PGA 官网，http：//www. pgashow. com/en/Media/Show － News － Releases/Attendee －Registration－Opens－for－the－2015－PGA－Merchandise－Show/。

⑤《2016年美国奥兰多美容展》，中国展会网，http：//www. china－show. net/exhibit/show－33293. html。

高标准为参展商提供最先进的展览及会议设施，同时也提供完备的配套设施，这使得IMPACT展览中心成了一个综合性活动场地的提供者，能同时为大量的参展商和观众提供多功能的设施和个性化、专业化的服务。许多大型室内演唱会都选择在 IMPACT 举行，每年由 IMPACT 主办的大型活动超过 800 场，享受 IMPACT 所提供服务的访客超过 1500 万人[①]（见图 3）。

图 3　曼谷 IMPACT 展览中心外观

IMPACT 展览中心位于城市郊区，远离了交通拥堵的曼谷商业区，交通便利，从曼谷的商业区经由高速公路 30 分钟内即可到达，从 Suvarna Bhumi 国际机场经由机场高速公路，在 45 分钟内便可到达。IMPACT 展览中心的优质服务还体现在它为买家观众提供免费的 IMPACT Link 巴士，30 分钟一班，由 IMPACT 到 MO Chit 地铁站大约 30 分钟便可到达。

IMPACT 展览中心之所以能够提供优质的服务，与泰国服务业的整体水平密不可分。作为泰国支柱性产业之一的服务业不仅仅指酒店、餐饮等，还包括了会展业这类高端的服务类别。由于泰国地处东盟国家的中心区域，具有先天优势的地理位置使泰国成为该地区的物流和贸易中心，泰国商业性的会展业也借势得到了迅猛发展。在曼谷，展览中心主要有三个，它们分别是 IMPACT 会展中心、诗丽吉皇后展览中心（QSNCC）以及曼谷国际贸易展览中心（BITEC）。

IMPACT 有多种类型的场地可供选择。首先是 3 个互连的展厅（1 号馆、2 号馆和 3 号馆），共计 6 万平方米的组合无柱空间，是目前世界上最大的无柱展厅，并且提供 2500 个室内停车位。IMPACT 展览中心包括 8 个多用途大厅（4.7 万平方米）和 6 个多功能厅/会议室。IMPACT 论坛包括一个

① 《泰国曼谷三大展览（会展）中心》，http：//blog.sina.com.cn/s/blog_ 49e0c95d0100qjr1.html。

11165 平方米的展厅，一个可容纳2000 人的2000 平方米的大宴会厅和30 个多功能厅/会议室，附带宽敞的大堂接待区、健身中心、商务中心和新闻中心。IMPACT 还拥有一个适合大型活动的4000 平方米的演出场地，可同时容纳 1.1 万人观看演出，非常适合举办国际音乐会、体育和娱乐活动。皇家宴会厅是泰国最大、最优雅的无柱宴会厅，辅以 16 个同样装饰典雅的小型多功能厅，每间 88 ~214 平方米，可供分组会议、研讨会、产品发布会、培训及各种政党活动等。

配套设施①。四星级酒店：设有 380 个超现代的客房，休息室、室内游泳池、健身中心和水疗中心等，配套设施一应俱全（见图 4）。

图 4　曼谷 IMPACT 展览中心四星级酒店

AKTIV 广场：拥有 1.9 万平方米的室外空间，可供户外项目、音乐会和各种类型的户外活动。

IMPACT 湖畔：15 万平方米的室外空间，在美丽的湖边，无论白天还是晚上都适合举办各种创新的户外活动（见图 5）。

主要展会：泰国国际 LED 展（LED Expo Thailand）。该展源自印度最大的 LED 展（10 万平方米），2013 年移至泰国曼谷 IMPACT 展览中心 3 ~4 号馆，由泰国 IMPACT 展览管理有限公司和印度 MEX 展览有限公司主办。在

① 曼谷 IMPACT 展览中心官网，http：//www. impact. co. th/index. php/home/index/en。

图5 曼谷 IMPACT 展览中心湖畔

首届泰国国际 LED 展中，中国参展企业有 58 家，占总数的 25%，观展人员约为 1 万人次。该展的采购商质量非常高，参展商数量也逐年增加。第二届泰国国际 LED 展的中国企业数量达 115 家，同比增长了 2 倍，展出面积达 1.35 万平方米，吸引来自全球的 350 ~400 家参展商以及 3 万名专业观众前来参展。接受参展商的强烈要求和建议，展会时间由 3 天延长到 4 天，并将展馆调换到了展出净面积达 1.5 万平方米的 2、3、4 号馆，为供应商和买家搭建了更为宽广的交流平台。

泰国国际 LED 展致力于提供最好的交易平台推动泰国 LED 的发展，泰国国际 LED 展是泰国最专业也是规模最大的 LED 展。LED 行业的竞争越来越激烈，泰国作为一个新兴市场，是各个 LED 行业翘楚的必争之地。展会第一年就吸引了 GE、飞利浦、欧司朗、东芝等行业巨头参展。另外，泰国对于 LED 这一类产品采取“零关税”扶持政策，泰国本土企业 ICE - LED 也给予了该展会大力支持。泰国与中国在贸易上的合作也非常紧密，展会上很多 LED 采购商对中国的产品表现出极大的兴趣，很多泰国采购商选择直接与中国企业合作。

该展自举办以来，规模不断扩大，有着高质量、高标准的良好记录，引得不少行业人士的关注和重视。2015 年泰国国际 LED 展展览总面积为 1.5 万平方米，总共有近 350 家参展商，为期 4 天的展览会共吸引了近 21996 名专业观众到场参观采购，其中包含泰国本地和来自国外的专业采购商，海外买家 1755 位，买家主要来自泰国、新加坡、马来西亚、柬埔寨、越南、印度、斯里兰卡、澳大利亚、孟加拉、文莱、加拿大、芬兰、法国、波利尼亚、德国等[①]。2016 年 4 月 19 ~ 22 日，第四届泰国国际 LED 展在曼谷 IMPACT 展览中心的 4 ~ 8 号馆举办，展会面积约为 1.7 万平方米，会聚了超过 350 家参展商和 2 万名观众[②]。2016 年泰国国际 LED 展整合加入了节能展，导入了部分太阳能、节电产品于展场中，而 LED 与照明相关的展区仍旧吸引了泰国本土、东南亚各国与包括日本、韩国、中国海峡两岸在内的厂商来参展[③]。第五届泰国国际 LED 展将于 2017 年 5 月 11 ~ 13 日举办，展出面积将达 2 万平方米，展商数量为 400 家，预计将有来自 63 个国家和地区的 25000 名观众前来观展[④]。

二　国内部分

（一）亚洲最大——国家会展中心

国家会展中心（上海）[⑤] 由国家商务部和上海市政府合作共建，由上海博览会有限责任公司［2016 年 1 月，经工商行政管理部门核准，正式更名为“国家会展中心（上海）有限责任公司”］负责投资建设并运营，总建筑面积 147 万平方米，地上建筑面积 127 万平方米，拥有 10 万平方米的室外展览面积和 40 万平方米的室内展览面积，配套设施包括 15 万平方米的商业中心、18 万平方米的办公设施以及 6 万平方米的五星级酒店。定位于建成世界上最具规模、最具水平、最具竞争力的会展综合体[⑥]（见图 6）。

国家会展中心位于上海市虹桥商务区核心区西部，与虹桥交通枢纽的直线距离仅 1.5 公里，通过地铁与虹桥高铁站、虹桥机场紧密相连。周边高速

① 《2016 年泰国国际 LED 照明展 LED EXPO THAILAND》，香港会展国际集团有限公司官网，http：//www. hktexpo. hk/product. php？productId = 185642&productAction = display&tack = all。

② 《2016 LED Expo Thailand（泰国国际 LED 展）来袭》，http：//mp. weixin. qq. com/s？src。

③ http：//www. ledinside. cn/showreport/20160420 - 38264. html。

④ Led Expo Thailand 官网，http：//www. ledexpothailand. com。

⑤ 国家会展中心官网，http：//www. cecsh. com/index. aspx。

⑥ 《上海博览会有限责任公司》，国家会展中心官网，http：//www. cecsh. com/about_ us. aspx。

图6　国家会展中心外观

公路网络四通八达，2 小时内可到达长三角各重要城市，交通便利。一大批规模大、质量高、成效好、影响广、辐射强的国内外展会，将在这里落地生根；一大批与新型展会相关的现代服务业将在这里集聚，一个全新的商业娱乐休闲中心将在这里全面崛起。国家会展中心必将成为上海国际贸易中心建设的加速器，成为我国“调结构、转方式、促平衡”的大平台，成为国内外交流合作、互利共赢、商机无限的大舞台。

目前，上海市已有 12 个展馆，室内可展览面积总计 86. 21 万平方米，其中，国家会展中心可展出的室内面积达 40 万平方米，占全市室内可展览面积的 46. 40%。

2015 年，上海市共举办了 749 个展览，展览面积达 1511. 55 万平方米，而国家会展中心 2015 年举办的展览为 38 个，展览面积为 388. 78 万平方米①，占上海市 2015 年展览总面积的 25. 72%。

国家会展中心 2016 年承接 30 多场展览会，其中 20 万平方米以上的

① 《2015 年上海展览会举办总体情况》，上海市会展行业协会官网，http：//www.sceia. com. cn/service/Release – del – 60. html。

有7场，使用面积预计为207万平方米，面积占全年展览的50%；10万~20万平方米的展览会有11场，面积预计为162万平方米，占39%；10万平方米以下的展览会13场，面积为45万平方米，占11%。2016年国家会展中心预计举办18场活动，总面积为6万平方米。国家会展中心2016年展馆总使用面积共420万平方米。2016年国家会展中心预计将为上海市的展览带来59万平方米的面积增量，其中从外地移至上海举办及新创办项目的面积为36万平方米，上海已有项目的面积增量为23万平方米①。

国家会展中心可展览面积为50万平方米，包括了10万平方米的室外展览面积和40万平方米的室内展览面积，室内展厅由13个单位面积为2.88万平方米的大展厅和3个单位面积为0.97万平方米的小展厅组成，货车均可直达展厅。一层北片区的4个大展厅和1个小展厅地面荷载5T/平方米，电力配备充足，除1个大展厅为双层结构外，其余均为单层无柱展厅，特别适合举办重型、工业类展览；一层南片区的4个双层结构大展厅地面荷载3.5T/平方米，柱网27×36米，净高11米；二层的5个大展厅和2个小展厅地面荷载1.5T/平方米，大展厅柱网36×54米，平均净高16米左右，同样可以满足大部分展览的需求。各展厅周边配套了充足的会议设施，由60多个大小不等的会议厅组成，可以分别组织几十人至3000人大小不等的会议。

国家会展中心由展览场馆、配套商业中心、配套办公楼和配套酒店四大部分构成，通过位于8米标高的会展大道连成一体，各类人群可便捷地穿越展览、商业、办公楼、酒店等场所。内部设计了先进的交通体系，人车分流、人货分流、各业态之间自成交通体系，确保展会布展、撤展以及日常交通安全。

综合体拥有丰富的会议场地和先进的会议组织体系，从几十人的小型聚

---

① 《2016年国家会展中心（上海）将承接31场展览会》，东方网，http://sh.eastday.com/m/20160317/u1ai9260702.html。

会到数千人的大型会议，均能妥善安排。室内软件功能完善、硬件设施齐备，打造舒适、轻松的会议环境（见表2）。

表2　国家会展中心基础参数

	概述
展馆面积	可展览面积50万平方米(40万平方米室内展厅、10万平方米室外展场)，室内展厅由13个单位面积为2.88万平方米的大展厅和3个单位面积为0.97万平方米的小展厅组成
承重能力	一层南片区:3.5T/平方米。二层:1.5T/平方米。一层北片区:5T/平方米。
展示空间	一层北片区除1个大展厅为双层结构外，其余均为单层无柱展厅，净高32米，一层南片区展厅柱网27×36米，净高11米，二层的大展厅柱网54×36米，净高16米
交通体系	货车由北部货车轮候区出发，从北侧入口进入综合体，通过首层和二层环绕展厅的专用车道，从各个方向直达任何展厅
会议场地	有28个小型会议室(100~200平方米)、7个中型会议室(300~500平方米)、宴会厅(1000平方米)、多功能厅(10000平方米，可容纳2000~3000人)。
会展大道	东西向、南北向两条8米标高的会展大道宽40米、长400米，配有灯光与音响设备，适合举办文化创意类展示活动、时尚T台秀及互动性较强的巡游活动

商业广场：国家会展中心（上海）商业广场，全球绝无仅有的15万平方米新型商业平台，位于建筑中央位置，与各展厅相连，也可通过地铁直达，配备会议室、贵宾室、咨询台等展会服务设施，又集各类餐饮、休闲娱乐、展示营销、精品商店等功能于一体，既为展会提供配套服务，又延伸展览效应，提升商业价值，满足各类不同人群的需求，是国家会展中心的独特亮点（见表3）。

表3　国家会展中心商业广场优势

优势	详细
独特三个首层设计	1~3层与各大展厅无缝连接，形成0米、8米、16米三个交汇层，不同楼层人流直接导入
16米露天平台	3层的半室外建筑空间，16米标高露天平台，绽放商业新活力
整合全天候业态	从清晨，到日暮，到深夜，精彩缤纷永不落幕，商业盛会时刻上演
创新六大业态	国家会展中心(上海)商业广场，融合餐饮美食、创新体验、时尚精品、城市主题、创意文化、娱乐休闲六大业态，成就无与伦比的魅力商业旗舰

办公楼：三栋办公楼和一座五星级酒店位于国家会展中心四片叶子的端部。其中，办公楼能满足各类会展产业链企业、贸易促进机构、商贸企业、金融机构等的办公需求，也可为会展活动提供高效便捷的会议服务，配合举办各类产品的常年展示，与例展相辅相成，放大展览的贸易功能。

酒店：五星级高档商务型酒店，集住宿、会议、商务、餐饮、休闲等综合功能为一体，可以满足展会高端人群的住宿、用餐和会议等需求。酒店位于项目最南端，与展厅通过 8 米标高步行通道相连。酒店地上 10 层，地下 1 层，地下建筑面积 18165 平方米，地上建筑面积 69010 平方米，总建筑面积 87175 平方米。建筑高度 38. 5 米，共 588 个自然间。

作为目前世界上面积最大的建筑单体和会展综合体，国家会展中心（上海）以突破性的规划设计、完善的服务功能，立足长三角，服务全中国，面向全世界，推动中国产业结构调整，促进经济发展方式转变，服务中国经济社会又好又快发展①。

（二）配套完善、优势集中——重庆国际博览中心

重庆国际博览中心是一座集展览、会议、餐饮、住宿、演艺、赛事等多功能于一体的现代化智能场馆，位于重庆两江新区的核心——悦来会展城，是西部最大的专业化场馆。重庆国际博览中心雄踞嘉陵江岸，依山傍水，公园环抱，古镇相伴，拥有城市、森林、自然浑然一体的优美环境，是国内独一无二的公园展馆、人文展馆、生态展馆（见图 7）。重庆国际博览中心总建筑面积达 60 万平方米，其中室内展览面积 20 万平方米。展馆共设 16 个展厅，南北各布置 8 个，为全国第二，西部第一，中心的屋顶呈蝴蝶形状。

重庆渝北区临空会展中心建设将充分利用国际博览中心会展平台，加强与悦来集团合作，举办档次高、人气旺、集聚辐射能力强的各种会议展览活

---

① 国家会展中心网站，http：//baike. baidu. com/subview/9390148/15840144. htm # view Page Content。

图 7　重庆国际博览中心外观

动。按照规划，将依托悦来国际博览中心，引进国内外知名会展品牌，积极争取举办世界级、国家级展会和论坛，做强汽车、电子、智能装备等专业会展；培育和支持具有全国影响力的本土会展龙头企业发展；推动会展业与其他产业联动发展，构建集策划、广告、设计、拍卖等于一体的会展全产业链。同时，大力发展航空会展，充分利用 72 小时过境免签政策，在机场控制范围内长河等区域规划建设航空酒店、会议中心，举办小型、高档、高效的国际会议、论坛、展览。

场馆室内展览面积 20 万平方米，共 16 个全平层无柱式展厅，单个展厅使用面积 1. 15 万平方米，地面承重 3. 5 ~5 吨，室外展场 5. 8 万平方米，地面承重 5 吨，停车位共计约 1. 1 万辆。位于南北展区中间的多功能厅使用面积为 2 万平方米，净高约 20 米，可搭建 1010 个室内展位或容纳 1. 5 万个座位，可举办演出、体育赛事、超大会议等多种大型室内活动（见表 4）。

自 2013 年 3 月 28 日投入运营以来，重庆国际博览中心已成功承接了第 16 届中国金属冶金展、第 19 届中国（重庆）国际投资暨全球采购会、第 17 届立嘉国际机械展、第 51 届（2016 年春季）全国制药机械博览会等，以一流的硬件、优质的服务和完善的配套赢得了多方好评。

表 4　重庆国际博览中心场馆设施数据

单位：平方米

名称	类别	面积	名称	类别	面积
中央登录厅	展馆	21309	N8 馆	展馆	11500
南登录厅	展馆	2467.95	S1 馆	展馆、活动场地	11500
北登录厅	展馆	2467.95	S2 馆	展馆	11500
多功能厅	展馆、活动场地	20000	S3 馆	展馆	11500
N1 馆	展馆	11500	S4 馆	展馆	11500
N2 馆	展馆	11500	S5 馆	展馆	11500
N3 馆	展馆	11500	S6 馆	展馆	11500
N4 馆	展馆	11500	S7 馆	展馆	11500
N5 馆	展馆	11500	S8 馆	展馆	11500
N6 馆	展馆	11500	南室外展场	展馆	29700
N7 馆	展馆	11500	北室外展场	展馆	29700

拥有 3 个 1000 平方米以上超大会议厅、5200 平方米超级宴会大厅和 28 个50～350 平方米精致会议室的悦来两江国际会议中心是重庆国际博览中心的重要配套项目，可为来自世界各地的人士提供完美的会议体验。

为打造一流的会展场所，国际博览中心周边还规划建设了会展公园、张家溪公园和湿地公园 3 个生态公园，绿化总面积将达 19 万平方米。

（三）东北崭露头角——沈阳国际展览中心

沈阳国际展览中心坐落于沈阳市苏家屯区会展路 9 号，距市区 12 公里，距桃仙国际机场 13 公里。项目总用地面积 95.9 万平方米，计划分两期建设。其中一期工程总建筑面积 16.6 万平方米，室内展览面积 10.52 万平方米，室外展览面积 20 万平方米，综合服务区面积 4 万平方米。其中展览区包括 8 个独立的单体、单层、无柱、大空间展厅，每个展厅 1.32 万平方米，可设国际标准展位 5000 个。展馆按照国际专业化水准进行设计和建设，每个展厅既可独立办展，又能通过内部连廊彼此连通，使展区浑然一体。综合行政会议区配套设施建筑面积2.48万平方米，包括裙房（会议中心、技术交流室、新闻发布厅等）、商务写字楼、酒店等①（见图8）。

图8　沈阳国际展览中心外观

中心以举办国内外大型综合展会和专业博览会为主，可提供商务、办公、运输、仓储、搭建、广告、会议、住宿、餐饮等配套服务，中心设有同声传译国际会议、远程监控运营等现代化系统，具有较高的国际化、智能化水准，中心整体规模位居国内第五位、东北首位。

中心主体结构由8个单层、无柱、大跨度独立展厅组成，每厅面积1.32万平方米，可设625个国际标准展位。室内展馆由东西两侧各4个展厅组成，中间由双层连廊衔接，总体可容纳5000个国际标准展位，东、南、西、北面均设有观众登录厅，可举行各类礼仪活动。中心北广场可举行开幕式、庆典及大型公益活动。展位配套设施按国际惯例设计，配有PDS综合布线，可以同时满足6万人使用移动电话和4800人上网。

会议场地：中心设有1间1000人会议厅（内部可灵活分割），1间600

① 沈阳国际展览中心官网，http://www.syiec.com.cn/?page_id=14。

人新闻发布厅，5 间 200 人会议厅，6 间 50 人会议室，3 间贵宾会议室，4 间洽谈室，可承接各种会议、会见、签约等活动。

服务设施：中心配套建设宾馆一处。设有标准客房 42 间、商务套房 9 间、宴会厅 1 间、6～15 人包房 16 间，可为国内外客商和旅游人员提供住宿和餐饮服务。综合服务区一层设有 6 个快餐厅、2 个咖啡吧和 3 个水吧，二层设有 1 个品酒吧，中心外展区配套建设一处大型美食广场，方便展商和观众就餐休息。

物流设施：中心南广场设有集装箱场地和展品存放仓库。中心东、南、西侧共有 10 处大型停车场，可同时停泊各种车辆 7500 台。北侧广场设有贵宾停车场。

附录：国内外重点展馆基本信息

国外重点展馆基本信息

单位：平方米，个

名称	国家	室内展览面积	展厅数量	会议室数量	主要展会
米兰国际展览中心	意大利	345000	8	—	米兰国际家具展
奥兰多橙郡会议中心	美国	190875	—	—	奥兰多冲浪展（Surf Expo）、奥兰多高尔夫用品展（PGA Merchandise Show）、奥兰多美容展（Premiere Orlando）
曼谷 IMPACT 展览中心	泰国	140000	8	43	泰国国际 LED 展（LED Expo Thailand）

国内重点展馆基本信息

单位：平方米，个

名称	城市	室内展览面积	展馆数量	会议室数量	主要展会
国家会展中心（上海）	上海	400000	16	37	上海车展
重庆国际博览中心	重庆	204000	16	32	全国制药机械博览会
沈阳国际博览中心	沈阳	105200	8	20	中国沈阳国际汽车工业博览

国内外商展与组展商

Trade Fairs and Organizers at Home and Abroad

B.8
全球组展商实力报告

中外会展业动态评估研究报告课题组*

摘　要：组展商是商贸类展会的经营主体。它通过组织、筹办和运营展会及相关配套设施赢利，其宗旨是保证以参展方与观展方为主的会展目标群体在展览会上找到沟通平台、建立供需关系、取得利益共识，并尽其所能赢取目标群体的满意度和信任度。目前，UFI（国际展览业协会）共有690个会员，包括361个专业组展商、96个专门的展馆所有者和经营者、125个专业组展商兼展馆所有者经营者以及49个协会等。作为商贸类会展活动不可或缺的市场主体组织力量，近年来随着经济危机影响的逐步减退，全球组展商正在努力摆脱危机的影响，在微幅持续回升中形成了相对平稳的走势。

---

* 该报告的撰写人为张敏、裘小婕、蓝晓丹。本文为国家社科基金规划课题“全球化视野下国际会展业发展比较研究”（13BGL086）的阶段性成果。

关键词： 组展商 营业额 赢利模式

一 全球组展商实力排行

2014 年，全球组展商共有 28 家营业额超过了 1 亿欧元①。经过 2009 年金融危机对全球会展业的深度影响，到 2011 年国际会展业的回暖，2012 年各大组展商的营业额都有一定程度的提升，特别是全球组展商巨头励展博览集团，其营业额更是突破了 10 亿欧元的大关。2011 年营业额尚未达到 1 亿欧元的德国斯图加特展览公司、瑞典哥德堡展览中心公司，其营业额在 2012 年均超过了 1 亿欧元。2013 年，各家组展商营业额增速均有所放缓，甚至出现了下跌的情况，全球展览业再次陷入了“低迷”的状态。2014 年，励展博览集团、智奥会展公司、博闻集团依旧占领前三强，其中励展博览集团和智奥会展公司营业额相比 2013 年均有所增加，励展博览集团及智奥会展公司营业额均大幅提高，只有英国博闻集团小幅增加。另外，法兰克福展览有限公司等发展势头强劲②（见表 1）。

表 1 全球组展商营业额（超过一亿欧元）汇总*

单位：百万欧元

排名	组展商 \ 年份	2014	2013	2012	2011	2010	2009	2008	2007
1	励展博览集团,Reed Exhibitions(英)	1104.0	1017.0	1051.0	813.0	811.0	720.1	891.0	842.0
2	智奥会展公司,GL events(法)	939.4	809.1	824.2	782.7	727.2	581.4	605.7	633.5
3	博闻集团, United Business Media(英)	561.1	546.0	538.9	475.3	360	324.5	324.6	245.9
4	法兰克福展览有限公司, Messe Frankfurt(德)	554.2	544.8	536.9	467.5	448.3	423.8	440.2	354.2

① 2014 年只有 26 家有数据，伯明翰国家会展中心公司和东京国际展示场虽上榜了，但没有具体营业额数据。

② 数据来源：AUMA. German Trade Fair Industry：Review 2014，Key figures，p. 65。

续表

排名	组展商 \ 年份	2014	2013	2012	2011	2010	2009	2008	2007
5	杜塞尔多夫展览有限公司,Messe Dusseldorf(德)	411.5	322.9	380.5	372.7	335	255.5	496	354.2
6	MCH 集团,MCH Group(瑞)	373.6	385.5	323.1	266.4	294.4	190.9	222.2	216.5
7	巴黎北维勒班特会展中心公司,VIPARIS(法)	316	297.4	327.6	299.9	299.1	285.3	300.4	—
8	慕尼黑国际博览集团,Messe Munchen(德)	309.4	353	298.4	222.5	301.8	215.2	243.3	299.4
9	汉诺威展览公司,Deutsche Messe(德)	280.6	312	251.3	292.8	212	222	241.8	286
10	柏林展览公司,Messe Berlin(德)	269.4	187.6	246.8	182.1	217.4	157.7	199.6	144.4
11	英富曼公司,Informa(英)	248.7	196	179	158.3	124.7	100.8	92.3	—
12	米兰国际博览集团,Fiera Milano(意)	245.5	245.1	253	278	248.4	297.1	306.5	302.5
13	科隆国际展览有限公司,Koelnmesse(德)	231.2	280.6	227.4	235.3	237	229	191.7	200.6
14	纽伦堡展览公司,Nürnberg Messe(德)	228.7	192.8	236	173.3	204.8	132.7	153.2	125
15	翡翠博览集团,Emerald Expositions(美)	225.4	132.9	138.4	138.2	125.5	125.6	—	—
16	香港贸发局,HKTDC(中)	225.2	163.4	155.7	141.6	138.4	99.6	99	—
17	国际贸易与展览集团,ITE Group(英)	223.7	229.4	216.5	180.5	132.2	128.3	123.3	138.9
18	爱戴爱会展集团,i2i Events Group(英)	180.8	145.3	124.3	111.1	—	—	—	—
19	巴塞罗那会展中心公司,Fira Barcelona(西)	152	117.8	115.1	114.7	101	116.1	121.2	129.6
20	上海新国际博览中心,SNIEC Shanghai(中)	152	117	104	—	—	—	—	—
21	斯图加特展览公司,Landesmesse Stuttgart(德)	137	98.8	129	99	—	—	—	—
22	荷兰皇家乌德勒支展览中心公司,Jaarbeurs Utrecht(荷)	131.6	140.9	149.2	152.9	155.5	152	145.7	108.5
23	高美爱博展览公司,Comexposium(法)	129.3	117.5	145.8	201.2	208	195	226	—

续表

排名	组展商\年份	2014	2013	2012	2011	2010	2009	2008	2007
24	德马吉展览公司，dmg events（英）	128	103.8	111.8	153.2	128.7	192.4	226.2	229.6
25	博洛尼亚展览集团，Bologna Fiere（意）	120	109.9	114	101.4	109.7	105	134	128.5
26	阿姆斯特丹RAI国际会展中心公司，Amsterdam RAI（荷）	119.7	116.6	134.7	133.9	125	108.2	119.9	133.3
27	三星展览公司，Coex（韩）	—	—	—	160	156.5	139.6	—	—
28	伯明翰国家会展中心公司，NEC Birmingham（英）	—	148.6	133	—	123.2	139	—	201
29	东京国际展示场，Tokyo Big Sight（日）	—	140.8	176.1	194.7	184.5	157.5	195.1	—
30	马德里国际展览中心公司，IFEMA Madrid（西）	—	88.9	100	107.1	116.7	116.5	186.6	170.6
31	哥德堡展览中心公司，SvenskaMässanGöteborg（瑞典）	—	88	104.6	90.5	—	—	—	—

资料来源：依据2007～2014年AUMA发布的German Trade Fair Industry：Review整理。

根据2014年的营业额排名，全球30大组展商中进入前十强的包括：英国励展博览集团第一，营业额11.04亿欧元，占比14.24%[①]；法国智奥会展公司第二，营业额9.39亿欧元，占比12.12%；英国博闻集团第三，营业额5.61亿欧元，占比7.24%；德国法兰克福展览有限公司第四，营业额5.54亿欧元；德国杜塞尔多夫展览有限公司第五，营业额4.12亿欧元；瑞士MCH集团排名第六，营业额3.74亿欧元；巴黎北维勒班特会展中心第七，营业额3.16亿欧元；德国慕尼黑国际博览集团第八，营业额3.09亿欧元；德国汉诺威展览公司第九，营业额2.81亿欧元；德国柏林展览公司第十，营业额2.69亿欧元。

营业额是考量组展商综合实力的主要因素，再根据公司规模现状、组展

① 2013年营业额占比计算中Fiera Milano、Coex、NEC Birmingham、Tokyo Big Sight、IFEMA Madrid SvenskaMässanGöteborg的营业额未计算在内，以下相关计算情况相同。

数量和面积以及知名度等指标，得出近年来全球综合实力最强的十大组展商（见表2）。前十排名如下：励展博览集团（英国）、智奥会展公司（法国）、杜塞尔多夫展览有限公司（德国）、博闻集团（英国）、法兰克福展览有限公司（德国）、米兰国际博览集团（意大利）、慕尼黑国际博览集团（德国）、汉诺威展览公司（德国）、科隆国际展览有限公司（德国）和高美爱博展览集团（法国）（详见附录一）。

其中英法各2家，励展博览集团是公认的世界最大的展览公司，集团全年运营500个展览及会议活动，总展出面积超过300万平方米，并连续多年营业额位居世界第一，2008年一度达到8.91亿欧元，2009年为7.20亿欧元，2010年为8.11亿欧元，2011年为8.13亿欧元，2012年、2013年、2014年连续三年突破10亿欧元大关；智奥会展公司排名第二，全年运营的展览项目达250个，2014年营业额为9.39亿欧元，是历年之最，2013年为8.09亿欧元，2012年为8.24亿欧元。十强组展商中，德国占据5席，世界龙头地位凸显；英国和法国各有2家，意大利1家。全部十强均为欧洲组展商，作为现代展览业的发源地，欧洲仍在国际展览业中占据着优势地位。

表2　全球组展商十强

	公司名称	英文简称	最大年营业额（亿欧元）	组展数量（个/年）	国家
1	励展博览集团	Reed Exhibitions	11.04(2014年)	500	英国
2	智奥会展公司	GL Events	9.39(2014年)	250	法国
3	杜塞尔多夫展览有限公司	MesseDuesseldorf	4.96(2008年)	160	德国
4	博闻集团	UBM Group	5.61(2014年)	200	英国
5	法兰克福展览有限公司	Messe Frankfurt	5.54(2014年)	100	德国
6	米兰国际博览集团	Fiera Milano	3.75(2006年)	70	意大利
7	慕尼黑国际博览集团	Messe München	3.53(2013年)	40	德国
8	汉诺威展览公司	Deutsche Messe	3.12(2013年)	50	德国
9	科隆国际展览有限公司	Koelnmesse	2.81(2013年)	70	德国
10	高美爱博展览集团	Comexposium	2.26(2008年)	135	法国

二　全球组展商发展现状

（一）逐步摆脱经济危机影响，持续回升后走势平稳

2009 年的金融危机在一定程度上制约了国际会展业的发展态势，据 AUMA 统计，2009 年全球展览公司的营业额整体下滑约 14.2%，由 2008 年的 64.2 亿欧元降至 55.1 亿欧元。2010 年，全球会展业回暖，营业总额上升至约 65 亿欧元，比上年增长 18.0%。2011 年，全球展览业继续保持平稳态势。2012 年，全球展览业出现了一次明显回升，逼近 2010 年的最高水平，2013 年全球展览公司营业额波动较小，2014 年则又出现了一次下滑（见图 1 ~4）。

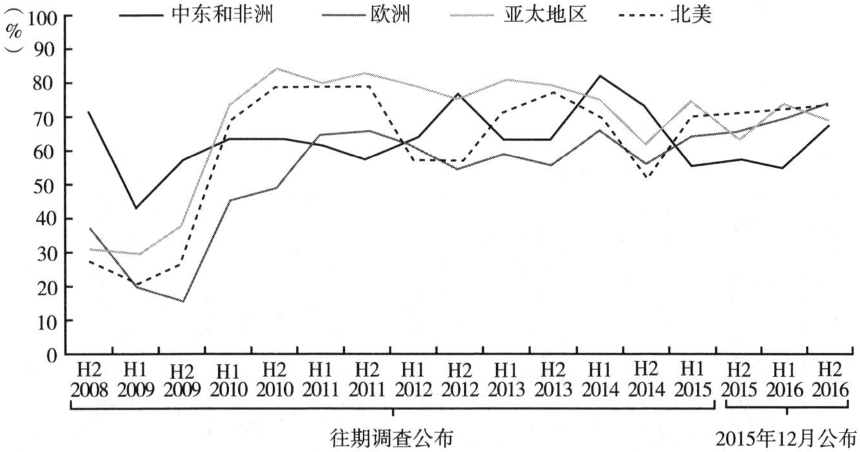

图 1　宣称营业额比上年同期增长的展览业公司营业额增长趋势

说明：基于对 UFI、SISO、AFIDA&EXSA 会员的调查。

资料来源：UFI-Global Exhibition Barometer Report - 2016。

根据 2008 ~2014 年宣称营业额比上年同期增长的展览业公司营业额增长趋势，2009 ~2010 年，宣称营业额比上年同期增长的展览业公司占比越来越大，到 2010 年所有地区均超过 50%，到 2014 年一直保持在 50% 以上。可见，近五年全球展览业营业额增长态势较为平稳。

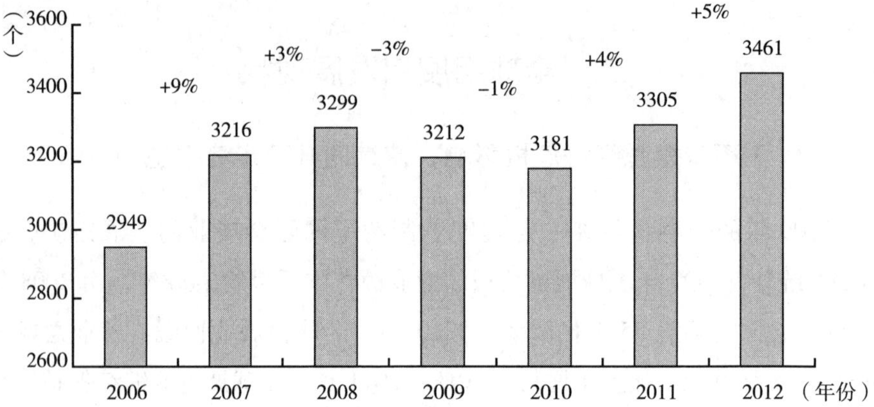

图 2　UFI 会员组织的展览会数量及变化

说明：基于 188 个组展商及其子公司的数据。

资料来源：UFI-Global Exhibition Industry Statistics－2014。

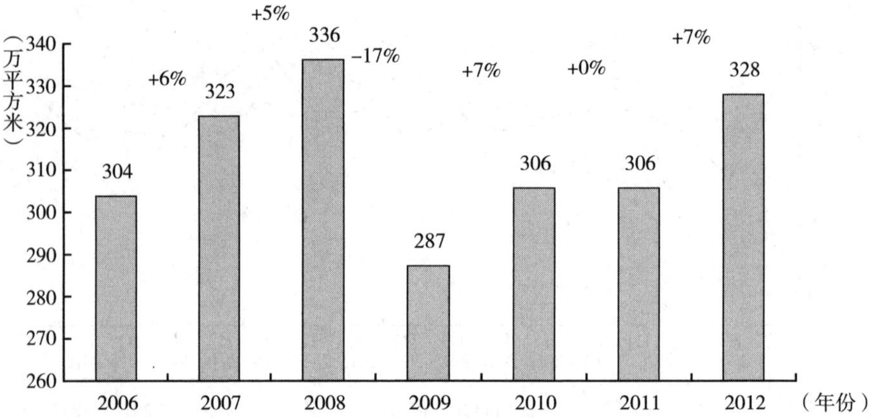

图 3　UFI 会员组织的展览会总净租用面积（室内＋室外）及变化

说明：基于 188 个组展商及其子公司的数据。

资料来源：UFI-Global Exhibition Industry Statistics－2014。

根据 2006～2012 年 UFI 会员组织的展览会数量和总净租用面积，2006～2012 年，UFI 会员组织的展览会数量浮动小于 5%；2008～2009 年，净面积波动较大，其余年份净面积浮动小于 10%。可见，近年来展览市场总体平稳。

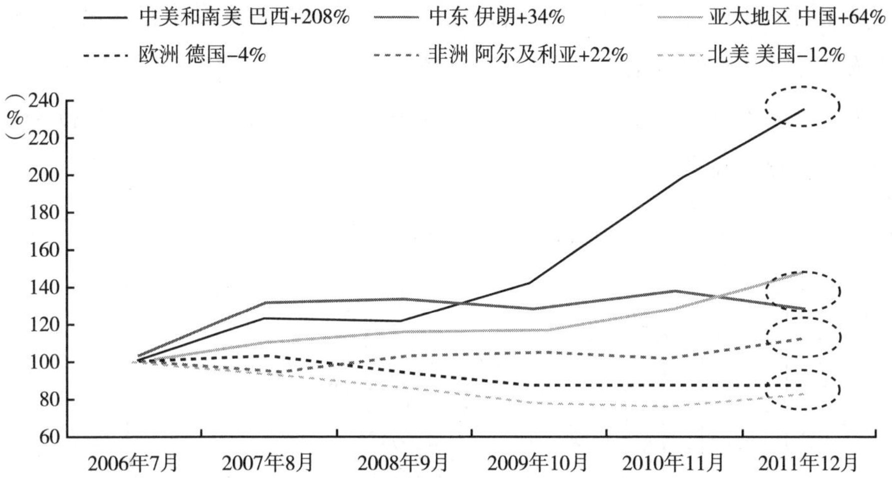

图4 UFI会员组织的展览会总净租用面积地区分布趋势

说明：基于188个组展商及其子公司的数据。

资料来源：UFI-Global Exhibition Industry Statistics－2014。

根据2006～2011年UFI会员组织的展览会总净租用面积地区分布趋势，2009～2011年，中美和南美地区涨幅明显，呈极速上升趋势，巴西的增长率甚至达到了208%。亚太地区从2006年起始终呈稳步增长趋势，虽然不及美洲表现抢眼，但从未出现过下跌的情况，且中国拥有世界上最多的UFI组展商，优势明显。中东地区在2009～2010年出现了一次小幅增长，但是2011年又有所下降。非洲从2010年起加速上升，而组展商实力最为强劲的欧洲地区，自从2006～2007年小幅上升后，一直呈下降趋势，反映出世界展览业格局正在被撬动变革。美洲则一直呈下跌趋势，直到2009年，美洲开始缓慢回升。市场向好显现出全球展览业调整步伐走出经济危机的复苏态势。

（二）业界格局未根本改变，欧洲整体实力仍最强

2008～2009年，欧洲UFI会员组织的展览会总净租用面积急剧下滑，一方面源于金融危机的打击，另一方面是由于欧洲主要展览公司受到海外市场的巨大诱惑，纷纷“走出去”，活跃了亚非及中东等地区的展览市场，尤

其是亚太地区（详见图4）。然而，全球展览业格局并未发生根本改变，欧洲依然占据着全球展览业市场的最大份额，占据了全球近一半的市场份额，2006年占比50%，到了2011年，在北美和亚太的冲击下，欧洲仍保持48%的市场份额（见图5）。

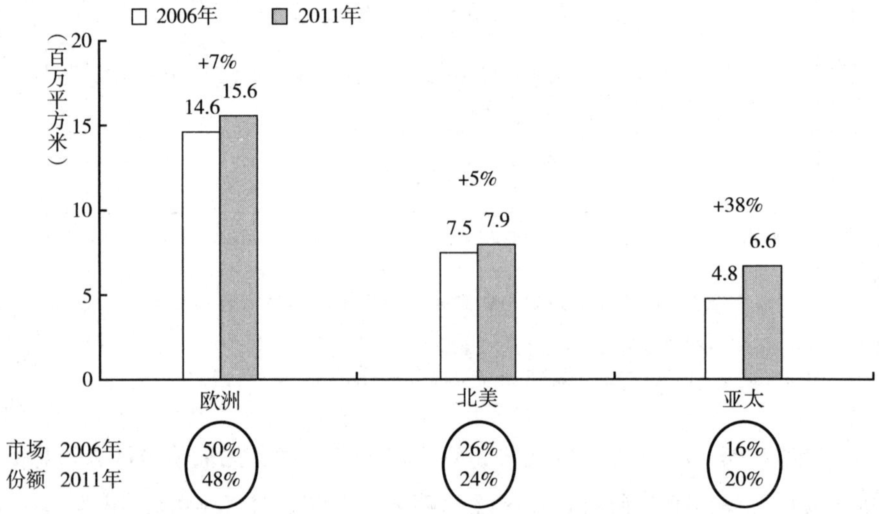

图5　2006~2011年被组展商租用的总净展览面积变化

资料来源：UFI-Global Exhibition Industry Statistics -2014。

欧洲是世界会展业发源地，欧洲组展商拥有成熟的管理体制和丰富的运营经验，整体上规模大、实力强，在世界组展收入中占有绝对优势份额。2014年世界上年营业额超过1亿欧元的全球组展商共28家，其中欧洲就占了24家，占比85.7%，亚太为3家，分属中国香港、日本和中国内地，占比10.7%，北美1家在美国，占比仅3.6%，拉美、非洲、中东仍无一入围（见图6）。

根据全球组展商营业额28强国家分布（见图7），德、英两国共有15家，约占总数的一半，实力最强。法国紧随其后，共有3家全球顶级组展公司。根据全球十大组展商排行榜（见表2），组展实力最强的前三名国家分别为德国、英国、法国。

其中，欧洲会展第一强国是德国，据AUMA统计，德国16个州中，约

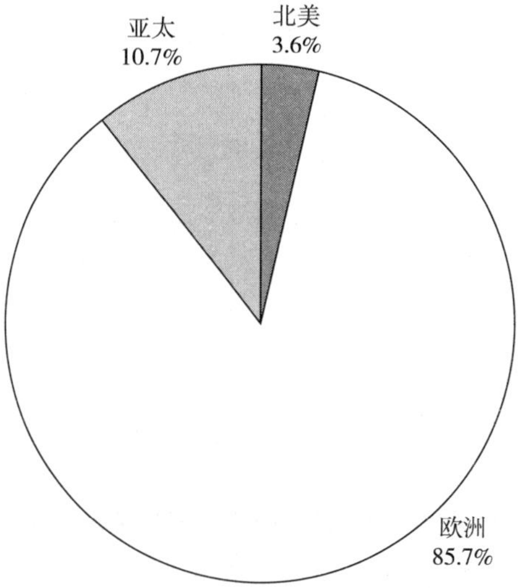

图6　全球组展商营业额28强区域分布

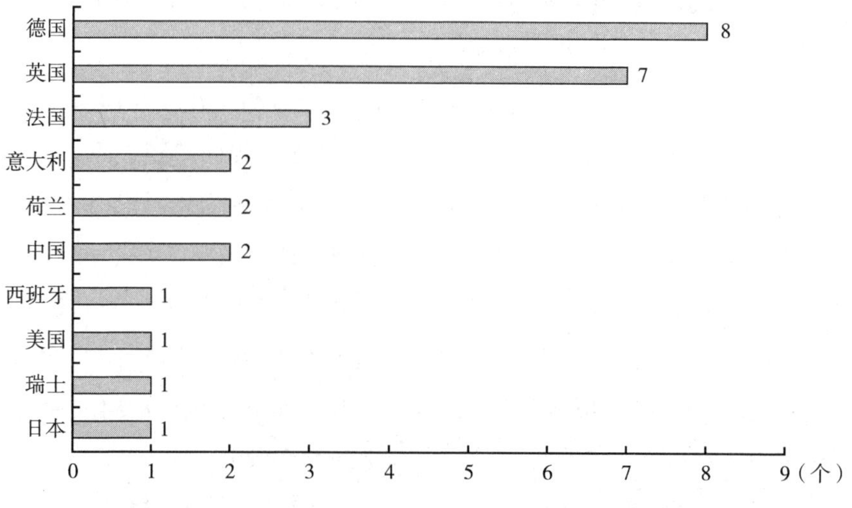

图7　2014年全球组展商营业额（超过一亿欧元）28强国家分布

有100家会展公司，每年举办国际经贸博览会200多场，展出净面积约1000万平方米。德国会展公司的年营业总额保持在26亿~35亿欧元，2012年效益最高，为34亿欧元，2013年为32.5亿欧元，2014年初步估算为34.5亿欧元，达到新高（见图8）。

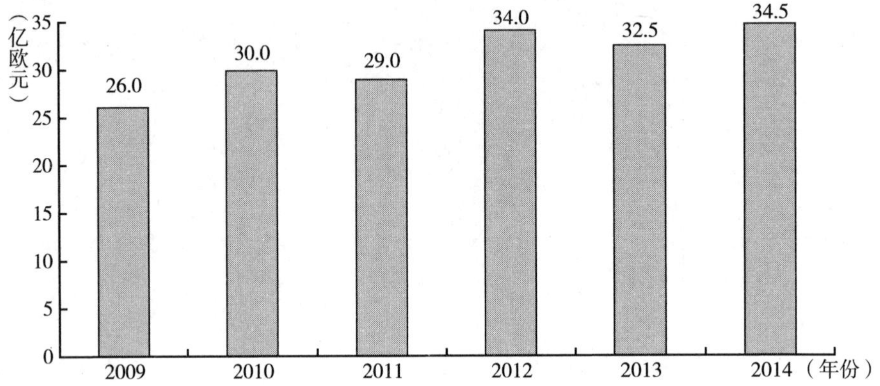

图 8　2009～2014 年德国会展公司营业总额

注：2014 年的营业额为初步统计数据。

资料来源：UFI-Global Exhibition Industry Statistics－2014。

德国在 28 家顶级组展商中独有 8 家，2014 年总营业额初步统计达到了 34.5 亿欧元，占比 31.24%。全球营业额最大的十大展览公司中德国独占 5 家。德国组展商中法兰克福展览有限公司表现最为突出，2014 年营业额 5.54 亿欧元，位居世界第 4 位，与第 3 位英国博闻集团差距极小；杜塞尔多夫展览有限公司、慕尼黑国际博览集团、汉诺威展览公司、柏林展览公司、科隆国际展览有限公司、纽伦堡展览公司、斯图加特展览公司分别位列第 5、8、9、10、13、14、21 位，2014 年的营业额分别为 4.12、3.09、2.81、2.69、2.31、2.29、1.37 亿欧元。德国组展商的超强实力，离不开本国政府的大力支持，德国得以布局全球、形成世界范围内的组展商网络，政府的作用功不可没，其他国家在这一点上还存在较大差距。

英国在 28 家组展商中占据 7 席，虽然较 2013 年有所下降，但 2014 年营业额总数达到了 24.47 亿欧元，营业额占比 31.56%，已经超过德国。这其中功不可没的是励展博览集团，该集团是世界上最大的展览公司，也是公认的世界最强的展览公司，2014 年营业额为 11.04 亿欧元，领跑全球。另外，励展博览集团还是 28 强中唯一一个连续三年营业额突破 10 亿欧元的组展商，2012 年为 10.51 亿欧元，2013 年为 10.17 亿欧元。其余 6 家分别是博闻集团、英富曼公司、国际贸易与展览集团、爱戴爱会展集团、德马吉展览公司和伯明翰国家会展中心公司，分别位居第 3、11、17、18、24、28 位。据统计，英国国内约有 400 家私人展览公司，为英国创造了 13.7 万个工作机会，占英国总就业人口的 0.5%。每年税收收入 10 亿英镑①。

老牌强国之一法国也有不可小觑的组展商实力。据统计，法国共有600 余家展览会和博览会的主办企业，雇员总数达3500 多人，总营业额达60 多亿法郎，约合10 亿美元。其中，为展览提供服务的企业约有250 家，服务内容包括展台设计搭建、设备供应、装饰、电气、安装、清洁、保安、临时工作人员招聘等。这些企业雇工约6000 人，年营业总额为6.1 亿欧元②。

法国营业额过亿欧元的组展企业有 3 家，2014 年营业额 13.84 亿欧元，占比 17.85%。其中，智奥会展公司是世界第二大展览公司，2014 年营业额 9.39 亿欧元，其余两家是巴黎北维勒班特会展中心公司和高美爱博展览公司，分别位居第 7、23 位，2014 年营业额分别为 3.16 亿欧元、1.29 亿欧元。

欧洲其他国家展览公司数量众多，以展览场馆的业主和运营商为主，意大利目前拥有展览场馆 41 个，最大的米兰国际博览集团每年组织和举办 80 多场展览会或国际性的博览会，在世界展览行业中处于领先地位③。意大利营业额过亿欧元的组展企业有 2 家，2014 年营业额 3.66 亿欧元，占比 4.7%，较 2013 年略有下降。其中，米兰国际博览集团年营业额均值 2.46 亿欧元，从第 11 位跌至第 12 位；博洛尼亚展览集团位居第 25 位，2014 年营业额为 1.20 亿欧元。

荷兰营业额过亿欧元的组展企业 2 家，2014 年营业额 2.52 亿欧元，占

---

① 转引自中国国际贸易促进委员会驻英国代表处《英国展览业发展情况简介》，(2007-06-28)[2015-04-01]，http://daibiaochu.ccpit.org/Contents/Channel_1257/2007/0628/45666/content_45666.htm。

② 转引自北京国际城市发展研究院会展经济研究所《法国会展业专业化集团化趋势》，《国际商报》2004 年 3 月 10 日。

③ 转引自中国国际贸易促进委员会驻意大利代表处《意大利展览业概况》，(2007-01-30)[2015-04-01]，http://daibiaochu.ccpit.org/Contents/Channel_1371/2007/0130/39218/content_39218.htm。

比3.3%，较2013年的3.5%有所下降。其中荷兰乌德勒支展览中心公司、阿姆斯特丹RAI国际会展中心公司分别位居第22、26位，2014年营业额分别为1.32亿欧元、1.20亿欧元。

据西班牙马德里展览协会估计，西班牙每年展馆的营收以及住宿餐饮与观光等所创造的总效益可达32亿欧元①。西班牙有2家世界顶级组展公司，分别是巴塞罗那会展中心公司和马德里国际展览中心公司，但是2014年马德里国际展览中心公司营业额未能破亿，巴塞罗那会展中心公司则排在第19位，营业额为1.52亿欧元，较2013年有较大幅度增长。

MCH集团是瑞士唯一上榜的组展商，2013年以3.86亿欧元的总营业额从第9位上升至第5位，2014年以3.74亿欧元的营业额回落至第6位。

（三）亚非美市场潜力大，本土组展商亟须成长

如图4所示，2010~2011年度，UFI会员组织的展览会中，亚太、中东和非洲、美洲的总净租用面积增长率均迅猛上升，这些地区市场最大的国家分别是中国、伊朗和巴西，同时，它们的增长幅度也是所在地区最高的，由高到低依次是：巴西208%、中国64%、伊朗34%。而2010年净租用面积达到870万平方米②（世界第三）的德国则呈负增长态势，减幅4%。日本、俄罗斯等国家的市场潜力较大（见图9、图10）。

根据全球顶尖组展商营业额28强国家分布（见图7），2014年亚洲仍有3家营业额超过1亿欧元的组展商，显示了亚洲展览业的蓬勃朝气。特别是来自中国香港地区的组展商——香港贸发局（HKTDC）表现抢眼，2013年以1.63亿欧元的营业额从第21位上升到第16位，2014年全年营业额大幅增长至2.25亿欧元，是亚洲地区名次最为靠前的组展商。亚太地区3家上榜组展商分别是：中国香港贸发局，2014年营业额为2.25亿欧元，排名第16位，占比2.9%；中国上海新国际博览中心，2014年营业额为1.52亿

① 西班牙马德里展览协会统计，转引自东盟商务会展中心《西班牙会展业概况简介》，（2010-05-09）［2015-04-01］，http://www.asean35.com/68/6662.html。

② UFI 2014. Global Exhibition Industry Statistics: March 2014, 10 major national markets in 2012, p.17.

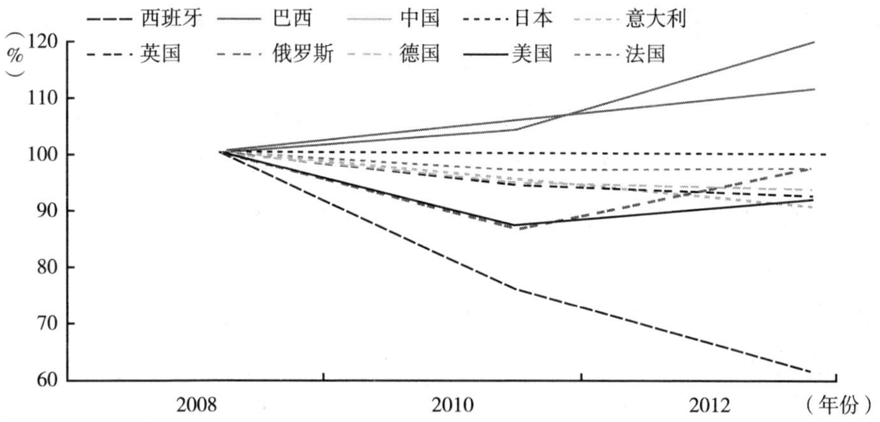

图 9　若干主要国家的净租用面积趋势

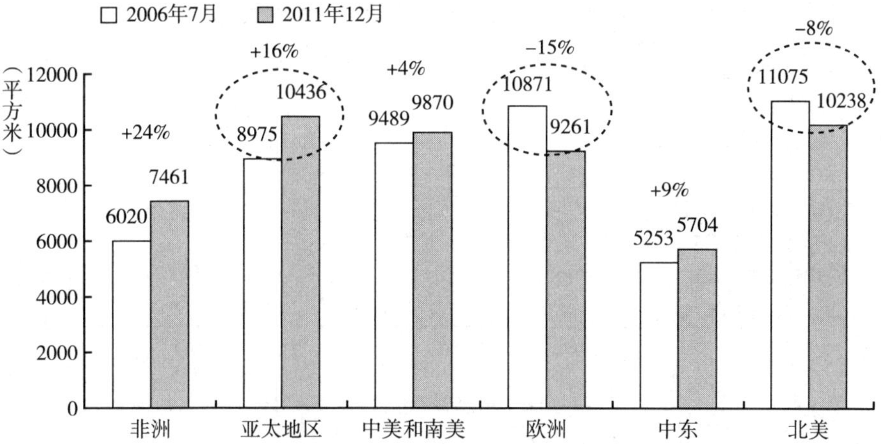

图 10　UFI 组展商成员组织的平均展览规模（净租用面积）

说明：基于 188 个组展商及其子公司的数据。

资料来源：UFI-Global Exhibition Industry Statistics - 2014。

欧元，排名第 20 位，占比 2.0%；日本东京国际展示场 2013 年营业额为 1.41 亿欧元，位居第 21 位，占比 1.9%①。在全球展览业市场格局中，亚洲地区虽然有巨大的市场空间，但与拥有 24 家组展商营业额超过 1 亿欧元的

① AUMA2014. German Trade Fair Industry：Review 2014，Key Figures，p. 65.

欧洲地区相比，组展商实力还有待进一步开发，差距主要体现在国际化、专业化和品牌化的市场运作经验和理念方面。

UFI 组展商会员中，欧洲组展商有 309 个，占 45%，亚太组展商有 239 个，占 35%；中东组展商、非洲组展商和拉丁美洲组展商占 21%，相较于 2012 年比例有所提升。总体来看，亚太区组展商会员的整体实力与欧洲组展商相差较大，2016 年 6 月，中国大陆拥有 121 个 UFI 组展商会员，大幅超越德国，德国虽只有 45 个 UFI 组展商会员，却拥有 8 个年营业额超过 1 亿欧元的组展商，而中国只有 2 个，反差明显。在数量上排名前十位的国家是：中国（129）①、德国（45）、俄罗斯（40）、土耳其（35）、美国（29）、英国（27）、意大利（26）、法国（24）、韩国（21）、比利时（16）（见图 11）②。

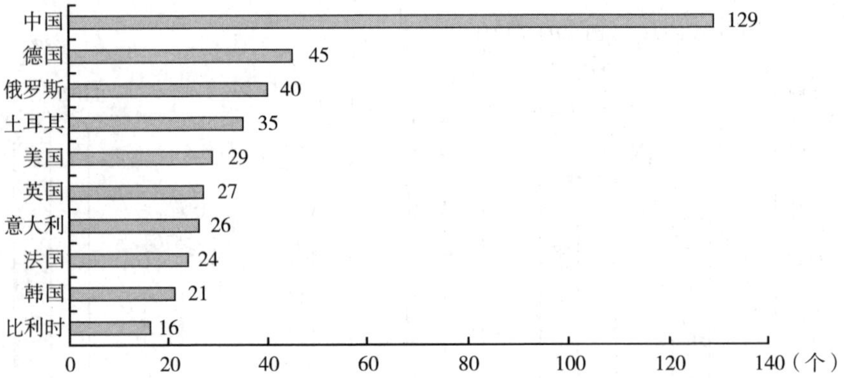

图 11 UFI 组展商会员数量 TOP10

美洲能够较好地满足本国市场的是美国，作为世界头号强国，美国展览业受内需主导，具有“自给自足”的特点。办展经验丰富，营业额超过 1 亿欧元的组展企业有 1 家——翡翠博览集团（Emerald Expositions），2014 年总营业额位居世界第 15 位。美国拥有 29 家 UFI 会员单位，美国组展商举办的通过 UFI 认证的展会目前有 1 个③。1990 年，在美国芝加哥成立了独立组

① 包括中国台北的 8 家组展商。

② 数据来源：UFI 官方网站，[2016－06－16]，http：//www. ufi. org/。

③ 数据来源：UFI 官方网站，[2016－06－16]，http：//www. ufi. org/。

展商协会（Society of Independent Show Organizers，SISO），SISO 是美国最大的专为赢利性组展机构的首席执行官和高级管理层提供服务的组织，它在全球拥有超过 175 个会员，主要针对北美的大型企业与创业型小企业，SISO 会员每年在全世界举办 3500 多个贸易展览会，为全球经济创收 1220 亿美元①。而 UFI 会员每年举办 4000 多个贸易博览会或展览会，但这两个组织在成员吸纳的资格认证上有各不相同的标准。2013 年 7 月 18 日，在第 44 届拉美展览业国际协会（the International Association of the Exhibition Industry in Latin America）大会上，该协会和 SISO 达成共识：分享各自展览业会员的知识和信息，使两者的会员走得更近。2010 ~ 2011 年度，美洲市场（尤其是巴西）虽然增长迅猛，但除了美国较有实力的组展商，拉美自身还缺乏具有较强实力的组展商。

（四）四大赢利模式逐渐成熟，推高配套经营水平

目前，国际组展商形成了以德国、英国（欧洲大部分地区）、美国和中国成都为主的四种赢利模式。无论是政府主导的德国模式，还是尊重市场竞争的英国模式，或者复合经营的拉斯维加斯模式，包括以产业链协同为主的成都模式，组展商无不越来越走向以展馆和展览经营为主体、兼容配套设施服务化发展的综合模式。特别是英国博闻集团、DMG 集团、VNU 集团等世界级的专业媒体集团，全球组展商实力越来越壮大。

按照主营业务的不同，UFI 将商业展览公司分为三大类别，即专门的展览项目经营商、专门的展馆经营商以及展览项目兼展馆经营商。截至目前，UFI 的 690 个正式会员中，组展商共 486 家，占 70.43%，其余为专门的展馆所有者和经营者、协会等②。2014 年营业额超过 1 亿欧元的展览公司中，70% 左右的公司或拥有展馆或本身就是以展馆运营为主体的公司③。专门的展览项目经营商的核心竞争力则在于承办高质量展会及其所带来的专业性、权威性。

---

① 数据来源：SISO 官方网站，[2016 - 06 - 16]，http：//www. siso. org/。

② UFI 官方网站，[2016 - 06 - 16]，http：//www. ufi. org/。

③ AUMA2013. German Trade Fair Industry Review 2013，p. 65.

三　中国组展商实力综述

（一）中国组展商百强排行

作为会展新兴大国的中国，组展商实力也进一步增强，成为全球会展格局中不容小觑的一支。截至 2014 年底，中国共有 95 家组展商通过了 UFI 认证[①]，较上年增长 9 家（详见附录二），是拥有 UFI 会员数量最多的国家之一。UFI 是迄今为止世界展览业最重要的国际性组织，能够成为其会员是该企业或机构在全球会展业中重要地位的体现。中国是 UFI 组展商会员最多的国家，在一定程度上体现了我国组展商的整体实力。

展会专业化是展览业发展的一个历史趋势，专业展会的举办能力是组展商实力的重要标志。本报告从专业展会角度出发，参照各组展商 2013 年主办的规模以上专业展会总面积[②]、数量、服务行业的重要性[③]三项指标，得出 2013 年度中国（大陆地区）专业展会组展商百强（见表 3）。

在数量上，以北京、上海和广州三地的组展商实力最强。在 100 强中，北京和上海分别有 26 家和 25 家，位居前两位，总共占比超过 50%；广州共 11 家，占比 11%，位列第三；第四是成都（6 家），占比 6%；第五是青岛（5 家），占比 5%；深圳和济南均有 4 家，位居第六。武汉、厦门、沈阳、重庆、长春等城市均在百强展商中占有 1 ~ 3 个席位。

---

① 数据来源：UFI 官网会员名册，http：//www. ufi. org/wp – content/uploads/2016/05/join_ us_ members_ list. pdf。

② 各组展商 2012 年主办的规模以上专业展会总面积，即 2012 年全年参与主办的规模以上专业展会实际展出面积的总和。数据来源：中国会展研究中心《2012 年度中国规模以上展览会动态数据库》。

③ 行业重要性，即除汽车、家居、建材、汽配、汽车用品、五金、广告、机床、教学仪器、礼品、木工机械、印刷、石材等 13 个行业保留 2 个及以上展会主办者入选外，其他只举办单一展会的组展商，原则上只保留所办展会同行业面积排名第一者。由于不同行业存在很大区别，因此该排序只是一个参考，不能全面反映各单位之间的实力差距。

表3　2015年度中国（大陆地区）专业展会组展商百强

（以参与举办的规模以上展会总面积排序）*

单位：平方米

序号	单位名称	参与举办展会总面积	参与举办展会数量	涉及行业	所在城市
1	中国对外贸易中心	1684900	7	消费品、面辅料、乐器、家纺、汽车保修、文具、印刷品	广州
2	中国对外贸易广州展览公司	1640000	11	汽车、塑料、家具、木工机械、建材、家居	广州
3	上海博华国际展览有限公司	1026000	13	家具、酒店用品、药品、建材	上海
4	法兰克福展览（北京）有限公司	733500	6	面辅料、乐器、家纺、汽车保修、文具	北京
5	汉诺威米兰展览（上海）有限公司	671320	11	汽车、建材、林业	上海
6	北京中装华港建筑科技展览有限公司	559000	6	建材、家居	北京
7	上海市国际展览有限公司	407500	2	汽车、模具	上海
8	振威展览集团北京振威展览有限公司	362670	10	机械	北京
9	厦门会展金泓信展览有限公司	354000	5	石材、佛事用品、茶叶	厦门
10	上海新格雷展览服务有限公司	336.01	6	医疗器械、药品、印刷品	上海
11	武汉新城国际博览中心经营管理有限公司	335000	5	消费品、面辅料、乐器、家纺、汽车保修、文具、印刷品	武汉
12	广州博亚展览发展有限公司	330000	1	建材	广州
13	深圳市华巨臣实业有限公司	330000	14	茶叶、综合	深圳
14	中国国际贸易促进委员会纺织行业分会	326867	3	家纺、面辅料	北京
15	亚洲博闻有限公司	317738	4	儿童用品	上海
16	北京博万国际会展有限责任公司	317000	9	婚庆	北京

续表

序号	单位名称	参与举办展会总面积	参与举办展会数量	涉及行业	所在城市
17	广州光亚法兰克福展览有限公司	308800	4	照明	广州
18	齐鲁晚报天一国际会展有限公司	305200	11	汽车、房产、教育	济南
19	成都世纪城新国际会展中心有限公司	302000	3	汽车	成都
20	北京精博信展览有限公司	300000	2	综合	北京
21	上海现代国际展览有限公司	297000	4	建材	上海
22	北京雅森国际展览有限公司	295000	3	综合	北京
23	WES 上海环球展览有限公司	290000	2	综合	上海
24	励展华博展览(深圳)有限公司	290000	4	礼品、玩具、家居	深圳
25	法兰克福展览(上海)有限公司	266315	1	综合	上海
26	青岛海名国际会展有限公司	265800	15	综合	青岛
27	中国国际贸易促进委员会广州市分会	265000	3	消费品、综合	广州
28	广州华亚展览服务有限公司	261000	6	汽配、装饰建材、机械、工业制造、消费品、进口商品	广州
29	VNU—亚洲展览集团—上海万耀企龙展览有限公司	253000	13	综合	上海
30	安徽中设国际会展有限公司	252000	9	消费品、面辅料、乐器、家纺、汽车保修、文具、印刷品、药品及装备	合肥
31	中国汽车工业国际合作总公司	251200	2	汽车、汽配、汽车保修	北京
32	中国国际展览中心集团公司	250256	4	消费品、礼品、纺织服装、食品、汽摩配、家用电器、建材、机械、乐器以及 IT	北京

续表

序号	单位名称	参与举办展会总面积	参与举办展会数量	涉及行业	所在城市
33	哈尔滨长城国际展览有限公司	247000	4	汽车、汽配	哈尔滨
34	上海国际展览中心有限公司	246000	8	灯光音响	上海
35	中粮新世纪国际会展（北京）有限公司	245000	2	食品	北京
36	江苏三角洲国际会展有限公司	240000	5	机械、设备制造、五金	上海
37	青岛嘉时代文化传媒有限公司	240000	2	综合	青岛
38	成都市天一展览服务有限公司	238000	8	珠宝首饰、器械	成都
39	北京婚芭莎国际会展有限公司	237000	4	珠宝、婚庆	北京
40	北京金海群英网络信息技术有限公司	237000	4	婚庆	北京
41	北方工商业展览有限公司	234400	8	机床模具、设备	沈阳
42	上海东浩国际服务贸易（集团）有限公司	230000	1	综合	上海
43	北京企发展览服务有限公司	223000	9	天然气汽车、加气站、核电、电力设备、水处理、泵阀、脱硫脱硝、军展两用、土壤修复、环保	北京
44	广州联合展贸有限公司	220000	1	消费品、礼品、纺织服装、食品、汽摩配、家用电器、建材、机械、乐器以及 IT	广州
45	成都市创冀文化传播有限公司	220000	5	办公用品、金属、汽配、酒店	成都
46	深圳贺戎环贸展览有限公司	220000	2	光电	深圳
47	广州中成创展览有限公司	220000	1	能源、房地产	广州
48	北京时尚博展国际展览有限公司	218000	3	家纺、服装、面料	北京

续表

序号	单位名称	参与举办展会总面积	参与举办展会数量	涉及行业	所在城市
49	尚格国际展览有限公司（武汉）	215000	4	汽车、汽配	武汉
50	北京智鑫佳弈珠宝文化发展有限公司	214500	6	珠宝首饰	北京
51	中国国际贸易促进委员会长春市分会	210000	4	消费品、综合	长春
52	法兰克福展览（上海）有限公司	207800	8	消费品、综合	上海
53	济南信展展览有限公司	207000	9	机械、农业、设备、厨卫	济南
54	中国国际贸易中心股份有限公司北京会展分公司	206000	2	综合	北京
55	天津振威展览有限公司	205000	8	机械、自动化设备	天津
56	济南世博展览策划有限公司	202000	6	轻工产品、机械设备	济南
57	贵阳尚格会展服务有限公司	200972	4	汽车、汽配	贵阳
58	河南中展动力展览有限公司	200000	5	酒店用品、建筑装饰材料、金属冶金工业、汽车工业、环保产业、陶瓷工业、玻璃工业、美容美发	河南
59	通用国际广告展览有限公司	200000	1	汽车	北京
60	上海现代国际展览有限公司	200000	4	印刷、建材、照明、设备、医药	上海
61	上海贸发展览服务有限公司	200000	2	其他行业展会，机械、工业、设备展	上海
62	成都市新东方展览有限公司	190000	2	印刷、建材、照明、设备、医药	成都
63	重庆展览中心有限公司	190000	2	综合	重庆
64	北京海名汇博会展有限公司	189150	10	食品	北京
65	青岛金诺会展有限公司	183700	5	金属加工展、橡胶轮胎展、食品机械展、工业装备展、机床模具展	青岛

续表

序号	单位名称	参与举办展会总面积	参与举办展会数量	涉及行业	所在城市
66	广东国际科技贸易展览公司(广东科展)	183500	3	通信、科技、机械设备	广州
67	温州德纳展览有限公司	183000	6	家纺、照明、机械设备、能源、金融	温州
68	上海荷瑞会展有限公司CHC	180000	4	技术设备、机械能源、绿色环保	上海
69	励展博览集团国药励展展览有限责任公司	178000	3	药品、医药设备	北京
70	江苏省国际贸易促进委员会	177000	3	消费品、综合	南京
71	上海世博集团上海现代国际展览有限公司	172010	5	建材、生物技术、汽车、印刷	上海
72	青岛海宸国际会展有限公司	170800	6	建材、经济、节能绿色	青岛
73	北京华贸联展览有限责任公司	170000	6	炭、化工、冶金、环保、工程装备、建筑节能金属加工、工业自动化、动力传动等	北京
74	北京贝克瑞会展服务有限责任公司	170000	2	食品	北京
75	四川省供货商商会	166000	4	消费品、综合	成都
76	北京金益友联展览有限公司	166000	2	五金、建材	北京
77	上海协升展览有限公司	164000	2	自行车	上海
78	长春维达展览服务有限公司	162000	8	机械设备、广告印刷	长春
79	浙江中国小商品城集团股份有限公司	161000	5	旅游、酒店、教育、综合	义乌
80	成都德纳展览有限公司	160000	5	皮革及制鞋材料、鞋类、机床及塑胶机械、眼镜、表面处理及环保技术、电力电工及高低压电器、汽车、装饰建材以及包装印刷机械、服装、家具、五金、家装等	成都

续表

序号	单位名称	参与举办展会总面积	参与举办展会数量	涉及行业	所在城市
81	上海伏勒密展览服务有限公司	160000	1	光伏	上海
82	重庆市中环盛世商务会展有限公司	160000	1	金属冶金、机床模具、压铸铸造、热处理工业炉、酒店业、广电、IT、通信、医疗、石油石化、交通、汽车零部件、制造、新能源和商用车等	重庆
83	北京优尚博展国际家纺展览有限公司	160000	1	五金、建材、汽配、石油机械及酒店用品、食品	北京
84	东浩集团上海现代国际展览有限公司	159000	1	建材、排水、照明	上海
85	青岛美博文化传播有限公司	157700	1	美容	青岛
86	上海申仕展览服务有限公司	152500	5	建材、五金、机械设备	上海
87	上海百文会展有限公司	150000	1	包装	上海
88	尚格会展股份有限公司	150000	2	汽车、家居建材、光电子	上海
89	长城国际展览有限责任公司	148000	4	花艺、宠物、水族、特种商品	北京
90	中国国际贸易促进委员会哈尔滨市分会	148000	7	家纺、面辅料	哈尔滨
91	深圳会展中心管理有限责任公司	147500	3	综合	深圳
92	北京演艺展业广告有限公司	146400	2	综合	北京
93	杜塞尔多夫展览(上海)有限公司	145500	8	印刷、包装、线材线缆及管材管道、塑料、可再生能源、医疗器械、安全生产及职业健康、葡萄酒与烈酒、房车等	上海
94	中国国际贸易促进委员会济南市分会	145000	4	家纺、服装、面料	济南
95	上海世博集团上海外经贸商务展览有限公司	143500	3	家装、纺织品	上海
96	东莞中汽会展有限公司	140000	1	汽车、汽配	东莞

续表

序号	单位名称	参与举办展会总面积	参与举办展会数量	涉及行业	所在城市
97	广州市鸿威展览服务有限公司	140000	6	建材、环保、包装、印刷	广州
98	广州佳美展览有限公司	140000	1	美容	广州
99	湖北省机械行业联合会	140000	1	机械设备	武汉
100	海兰基国际展览（北京）有限公司	140000	1	自行车	北京

*说明：1）政府主导展会、综合性展会不在本次统计之列，因而其组织者也未被作为百强候选者；2）部分主办单位很有实力，但由于其展览未在2015年度举办，因而未列入名单；3）独资公司作为一家公司合并统计，合资公司单独计算。

其中，年组展面积过百万平方米的共3家，分别是：中国对外贸易中心，组展面积为168.5万平方米，中国对外贸易广州展览公司，组展面积达164万平方米，位居第三的上海博华国际展览有限公司组展面积为102.6万平方米，中国对外贸易中心和中国对外贸易广州展览公司在年组展面积上占有绝对优势。年组展面积在50万~100万平方米的有3家，分别是：法兰克福展览（北京）有限公司，73.4万平方米；汉诺威米兰展览（上海）有限公司，67.1万平方米；北京中装华港建筑科技展览有限公司，55.9万平方米。年组展面积在20万~50万平方米的公司有55家，占55%，是中国组展商百强的中坚力量。年组展面积在10万~20万平方米的共39家，占比39%。百强组展商为中国会展事业作出了巨大的贡献。一方面，组展商是我国展会市场不断成熟与繁荣的亲历者、见证者和推动者；另一方面，组展商的不断成长，为中国会展市场的专业化、品牌化、国际化发展提供了全新的思考路径。

（二）中国组展商发展概况

1. 组展商数量增长放缓，综合实力有所提升

几乎从2009年开始，中国会展业发展进入了一个相对高峰期，国内组展商数量迅猛增长，但进入2013年组展商的数量增长速度有所减缓，

2015年，组展商数量基本进入稳步增长阶段，同时组展商的城市分布结构亦趋向合理。中国会展公司数量的不断增加已经能够逐步满足各大城市、各大行业不同层级的办展需求。但是，地方性展会的行业限制较为明显，因城市人口、交通、环境、展馆等条件的限制各地展会质量参差不齐，组展商较难在行业限制明显的城市立足，只能选择会展大城市，组展商城市分布的结构正随着会展经济的发展逐步朝健康的方向发展。品牌展会的逐步形成使新兴组展商较难进入会展行业，中小型会展公司因资本的限制、自身结构的调整转型，缺乏与品牌及大型外资组展公司竞争的实力。现有的组展商一部分因质量低劣已被市场淘汰，一部分迫于市场竞争不得不进行结构调整转型，逐步提升综合实力。复合型组展商的出现大大提高了组展商的综合实力，既拥有场馆经营权又能够自行组织展会。

2. 北上广实力强大，中小城市发展迅速

统计发现，我国会展发展不平衡现象依然存在，沿海与内地、东部与中西部发展差距仍然较大。根据会展场馆、会展企业、会展业绩等综合指标衡量，北京、上海、广州三大会展中心城市优势明显，2014年底加入UFI的中国组展商（除港澳台地区）共95家，其中北京、上海、广东的组展商数量最多，共74家，占比约为77.9%（见图12）。重庆、成都、杭州、青岛、义乌等城市发展加快，很多会展公司加入UFI成为其会员，组展商百强中也有部分中小城市的展览企业。综观区域分布，我国会展区域格局表现为：北京、上海、广东位列前三，引领全国发展；东、中、西分布不均，东部地区主导地位明显；展会举办相对集中，全国3/4的展会集中在24个主要城市。北京、上海、广州三个城市2015年共举办展览会859场，比2014年减少了36%，占全国展会项目总数的28%；展览面积达到3191万平方米，比2012年增加16%，占全国展览总面积的40.5%[①]（见表4）。

① 数据来源：中国国际贸易促进委员会主编的《中国展览经济发展报告2015》。

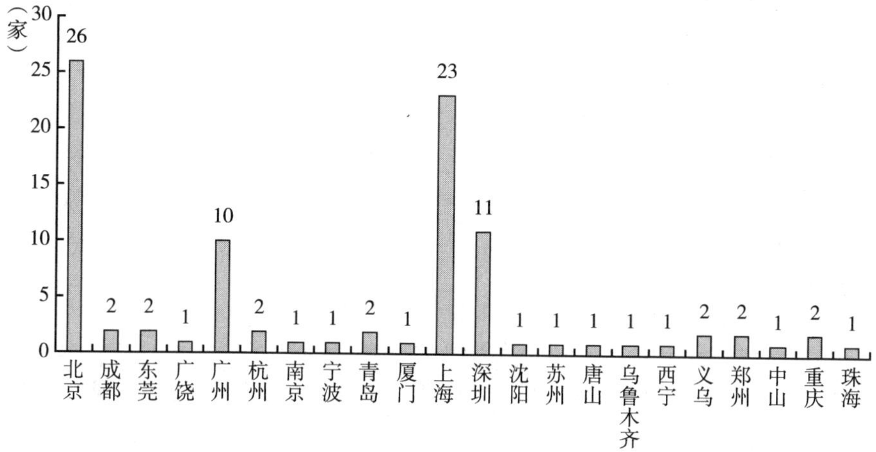

图 12　2015 年中国 UFI 组展商所在地分布

表 4　2015 年北京、上海、广州举办展览情况

	北京	上海	广州
展览数量（场）	280	382	197
展览面积（万平方米）	752	1398	1041

除举办展览数量多外，2015 年组展商百强统计中，北京、上海、广东三地始终保持领先优势。北上广三地的组展商进入 2015 年组展商百强统计名单的共有 67 家，占比高达 67%，其中北京实力最强，共有 26 家上榜组展商，其次为上海，25 家，广东省以 16 家排名第三（见图 13）。与此同时，一些具有竞争力的二线城市包括重庆、济南、成都、青岛、武汉等，其组展商实力日益增强，都有上榜，这些城市目前主要依靠其自然资源与地理环境举办相应的展览会与节事活动。

3. 展会组织者占主流，展馆运营商多样化经营

统计发现，加入 UFI 的 95 家中国组展商，展会组织者依然是中国组展商的中坚力量。95 家成员中有 72 家展会组织者，这其中还包括了部分展馆拥有者与经营者，占比达 75.8%。展会组织者以主办方的身份举办不同类型的展会，获得收益。展馆运营商也逐渐开始由单一经营者向复合型经营转变。有 6 家展馆运营者同时还拥有展会组织者的身份，占比 6%（见图 14）。

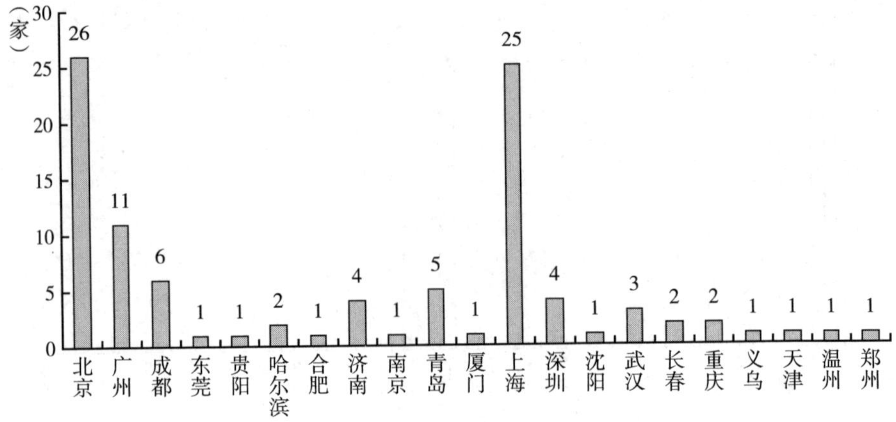

图 13　2015 年中国组展商百强地域分布

由于北上广三地会展业发达，大型场馆数量较多，因此复合型运营的趋势也主要是从北上广三地开始的。6 家复合型经营的展馆运营者中，北京 2 家、上海 2 家、广州 1 家、深圳 1 家。

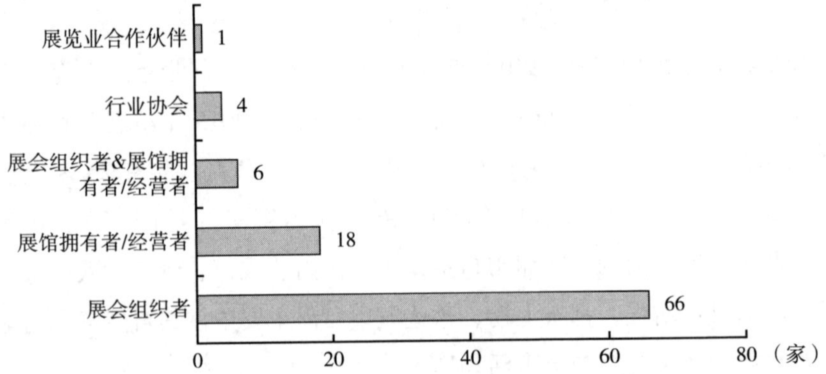

图 14　2015 年中国 UFI 组展商类别分布

（三）上海组展商发展现状

1. 展览项目规模增速放缓，组展商综合实力提升快

2015 年 4 月，国务院发布《关于进一步促进展览业改革发展的若干意

见》。2015 年成为上海市实施会展业“十三五”发展规划承上启下的关键一年，作为国内数一数二的会展城市，在上海举办的展览总展出面积仍保持全国之首，上海组展企业的综合实力亦较强。目前，上海经营、组织展览会的展览企业有将近百家，2015 年共主办展览会项目总展出面积达 1511.6 万平方米。2013 ~2015 年三年共有 42 家组展商全年办展面积超过 10 万平方米（见表 5）。这些组展商是上海组展市场的主要力量，通过市场化运作，不断创新思维勇于探索，彰显出上海组展商的国际化、专业化、市场化和品牌化特征。

表 5　上海组展商 35 强（全年办展面积超过 10 万平方米的组展商）*

单位：万平方米

排名	企业名称	2013 年	2015 年
1	上海博华国际展览有限公司	66.5	102.6
2	汉诺威米兰展览(上海)有限公司	24.7	67.1
3	法兰克福展览(上海)有限公司	42.2	47.4
4	上海市国际展览有限公司	53.9	40.8
5	上海现代国际展览有限公司	42.7	53.1
6	上海新格雷展览服务有限公司	—	33.6
7	中国国际贸易促进委员会纺织行业分会	45.4	32.7
8	亚洲博闻有限公司	—	31.8
9	上海国际展览服务有限公司	—	29.7
10	上海环球展览有限公司	21.7	29.0
11	上海万耀企龙展览有限公司	34.0	25.3
12	上海国际展览中心有限公司	19.0	24.6
13	江苏三角洲国际会展有限公司	—	24.0
14	上海东浩国际服务贸易(集团)有限公司	—	23.0
15	上海贸发展览服务有限公司		20.0
16	上海荷瑞会展有限公司	—	18.0
17	上海协升展览有限公司	11.5	16.4
18	上海市环境科学信息技术交流中心	—	16.0
19	上海伏勒密展览服务有限公司	—	16.0
20	上海申仕展览服务有限公司	—	15.3
21	上海百文会展有限公司	11.5	15.0
22	尚格会展股份有限公司	—	15.0
23	杜塞尔多夫展览(上海)有限公司	13.2	14.6
24	上海外经贸商务展览有限公司	16.2	14.4
25	上海东贸展览服务有限公司	—	13.2
26	上海大陆工具有限公司	—	12.0

续表

排名	企业名称	2013 年	2015 年
27	亚洲博览集团有限公司	—	12.0
28	上海高登商业展览有限公司	—	11.9
29	上海励闻展览服务有限公司	—	11.7
30	上海歌华展览服务有限公司	—	11.7
31	欧尼优展览（上海）有限公司	—	10.0
32	沪鑫堡展览（上海）有限公司	—	10.0
33	上海国际汽车城开发服务有限公司	—	10.0
34	澳特沙隆(上海)会展服务有限公司	—	10.0
35	上海纺织技术服务展览中心	14.1	10.0
36	上海博万会展有限公司	16.8	—
37	亿百媒会展(上海)有限公司	16.7	—
38	中国五金制品协会	14.1	—
39	华汉国际会议展览(上海)有限公司	13.6	—
40	慕尼黑展览(上海)有限公司	13.0	—
41	上海环球展览有限公司	16.9	—
42	上海科学技术开发交流中心	13.8	—

注：本表选取 2015 年的组展商前 35 强。

数据来自龚维刚、杨顺勇主编《上海会展业发展报告 2013》《上海会展业发展报告 2014》；中国国际贸易促进委员会：《中国展览经济发展报告 2015》，数据有所筛选合并。

2015 年在上海举办展览会面积超过 10 万平方米的组展商共 35 家，比 2013 年的 21 家增加 14 家。2015 年这 35 家组展商主办的超过 10 万平方米的展览会共 153 个，总展览面积达 847.9 万平方米，比 2013 年的 507.7 万平方米增长 340.2 万平方米（见图 15）。受国内外经济环境影响，虽然展览项目的规模增速放缓，但越来越多颇具实力的组展企业加入上海会展业，从内容和形式上丰富了上海的展览项目，更进一步将国际化的展会项目、参展商和办展理念纳入上海这座国际化的大都市。

2. 本土组展商发展态势稳定，民营企业占主导地位

随着国内会展业的快速发展，上海本土组展商发展态势良好。在上海注册的国有企业、外资企业、合资企业和民营企业，是上海本土组展商的主要力量。2015 年，在上海举办的 1 万平方米以上的展览项目共 80 个，其中在上海注册的本土企业共办展 30 个（见表 6），总展出面积 160.3 万平方米，占比 35%；市外来展共 50 个，总展出面积 298.1 万平方米，占比 65%（见

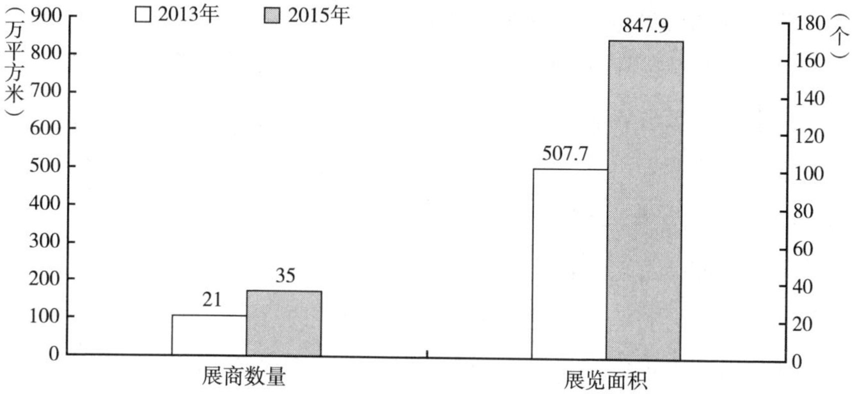

图 15　2013、2015 年组展面积超过 10 万平方米的组展商发展趋势

图 16）。其中，上海本土民营企业组织和举办的本市展览项目占比 13.3%，上海注册的国有企业的组展数量占比 3.3%，上海注册的合资组展企业占 33.3%，仅 3.3% 是由在上海注册的外资企业举办。可见，合资组展企业是上海组展商市场最主要的力量，外资或合资企业仍为上海会展市场格局的主导力量，但上海民营企业正茁壮成长。

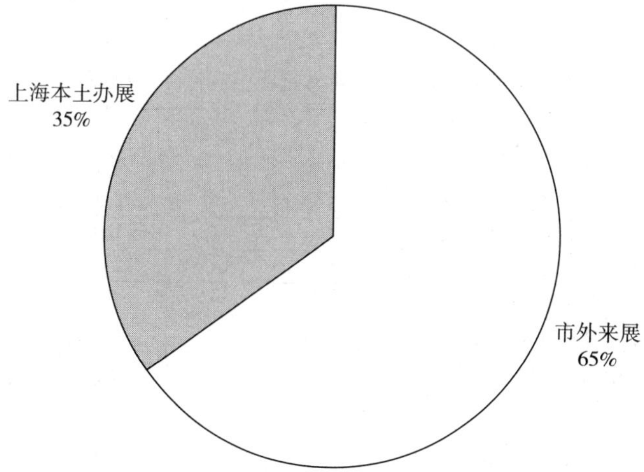

图 16　2015 年上海市 1 万平方米以上展览会项目组展商地域分布

说明：基于项目举办规模占比。

传统欧洲老牌外资组展商发展面临挑战。2015 年，由外资企业组展的上海1万平方米以上展览项目仅1个，展览规模为20万平方米（见表6）。2015年排名前十的上海组展商中有两家老牌外资组展企业，分别是汉诺威米兰展览（上海）有限公司（67.1万平方米，2015）和法兰克福展览（上海）有限公司（47.4万平方米，2015）（详见表5）。

3. 合资企业综合实力强，政府主导仍是主流

伴随着上海会展业发展的热潮，合资性质的组展商，兼备外资市场的成功运作经验以及对本土市场的本地化认知，综合实力最强。以上海博华国际展览有限公司为例，其2015年主办的超过10万平方米的展览项目总面积达102.6万平方米，领先排名第二的汉诺威米兰展览（上海）有限公司（67.1万平方米）35.5万平方米，连续多年稳居上海组展商榜首。会展业在我国仍以政府主导为发展的首要条件，因而国有性质和国家级团体协会的组展商发展势头不减。2015年，在上海举办的1万平方米以上的展览会项目中，有32家是由国有性质和国家级团体协会的组展商举办的，占所有展览项目数量的40%，这32家组展商年办展面积达198.5万平方米，占比43.3%。中国国际贸易促进委员会纺织行业分会作为上海组展商市场的中坚力量，发展平稳。

表6 2015年在上海举办的1万平方米以上展览会项目办展主体类别

办展主体类别		项目数（个）	占比（%）	规模（万平方米）	占比（%）
本土办展（30个，160.3万平方米）	上海注册的国有企业办展	1	1.3	10.3	2.2
	上海注册的外资企业办展	1	1.3	20.0	4.4
	上海注册的合资企业办展	10	12.5	52.5	11.5
	上海注册的民营企业办展	4	5.0	5.6	1.2
	上海政府及团体办展	14	17.5	71.9	15.7
市外来展（50个，298.1万平方米）	中国国际贸易促进委员会各行业分会办展	6	7.5	19.8	4.3
	国家级社会团体及政府办展	31	38.8	188.2	41.1
	北京注册的企业办展	4	5.0	15.9	3.5
	北京以外的外地企业及地方政府办展	5	6.3	22.9	5.0
	国际性组织及企业直接办展	4	5.0	51.3	11.2
合　计		80		458.4	

附录一：全球组展商十强

（一）励展博览集团（Reed Exhibitions）——会展英国模式的典型

图 1 励展博览集团 Logo

励展博览集团是励德爱思唯尔集团（Reed Elsevier）的成员（见图 1）。励德爱思唯尔集团在出版业和信息提供行业均全球领先，该企业已在 FTSE100 上市。2015 年，励德爱思唯尔集团全年收入高达 59.71 亿英镑，税前利润达到 18.22 亿英镑。2013 年励展博览集团的收入为 8.62 亿英镑，税后利润 2.1 亿英镑；2014 年励展博览集团的收入为 8.9 亿英镑，增长了 3%，税后利润 2.17 亿英镑，增长了 3%①。2014 年励展博览集团的收入为 8.9 亿英镑，2015 年为 8.57 亿英镑，较上年减少了 3.7%②。英国励展集团通过全球网络的兼并与收购，现已成为世界领先的展览及会议活动主办机构。

励展全球网络每年在 30 个国家主办 500 多个展览及会议活动，全年展出面积超过 300 万平方米。展览项目涵盖 52 个行业，足迹遍及美洲、欧洲、中东及亚太区的 30 个国家，专注于航空与国防、建筑施工、石油与天然气、能源、制造、运输与物流、信息与电信、电子、设计、餐饮、食品、酒店、礼品、保健、珠宝、营销与商业服务、制药、房地产、出版、安全、体育与娱乐、旅游等核心行业。

目前，励展在全球范围内设有 33 个代表机构，遵循“运用全球化思维，解决当地之所需”的理念，用励展丰富的全球资源、强大的行业网络

---

① Reed Elsevier. Reed Exhibitions is the World's Leading Events Business, With Over 475 Events in 34 Countries. [2013 - 08 - 15]. http://reporting.reedelsevier.com/ar11/business - review/reed - exhibitions/.

② 数据来源：《励德集团 2015 年度集团报告》，http://www.relx.com/investorcentre/reports%202007/Documents/2015/relxgroup_ ar_ 2015.pdf。

和庞大的数据库服务于全球的客户。励展设于全球各地的分支及代理机构对其所在的当地市场有着精准的认知，并与当地政府部门、商业团体及媒体保持着长期合作关系，能够迅速响应客户的需求，提出合理有效的解决方案。因此，由励展主办的众多展会活动在各自的行业领域内均处于领先地位。励展长期致力于服务电子行业市场，其在亚洲 8 个国家共主办 12 个高质量的电子展会，其中包括中国的 NEPCON China、印度的 NEPCON India、韩国的 NEPCON Korea、日本的 Inter NEPCON 和新加坡的 Global TRONICS，这些展会集聚了 5800 多家参展商和超过 700000 名的活动参与者加入其中，大部分展会都是该地区领先的展会。励展公司始终致力于以最高的质量标准为客户提供支持服务，并与各地区最优秀的国际伙伴合作共同举办展会。

励德爱思唯尔集团（Reed Elsevier）架构见图 2。

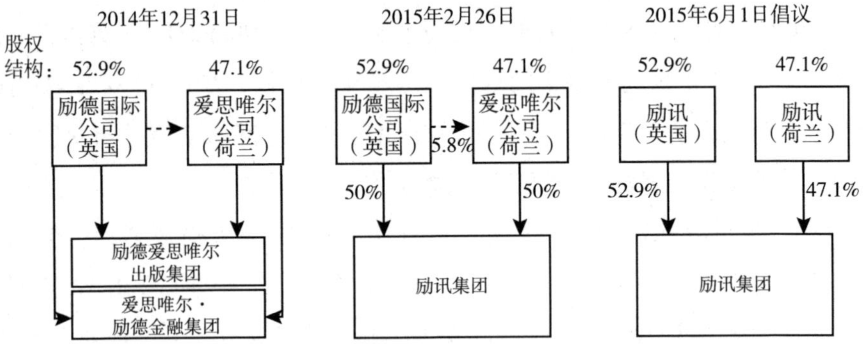

图 2　励德爱思唯尔集团架构

（二）智奥会展公司（GL Events）——会展业务综合执行者

法国智奥会展公司（GL Events）成立于 1978 年，经过 30 多年的努力，至 2014 年在全球建立了超过 90 个代表处，拥有 4107 名员工（见图 3）。2011 年收入接近 8 亿欧元（7.827 亿欧元），2013 年收入 8.09 亿欧元，其中 51% 来自国际市场。2014 年该集团全年总收入 9.39 亿欧元，其中 55% 来自国际市场①。智奥

① 数据来自智奥会展公司 2014 年全年报告。

是会展业务行业的首席综合执行者，全年组织超过 250 个商贸会。展览行业涉及食品业、汽车业、家居及室内设计、制表业、视听设备、IT 管理和医疗类。作为服务供应商，智奥的核心业务包括会展场馆管理、会展项目活动管理以及相关配套服务。

智奥已为众多国际性大型活动提供了全方位的服务，包括：奥林匹克运动会、板球世界杯、政府首脑峰会、足球世界杯等。智奥也是 2010 年上海世博会推荐的场馆运营管理、展示工程、设备租赁和展览策划与设计的服务供应商。

图 3　法国智奥会展公司 Logo

作为典型的欧洲组展商，智奥不拥有展馆，但凭借出色的展馆管理业务而闻名。企业目前在全球经营管理了 36 个场馆，包括里约热内卢、上海、布达佩斯、巴黎、尼斯、帕多瓦—威尼斯、都灵、布鲁塞尔、里昂、图卢兹等城市。所涉猎的业务范围涵盖整个会展行业，所提供的场馆也能按照要求提供全方位的服务方案，或根据实际需求提供定制、个性化的解决方案。

自 2006 年 9 月开始，法国智奥会展公司正式接管上海浦东展览馆。上海浦东展览馆位于上海科技馆与东方艺术中心之间，坐落在浦东新区的政治与文化中心，向过往众人展示着其独特与典雅的气质。浦东展览馆拥有三层楼面，总面积 14450 平方米，适合举办各类规模的展览、会议与活动，可同时容纳 20000 人次的参观（见图 4）。

（三）杜塞尔多夫展览有限公司（Messe Duesseldorf）——会展德国模式的典型

成立于 1947 年的杜塞尔多夫展览有限公司（Messe Duesseldorf）是德国最著名的商展公司之一，总部位于北莱茵—威斯特法伦州（Nordrhein-Westfalen）杜塞尔多夫市（见图 5）。作为典型的国有化展览公司，杜塞尔

图4　智奥接管的上海浦东展览馆

图5　杜塞尔多夫展览集团 Logo

多夫展览有限公司的股权结构由政府主导，其中杜塞尔多夫市占比最高，为56.50%；杜塞尔多夫工业区 Reisholz 股份公司占比20.00%；北莱茵—威斯特伐利亚州占比同样为20.00%；除此之外，工商总会和杜塞尔多夫手工业协会各占1.75%的股份。同时，公司拥有杜塞尔多夫展览中心，负责该馆的营运业务。展览中心共19个展厅，总面积306000平方米，其中室内展馆面积达262700平方米。现有雇员600人左右。杜塞尔多夫展览集团公司拥有完善的国际服务网络，12个子公司和控股公司，68个海外代表机构，为127个国家提供全方位的服务。2013年该集团税后净利润为1093.4千万欧元，2014年税后净利润大幅增长至5109.4千万欧元①。

在过去的60多年里，杜塞尔多夫展览集团公司成功在世界各地举办了5000多场展会活动，拥有丰富的展会主办经验。公司在德国杜塞尔多夫市举办的40个专业展览会中，成为该行业第一大展览会的就高达23个，包括drupa－印刷媒体展览、世界印刷媒体、出版及纸品加工、MEDICA－世界医

① 数据来源：《杜塞尔多夫展览有限公司2014年年度报告》，http：//www.messe－duesseldorf.com/md－files/doc/MD_ GB－GB－2014.pdf。

疗论坛、国际展览会及会议、K－国际塑料及橡胶展览会等。同时，另有120个展览会通过集团网络在世界各地举办，并成为展商和观众值得信赖的展览品牌。2011年，公司综合销售额达到3.73亿欧元，2010年共吸引21961家参展商和1124704位观众参展，全年总展览面积达到306000平方米。

杜塞尔多夫展览集团的展会涉及领域包括：医疗健康、贸易服务、机械、机床及设备以及休闲娱乐、时尚生活等。集团展览项目遍布世界各地的成熟市场，为来自不同国家各行各业的企业提供经济贸易平台，协助企业快速发展。作为真正的行业创新领袖，杜塞尔多夫展览集团是世界展览业潮流的领导者，推动形成更高的行业标准，通过一流的展会展现其非凡的竞争力，以及对行业的深入见解。

（四）法兰克福展览有限公司（Messe Frankfurt）——专业的商贸展组展商

法兰克福展览有限公司（Messe Frankfurt）总部位于德国黑森州（Hessen）法兰克福市（见图6），成立于1947年，由法兰克福市控股60%，黑森州政府控股40%，企业赢利全部用于再投资，政府不收取任何费用，只从不断增加的税收中得到回报和收益。公司拥有法兰克福展览中心、10个展厅和会议中心，占地面积约为32.1万平方米。至2014年，法兰克福展览有限公司在全球设有28家附属公司、5个办事处及52个国际销售伙伴，聘用2130名员工。主要从事全球性贸易展览业务，每年都在世界28个城市举办100多个贸易展览，重心转向亚洲市场。2014年，集团营业额达5.54亿欧元①。

图6　法兰克福展览集团 Logo

法兰克福展览有限公司是世界上最成功的纺织品、汽车、建筑技术、

① 数据来源：法兰克福展览有限公司官网，http://www.messefrankfurt.com/frankfurt/en/messe/unternehmensprofil/zahlen_daten.html。

消费品类展览会的主办者。法兰克福国际家用及室内纺织品展览会（Heimtextil）是法兰克福最为成功的展览会品牌之一，同时这一展会也是该领域最大规模、国际化程度最高的展览会活动，现已在中国上海、印度孟买、日本东京、俄罗斯莫斯科以及美国拉斯维加斯相继举办了同品牌全球展。法兰克福国际时尚消费品展览会（Ambiente）起源于1949年的"Frühjahresmesse"（春季展览会）。目前已经在全球5个国家即日本、韩国、俄罗斯、美国和阿根廷举办了品牌展览会，并取得优异成绩。法兰克福国际圣诞礼品世界展览会（Christmasworld）是节庆礼品行业领域内最为重要的贸易盛会，同时也是法兰克福每年十分重要的、给予高度重视的国际性展会。法兰克福国际车展（Automechanika）诞生于1971年，每两年举办一次，是当今世界上最负盛名的五大国际车展之一，是世界三大汽车配件展之一。法兰克福国际肉类食品加工设备展览会（IFFA）一直是肉类食品加工领域内的世界顶级盛会。展览会的展品范围几乎涵盖了该行业包含的所有环节，其展示深度和广度是其他同类展览会无法囊括和达到的。法兰克福书展是德国举办的国际性图书展览，是世界上最大规模、最享盛誉的书展，被誉为"世界出版人的奥运会"。它为来自世界各国的出版商、代理商以及图书相关人员提供了一个洽谈版权交易、出版业务及展书订书贸易的沟通交流平台。展览宗旨是：允许世界上任何出版公司展出任何图书。

（五）博闻集团（UBM）——传媒业务助力组展水平

英国博闻集团（UBM）成立于1843年（见图7），是历史最悠久的商贸展会持有人及组织者之一，全年主办的展会数量超过200个，集团同时服务全球专业商贸业界的商业媒体公司，并经营专业刊物及B2B网站。目前全球有3500名技术人员在20多个国家和地区提供专业服务。在过去的30多年中，博闻通过购买和销售广泛的媒体业务占领市场份额，通过广播电视、市场调研和报纸等业务，与客户进行有效连接，为其提供他们所服务的市场信息。展会活动是博闻集团的主要业务之一，每年博闻在世界各地共举办数以百计的现场展会活动。

博闻集团通过兼并和收购媒体业务，为会展业务打下良好的基础。1982 年成功收购美通社，1999 年收购 CMP Media，是亚洲博闻集团的前身。亚洲博闻集团正式成立于 1994 年，在亚洲拥有大量的传媒和会展业务。全年举办 230 个商贸展会活动、出版 21 本高质量专业性杂志，同时营运 18 个垂直网站，为全世界超过 200 万名参展商、采购商、会议代表、广告商及普通观众提供高素质的实时市场动向、行业信息、在线贸易网络、会面商贸配对以及采购和市场推广平台。亚洲博闻在全亚洲范围内设立办事处，东至日本，西达土耳其，在不同国家的 24 个主要城市共有 1300 名员工[1]。2010 年，博闻集团又收购佳能通信有限责任公司，该公司有专门面向全球先进制造业的领先媒体业务，通过收购，博闻将业务领域的重点扩展至医疗器械和药品行业。

图 7　博闻集团 Logo

（六）米兰国际博览集团（Fiera Milano）——展馆经营的典范

米兰国际博览集团（Fiera Milano）与 Fiera Milano Rassegne、Fiera Milano TL. TI Expo、Fiera Milano Congressi、Business International 长期合作，共同组织和管理在米兰举办的展会活动（见图 8）。该集团上市于 2002 年。同时拥有米兰新展览中心和市内展览中心两处会展场馆。米兰会展中

图 8　米兰国际博览集团 Logo

① 数据来源：英国博闻集团官网，http：//www. ubmasia. com/en – us/About – us/Overview。

心（MIC-Milano Convention Centre）位于米兰西北郊的 Rho-Pero 镇，是目前意大利最大的会议中心，从 2005 年 9 月份起正式投入使用，能容纳 25000 人，拥有超过 2000 间酒店客房和 10 个多功能厅。该场馆现有室内展出面积 47 万平方米，室外展出面积达 6 万平方米。财政年度营业收入高达 3.75 亿欧元，利润能够达到 6000 万欧元。

意大利米兰展览公司和德国汉诺威展览公司于 2008 年 1 月正式签署合作协议，共同成立合资公司汉诺威米兰国际展览有限公司。至此，米兰国际博览集团的主营业务从单纯的展馆经营转向展馆与展会组织管理的双重赢利模式。米兰国际博览集团全年可举办 70 多个展览会或国际性博览会，吸引近 30000 名展商。旗下品牌展会包括：马契夫国际消费品及礼品展（Macef）、米兰卫浴展（MCE）、米兰摩托车展（Eicma Moto）和米兰自行车展（Eicma Bici）、米兰国际家具展（Salone Internationale del Mobile di Milano）、米兰时装周（Milano Vende Moda）、米兰国际信息和通信技术展（Smau）等。其中米兰时装周每年春秋两届，是国际四大时装周之一。米兰国际光学、验光和眼镜展（Mido）是全球最大的专业性眼镜展会。

（七）慕尼黑国际博览集团（Messe Mü nchen International）——开创导向型博览会新理念

成立于 1964 年的慕尼黑国际博览集团（Messe München International）总部位于德国自由州巴伐利亚（Freistaat Bayern）（见图 9）。发展至今，慕尼黑国际博览集团始终坚持旗下博览会的专业性、导向性和国际性，率先在业内提出了导向性博览会的创新理念和对博览会功能的全新理解与补充，力图突破原有的传统观念，使博览会不再仅仅局限于普通的产品推介，而成为该领域内每项专业技术的技术先导和行业发展趋势发布的良好平台。与其他展览公司

图 9　慕尼黑国际博览集团 Logo

相比，慕尼黑国际博览集团的业务更能满足客户的大部分需求，如量身定制展台设计、安全耐用搭建模式、供应商协调及管理、展会整合营销方案制订及实施、现场公关活动策划及组织等。每年由慕尼黑国际博览集团举办的大约40个博览会中有近一半的展会都在国际博览会市场上享有行业主导地位，每个博览会都力求能够通过展示平台把握市场发展的脉搏，展示并引导行业革新的走向与趋势。例如，慕尼黑国际废水及废物处理博览会（IFAT）、慕尼黑电子展（ELECTRONICA）、慕尼黑物流展（TRANSPORT LOGISTIC）及慕尼黑房地产商务论坛（Expo Real）等，均已成为资本货物、高科技和消费品类的先锋展览会品牌。每年共有超过100个国家和地区的30000余家参展商和来自200多个国家的200万观众参与到这40个国际博览会中。

秉持国际化的发展理念，慕尼黑国际博览集团还在亚洲、南美、中东和欧洲俄罗斯举办各类展会。慕尼黑国际博览集团在欧洲和亚洲共设有6家子公司，并且通过66个海外代表处将业务覆盖到了89个国家。

慕尼黑国际博览集团拥有并运营着新慕尼黑展览中心（建成于1998年）和慕尼黑国际会议中心（ICM），除此之外也同时运营MOC慕尼黑会展与采购中心。集团下属的新慕尼黑展览中心于1998年建成，拥有室内展览面积18万平方米，室外展览面积25万多平方米，是全世界最现代化的展览中心之一（见图10）。

图10　新慕尼黑展览中心

（八）德国汉诺威展览公司（Deutsche Messe AG）——运营和管理世界最大场馆

图 11　汉诺威展览公司 Logo

成立于 1947 年的德国汉诺威展览公司（Deutsche Messe AG）总部位于德国下萨克森州（Niedersachsen）汉诺威市（见图 11），公司由下萨克森州政府和汉诺威市政府分别控股 49.8%。目前在全球设有 70 个海外分公司和办事处，员工数量超过 1200 位，年均收入 2.5 亿欧元，2014 年实现了 2.81 亿欧元的平均收入①。每年举办逾 50 场专业贸易展览，共吸引展商总数约 21000 家，以及来自 100 余个国家的 16000 名记者和约 179 万名观众前往参观。

汉诺威展览公司举办的旗舰展的核心特点是其对国际参展商和观众的巨大号召力。这些旗舰展览会旨在反映行业最新发展动态，引领国际市场和行业潮流趋势。另外，这些展会也是展示先进应用技术、发布最新尖端科技和研发成果的良好平台。比如，汉诺威消费电子、信息及通信博览会（CeBIT），净展出面积超过 40 万平方米，是全球规模最大的博览会。一年一届的汉诺威工业博览会、汉诺威国际地面铺装展览会，两年一届的国际商用汽车展览会（双数年）、国际林业木工展览会（单数年），三年一届的汉诺威国际物流展览会，四年一届的国际机床展览会等，都是全球最有影响力的品牌展览会。

汉诺威展览公司的核心业务是汉诺威展览中心的运营和管理。汉诺威展览中心总面积达到 100 万平方米，净可展出面积 49.7 万平方米，基础设施一流，是世界最大的展览场馆。

① 数据来源：德国汉诺威有限公司官网，http：//www.messe.de/en/deutsche－messe/company/deutsche－messe。

（九）科隆国际展览有限公司（Koelnmesse）——历史沉淀、品牌保证

总部位于德国科隆北莱茵—威斯特法伦州（Nordrhein-Westfalen）的科隆国际展览有限公司（Koelnmesse）成立于1922年，是德国历史最悠久的展览公司之一（见图12）。目前在全球设有11家分公司和86个分支机构，拥有500多位员工。90年的组展经验造就科隆展览的国际水平，其主要经营业务包括科隆展览中心及世界级展览项目的运营。科隆展览中心总面积284000平方米，室外面积100000多平方米（见表1），拥有41个不同规模会议室的会议中心，可以容纳19500人参加会议，每年有2000多个会议和其他活动在科隆国际展览中心的会议中心举办。科隆展览组展实力强大，每年在国内外定期举办68个交易会和展览会，涉足25个行业中的顶级展会，主要包括通信、媒体与时尚，居室、园林与休闲，艺术与文化，食品行业，家具、室内装修与纺织品，健康与休闲，技术与环境等。全年吸引来自100多个国家的34000多家公司和来自200多个国家的210万观众，平均60%的参展商和40%的观众来自海外。2014年，该公司营业额达2.31亿欧元①。

图12　科隆国际展览有限公司 Logo

科隆展览旗下的品牌展会有：世界食品博览会（Anuga）、科隆国际家具展（imm cologne）、科隆国际五金博览会（INTERNATIONAL HARDWARE FAIR COLOGNE）、国际体育用品、露营设备及园林生活展览会（spoga + gafa）、国际废物处理及再循环展览会（ENTSORGA – ENTECO）、国际服装生产技术和纺织品加工博览会（IMB）、国际牙科展（IDS）、科隆国际艺术博览会（ART COLOGNE）、世界影像博览会（photokina）等。

① 数据来源：科隆国际展览有限公司官网，http：//www. koelnmesse. com/Koelnmesse/Press/。

表1　科隆国际展览相关数据

每年主办博览会	68个	每年主办博览会	68个
主导博览会	28个	专业观众和买家	1500000名
展览馆	11个	来自	208个国家
展馆面积	284000平方米	授权媒体	每年25000个
室外展览面积	100000平方米	全球分支机构	86个
停车位	15000个	分公司	11家
参展企业	43000家	亚洲举办的博览会	29个
来自	122个国家	合作酒店	120家

（十）法国高美爱博展览集团（COMEXPOSIUM）——资本重组推高组展水平

图13　高美爱博展览集团 Logo

法国高美爱博展览集团是法国最大的展览集团之一（见图13），是法国第一大媒体集团哈瓦斯（HAVAS）的子公司。2008年，法国爱博展览集团（EXPOSIUM）和法国高美司博展览集团（COMEXPO）进行了资本重组，共同推出“高美爱博展览集团”（COMEXPOSIUM）。

重组后的高美爱博展览集团在124个国家设有4个海外子公司和64个办事处，其业务辐射力遍及124个国家。集团拥有135个展会，这些展会每年接待来自全球的10万家参展商、300万观众。总展出面积达260万平方米。每年的营业额达到2.2亿欧元（相当于人民币22亿元）。随着全球经济一体化的发展，高美爱博集团在亚洲、北美洲、南美洲、中东以及北非地区稳步开拓，创建了自己的展览会。

集团135个展会涉及17个专业领域，如农业、食品、商业零售和物流、建筑、包装技术、大众博览会、高科技行业、房地产、工业制造业、娱乐业、时尚行业、艺术和爱好、企业管理、健康和美容、安全行业、旅游和交通技术等。其中不乏世界或欧洲最优秀的展会品牌，如SIAL国际食品展、SIMA农业技术及设备展、SIA国际农业展、EMBALLAGE包装技术展、

CARTE 智能卡展、INTERMAT 国际土木工程及建筑机械展、EQUIP AUTO 巴黎汽配汽保展、SILMO 眼镜展、世界美容美发展、MILIPOL 巴黎国际警用设备展、巴黎国际博览会、巴黎马展等。

附录二：UFI 的 95 个中国组展商会员

UFI 的中国组展商会员（不含港澳台地区）*

（排名不分先后）

序号	英文名称	中文名称	会员类别	所在城市
1	Beijing Zhenwei Exhibition Co., Ltd.	北京振威展览有限公司	展会组织者	北京
2	Beijing Asiamachine Int'l. Convention & Exhibition Ltd.	北京天施华工国际会展有限公司	展会组织者	北京
3	Beijing Energy Conservation and Environmental Protection Center	北京节能环保中心	展馆拥有者/经营者	北京
4	CCPIT Building Materials Sub-Council	中国国际贸易促进委员会建筑行业分会/中国国际商会建筑材料行业商会	展会组织者	北京
5	CCPIT Sub-council of Chemical Industry	中国国际贸易促进委员会化工行业分会	展会组织者	北京
6	China Investment Promotion Agency of Ministry of Commerce of PR China(CIPA)	中国商务部投资促进事务局	展会组织者	北京
7	China National Convention Center CNCC	中国国家会议中心	展馆拥有者/经营者	北京
8	China World International Exhibition Co., Ltd. CICE	中国国际展览有限公司	展会组织者	北京
9	CIEC – China International Exhibition Center Group Corp	中国国际展览中心集团	展会组织者 & 展馆拥有者/经营者	北京
10	Capital Exhibition Services	北京国际展览中心	展会组织者 & 展馆拥有者/经营者	北京

续表

序号	英文名称	中文名称	会员类别	所在城市
11	E. J. Krause & Associates, Inc. (China)	美国克劳斯会展公司(中国)	展会组织者	北京
12	Exhibition Center of China Light Industry	中国轻工业展览中心	展会组织者	北京
13	Jing Mu International Exhibition Co. ,Ltd.	京慕国际展览有限公司	展会组织者	北京
14	Koelnmesse Co. ,Ltd. (Beijing)	德国科隆展览(北京)有限公司	展会组织者	北京
15	Reed Exhibitions ISG China	励展博览集团国际销售部中国办事处	展会组织者	北京
16	Reed Guanghe Exhibitions Co. Ltd	励展光合展览有限公司	展会组织者	北京
17	Reed Huabai Exhibitions(Beijing) Co. ,Ltd.	励展华百展览(北京)有限公司	展会组织者	北京
18	Reed Huaqun Exhibitions Co. Ltd.	励展华群展览有限公司	展会组织者	北京
19	UBM China(Beijing)	博闻科媒信息技术咨询(北京)有限公司	展会组织者	北京
20	YASN International Exhibition Co. Ltd.	雅森国际展览有限公司	展会组织者	北京
21	Beijing International Exhibition Center(BIEC)	北京国际展览中心	展馆拥有者/经营者	北京
22	Comexposium China	高美爱博(中国)公司	展会组织者	北京
23	ITEChina	英国国际贸易与展览有限公司(中国)	展会组织者	北京
24	Reed Exhibitions(Shanghai) Co. , Ltd. ,Beijing Branch	励展博览集团(上海)北京分公司	展会组织者	北京
25	Reed Exhibitions Greater China Head Office	励展博览集团中国总部	展会组织者	北京
26	Reed Sinopharm Exhibitions	国药励展展览有限责任公司	展会组织者	北京
27	Chengdu Branch of Hubei Tarsus Hope Exhibition Company	湖北好博塔苏斯展览有限公司成都分公司	展会组织者	成都
28	Chengdu Century City New Int'l. Convention & Exhibition Centre	世纪城新国际会展中心	展馆拥有者/经营者	成都
29	Chongqing International Expo Center Co. ,Ltd	重庆国际博览中心有限公司	展馆拥有者/经营者	重庆
30	Chongqing Lijia Conference & Exhibition Co Ltd.	重庆市立嘉会议展览公司	展会组织者	重庆

续表

序号	英文名称	中文名称	会员类别	所在城市
31	Dongguan Famous Furniture Association	东莞名家具俱乐部	展会组织者	东莞
32	Guangdong Modern International Exhibition Center	广东现代国际展览中心/广东现代会展管理有限公司	展馆拥有者/经营者	东莞
33	Guangro County People's Government	山东省广饶县政府	协会	广饶
34	China Foreign Trade Guangzhou Exhibition General Corporation	中国对外贸易广州展览总公司	展会组织者	广州
35	Continental	中洲国际商务展示中心	展馆拥有者/经营者	广州
36	Guangdong Intl' Science and Technology Exhibition Co. (TSE)	广东国际科技贸易展览公司	展会组织者	广州
37	Guangzhou Guangya Messe Frankfurt Co Ltd.	广州光亚法兰克福展览有限公司	展会组织者	广州
38	Guangzhou Poly Jinhan Exhibition Co. ,Ltd.	广州保利锦汉展览有限公司	展会组织者	广州
39	Guangzhou YI – WU International Exhibition Co. Ltd.	广州益武展览有限公司	展会组织者&展馆拥有者/经营者	广州
40	The Bureau of China International SME Fair /Bureau of CISMEF	中国国际中小企业博览会事务局	展会组织者	广州
41	UBM China(Guangzhou)Co Ltd	博闻(广州)展览有限公司	展会组织者	广州
42	UBM Trust Co Ltd	广州闻信展览服务有限公司	展会组织者	广州
43	Wise Exhibition(Guangzhou)Co. , Ltd	智展展览(广州)有限公司	展会组织者	广州
44	UBM China(Hangzhou)	博闻中国(杭州)	展会组织者	杭州
45	Zhejiang Broad International Convention and Exhibition Co. Ltd	浙江远大国际会展有限公司	展会组织者	杭州
46	Nanjing Ningfei International Exhibition Co. ,Ltd. (NFEXPO)	南京宁菲国际展览有限公司	展会组织者	南京
47	Ningbo Hixpo Conference & Exhibition Co. ,Ltd.	宁波华博会议展览有限公司	展会组织者	宁波
48	Qingdao Haiming Intl' Exhibition Co. ,Ltd.	青岛海名国际会展有限公司	展会组织者	青岛
49	Qingdao Jinnoc International Exhibition Co. Ltd.	青岛金诺国际会展有限公司	展会组织者	青岛

续表

序号	英文名称	中文名称	会员类别	所在城市
50	China International Exhibitions Ltd	中国国际展览有限公司	展会组织者	上海
51	Informa Exhibitions	英富曼会展公司	展会组织者	上海
52	Meorient International Exhibition	米奥兰特国际会展	展会组织者	上海
53	Messe Düsseldorf China Ltd.	杜塞尔多夫展览(中国)有限公司	展会组织者	上海
54	Comexposium(Shanghai)Ltd	高美爱博(上海)有限公司	展会组织者	上海
55	GL Events—Pudong Expo	智奥集团——浦东展览馆	展会组织者&展馆拥有者/经营者	上海
56	Hannover Milano Fairs Shanghai Ltd.	汉诺威米兰(上海)有限公司	展会组织者	上海
57	Messe Frankfurt (Shanghai) Co., Ltd.	法兰克福展览(上海)有限公司	展会组织者&展馆拥有者/经营者	上海
58	MMI(Shanghai)Co., Ltd.	慕尼黑展览(上海)有限公司	展会组织者	上海
59	Nürnberg Messe China Co., Ltd.	纽伦堡会展服务(上海)有限公司	展会组织者	上海
60	Reed Exhibitions (China) Ltd., Shanghai Branch	励展博览集团(上海)有限公司	展会组织者	上海
61	Shanghai Convention & Exhibition Centre of International Sourcing	上海跨国采购会展中心	展馆拥有者/经营者	上海
62	Shanghai Convention and Exhibition Industries Association	上海市会展行业协会	协会	上海
63	Shanghai East Best International (Group) Co., Ltd. CIIF Branch	上海东浩国际(集团)有限公司工博会分公司	展会组织者	上海
64	Shanghai Foison Credit Rating Co. Ltd.	上海正信方晟资信评估有限公司	展览业合作伙伴	上海
65	SIEC—Shanghai International Exhibition Co., Ltd.	上海市国际展览有限公司	展会组织者	上海
66	Shanghai Modern International Exhibition Co., Ltd.	上海现代国际展览有限公司	展会组织者	上海
67	Shanghai UBM Show Star Exhibition Co Ltd	上海博星展览有限公司	展会组织者	上海
68	Shanghai UBM Sinoexpo International Exhibition Co, Ltd	上海博华国际展览有限公司	展会组织者	上海

续表

序号	英文名称	中文名称	会员类别	所在城市
69	Shanghai World Expo Exhibition & Convention Center	上海世博展览馆	展馆拥有者/经营者	上海
70	SNIEC—Shanghai New International Expo Centre Co. ,Ltd.	上海新国际博览中心有限公司	展馆拥有者/经营者	上海
71	UBM China(Shanghai)	亿百媒会展(上海)有限公司	展会组织者	上海
72	VNU Exhibitions Asia	上海万耀企龙展览有限公司	展会组织者	上海
73	Shenyang New World Expo	沈阳新世界国际会展中心	展馆拥有者/经营者	沈阳
74	Huanyu Shishang Exhibition (Shenzhen) Co. ,Ltd.	环宇时尚展览(深圳)有限公司	展会组织者	深圳
75	Reed Huabo Exhibitions (Shenzhen) Co. ,Ltd.	励展华博(深圳)有限公司	展会组织者	深圳
76	Reed Exhibitions Shenzhen Office	励展博览集团深圳办事处	展会组织者	深圳
77	SZCEC-Shenzhen Convention & Exhibition Centre Management Co. Ltd	深圳会展中心管理有限责任公司	展会组织者&展馆拥有者/经营者	深圳
78	Shenzhen Desy Exhibition Co. , Ltd.	深圳德赛展览有限公司	展会组织者	深圳
79	Shenzhen Herong GS Co. Ltd.	深圳贺戎环资展览有限公司	展会组织者	深圳
80	Shenzhen International Cultural Industry Fair Co. ,Ltd. /	深圳国际文化产业博览交易会有限公司	展会组织者	深圳
81	Shenzhen Shengshi Jiuzhou Exhibition Co. Ltd.	深圳盛世九州展览有限公司	展会组织者	深圳
82	SZWA—Shenzhen Watch & Clock Association	深圳钟表行业协会	展会组织者	深圳
83	SZMA—China Shenzhen Machinery Association	深圳市机械行业协会	展会组织者	深圳
84	Reed Exhibition(Beijing) Co. ,ltd Shenzhen Branch	北京励德展览有限公司深圳分公司	展会组织者	深圳
85	Suzhou International Expo Centre	苏州国际博览中心	展馆拥有者/经营者	苏州
86	CCPIT Tangshan Branch	唐山贸易促进委员会	协会	唐山
87	Xinjiang International Convention& Exhibition Center	新疆国际会展中心	展馆拥有者/经营者	乌鲁木齐

续表

序号	英文名称	中文名称	会员类别	所在城市
88	XICEC—Xiamen International Conference & Exhibition Center	厦门国际会议展览中心	展馆拥有者/经营者	厦门
89	China Tibetan Carpet Association	中国藏毯协会	协会	西宁
90	CCC Exhibition	义乌中国小商品城展览有限公司	展会组织者	义乌
91	Yiwu International Expo Centre	义乌国际博览中心	展馆拥有者/经营者	义乌
92	Reed Hongda Exhibitions (Henan) Co. ,Ltd.	励展宏达展览(河南)有限公司	展会组织者	郑州
93	ZZICEC—Zhengzhou International Convention & Exhibition Centre	郑州国际会议展览中心	展馆拥有者/经营者	郑州
94	Zhongshan Expo Centre	中山博览中心	展馆拥有者/经营者	中山
95	Zhuhai International Convention & Exhibition Center	珠海国际会议展览中心	展馆拥有者/经营者	珠海

*说明：截至2014年12月，中国通过UFI认证的展览机构共95家。资料来源：UFI. UFI官网会员名册，http：//www. ufi. org/wp－content/uploads/2016/05/join_ us_ members_ list. pdf。

B.9
组展商成长的驱动要素

中外会展业动态评估研究报告课题组*

摘　要：会展业最本质的功能即调解供需矛盾、优化资源配置。对会展活动的社会需求是会展业形成的前提，也是组展商出现的条件。组展商作为商贸类展会的经营主体，业务范围包括展会组织、展会服务和展馆运营及相关业务。组展商在会展业发展的大背景中日益成长壮大。世界各地组展商的成长受区域内产业状况、商品消费市场、旅游资源、政府行为等因素的驱动，经历了各具特色的成长过程。在资本运作的过程中，历史地形成了以英、德、美、中四国为主的世界组展商成长驱动模式。本文从全球组展商成长的驱动要素入手，探讨组展商发展的驱动模式，为越来越多处在起步阶段和转型阶段的各类组展商提供日后发展的路径和视角。

关键词：组展商　驱动要素　驱动模式　会展业

会展业作为一种新兴的服务业，属于第三产业范畴，是市场经济发展到一定阶段的产物。社会生产力的高度发展一方面带来供给与需求之间的矛盾，商品市场逐渐由卖方市场转变为买方市场，企业开始争夺消费市场；另一方面，商品运输成本与交易成本逐渐降低，使得经济要素在更广阔地域内的流

---

* 该报告的撰写人为张敏、裘小婕、蓝晓丹。本文为国家社科基金规划课题“全球化视野下国际会展业发展比较研究”（13BGL086）的阶段性成果。

动成为可能。在此背景下，充当交易中介和贸易平台的会展业应运而生，会展业最本质的功能即是缓解社会供需矛盾。对会展的需求是会展业出现的前提，也是组展商出现的前提。组展商作为商业展览会的经营主体，业务范围包括展会组织、展会服务和展馆运营及相关业务。组展商在会展业发展的大背景中日益成长壮大，世界各地组展商的成长受区域内产业状况、商品消费市场、旅游资源、政府行为等因素的驱动，经历了各具特色的组展商成长过程。

一　组展商成长驱动要素分析

1895 年，在德国莱比锡举办了第一届国际样品博览会，标志着现代会展的诞生。会展活动在世界范围内得到发展。进入 20 世纪后，第二次工业革命带来生产力的巨大提高，买方市场的形成使得企业之间竞争日益激烈，企业有了促进销售和形象宣传的迫切需要，会展业正是为满足这一需要应运而生。因此，驱动会展业产生和发展的基础因素是市场需求（对会展“产品”的需求）。它包括区域内规模或优势产业出于销售需求而产生的市场需求，即卖家需求，也包括重要产品消费地带来的市场需求，即买家需求。在市场需求的驱动下，才会在市场需求所在地，或者其他特色或功能地区产生会展业。这些特色或功能地区的会展业产生和发展的驱动因素包括旅游资源、政府行为等。组展商处在会展业微观运作层面，其产生发展也直接或间接地受上述因素的驱动。下面我们主要分析区域产业驱动、消费市场驱动、旅游资源驱动和政府行为驱动等因素。

（一）区域产业驱动

会展业的发展离不开区域内产业需求的支撑。一些成功的展会是与当地产业紧密结合的。会展所展示产品的供给能力在很大程度上取决于区域专业化产业发展状况，也即一个区域的规模或优势产业。区域内的规模产业或优势产业为了扩大产品销售，具有在区域内举办展会的需求。尤其是当该区域的规模产业或优势产业在更大范围（腹地、全国甚至全球）都处于优势和领导地位时，就容易吸引其他地域的同类企业到该地举办展会。一些成功的品牌展会就是依托当地产业来驱动区域会展业发展，逐渐树立起自己的展会品牌，进而形成区域会展中心。

区域产业对会展业发展具有驱动作用，反过来，会展业作为为其服务的第三产业也推动了区域产业的发展。尤其是当区域内产业结构以重化工业（第二产业）为主的时候，会展业一般充当服务和补充的角色；而随着区域产业结构的升级，第三产业成为主导产业时，会展业作为第三产业的一部分，也有可能成为主导产业。因此，区域会展业与其所服务的产业之间存在依托和推动的双层互动关系。所谓依托，是指会展业的发展依托当地规模或优势产业的发展；所谓推动，是会展业发展为区域规模或优势产业的进一步发展提供了更为广阔的市场和行业信息，拉动产业的扩张和进步。

不同区域会展业的竞争在很大程度上就是所展示产品的竞争，是所依托和服务的产业的竞争；区域产业的发展水平和层次也就在很大程度上决定了当地会展业的竞争力。而区域内产业的竞争力往往通过产业集群和经济腹地体现出来。因此，根据会展业成长规律，产业没有发展到一定规模，尚未形成生产要素集聚的区域不适宜发展会展业。

从会展业发展现实状况来看，德国作为世界展览强国，有“世界展览王国”美誉，其国际会展中心城市汉诺威、杜塞尔多夫、慕尼黑和纽伦堡等都是依托当地优势产业，成功培育了一批在行业内具有风向标作用的专业性展会。尽管德国会展城市分布集聚程度较高，但是由于其各个会展城市的展会所服务的主要行业不尽相同，因此能够保持德国会展业的协调可持续发展。除了德国城市，世界其他会展城市中也有一些典型案例能够说明区域产业对会展业的驱动作用（见表1）。

随着中国的改革开放日渐深入，中国的“珠三角”“长三角”等沿海地区已经成为“世界工厂”，这些地区也依托当地优势产业举办了一些较为成功的专业展会，为当地规模和优势产业扩大市场、宣传形象以及促进同业交流作出了重要贡献。“珠三角”的深圳、顺德、东莞，“长三角”的苏州、宁波、温州、义乌、绍兴等城市的会展业发展过程中产业驱动的因素十分明显（见表2）。

表1　世界会展城市特色产业与品牌展会

城市	特色产业	品牌展会
汉诺威	汽车、机械、电子	国际工业博览会、国际信息及通信技术博览会、电脑博览会
杜塞尔多夫	纺织、造纸、化工、制药、钢铁、电子	国际时装周、国际印刷包装展、国际医药设备展
米兰	机械、冶金、化工、化纤、纺织服装、鞋革、建筑	国际时装周，供暖、空调、制冷、再生能源及太阳能展，国际家具展，国际摩托车展览会
慕尼黑	啤酒、建筑、出版、体育用品	啤酒狂欢节、国际建筑机械博览会、手工业博览会、国际体育用品展
纽伦堡	玩具、文具、休闲电子产品、家用电器	国际玩具展览会、国际文具办公用品展、圣诞礼品展
奥兰多	旅游、食品加工、电子部件、火箭发动机、柑橘种植	家用电子展、音像展、国际航空航天展览会、饮料工业展、园林园艺展、国际游乐园及景点协会展
新奥尔良	运输、旅游、赌博、纺织、炼油、石油化工、化学、造船、宇航	户外运动及休闲娱乐用品展销会，窗帘、窗饰展，船舶海事展，国际电力展，美国精细化工展览会，国际游泳池和水疗展览会

表2　我国城市特色产业与专业性展会

城市	特色产业	专业性展会
深圳	移动终端、互联网通信、金融、新能源	中国高新技术产品交易会
东莞	机电、鞋业、家具	国际车交会、国际名鞋展、国际机械展、名家具展
宁波	服装、电器机械、文具、家电、五金	浙洽会、消博会、服装节、塑博会、机电展、家博展、文具礼品博览会
温州	服装、皮革、鞋业、工业电器、塑料制品、印刷包装	中国国际轻工业产品博览会、台湾名品展览会
义乌	日用品	义乌国际小商品博览会
绍兴	纺织	中国国际纺织论坛暨国际纺织交易会
苏州	电子、农用机械、环保产业	电子信息博览会、农业机械产品及技术博览会、环保产业暨环境标志展览会
大连	物流、造船、石化、服装、软件	中国国际服装纺织品博览会、中国国际渔业博览会
长春	汽车	汽车展
哈尔滨	医药、旅游、农业、	中国国际医疗器械博览会、农机展、旅游展

珠三角地区拥有面向全球的规模庞大的制造业体系，包括纺织、服装、皮革、鞋业、建材与陶瓷、玩具礼品、家具、家电、电子零配件、钟表零配件、五金以及高新技术产业，如此集约化的生产规模催生了（深圳）中国高新技术产品交易会、（顺德）家电展以及家具展等大型专业性会展。

浙江温州会展业的发展是依托区域产业驱动的典型，在“长三角”其他会展城市——上海、杭州、宁波等会展城市中占据一席之地。温州的城市规模在“长三角”中仅属中等，然而温州依托其服装、鞋革制品、低压电器、眼镜、打火机等几类轻工业产品的制造业和进口红酒、箱包等特色产业，吸引了大量的国内国际买家，成为国际轻工业产品交易的重要城市，为温州会展业发展提供了主要动力。2002～2011 年是温州会展业发展的黄金十年，到 2011 年温州市市区举办各类展会、订货会等会展活动约为 77 个，展出面积 66.22 万平方米①。2013 年中国（温州）国际轻工产品暨时尚消费博览会、2013 年（温州）台湾名品展览会，吸引来自美国、加拿大、法国、意大利、韩国等十几个国家以及中国香港、台湾地区的 300 多家企业参展。温州在近几年会展业的发展中，形成了德纳、荣华、志达、百胜等几家在全国范围内较有实力的会展主办和展示工程公司。

义乌作为全国小商品市场中心，自 1995 年起每年举办“义乌小商品博览会”，至今已举办 19 届，现已成为目前国内最具规模、影响深远、成效显著的日用消费品展会，是商务部举办的三大出口商品展之一。2014 年第二十届义乌小商品博览会（义博会）展览面积达到 150000 平方米，专业观众 207159 人次，来自 22 个国家和地区的 2529 家企业参展，共设有国际标准展位 4500 个。其中境外客商 23835 人，到会境外客商数居前五位的国家和地区是：韩国、印度、巴基斯坦、埃及、俄罗斯。义博会实现了 170.74 亿元的成交额，同比增长 2.76%。其中，外贸成交额 17.5 亿美元，占总成交额的 62.73%，同比增长 3.21%②。目前，全市现有展览公司 30 多家，在

① 数据来源：新浪财经，［2013－08－19］，http：//finance.sina.com.cn/hy/20120112/093311185515.shtml。

② 数据来源：义乌小商品博览会官方网站，http：//www.yiwufair.com。

义乌办展的国家级行业协会18家，义乌市每年举办各类会展活动140多个，拥有义博会、文博会、旅游商品博览会、林博会等由国家部委和浙江省政府联合主办的国家级展会，相继成功引进并举办了中国教学仪器设备展示会、非洲商品展、中国国际会展文化节、中国国际珠宝饰品展、林博会等多个会展项目。同时，消交会、机械展、汽配展、五金会、框业展、袜机展等一大批本地专业展会迅速成长，实力增强，在中国同行业中地位不断攀高。

青岛会展业依托当地海尔、海信等家电龙头企业，2002年起打造中国国际电子家电博览会（SINOCES），2005年改为中国国际电子消费博览会，至今已举办了12届。2013年中国国际消费电子博览会展览面积达4万平方米，海尔、海信、TCL等百余家知名企业参展。除了众多消费电子企业参展外，全球主流采购商、网商、二三级渠道商等共计500余家采购商参会[①]。作为中国消费电子产业的旗帜展会的SINOCES，是由中国国务院批准的全国唯一消费电子专业国际性博览会，在12年的专业化发展过程中，SINOCES得到了全球实力消费电子企业的认可，微软、惠普、IBM、苹果、索尼、松下、东芝、INTEL、甲骨文、三星、LG、海尔、TCL、海信、长虹等业界巨头都给予中国国际电子消费博览会一定的关注、认可和支持。

（二）消费市场驱动

当一个地域对某种产品的消费需求和消费能力较大时，会进而产生对购买该种产品中介服务的需求，会展公司就可以充当这一中介服务提供商的角色；或者该地域的消费理念领先于其他地域，能够起到示范或带动作用，进而吸引这种产品的生产商主动来到潜在买家所在地域，进行市场营销。简言之，即消费市场能够吸引产品生产商来当地进行会展活动，从而也能够驱动组展商借此会展需求获得发展。例如，（成都）中国食品博览会、成都国际汽车展览会，以及中国（太原）矿山机械展览会等一些中国城市的展会就

① 数据来源：新浪科技，[2013－08－19]，http://tech.sina.com.cn/e/2013－07－12/08208532523.shtml。

明显是受消费市场驱动的。

区域产业驱动和消费市场驱动都是对会展“产品”的需求带来的驱动，以上两种驱动因素往往并存于某一区域，共同驱动着会展业的产生和发展。产业驱动有利于招展（组织参展商），市场驱动有利于招商（组织买家）；如果举办会展所需要的买家和卖家共同存在于同一地域，就能极大地为组展商节约组展成本。这种区域的主要特征是城市经济基础较为雄厚，产业结构较为合理，供需较为平衡；有开放的经济体系，较高的市场化程度；第二产业的市场需求产生并推动了早期会展业的发展，随着会展品牌的树立，会展业对当地产业的依赖程度会有所降低。

纵观全球会展业的发展情况，可以说，一个国家或地区的会展业发展规模与层次，与该国该地区的经济发展水平以及由此决定的消费市场密切相关，巨大的市场容量和强大的商品购买力是会展业发展最基础、最本质的推动力。纵观全球会展业市场情况，欧洲仍以绝对实力占据全球会展市场近50%的份额，北美其次，亚太地区发展势头良好，以38%的增速占据着全球会展市场20%的份额，发展潜力巨大（见图1）。

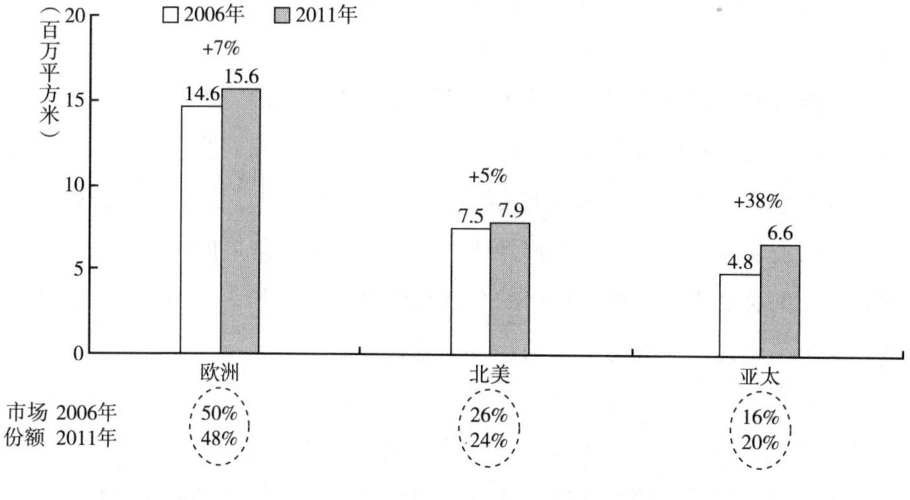

图1　2006~2011年被组展商租用的总净展览面积变化

数据来源：UFI－Global Exhibition Industry Statistics － November 2014（对5000平方米以上室内展览的估计）。

欧洲是世界上最早开始工业化和现代化的地区，同时也是世界会展业的发源地，经过150多年的发展，欧洲会展业整体实力世界最强，具有规模大、国际化、专业化、差异化、交易功能强等特点。欧洲占据了全球会展市场的近一半，绝大多数大型全球性和行业内顶级展会都在欧洲举办，其展出面积、参展商数量、国外参展商比例、（专业）观众人次、交易推动效果及会展相关服务质量和水平，均领先全球。与欧洲的老牌发达国家相比，北美的新兴发达国家会展业起步较晚，但发展迅速。美国已发展成为世界会展大国，美国举办的会展数量大，会展业直接受益高，均居世界前列。

前几年拉美会展业市场需求总量已达到20亿美元，且近几年增长迅速。其中巴西增长最快，2010~2011年度展会面积增长率甚至达到180%，巴西每年举办展会约500个，产值达到8亿美元；随后是阿根廷，每年办展约300个，产值达4亿美元。墨西哥居第三位，每年举办展览会的数量约300个，营业额达到了2.5亿美元。其他拉美国家会展业发展尚处于起步阶段，会展规模很小。

非洲的会展业主要集中在经济基础较好的南非和埃及，经济实力雄厚且对周边国家拥有较强辐射能力的南非，其会展业是非洲地区会展业发展的排头兵。

亚洲会展业的规模仅次于欧美，新加坡、中国香港凭借其快速发展和潜力巨大的经济基础以及由此决定的市场需求，成为亚洲展览业最为发达的地区。近年来，广州、上海依托珠三角、长三角地区快速稳健的经济发展基础，会展业发展势头迅猛。广州是广东的省会、华南地区的中心城市，也是国内重要的会展中心城市。广州的会展基础基于整个华南大市场，其会展业的繁荣与华南地区尤其是广东的经济息息相关。

广州会展业发展主要是由产业和市场双重驱动的。从产业因素看，广东是经济强省，外贸出口、工业制造和社会消费品零售均在中国占据相当重要的位置，电子制造、机电业等行业产值居中国首位。优势产业是优势会展的催生剂：广东电子及信息制造业产值常年位居全国第一，催生了计算机、网络及通信设备展；在中国产销量占有相当比例的广东化妆品则催生了美容美发化妆品展；广东家具业产值亦遥遥领先于中国各地，广州的家具展在中国同类展览中规模最大。从消费市场因素看，广州的消费与出口、投资一样是推动广州乃至广东经济持续发展的重要因素。经济总量较大的广州及周边地区，是中国国内乃至世界的轻工业加工制造基地，同时也是中国大陆对外贸易的窗口，其生产资料市场和消费品市场亦十分巨大。有“中国第一展”之称的广交会，历经半个多世纪的发展，每届有200多个国家和地区的20多万采购商到会，成交额超过370亿美元。2015年第119届广交会展览面积118万平方米（见图2）；共有24514家境内外企业参展，境外采购商报到达185596人，来自210个国家和地区，比2015年春交会（同比，下同）增长0.43%，其中“一带一路”沿线国家采购商报到81601人，占报到总人数的43.97%，增长0.80%。

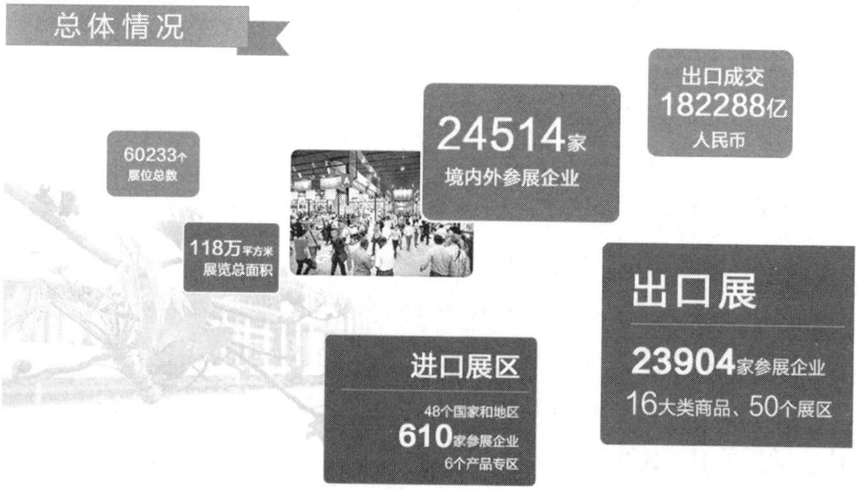

图2　广交会总体情况汇总

不算广交会特有的“展外展”辐射带动效应，广交会当之无愧是中国展出面积最大、到会客商数量最多、国际化参与程度最高的展会。广州及其腹地拥有一个巨大的展会消费市场，甚至全国各地、世界各地的参展商都被吸引到这里，而这不是直接基于产业驱动，而是基于消费市场驱动，参展商知道在这里更容易找到买家或专业观众。境外来华展就是一个很好的例子，参展商来自境外，就是因为这里有他们的销售目标市场。出于同样的原因，中贸推广公司、蒙哥玛利集团和香港雅士集团在广州举办中国国际塑料橡胶工业展览会（CHINAPLAS）、广州国际涂料展、中国（广州）国际食品展等国际性展览。

广州较好地体现了产业驱动和消费市场驱动二者之间的关联性，即产业驱动与市场驱动往往相互依存、相辅相成，共同驱动区域内会展业的发展。因为广东省的产业结构以第二产业中的轻工业为主，轻工业对上游产业的消费需求较为强烈。这种现象不只存在于广东，福建、浙江等地也有相同的情况，以上三省拥有中国国内五大鞋类生产基地，行业规模位居中国之首。制鞋业对皮革原料及制鞋设备有大量的需求，因此吸引了意大利、西班牙等众多国外商家组团参加由香港显辉公司举办的广州国际鞋类皮革及工业设备展览会。反过来，广州制鞋业的发达也刺激了本土皮革原料业的发展，产量已达中国的20%以上。广州本土的鞋类皮革供应商积极参加广州国际鞋类皮革展，与国际参展商进行同台竞争。广州国际鞋类皮革及工业设备展览会被誉为“亚洲最具影响力和最大型的鞋革行业展览会”，2013 年第 23 届云集了 985 家来自 24 个国家及地区的参展商，展会入场观众高达 37250 人次，分别来自 56 个国家及地区。

此外，宁波、大连等城市的会展业也有类似特征。宁波是中国副省级计划单列市，其产业基础雄厚、制度机制灵活，工业门类齐全，民营经济活跃。宁波根据自身特点选择服装业作为发展会展业起步阶段的突破口，挖掘宁波及周边经济发达城市的市场消费潜力，培育起了自己的品牌会展项目——宁波国际服装节、浙江投资贸易洽谈会和中国国际日用消费品博览会，其中后两个已成为浙江省对外经济贸易的重要交流推介平台。

（三）旅游资源驱动

某些地域对会展主办者的吸引力在一定程度上就是对游客的吸引力。随着交通运输和网络通信技术的进步，具有优美独特自然风光、悠久灿烂历史文化和文物古迹、时尚现代都市魅力，并且休闲娱乐业发达，大型节庆活动丰富多彩的城市会成为会展主办者的极佳选择。仅仅旅游资源丰富是不够的，旅游资源还需要得到相应的开发，发展成较为发达的旅游业，这样旅游业所需的相关配套服务（酒店、餐饮、交通等）才能满足会展业发展的需要。实现旅游业和会展业的联动发展，驱动大会展产业的集群发展。结合国际会展城市的实际情况不难看出，美国拉斯维加斯、奥兰多，瑞士达沃斯，以及我国杭州、昆明、博鳌等是较为典型的以游带展、以游促会的城市。

拉斯维加斯是美国内华达州最大的城市，博彩业是其主要经济支柱，并带动了旅游业、娱乐业的蓬勃发展。拉斯维加斯 2016 年第一季度共有约 1053 万名游客，其中与会代表与会议组织者约 205 万人，占总访客人数的 19.5%；2015 年全年共有约 4231 万名访客，其中与会代表与会议组织者约 591 万人，占总访客人数的 14.0%[①]。2010 年，尽管金融危机对会展业造成了巨大冲击，但仍有将近 4000 万名游客来访，给拉斯维加斯带来 89 亿美元的经济收入[②]。2009 年，超过 19000 个会展在拉斯维加斯举办。但拉斯维加斯的地理区位条件并不特别优越，它位于美国西部经济相对不发达的内华达州南端，其中荒芜的沙地约有 215.7 平方公里，管辖的人口约 120 万人。然而，由于以赌博业为中心的旅游业的强大带动作用，近几年拉斯维加斯会展业呈现蓬勃发展的态势。全市拥有大小展览场馆超过千个，其中 3 个主展馆面积总和达到 295000 平方米，各个展馆几乎成为展示城市面貌的主要建筑；在拉斯维加斯，每年举办 2000 多场专业性会展，有 500 多万家厂商参展，并吸引世界各地数千万家厂商和专业人士前来参观和洽谈贸易，每年会展收入逾 80 亿美元[③]。随着其他城市也纷纷开办赌场，博彩业竞争渐趋激烈，虽然拉斯维加斯仍然维持博彩业的优势地位，但其城市功能也开始了渐趋多元化的发展，由博彩业到博彩周边产业（酒店、娱乐、会展、演出等）多元发展。近年来，到拉斯维加斯的游客投入博彩业中的消费仅占总消费的

① 数据来源：拉斯维加斯会展和旅游局（Las Vegas Convention and Visitors Authority），[2016－06－16]，http：//www. lvcva. com/includes/content/images/media/docs/ES－YTD－2015. pdf。

② 驻旧金山总领事馆商务室，Las Vegas Convention and Visitors Authority。

③ 肖玲凤：《美国拉斯维加斯会展发展路径及其启示》，《浙江树人大学学报》2012 年第 5 期。

25%，“拉斯维加斯的城市功能正在向会展和休闲中心转变，日益成为会展团队的热衷之地”①。拉斯维加斯举办的大型展会有工程建设机械博览会和国际消费类电子产品展览会（CES）、国际动力传动博览会（IFPE）以及全美广播电视设备展（NAB·SHOW）。

奥兰多位于美国佛罗里达州中部，是世界上最好的休闲城市之一，是当之无愧的主题公园大都市。奥兰多作为无与伦比的现场活动天堂，令众多游客一再去而复返。奥兰多拥有逾百个旅游景点，汇集了各种世界级游乐设施、传奇主题公园、好莱坞大片取景地和壮观的博物馆等。其中，最著名的是迪士尼乐园（Walt Disney World）、环球影城（Universal Studio）、海洋世界主题公园（Sea World）、哈利波特的魔法世界主题公园、肯尼迪航空航天中心。同时奥兰多是北美最具代表性的会展之都，其会展业成熟，业态互补，设施完备，人才辈出，每年接待400万行业代表，既可举办大型会议和贸易展览，又可接待小型团体。奥兰治会展中心是北美第二大会展中心，室内展能面积18.9万平方米。该中心同时提供4.3万平方米的会议室，周边步行可抵达的酒店客房总数超过7600间，如同一架引擎，将巨量财富和就业机会带入该地区。与此同时，生产生活服务业相辅相成，相得益彰，形成前会展后乐园奇观。曾在全美会展活动主办者协会专业调查提名的151个城市中脱颖而出，在提供高水准服务的城市中被评为第一，远远超出第二名芝加哥近45%。

杭州作为中国著名的旅游城市，风景钟灵毓秀，历史悠久，文化底蕴深厚，对外开放程度较高；同时杭州也是华东重要的高等院校、科研机构聚集地，科研学术交往活动较为频繁，因此，一些国际性的会议经常在此举办。杭州采取与邻近大型会展城市上海错位经营的策略，努力将自身打造为“国际会议的目的地”和“中国节庆之都”，注重国际会议和专而精的较小型展览，与上海互动发展。2014年，举办展览290个，展览总面积246.55

① 田迎军、黄旭：《没有赌场，拉斯维加斯一样火》，《商务奖励（旅行）》2008年第1期。

万平方米[①]，单个展览平均展览面积0.85万平方米，专业展馆数量5个[②]。2013年，杭州市会议展览业协会所属会员单位举办各类会议11432个，增长18%；其中，世界文化大会、太湖论坛、全球投资峰会等国际会议613个，占会议总数的5.4%；参会500人以上的规模会议110个。西湖博览会期间举办节庆活动23个，观众545.9万人次[③]。杭州的特色产业是旅游业，杭州市政府提出了“会展+休闲”的产业发展模式，大力发展观光旅游、休闲旅游和会展旅游。立足自身资源条件、特色产业和发展需求，2004年杭州引入了品牌展会——中国国内旅游交易会。西湖博览会是杭州会展业的自有品牌展会，杭州通过举办西湖博览会逐步形成了较为完善的会展产业体系。1929年首届西湖博览会举办，开了中国会展之先河。2000年，西湖博览会恢复举办，促进了杭州会展业的加速发展。2009年第十一届西湖博览会吸引了来自国内外1290万人直接参与，杭州市实现旅游收入105亿元人民币，极大地推动了旅游业的发展，实现贸易成交额138亿元人民币，拉动杭州市GDP增长0.51个百分点。西湖博览会展会品牌的成功培育，为世界休闲博览会、中国（杭州）国际名茶博览会等的举办奠定了基础。

（四）政府行为驱动

会展业具有前期投入大、投入产出周期较长，对所服务的产业、行业和群体的需求依赖性较强，涉及服务门类广泛、相关配套服务体系庞大等一系列特点。会展业的这些特点，决定了会展业的兴起和持续发展需要强有力的宏观调控，大量人力、物力、财力的前期投入，以及良好的产业和政策环境。因此，在会展业及组展商的产生和发展过程中，一些国家和地区的政府行为也是一种重要的驱动力量。这些政府具有强大的宏观调控能力、资源整合能力，以及突出的服务功能。一些学者将这种政府行为驱动下的会展业发

---

① 数据来源：中国会展经济研究会主编《2015中国会展行业发展报告》，2015，第22页。

② 数据来源：中国会展经济研究会主编《2015中国会展行业发展报告》，2015，第28页。

③ 中国杭州政府门户网站，http：//www.hangzhou.gov.cn/art/2015/3/26/art_806193_117357.html。

展模式称为“政府主导型”“政府推动型”“行政模式”等，以表现会展业中政府、行业协会、企业之间的关系。纵观世界会展业发展的现实情况，德国、日本、新加坡的政府行为对会展业具有较大的驱动作用。

政府作为德国会展业发展过程中的一个重要角色，通过特有的调节调控管理方式，推动了德国会展业的蓬勃发展。德国的各州和地方政府投资兴建展馆，并对展览公司实行管控，同时采取了企业化管理。例如，德国展览公司位于德国汉诺威，是国内最大的展览公司，其股份构成是由下萨克森州政府和汉诺威市政府分别控股49.8%。德国展览公司拥有展览中心的管理者、大型博览会的举办者和实施者等多重身份，其具体的运作模式为：首先，规模宏大的展馆设施由政府进行投资建立，在确定产权归属国有的前提下，政府以长期租赁或委托经营等形式把展馆的经营管理权授让给德国大型国际会展公司，并非直接参与展馆的日常运营。因此，对行业的宏观调控是政府职责的主要体现。

代表德国政府进行宏观调控的唯一会展管理机构是德国展览业协会（AUMA）。多年来，德国展览业协会制定了一系列管理制度和措施，如为避免会展同质化和高度复制、保护名牌会展及其知识产权，采取对会展名称给予类似商标保护等手段推动会展行业蓬勃发展。德国展览业协会还根据章程的要求，协调会议和展览的类别、地点、日期、展期、周期等会展活动要素，保护了组织者、参展商、参观者多方的利益。此外，它还每年筹备并出台一个国家会展计划，并与经济部、能源部、农林部等政府各部门协调，推动计划的获准和施行，最终德国展览业协会会同有关部门协调选择专业的会展公司进行具体运作和实施计划。在受让国有展馆以后，德国会展公司便扮演着展馆经营者和会展项目组织者的双重角色。例如，汉诺威国际展览公司经政府授权管理的展馆就达100万平方米，同时，它还每年在全世界主办国际展览会50个之多，2014年的营业额更是达到了2.8亿欧元。由此可见，德国展览公司特有的经营模式是场馆经营与项目经营相结合的，二者共同构筑了集团经营的核心内容。会展项目的成功组织依靠的是会展公司，而其所有的会展服务和具体实施则会委托给各会展服务公司，这些会展服务公司将根据与会展公司签订的合同，以专业化的服务能力为参展商和参观者提供专业的会展及配套服务。几十年来，德国的会展业能在世界独占鳌头的最大功臣当数其运作模式的成功实践。

日本和德国的政府行为驱动机制相差不大，也是一种政府行政宏观调控、大型会展企业主导操作、中小会展企业广泛且积极参与的模式。日本会展业的突出特点是强调政府的推动作用，政府与行业协会之间是合作关系。通过机构改革与职能调整，日本政府大大削减专业经济管理部门，减少了官僚机制阻碍，由过去偏重条块型部门管理向偏重综合型行业管理转化，实现了专业经济管理。政府逐渐从其职能中剥离出一些职能转交给行业协会，实行宏观调控，力图建立政府与社会合作或者官民协调的宏观管理模式，促使行业协会在政府的主导下，积极致力于发展本国市场经济。在此背景之下组建的行业协会，具有雄厚的组织基础，且机制和结构呈现较高的组织化形态，并且覆盖面非常广。

新加坡虽然实行完全的市场经济，但并不意味着政府对会展业的发展没有起作用。早在19世纪70年代初，新加坡政府便看到了会展业发展的良好前景，并给予会展业发展极大支持。城市基础设施的建设首先显现了政府的服务功能，在发展市场经济的过程中，比直接出面从事企业经营去创造利润的微观经济行为，政府着眼于宏观调控和组织架构的手段，即通过强有力的手段，集中财力、物力和人力，建设具有国际现代化水平的基础设施，从而为经济的发展创造必备的硬件环境。新加坡政府为了促进会展经济的发展，投资修建了展览中心、世界贸易中心等大型会展场馆。新加坡面积最大的三个会展场馆中，政府投资兴建并归政府所有的就有两个，其所拥有的场馆面积在场馆总面积中的比重高达89.9%。

城市及新加坡会展环境的推广营销亦是新加坡政府对会展业发展服务角色的重要体现。新加坡设立了专业的会展协会对各会展公司进行经营和管理，其下设的展览和会议署只负责协助会展公司举办各种展览，并不直接干涉会展公司的具体经营活动。负责新加坡会展业主场营销的新加坡展览和会议署及作为重要贸易展览等会展活动的推广者的新加坡贸易发展局，二者协力合作，从不同方面为提升新加坡国际会展胜地的形象献计出力。展览和会议署每年制定专门推广计划，到世界各地对新加坡旅游业和会展业情况进行推广和宣传，并且经常举办会展经济方面的研讨会，向与会者尤其是国际会议或展览会组织者宣传新加坡举办会展活动的优越条件及发展空间，树立了新加坡良好的会展国家形象。“global meet”是新加坡旅游局和MICE供应商联合推出的全球会议推广活动，是一项典型的市场开发计划，活动的主要目的是塑造新加坡的MICE专业形象，吸引全球MICE的关注，推动本国的MICE投资市场。

在中国，各地政府对会展业给予了高度重视，许多城市已经建立了促进会展业发展的组织管理体系，并设置会展业领导小组、会展管理办公室以及博览局，同时制定了会展业发展扶持政策。但对比会展业发达国家的政府行为模式，中国政府的介入行为还有许多需要借鉴、改进的地方。国外会展业管理中的政府介入行为一般涉及基础设施投资、筹资和国际大型展会的协助招揽（招展、招商）。而中国政府的介入则主要体现在对会展企业是否具备主办会展的主体资格审批上，同时干预了会展企业的市场行为，甚至政府直接作为市场主体进行会展运作。投资兴建会展中心等会展基础设施虽然也是以中国政府直接行为为主，但中国大量的会展场馆不仅所有权归国家，经营权也归国有企业，这种国家所有、国有企业经营的模式损害了会展场馆作为市场主体在追求经济利益上的积极性。目前，中国政府在会展管理模式中戏份过多，所扮演的角色并不符合市场规则，随着会展管理体制的改革，应实现职能转换。但是，除了中国展览馆协会和2006年2月成立的中国会展经济研究会之外，中国还没有全国性的展览行业协会或会议行业协会等行业自律组织，没有统一的会展管理部门，办展审批渠道繁多、体制复杂、政出多门，导致多家办展、重复办展的现象较为普遍。另外，办展主体的资质在中国尚未得到实施认证，标准和体制的缺乏使办展主体参差不齐，影响了会展业的整体质量。

（五）综合实力驱动

会展业的发展与城市经济实力、市场条件、产业结构、服务贸易发达程度和基础设施完善程度等综合因素高度相关。城市综合实力驱动型的会展城市，其特征表现为：城市经济发达，人均 GDP 较高，工业体系完备；经济辐射能力强、范围广，对外社会、经济、文化联系广泛；会展市场供给需求旺盛，会展业总体实力强等。它们具备了区域产业驱动和消费市场驱动的双重驱动因素，以大流通为特征，以信息流、资金流、物流、人流、技术和文化等为载体的城市综合实力是驱动其会展业发展的关键因素。

中国香港是亚洲重要的贸易及物流中心、旅游城市、金融中心和全球最自由的经济体之一。目前香港是全球第九大贸易经济体、全球第 11 大商用服务输出地以及设立地区总部或代表办事处的热门地点。据香港贸发局统计，2015 年香港生产总值初步估计达到 23971 亿港元，全年进出口货值达到 76517 亿港元；2014 年生产总值达到 22040 亿港元①；2013 年生产总值达到 22457.47 亿港元，货物进出口贸易总额达到 11248.9 亿美元，服务贸易总额 1997 亿美元。截至 2015 年，香港共有 3798 家地区总部和地区办事处②，代表其位于香港以外地区的母公司，这些公司来自不同的国家和行业。美国在香港设立的地区总部/地区办事处最多（占 21%），其次是日本（19%）、英国（9%）和中国内地（7%）。在这些公司中，约 80% 是负责在中国内地的业务，由此可见香港的确是通往内地的重要大门。在香港的地区总部/地区办事处大部分属进出口贸易、批发及零售业（52%）③。香港繁荣的贸易吸引了许多海外买家来香港参加展会，洽谈订购，20 世纪 90 年代初香港也开始大力发展会展业，如今香港已成为国际会展之都，有超过 50 个大小不同的会展场地，可提供的总展览面积已超过 150000 平方米。2015 年，香港共举办了逾 100 项展览，吸引超过 170 万名会议、展览及奖励旅游（MICE）的海外过夜旅客来港。同年，有 3 项全球最大及 10 项亚洲最大的展览会在香港举行，本港有超过 100 家展览服务供应商提供专门或综合展览

---

① 数据来源：香港特别行政区政府统计处，[2016-06-17]，http://www.censtatd.gov.hk。

② 数据来源：香港特别行政区政府统计处，[2016-06-17]，http://www.censtatd.gov.hk。

③ 数据来源：香港贸发局官网，[2015-07-12]，http://www.askci.com/news/2015/05/06/95026roq7.shtml。

服务。根据香港展览会议业协会委托进行的《香港展览业对香港经济的整体贡献研究》，2012 年，展览业为香港经济带来约 408 亿港元（52 亿美元）收入，相当于本港本地生产总值（GDP）的 2.0%，较 2010 年扬升 14%。根据香港展览会议业协会的 2013 年香港展览业调查，香港展览业的发展保持稳健，不少国际及地区展览公司都把业务扩展至香港。2013 年，共有 62101 家参展商到香港参展，增长 3.7%。国际参展商数目的升幅尤其显著，达 18.8%，地区参展商则增加 5.5%。此外，参观人数增长了 6.5%，达 180 万人次，当中来自中国内地的访客增加 12.8%，香港访客则上升 7.4%。2014 年，共有 66164 家参展商到香港参展，增长 6.5%。访客人数增长 5.8%，达 190 万人次，国际及亚太地区访客分别增加 9.9% 和 9.6%①。香港举办的展会主要为消费品会展，如电子消费品展、家庭用品展、珠宝首饰展、服装展等，其中香港珠宝首饰展览会、香港春季电子产品展览会、香港资讯科技博览等在国际上有相当大的影响力。

中国首都北京和长三角经济区域核心城市上海，是中国大陆区域综合实力最强的两个中心城市。北京是中国的政治、经济、文化和国际交流中心，同时，中央国家机关、中央级科研机构、权威机构和行业协会、大型国有企业总部、跨国公司在华办事处总部一般都设在北京，这些有巨大政治、经济、文化和社会影响力的组织集聚，为北京发展会展业奠定了良好的组织基础。因此，北京是中国会展业发展较早、品牌展会较多的城市之一，如中国北京国际科技产业博览会，中国（北京）国际工程机械、建材机械及矿山机械展览与技术交流会，北京国际服装展。值得一提的是，获得 UFI 认证的大多数国内展览会都位于北京。2014 年度，北京的城市展览业发展综合实力排名第三，仅次于排名第一的上海和位列第二的广州，2014 年北京共举办展览会 431 场，展览总面积达到 608.19 万平方米②。但是在城市发展压力

① 数据来源：香港贸发局官网，［2015 - 07 - 12］，http：//hong - kong - economy - research.hktdc.com/business - news/article/香港行业概况/香港会展服务业概况/hkip/sc/1/1X47J8WG/1X0018NP.htm。

② 资料来源：中国会展经济研究会主编《2015 年中国会展业发展报告》。

增大、各项功能不能兼顾的情况下，北京应当首先作为全国的政治、文化中心，近年来，其部分商业展会出现南移上海的趋势。

上海是中国经济发展最快的城市之一，以上海为中心的长三角城市群也是中国经济最活跃的地区。上海作为国际化大城市，大量人流、物流、资金流汇聚于此，吸引了大量国际生产商、经营商入驻，超过半数的世界500强企业已经入驻上海。上海作为长三角中心城市的辐射带动作用和资源集聚效应，使上海成为中国乃至世界商业类品牌展会的举办城市。2013年，上海展览数量798场，总展出面积1200.8万平方米；举办国际展览会247个，展出面积874.5万平方米，每个国际展览会项目平均面积达到3.54万平方米；举办国内展览会项目共551个，展出面积326.3万平方米，每个国内展览会项目评价面积为0.59万平方米（见表3），无论是项目数量还是规模，均居四大直辖市第一位（见表4）。2012年上海会展业（展览、会议、节事活动等）的直接收入已达到250多亿元，拉动上海GDP总量的8%左右，2013年仍保持这个比例平稳发展。

根据《2015年上海会展业发展报告》，2014年上海举办各类展会项目769个，总展出面积1279.0万平方米，平均办展面积为1.66万平方米，较2013年大幅增长了10%。虽然展览项目数量较上年有所减少，但总展出面积增长了7%，展览项目的规模和质量有所增长。

2013年，上海本土组展商凭借发展会展业的优越条件，呈现如下发展态势。①上海本土办展主体已占主导地位。据统计，2013年在上海举办的1万平方米以上的项目218个，总展出规模917万平方米。其中，有155个项目为上海本土办展主体主办，总规模631.6万平方米，占比68.9%。②2013年展览项目市场化运作率达到97%。上海组展企业所举办的各类展览会项目，从21世纪起基本上摆脱了依赖政府、依靠政府财政补贴的局面，率先形成自主经营和市场化运作的机制，提前实现了“十二五”规划目标。③多种所有制办展主体同步发展。2013年在上海举办的1万平方米以上展览会项目共220个，其中，上海注册的国有企业办展40个，规模170.1万平方米，外资企业办展21个，规模121.5万平方米，合资企业办展39个，规模148.5万平方米，民营企业办展55个，规模191.5万平方米；市外来展65个，规模285.4万平方米。④上海本土办展企业的办展能力不断提升。2013年，在上海举办展览会项目面积超过10万平方米的企业有23家，按规模排名前23位企业办展总面积为529.84万平方米，占全市总展出面积1200.8万平方米的44.12%。

表3　2012～2013年上海展览会举办情况*

类别	2013年	2012年
国际展会项目数(个)	247	265
国际展会展出面积(万平方米)	874.5	826.9
国内展会项目数(个)	551	541
国内展会展出面积(万平方米)	326.3	282.4

*龚维刚、杨顺勇主编《上海会展业发展报告2014》，2015，经济日报出版社。

表4　2014年展览活动项目数量位居前十省份排行

省份	办展数量（个）	办展面积（万平方米）	办展数量占比（%）	办展面积占比（%）	平均办展面积（万平方米）
江苏省	887	894.89	11.09	8.67	1.01
上海市	767	1279	9.60	12.39	1.67
重庆市	662	601.3	8.27	5.82	0.91
山东省	631	997.13	7.88	9.66	1.58
广东省	617	1385.6	7.70	13.42	2.25
辽宁省	574	521.5	7.17	5.05	0.91
浙江省	565	666.27	7.05	6.45	1.18
北京市	431	608.13	5.38	5.89	1.41
河北省	298	283.64	3.72	2.75	0.95
河南省	262	248.53	3.27	2.41	0.95

*中国会展经济研究会：《2015中国会展行业发展报告》。

二　英德美中典型案例

产业需求驱动、消费市场驱动、旅游资源驱动、政府行为驱动和综合实力驱动存在于世界不同地域的会展业发展过程中，并对组展商的产生和发展产生了重要影响。不同国家驱动会展业及组展商产生和发展的主导因素各具特点，尤以英国、德国、美国最为典型，中国处在会展业发展的初级阶段，也有其独特之处。以下总结了英国、德国、美国和中国的组展商成长驱动模式。需要注意的是，虽然同一国家组展商成长的外部环境大致相同，但每个组展商成长的主导驱动因素并非严格依照国家划分，也有例外情况，以下仅选取典型案例进行总结。

（一）英国：资本追逐市场驱动模式

英国是工业革命的发源地，随着英国工业化进程的推进，英国本土企业为推销产品、开拓国际市场，在世界范围内销售商品，发展了会展业和组展机构。受英国本土产业发达、需要开拓外部市场的影响，英国会展业在发展过程中形成了具有英国特色的运作模式。英国组展商一般不拥有展馆，也不进行展馆经营，业务运作称为“pure play”。英国实力雄厚的组展商——励展博览集团、博闻集团、英富曼公司、德马吉展览公司——都是由资产雄厚的集团收购兼并而来，并借助集团强大的实力发展展览业务，使其展览业务逐渐发展壮大。随着英国本土展会市场的渐趋饱和，没有展馆经营“拖累”和资本雄厚的英国组展商开始向全球市场进军。进入21世纪以来，亚洲东部和拉美等新兴市场会展需求快速增长，英国组展商也随之在世界各地设立据点，渗透到当地会展业中，扩展会展市场。

1. 励展博览集团：世界领先的活动组织者

励展博览集团（Reed Exhibitions）的起源可以追溯到1966年，当时明镜集团购买了美国卡纳斯出版公司及其展览公司的股份。明镜集团在1970年被励德国际公司（Reed International）收购，在随后的15年中，卡纳斯和励德通过收购和兼并持续扩展它们在美国、亚洲和欧洲的展览业务。

随着2000年对米勒·弗里曼欧洲（Miller Freeman Europe）的收购，励展博览集团成为世界上最大的博览会组织者。此后十多年，受益于丰富的关系资源和已经颇具影响力的励德品牌资源，励展博览集团致力于向中国、拉美、俄罗斯和中东等经济发展较快的地区进行战略转移，加速进行全球布局。

励德第一个在中国的公司（上海励华，Reed Huayin）成立于2003年，随后是成立于2005年的国药励展（Reed Sinopharm）和成立于2007年的励展华博（Reed Huabo）。2007年励德收购了巴西的Alcantara Machado，使其成为拉丁美洲的头号展览组织者。目前，励展正在寻求增加亚洲和新兴市场的投资比例，从24%增长到35%。

目前，励展博览集团是世界领先的活动组织者，拥有在41个国家500场活动中不断增长的投资组合，有3000名展览专家员工。其活动服务44个重点行业，并且在2012年汇集了700万个活跃的活动参与者来驱动销售、网络和学习，拥有超过50年的开发、推广、销售和组织展览和活动的经验。励展博览集团在全球拥有34个办事处，在巴西、俄罗斯、印度、中国和中东的经济活动和合作伙伴有迅速增长的投资组合。

2. UBM：自1843年倡导的商业媒体

UBM最初作为联合报业有限公司（United Newspapers Limited）成立于1918年，1995年更名为联合新闻与媒体（United News and Media）。该商业公司一直保持这个名字，直到2000年公司启用联合商业媒体（United Business Media）作为新的名称。UBM在2011年5月将联合商业媒体有限公司（United Business Media Limited）更名为博闻公司（UBM plc，United Business Media Public Limited Company）。

公司在1843年由约瑟夫·汉森（Joseph Hansom）发起创立，历史长达170多年。在过去的30多年中，UBM拥有、购买和销售范围广泛的媒体业务，包括广播电视、市场调查和报纸。美通社（PR Newswire）成立于1954年，1982年被收购；CMP媒体公司（CMP Media）于1990年被收购（随后更名为CMP Technology）；CMP Medica的成立经过了2004年和2005年的一系列收购；UBM Asia正式成立于1994年，尽管UBM此前十年已经在亚洲发展了一系列业务。最近的一次收购在2010年，UBM收购了佳能通信有限责任公司，它是一家专门针对全球先进制造业的领先媒体业务公司，特别专注于医疗设备和药物开发。

博闻公司（UBM plc）最近通过部署数据服务业务，已经逐步专注于行业领先展览会的全球投资组合。UBM 是现在世界第二大“纯玩”（pure play）活动的组织者，并且是中国、印度和东盟地区最大的国际展会组织者。因此，UBM 现在可以说在全球活动的市场营销和通信服务业务上具有导向作用。

目前博闻集团在全球拥有 6500 名技术人员，为 40 多个国家和地区提供专业服务，展会活动是博闻集团的主要业务之一，每年博闻在世界各地共举办数以百计的现场展会活动。在过去的 30 多年中，博闻通过购买和销售广泛的媒体业务占领市场份额，通过广播电视、市场调研和报纸等业务，与客户进行有效连接，为其提供市场信息。

（二）德国：产业需求与政府投资驱动模式

德国是全球制造业强国、全球贸易强国和全球会展强国。德国制造业对德国会展业发展的驱动和导向作用十分明显。世界百强商展 56 个在德国，只有 22 个在其他西欧五国；制造业龙头展会 2/3 在德国举办。德国著名的大鲁尔工业区就有杜塞尔多夫、科隆和埃森三个著名的会展城市。鲁尔工业区以钢铁、机械制造、采煤、化工等重工业为核心，形成部门结构复杂、内部联系密切的高度集中型地区工业综合体。战后鲁尔工业区面临老工业区发展的一系列困境，会展业的发展为鲁尔工业区的转型升级作出了重要贡献。

德国各级政府对德国会展业的贡献极大，政府不仅完善基础设施建设，还统一投资建设会展场馆这一举办展会所必需的硬件设施，并以长期租赁或委托经营的方式将场馆的经营管理权授让给大型展览公司，大型展览公司兼营展馆和展会项目。这些展览公司由各级政府控股，如法兰克福展览有限公司由法兰克福市控股 60%，黑森州控股 40%；汉诺威德国展览公司的两大股东——德国下萨克森州政府和汉诺威市政府，分别持有 49.8% 的股权，并且政府将其赢利全部用于再投资，推动展览公司快速发展。

杜塞尔多夫展览有限公司：一步步成长为全球组展商

杜塞尔多夫展览有限公司（Messe Düsseldorf）已经运营了半个多世纪。从杜塞尔多夫市中心的木结构校舍，到现在代表世界所有增长地区的国际化公司，杜塞尔多夫展览集团（The Messe Düsseldorf GmbH group），拥有 14 家子公司和控股公司，仅在杜塞尔多夫就拥有 40 个交易会，现在已成为世界最大的组展商之一。

1947 年，西北德国展览公司 NOWEA 成立，当时城市和国家正在经历经济上的困难时期。西北德国展览公司在 1947 年 1 月 7 日成立是这个城市和国家重新站立起来的一系列尝试之一。由于重工业被预测将有一个相当黑暗的未来，管理者鼓励新公司的成立。除了电子、机械、化工和服装工业，还注重发展服务业，新展览公司是这些羽翼未丰的企业中的一员。

一个很不起眼的开始以后，仅有 4800 平方米展览空间，但这家新公司在随后几年就取得了真正的突破。按照杜塞尔多夫的展览传统，“该公司的目的是组织并举办“1947 年商业贸易和出口展”。1951 年 6 月 28 日，股东和监事会就已经确定了贸易和部门展会的概念，至今依然有效。“杜塞尔多夫贸易展览会——通向成功的桥梁”是 20 世纪 50 年代公司成立之初用来宣传的自信口号。

1968 年 8 月 20 日，杜塞尔多夫市理事会批准了战后最大的地方政府项目——在城市北部兴建杜塞尔多夫展览中心（Messe Düsseldorf）。1969 年 7 月 3 日，理事会批准了资助项目，在 905 天内规划和建设完成。新地点在 1971 年正式投入运营，举办了“K”国际塑料和橡胶展。公司同期更名为“Düsseldorfer Messegesellschaft-NOWEA”，并通过新会展中心（New Messe）获得了新的动力。邻近杜塞尔多夫机场和与长途交通运输网络的优质连接是场馆的重要资本。

随着 2007 年秋“新馆 8b”（“New Hall 8b”）的就位，以前存在的 12 个大厅现在已增至 19 个。这种增长并不是巧合：在机械、工厂和设备、商务、工艺品和服务、医学和健康、时尚和生活方式、休闲领域的多年经验以及努力和可靠的贸易展会概念，使得杜塞尔多夫成为强而有力的展会主办机构。

随着业务的日益全球化，杜塞尔多夫展览集团开始寻找新的市场——并发现了它们。该公司从杜塞尔多夫基地向重要的国际市场出口，其诀窍是服务，杜塞尔多夫展览集团活跃在中国、印度、捷克、俄罗斯和中东地区。此外，66 个国外代表处负责全球 100 多个国家。40 年海外组展经验和世界各地 4000 多场活动，诠释了其国际竞争力。

（三）美国：内需主导与旅游吸引驱动模式

与英德不同，美国是内需主导型会展经济体。美国国际化的跨国展览公司数量比较有限，其主要立足点和资源开发是本国市场，不盲目国际化。美国本土举办的展览会参展企业 90% 以上都是美国企业，产品也坚持美国化。美国会展业对国际合作采取较为谨慎的态度，一般只做展示设计和相关管理咨询等方面的工作，或者提供相关的规章制度文件等，从不轻易投资或参与经营管理。这一方面是由于美国对国际化理念的认知，认为会展失败在很大程度上与盲目国际化有关；另一方面是因为美国自身巨大的国内市场，国内各行业间的交流与交易就足以构成各种展览会的需求，促进本国经济发展。除此之外，美国展览行业有一种特殊的企业——总体服务合同商（General Services Contractor，GSC），可以为参展商和专业观众提供展品运输、家具租赁、展台搭建、餐饮住宿等全方位的服务，大大提升了服务效率和专业化水平。

美国作为世界上最发达的国家，同时也是一个旅游大国，自然景观、都市娱乐等旅游资源丰富，旅游业发达，服务水平高。据美国商务部官员透露，美国的旅游收入已经连续多年稳居世界第一，2011 年旅游业产值达到 1.2 万亿美元，支持了 760 万个就业岗位，其中国际游客在旅游及其相关产业上的消费达到了创纪录的 1530 亿美元。美国旅游业的发达带动了一些旅游城市会展业的发展，比较著名的有拉斯维加斯、奥兰多，其他美国会展城市如芝加哥、纽约、亚特兰大、休斯敦、新奥尔良的旅游业也较为发达。拉斯维加斯、奥兰多的城市旅游业和会展业发展情况在上文中已经进行了介绍，在此不再赘述。

拉斯维加斯金沙集团（Las Vegas Sands Corp.）董事长爱德森先生（Sheldon G. Adelson）由于开创了会展业的拉斯维加斯模式，被称为“美国会展之父”。该集团甚至曾计划将拉斯维加斯模式复制到澳门，但由于澳门土地有限，并没有将拉斯维加斯模式完整地复制过去。“法定的公共股东将公共资金投入博览场地、博览大厅以及其他基础设施。其意图并非为了获取投资的直接收益（除极少数案例），而是创造可生成直接价值空间的间接收益。这些间接收益即由博览中心附带的本地和区域其他产业创造的额外收入，例如旅馆、酒店、运输（出租车）、船务、建筑、模特、广告等。”拉斯维加斯会展中心就把握住了上述“间接收益”的魅力：在同一建筑物中集展览会议、酒店、餐饮、购物、休闲娱乐、旅游观光等为一体，不同的商业业态相得益彰、互相促进。一方面减少了场馆无展会期间的闲置，淡季旺季互相补充，提高了会展带来的总体经济效益；另一方面，这种集展、住、食、购、娱、游于一体的“一站式服务”能够更好地满足商务客户特别是高端客户多元化的需求。拉斯维加斯会展模式的最大特色就是：在内需主导下，基于业态创新的综合经营。

（四）中国：贸易需求与政府参与驱动模式

中国是一个贸易大国，进出口贸易需求巨大。2014 年，全国进出口总值为 43030.4 亿美元，同比增长 3.4%。其中，出口 23427.5 亿美元，增长 6.1%；进口 19602.9 亿美元，增长 0.4%①。在国家倡导内需拉动经济增长的背景下，我国内需也进一步增长，国家统计局《2014 年国民经济和社会发展统计公报》显示，全年社会消费品零售总额 262394 亿元，比上年增长 12%，扣除价格因素，实际增长 10.9%②。中国贸易需求的巨大增长和企业营销方式的转变，刺激了会展业的快速发展，国外实力展览集团纷纷进驻中

① 数据来源：中华人民共和国商务部综合司，[2014-07-12]，http://zhs.mofcom.gov.cn/article/aa/201501/20150100869088.shtml。

② 数据来源：中华人民共和国国家统计局发布《2014 年国民经济和社会发展统计公报》，[2015-07-12]，http://www.stats.gov.cn/tjsj/zxfb/201502/t20150226_685799.html。

国以抢占中国会展市场，中国本土会展公司也大量涌现，中央和地方各级政府很重视会展业，并参与到会展业建设中来。

政府行为是中国会展业发展中的重要驱动因素。中国政府参与会展业具体表现为投资筹资建馆、经营管理场馆、组织展会，甚至提供相关会展配套服务，制定会展业发展的规划和扶持政策，设立各级会展管理机构，等等。会展业发展扶持政策主要有两个方面。一是设立会展业发展专项资金。会展资金主要使用方向包括会展人才的引进和培训、展会宣传推广费用、展会招揽奖励、补贴重要展会开闭幕式及重要嘉宾接待、专业展摊位补贴和商务会议补贴、综合费用支持等。二是给予税收优惠，包括所得税、营业税地方返还等。中国建立的促进会展业发展的组织管理体系，按照行政层级由高到低依次有会展业领导小组、会展管理办公室、博览局等。领导小组主要负责全市会展经济的统筹规划和宏观决策，制定会展产业政策和相关法规。会展管理办公室的主要职能包括：拟定会展经济发展的相关政策及实施办法；规范会展市场秩序，整合会展资源；引进国际、国内的知名展会、品牌展会，扶持和打造地方自有品牌展会；组织会展专业人才的交流和培训；对会展经济进行统计、评估，发布会展经济信息；负责会展专项资金的管理和使用等。博览局一般是为了某项大型展会的举办而设立的，如为办好上海世博会，2003 年上海成立了世博局；为办好中国—东盟博览会，2004 年广西成立了国际博览事务局；等等。

香港贸发局在香港会展业发展中的地位和作用能够充分说明政府行为在驱动会展业发展中的重要作用。香港贸发局成立于 1966 年，是致力于推广香港贸易的法定机构，宗旨是协助香港公司特别是中小企业，把业务拓展至全球市场。在政府指导下，香港贸发局在香港会展业发展中发挥了主导作用，先后制定了香港会展业整体发展规划，香港会展业行业政策和香港会展业具体管理办法等，把会展经济的发展纳入香港整体发展的战略规划之中，极大地提升了香港会展业在全港经济发展和城市建设布局中的重要意义和战略地位。1970 年，香港贸发局率先举办了香港历史上的第一个展会——香港时装节，开启了香港自办展会的先河；1989 年，香港会展业面临因场馆不足而无法适应激烈的市场竞争的困境，香港贸发局主导和筹建了香港第一个正规会展设施——香港国际会议展览中心，以后又扩建了二期工程，为香港会展业的持续发展奠定了良好的设施基础；1990 年，香港贸发局在香港会展业开始起飞的关键时期，率先倡导成立了香港会展业协会，香港会展业从此步入行业自律和市场监督的健康发展轨道；2005 年，为了进一步满足香港会展业发展的需要，政府与香港宝嘉建筑有限公司和香港禹铭投资公司合作，建成拥有 7 万平方米的展区、适合工业设备展览的香港亚洲国际博览馆，并于 2006 年首次开创了与香港本土会展企业和国际著名会展公司联合举办工业类展会的操作模式。香港贸发局 2014 年营业额为 2.2524 亿欧元，是中国进入世界组展机构 28 强的仅有两家组展机构之一。在世界各地设有 40 多个办事处，其中 13 个在中国内地（包括 2013 年在重庆及南京增设的办事处），以吸引世界各地商人来港经商，利用香港完善的服务业及综合性的商贸平台，促进香港成为亚洲的营商中心。

在中国本土会展公司中，拥有政府背景的大型会展企业由于政府的直接或间接支持而具有较强的实力。中国对外贸易中心（集团）是商务部直属事业单位——中国对外贸易中心的下设企业集团，位于广东省广州市，成立于 1988 年，其前身为 1957 年始办的广州中国出口商品交易会的常设机构——中国出口商品陈列馆机关。该集团负责号称中国第一展的“广交会”，展品不仅有传统商品，更有高新技术产品，还经营各种展览（包括来华展览、出国/境展览和国内展览）、贸易、广告、旅游、餐饮、酒店、物业、房地产等业务。目前资产总额 32 亿元人民币，拥有中国最大的展览馆广州琶洲展览馆的经营权，是集展览组织和展馆经营为一体的展览集团。

在中国贸易需求和政府参与的驱动下，组展商已经有了数量上的极大扩张和一定程度的实力提升。目前中国境内的组展机构按照其来源、性质不同，主要有以下几类：已进驻中国的境外跨国展览公司、依托政府的展览公司、无政府背景的展览和会展服务公司。境外跨国展览公司主要看重中国巨大而快速增长的会展市场需求，进驻中国并将其先进的运作模式移植过来；本土大型展览机构多为政府直接投资经营或以国有企业委托的方式经营，受政府决策影响较大，政府一般直接投资大型场馆建设，或引入其他投资主体共同建设并给予土地规划和其他政策支持，因此多以展馆经营为主，兼营展览项目，但不论经营展馆还是经营会展项目，都有政府较大程度的介入；无政府背景的展览公司和会展服务公司，主要以服务外包的形式为会展提供相关配套服务，如展示设计、展台搭建、餐饮、酒店、物流、媒体支持等等。然而，中国会展市场的快速增长与中国会展业的发展并不同步，中国会展业发展水平尚不能满足会展业的需求，这也必将刺激中国会展业的不断探索与进步。

会展业及其组展商的成长驱动因素是多方面的，但按照世界不同国家和地区的特殊情况，驱动会展业和组展商的因素中总有居于主导地位的因素，因而也就造成了不同地域的组展商成长驱动模式，这些主导驱动因素来源于会展业发展的大环境，又进一步影响了组展商具体的运作模式，如上次报告中提出的四种组展商赢利模式：在产权国有前提下，展馆与项目经营一体化的德国模式；在产权私有前提下，投资与并购一体化的英国模式；在内需主导下，美国基于业态创新的综合经营模式；在政府主导的市场经济体制下，中国成都基于产业链的多业态协同复合经营模式。中国组展机构目前还有很多政府（或具有政府背景的）组展机构，但政府行为在会展业的宏观管理和扶持以及组展商的微观运营中是否合适，目前还在探索之中；同时大量中小民营会展公司还处在成长阶段，它们的成长壮大离不开政府的扶持和市场机制的完善。在贸易需求和政府行为双重驱动下的中国会展业，组展商发展模式还需要借鉴国外先进经验，结合本土实际，进一步积极探索完善。

B.10

世界商展百强评估

中外会展业动态评估研究报告课题组*

摘　要：　本文主要借助量化数据通过对比研究、个案分析等方法，对世界顶级商贸类展会的国际竞争格局、典型案例、题材分布、发展趋势等方面进行研究，力图深化对世界会展业的认识，更确切地把握我国会展业的地位、存在的问题和未来发展的路径。

关键词：　世界商展百强　国家分布　展会面积　商展题材　发展趋势

一　世界商展百强现状

（一）概况

商展是世界贸易发展的风向标和世界经济的晴雨表。从国际化商展的发展概况可以窥探世界经济贸易的概况，从而可以推测和分析行业发展趋势和变化动态。总体来说，2015 年世界商展百强年展览总面积、单个展会平均面积与 2014 年相比均呈上升趋势。具体而言，2015 年商展百强总展出面积 1963.27 万平方米，比上年同期增加 11.08 万平方米，单展平均面积 19.63 万平方米，比上年同期增加 0.11 万平方米。其中，西欧国家总面积占 75.51%；德国依然雄踞第一，总面积占百强的 52.98%；中国排名保持第二位，发展迅速，占百强总面积的 17.67%，入围商展 20 个，可以看出中

---

* 该报告的撰写人为张敏、罗业云。本文为国家社科基金规划课题“全球化视野下国际会展业发展比较研究”（13BGL086）的阶段性成果。

国展会实力发展迅速，国际地位不断提升。

课题组借助中外文献、比较视野和量化数据，对世界商展百强做实证调研与对比分析，集中关注其产业格局、区域分布、发展趋势、动态变化等情况，并加入重点经济体现状分析和典型商展的垂直分析比较；深化对会展业的认识，更确切地把握我国会展业的地位、存在的问题和未来发展的路径，以便采取针对性措施，推进会展强国进程。

（二）进入门槛

世界商展百强排名基于《进出口经理人》杂志推出的“世界商展 100 强排行榜”，所选展会均是国际上特定展览中的领先者和佼佼者，范围限定在商业展览，以政府为背景、形象展示功能主导的展览不包括在内。2015 年 7 月，《进出口经理人》杂志推出 2015 年世界商展 100 强排行榜，这是《进出口经理人》杂志第 8 次公布这一榜单。

世界商展百强排名所选都是国际上各地区和各领域商展的领先者，入围以展出面积为标准和门槛。

2011 年世界商展 100 强俱乐部的门槛是 10.5 万平方米，2012 年是 10.7 万平方米，2013 年提升到 11 万平方米，2014 年为 11.6 万平方米，2015 年则进一步提升到 12 万平方米，两年增长了 1 万平方米。世界商展 100 强的平均面积 2012 年是 18.8 万平方米，2013 年是 19.3 万平方米，2014 年是 19.5 万平方米，而 2015 年则上升到了 19.6 万平方米，直逼 20 万平方米。其中百强中的中国展览平均面积近五年来均低于总体平均面积，但发展迅猛，2015 年延续了这一快速上升趋势。德国展览的平均面积近五年来均高于总体平均面积，但增长趋势相对平缓（见图 1、表 1）。榜单中德国展览的平均面积、100 强展览的平均面积和中国展览的平均面积呈接近趋势，显示出世界商展 100 强排行榜中虽然中国展览还远没有占据全球中心地位，但增长迅速，为全球商展的发展贡献了强劲动力[①]。

① 《2015 年世界商展 100 强排行榜》，《进出口经理人》2015 年第 7 期。

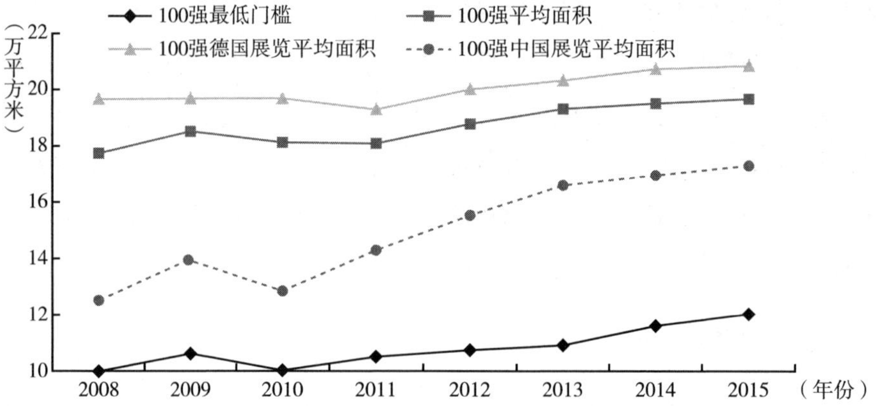

图 1　2008～2015 年世界商展百强平均面积变化趋势

表 1　2008～2015 年世界商展百强平均面积变化数据

单位：万平方米

年份	2008	2009	2010	2011	2012	2013	2014	2015
100 强最低门槛	9.9	10.5	10.0	10.5	10.7	11.0	11.6	12.0
100 强平均面积	17.7	18.4	18.1	18.1	18.8	19.3	19.5	19.6
100 强德国展览平均面积	19.6	19.7	19.7	19.3	20.0	20.2	20.6	20.8
100 强中国展览平均面积	12.5	13.8	13.0	14.3	15.5	16.5	16.9	17.3

（三）百强动态变化

2015 年世界商展百强由德国、中国、意大利、法国、美国、瑞士、俄罗斯、西班牙、英国九国囊括。德国作为世界大型商展的主导力量至今无人撼动，在世界商展 100 强排行榜中德国展览依然占据半壁江山，在 2015 年世界商展 100 强排行榜中，德国展览达到半数，为 50 席，比上年减少 3 席。中国展览快速崛起，不断攻城略地，主要得益于世界经济重心的东移，也有德国展览全球化布局的作用，在 2015 年世界商展 100 强排行榜中很多中国大型展览是德国展览的子展，同时其中大部分还是区域展览定位。除了交易功能外，中国的大型展览要成为各行业全球中心展览还有相当长的路要走。

世界商展100 强排行榜中，各国所占席位此消彼长，反映了全球经济版图的变迁。2008 年的经济危机对大型商展产生了重大影响，在世界商展 100 强排行榜中，2009 年美国占有 9 席，到 2012 年跌为 3 席，随后不断恢复，2015 年榜单中美国展览恢复到 5 个席位。在欧债危机中，展览大国西班牙和意大利都是重灾区。在世界百强商展排行榜中，2008 年意大利占有 11 席，2010 年跌至 8 席，但恢复很快，2015 年意大利恢复到 10 席。相对来说，2008 年西班牙占有 4 席，经济危机后一蹶不振，2015 年榜单仅保留了 1 席。

除了经济危机影响各国商展发展外，还有一个更大的循环也影响世界商展的格局，这个循环就是世界经济重心的东移，这一点在德国和中国的展览发展中表现最为明显。2008 年以来，虽然世界商展 100 强中德国展览的平均面积也在上升，但相对增长缓慢，2008 年德国在世界商展 100 强排行中占有 62 席，之后一直缓慢下滑，从未停止，到 2015 年仅占有 50 席。另一边中国展览份额正稳步上升，2008 年中国在世界商展 100 强排行榜中仅占 4 席，之后不断上升，到 2014 年达到 19 席，2015 年再增 1 席，达到 20 席，占到了 20% 的份额（见图 2）。8 年来，中国入榜的展览越来越多，排名不断跨越超前，平均面积也呈现这样的趋势：越来越接近世界商展的平均面积与德国入榜展览的平均面积，中国展览表现出不断增长的势头①。

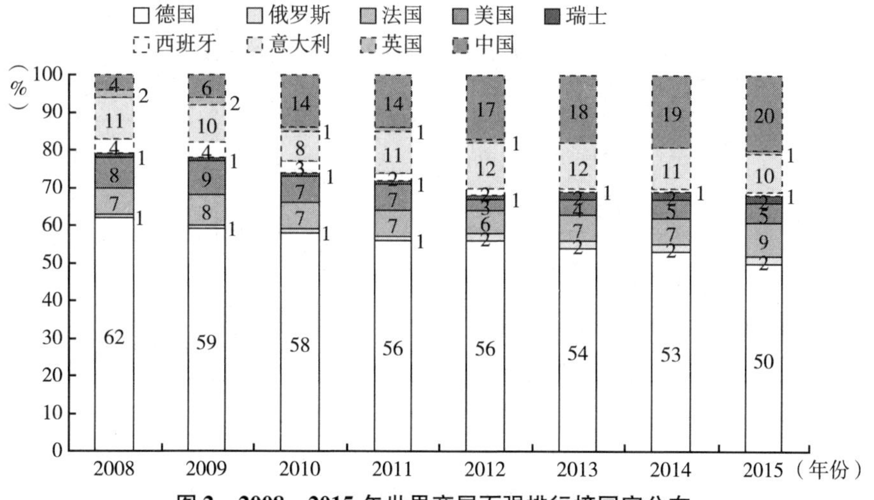

图 2　2008～2015 年世界商展百强排行榜国家分布

① 《2015 年世界商展 100 强排行榜》，《进出口经理人》2015 年第 7 期。

二　近五年世界商展百强的变化趋势

各展览大国仍坚守着各自的份额，变化不大，但是从下文多个表格可以看出，德国展览总面积以及入围展会数量稳居榜首，但其占比均为下降趋势；相应地，中国则稳步上升，展览总面积占比以及入围展会数量都有较大幅度增长；其他国家均有浮动和变化。从展出总面积、平均面积和入围数量及排名等变量的变化可以看出世界商展百强各国的变化和商展行业的动态，并间接反映国际经济贸易的发展和世界经济的变化。

2011 年商展百强展览总面积 1810. 52 万平方米，比 2010 年减少 15. 78 万平方米，单个展会平均面积 18. 11 万平方米。其中，德国雄居第一，展览总面积 1081. 24 万平方米，比上年同期减少 63. 86 万平方米，入围展会数量减少 2 个；西欧国家总面积 1491. 77 万平方米，占百强总面积的 82. 4%；中国展会总面积排名从上年的第二位下降到第三位，但仍然增加了 13. 6 万平方米；入围数量仍为 14 个，排第二位；平均面积 14. 26 万平方米，排名第六位（见表 2）。

表 2　2011 年世界商展 100 强入围国家分布统计

国家	德国	意大利	美国	法国	中国	西班牙	英国	瑞士	俄罗斯
展会总面积（万平方米）	1081. 24	215. 28	107. 05	141. 20	199. 70	27. 00	11. 05	16. 00	12. 00
单个展会平均面积（万平方米）	19. 31	19. 57	15. 29	20. 17	14. 26	13. 50	11. 05	16. 00	12. 00
入围展会数量（个）	56	11	7	7	14	2	1	1	1
按入围数量排名	1	3	4	4	2	6	7	7	7
按平均面积排名	1	2	5	4	3	6	9	7	8

数据来源：《进出口经理人》2011 年第 7 期。

2012 年商展百强展览总面积 1888. 45 万平方米，比上年增加 77. 93 万平方米，单个展会平均面积 18. 88 万平方米，也略有增加。其中，西欧国家总面积 1536. 04 万平方米，占 81. 34；德国依然一支独大，总面积 1120. 13 万平方米，占百强总面积的59.32%，比上年增加38.89万平方米；中国发展迅速，排名从第三位上升到第二位，占百强总面积的13.98%，入围数量增加3个，中国是除德国外入围数量最多的国家。按展均面积来算，法国、美国、德国居前三名，中国、俄罗斯、英国居后三名（见表3）。

表3　2012年世界商展100强入围国家分布统计

国家	德国	中国	意大利	法国	美国	西班牙	俄罗斯	瑞士	英国
展会总面积(万平方米)	1120.13	263.84	228.23	125.63	61.95	35.00	26.62	16.00	11.05
单个展会平均面积(万平方米)	20.00	13.93	19.02	20.94	20.65	17.50	13.31	16.00	11.05
入围展会数量(个)	56	17	12	6	3	2	2	1	1
按入围数量排名	1	2	3	4	5	6	6	8	8
按平均面积排名	3	7	4	1	2	5	8	6	9

数据来源：《进出口经理人》2012年第7期。

2013年商展百强展览总面积1930.45万平方米，比上年增加42万平方米，单个展会平均面积19.30万平方米，也略有增加。其中，西欧国家占78.96%；德国依然一支独大，总面积1091.48万平方米，占百强总面积的56.64%；中国发展迅速，总面积排名位居第二位，占百强总面积的15.41%；入围数量比上年增加1个，共18个，是除德国外入围数量最多的国家。按展均面积来算，西班牙、美国、法国居前三名，德国、意大利、中国紧随其后（见表4）。

表4　2013年世界商展100强入围国家分布统计

国家	德国	中国	意大利	法国	美国	西班牙	俄罗斯	瑞士
展会总面积(万平方米)	1091.48	297.40	237.55	141.63	81.09	24.00	27.30	30.00
单个展会平均面积(万平方米)	20.21	16.52	19.80	20.23	20.27	24.00	13.65	15.00
入围展会数量(个)	54	18	12	7	4	1	2	2
按入围数量排名	1	2	3	4	5	8	6	6
按平均面积排名	4	6	5	3	2	1	8	7

数据来源：《进出口经理人》2013年第7期。

2014 年商展百强展览总面积 1952.19 万平方米，比上年增加 21.74 万平方米，单个展会平均面积 19.52 万平方米，也略有增加。德国总面积继续稳居第一，为 1089.31 万平方米，占百强总面积的 55.80%，比上一年有所下降；中国排名位居第二，占百强总面积的 16.60%，稳步上升；中国入围数量比上年增加 1 个，共 19 个，是除德国外入围数量最多的国家。按展均面积来算，西班牙、法国、德国居前三名，意大利、美国、中国居其后（见表 5）。

表 5　2014 年世界商展 100 强入围国家分布统计

国家	德国	中国	意大利	法国	美国	西班牙	俄罗斯	瑞士	英国
展会总面积（万平方米）	1089.31	324.05	214.87	148.10	95.64	24.00	28.12	28.10	
单个展会平均面积（万平方米）	20.55	17.06	19.53	21.24	19.13	24.00	14.06	14.05	
入围展会数量（个）	53	19	11	7	5	1	2	2	
按入围数量排名	1	2	3	4	5	8	6	6	
按平均面积排名	3	6	4	2	5	1	7	8	

数据来源：《进出口经理人》2014 年第 7 期。

2015 年商展百强展览总面积 1963.27 万平方米，比上年增加 11.08 万平方米，单个展会平均面积 19.63 万平方米，也略有增加。德国依然一支独大，总面积 1040.13 万平方米，占百强总面积的 52.98%，呈下降趋势；中国发展迅速，排名位居第二，总面积占百强总面积的 17.67%，呈上升趋势；入围数量比上年增加 1 个，共 20 个，是除德国外入围数量最多的国家。按展均面积来算，西班牙、美国、德国居前三名，法国、意大利、中国紧随其后（见表 6）。

对近五年世界商展百强作纵向对比研究，发现有几个变化趋势。

一是百强商展总面积由 2011 年的 1810.52 万平方米，增长到 2012 年的 1888.45 万平方米，2013 年的 1930.45 万平方米，2014 年的 1952.19 万平方米，2015 年的 1963.27 万平方米；年增长率分别为 4.3%、2.22%、1.13%、0.57%。百强商展总面积总体呈上升趋势，但增长速度趋缓（见图 3）。

表6　2015年世界商展100强入围国家分布统计

国家	德国	中国	意大利	法国	美国	西班牙	俄罗斯	瑞士	英国
展会总面积(万平方米)	1040.13	346.99	193.23	184.40	106.00	24	27.73	28.10	12.69
单个展会平均面积(万平方米)	20.80	17.35	19.32	20.45	21.20	24.00	13.87	14.05	12.69
入围展会数量(个)	50	20	10	9	5	1	2	2	1
按入围数量排名	1	2	3	4	5	8	6	6	8
按平均面积排名	3	6	5	4	2	1	8	7	9

数据来源：《进出口经理人》2015年第7期。

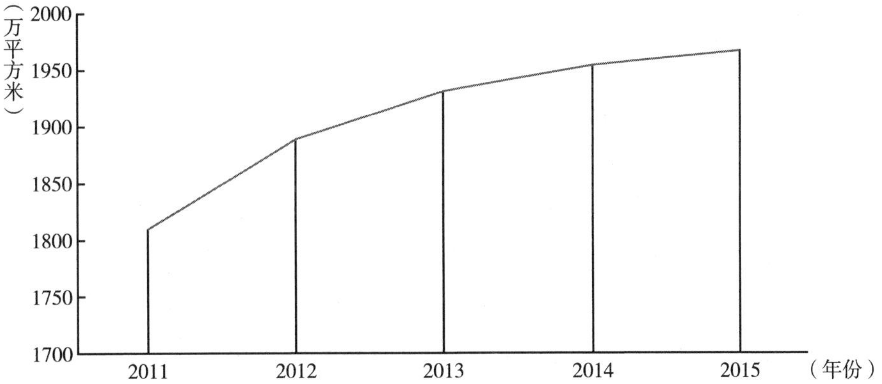

图3　2011～2015年世界百强商展总面积变化

二是百强单展平均面积由2011年的18.11万平方米，增长为2012年的18.88万平方米，再到2013年的19.30万平方米，2014年的19.52万平方米，2015年的19.63万平方米，逐年增长的单展平均面积体现了世界范围内商展规模的扩张趋势，以及展览业的繁荣发展。

三是中国入选百强的展出面积由2011年的199.70万平方米，占比11.03%，增长为2012年的263.84万平方米，占比13.98%，2013年的297.40万平方米，占比15.41%，到2014年的324.05万平方米，占比16.60%，2015年的346.99万平方米，占比17.67%。2011～2015年，中国入围世界商展百强展览面积及其占比均呈稳步上升趋势，2011～2013 年两年展出面积增加了 97.7 万平方米，排名也由第三位上升到第二位，近几年中国入围世界百强商展总面积呈稳定增长态势（见图 4）。

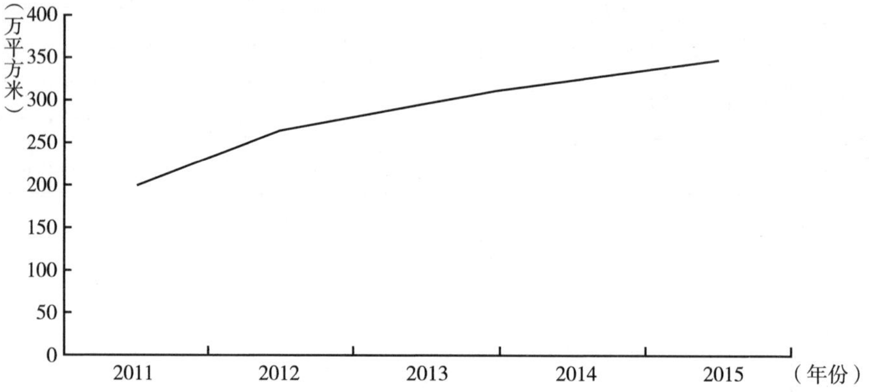

图 4　2011～2015 年中国入围世界商展百强展览总面积发展趋势

四是中国商展规模由 2011 年单展平均面积 14.26 万平方米，居第六位，增长到 2012 年的 13.93 万平方米，居第七位，2013 年的 16.52 万平方米，居第六位，2014 年的 17.06 万平方米，居第六位，2015 年的 17.35 万平方米，居第七位。虽然单展平均面积呈上升趋势，但平均展会规模相对较小，在世界会展大国中排名居后，与经济贸易大国的地位不匹配。

五是从 2011～2015 年各国入围世界百强商展的展会数量来看，德国入榜的展览数一直在缓缓下降，2011 年、2012 年均为 56 个，2013 年为 54 个，到 2014 年下降为 53 个，而 2015 年则进一步下降为 50 个，从中可以看出，德国展览在世界上的地位基础牢固，5 年来格局总体没有改变，但从入围个数及面积占比来看，下降趋势较为明显。而中国的展览从 2011 年的 14 个入围，到 2012 年的 17 个，然后每年增长 1 个，到 2015 年达到 20 席，上升的势头从快速到稳定增长（见图 5）[①]。

---

① 《进出口经理人》：http：//www.tradetree.cn/content/2995/6.html。

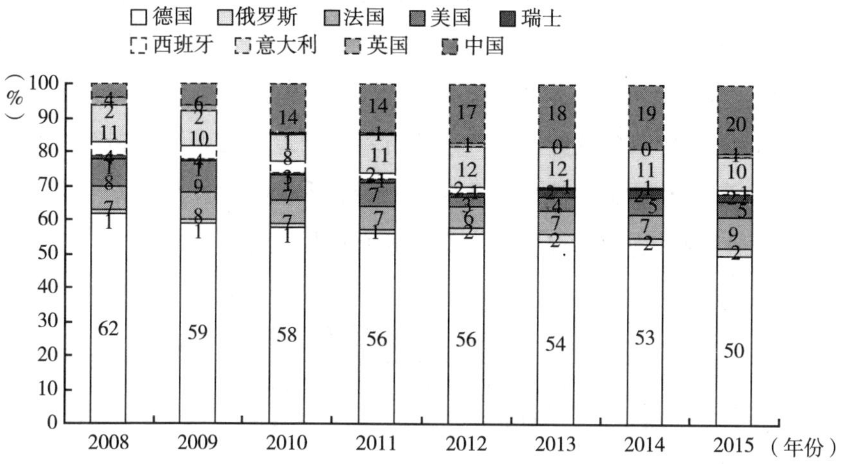

图5　2008～2015年世界商展100强排行榜国家分布变化趋势

三　典型个案分析

（一）慕尼黑国际工程机械、建材机械、矿山机械、工程车辆及设备博览会（Bauma）①

德国国际工程机械、建材机械、矿山机械、工程车辆及设备博览会是世界上规模最大、国际影响力最强的工程机械、建材机械、矿山机械专业展览会，每三年定期在德国慕尼黑举办。该博览会集科技、商贸、信息、技术合作于一体，近三届展出面积为54万～57万平方米，参观人数为41.5万～53万人次（见表7）。该展会主办方邀请来自本国和欧洲的矿业技术管理人员参加，除了技术学术交流以外，邀请的专业买家保证了展会的贸易成果。欧洲的建筑市场潜力巨大，尤其对设备的需求量更大，从国家来看行业销售额，销售额居首位的国家是德国，其次是英国、意大利、法国。这四个国家的生产额占到欧洲工程设备生产总额的75%。欧洲工程协会预测未来几年

① 数据来源于Bauma网站，http://www.bauma.de。

里西欧的建筑施工增长率为 1.7%，新欧盟成员国的建筑施工增长率为 8.1%。展品范围：建筑机械、工程车辆、施工机械、起重机械和输送设备，施工设备、混凝土机械、水泥机械等，模板脚手架、施工现场设施，采矿业、采矿设备、矿山机械等，生产建筑材料、制造水泥，石灰和石膏的化合物、混凝土制品和预制零件、沥青生产机器和系统，组件及服务供应商，测量、控制和控制系统的工程，工作安全等所有相关行业。

表 7　Bauma 近三届主要数据对比

	展出面积(万平方米)	参展商(家)	观众(万人)
Bauma2013	57.0	3420	53.0
Bauma2010	55.5	3150	41.5
Bauma2007	54.0	3041	50.0

1. Bauma2013

不仅参展商数目、展览面积破纪录，也吸引了历届展会以来最多的观众人数。总共有 3420 家参展商，德国 1346 家，德国海外 2074 家，来自 56 个国家。展览面积达到创纪录的 57 万平方米。

共有来自 200 多个国家的 53 万名观众参展。国际游客的比例比以往任何时候都高。超过 20 万观众来自德国海外，国际与会者的数量比以往任何时候都高。排在前十位的来源国家分别为：德国、奥地利、瑞士、意大利、俄罗斯、法国、荷兰、英国、瑞典和波兰。

2. Bauma2010

Bauma2010 展览面积 55.5 万平方米，室外 36 万平方米，室内 19.5 万平方米（共 19 个室内展厅），展览面积比上届增加 1.5 万平方米。展会前期由于冰岛火山灰对交通出行的影响，观众人数减少 8.5 万名（17%），为 41.5 万名。Bauma2010 参展商来自 53 个国家和地区，共计 3150 家，其中 60% 来自德国本土。中国参展企业数量与展览面积均有大幅度增长，展商 280 家，比上届增长 174%；展览面积近 2 万平方米，比上届增长 52%。

3. Bauma2007

Bauma2007 参展商 3041 家（2004 年为 2805 家），数量比 Bauma2004 提高了 8.4%，主要参展国包括德国、意大利、英国等，其中德国展商 1390 家。本届展会德国海外展商分别来自 49 个国家，共 1651 家，海外展商占比较上届有所提高，为 54%。展会面积 54 万平方米，比上届提高近 10%，室内 18 万平方米，室外 36 万平方米。Bauma2007 的观众来自约 190 个国家和地区，共有 50 万名，与 Bauma2004 相比，增幅为 20%，德国海外观众约占 30%，为 16 万名。

中国展团参展商 96 家（Bauma2004 为 37 家），参展面积由上一届的 1800 平方米扩容为 1.32 万平方米。

（二）法兰克福国际汽车零配件及售后服务展（Automechanika Frankfurt）①

德国法兰克福国际汽车配件展 Automechanika 是由德国著名的法兰克福展览有限公司主办。它是当今世界上最负盛名的汽车配件展之一，该展会创建于 1971 年，每两年一届，定期在法兰克福展览中心举行，是全球范围内规模最大的国际汽车零部件、工艺装备及相关工业展览会。

1. 法兰克福国际汽车配件展2014

展出面积 294300 平方米；共吸引了来自 74 个国家的 4660 家参展商参展，其中德国境内 729 家，海外 3931 家；共吸引来自 176 个国家的 137982 位观众观展，其中德国境内观展人数为 57346 人次，海外 80636 人次（见表 8）。

表 8　Automechanika Frankfurt 近三届主要数据对比

	展出面积（万平方米）	参展商（家）	观众（万人次）
法兰克福国际汽车配件展 2014	29.43	4660	13.80
法兰克福国际汽车配件展 2012	30.50	4597	14.77
法兰克福国际汽车配件展 2010	28.27	4471	15.38

① 数据来源于 Automechanika Frankfurt 网站，http://automechanika.messefrankfurt.com。

2. 法兰克福国际汽车配件展2012

展出面积 305000 平方米；参展商数量 4597 家，来自 74 个国家，海外 3739 家，德国 858 家；观众数量 147715 人次，来自 176 个国家，德国海外 80768 人次，德国 66947 人次；来源前十位的国家依次是德国、意大利、荷兰、法国、英国、波兰、西班牙、俄罗斯、比利时、土耳其。来自东欧和俄罗斯的游客数量增加，而来自南欧的游客数量下降，反映了当前的世界经济形势。

3. 法兰克福国际汽车配件展2010

展出面积 282700 平方米；参展商 4471 家，海外 3645 家，来自 76 个国家；观众 153837 人次，海外 84161 人次。

（三）汉诺威工业博览会（HANNOVER MESSE）①

汉诺威工业博览会是世界上规模最大的工业博览会，每年的春季在德国汉诺威举行，经历 60 多年的发展，现已成为世界领先的工业贸易展，具有广泛的国际影响力，是“世界工业发展的晴雨表”（见表 9）。

表 9　汉诺威工业博览会近三届主要数据对比

	展出面积（万平方米）	参展商（家）	观众（万人次）
汉诺威工业博览会 2015	26. 50	6500	22. 00
汉诺威工业博览会 2013	23. 65	6550	22. 50
汉诺威工业博览会 2011	22. 00	6500	22. 85

1. 汉诺威工业博览会2015

2015 年汉诺威工业博览会有 6500 家展商（来自 70 个国家和地区，其中 56% 来自德国以外）参展，观众 220000 人次（70000 人次来自德国以外的国家和地区），展出净面积 265000 平方米。

① 数据来源于 Automechanika Frankfurt 网站，http://www. hannovermesse. com. cn。

中国参展商数900家，中国展出净面积13000平方米。

2. 汉诺威工业博览会2013

2013年汉诺威工业博览会有6550家展商（来自62个国家和地区，其中52%来自德国以外）参展，展出面积23.65万平方米，观众225000人次（25%来自德国以外的国家和地区）。

中国参展商数713家，中国展出面积10000平方米。

3. 汉诺威工业博览会2011

2011年汉诺威工业博览会共吸引来自65个国家和地区的6500家参展商；前来观展的观众228476人次，其中6万观众来自德国以外；展出面积22万平方米。中国企业在本次展会中展览面积与参展商数量都有大幅度增长，展商数量为551家，展览面积近6600平方米，是除德国以外参展商数量最多的国家。

（四）法兰克福春季国际消费品博览会（Ambiente）①

法兰克福消费品展是世界消费品类第一大展，每年的春秋两季分两次举办（见表10）。

表10　法兰克福春季消费品展近三届主要数据对比

	展出面积（万平方米）	参展商（家）	观众（万人次）
法兰克福春季消费品展2014	32.52	4724	14.4
法兰克福春季消费品展2013	31.93	4714	13.9
法兰克福春季消费品展2012	31.88	4543	13.8

1. 法兰克福春季消费品展2014

展览面积32.52万平方米，有来自89个国家的4724家参展商参展，有

① 数据来源于Automechanika Frankfurt网站，http://ambiente.messefrankfurt.com/frankfurt/en/aussteller/messeprofil.html。

144000 人次观众来自 161 个国家参展。

2. 法兰克福春季消费品展2013

展览面积 31.93 万平方米；有 4714 家参展商参展，来自 81 个国家和地区，德国展商 1165 家，占 25%，德国海外参展商 3549 家，占 75%。观众 139367 人次，来自 143 个国家和地区，德国观众 72106 人次，占 52%；德国海外观众 67261 人次，占 48%。

3. 法兰克福春季消费品展2012

展览面积 31.88 万平方米，有 4543 家参展商参展，来自 87 个国家和地区，有观众 138058 人次参展。

四　商展百强题材分析

2015 年世界商展百强①按展览的题材类型进行分类，以数量多寡进行排序，排名并列第一的是汽车/船艇/航空/交通类展览，有 19 个；排第二的是工业/机械/加工类展览，共 17 个；排第三的是建筑/五金/装潢类展览，共 11 个，以上三类展览占百强总数的 47%，与排在其后的数量相差较大。其余的依次为：医疗/医药/保健、综合、旅游/休闲/体育、其他类，各 5 个；家具/家居/日用品、食品/饮料/酒、通信/电子、服饰/面料/纺织、钟表/珠宝/美容、农/林/牧/渔类，各 4 个；化工/能源/环保类，3 个；办公/文教/艺术、印刷/包装/纸业类，各 2 个；消防/安全、物流类，各 1 个（见图 6）。

按展览的题材类型进行分类，以同类展览总面积多少进行排序，排第一的是工业/机械/加工类，总展览面积为 4188620 平方米；排第二的是汽车/船艇/航空/交通类，共 3693100 平方米；排第三的是建筑/五金/装潢类，共 1935400 平方米。以上三类展览面积之和占百强总面积的 50%（见图 7）。

按各类型展览平均单展面积大小进行排序，最大的是工业/机械/加工

① 数据来源于《进出口经理人》网站发布的《2015 年世界商展 100 大排行榜》。

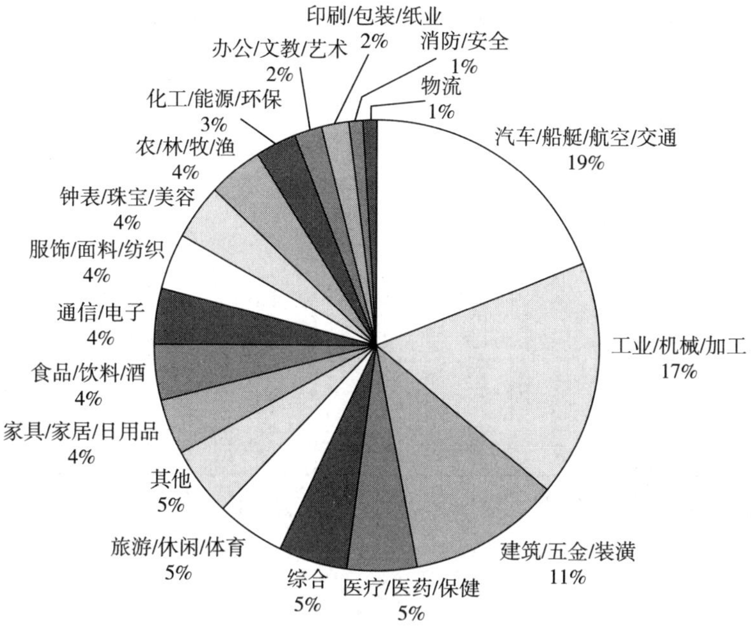

图 6　2015 年世界商展百强展览类型数量占比

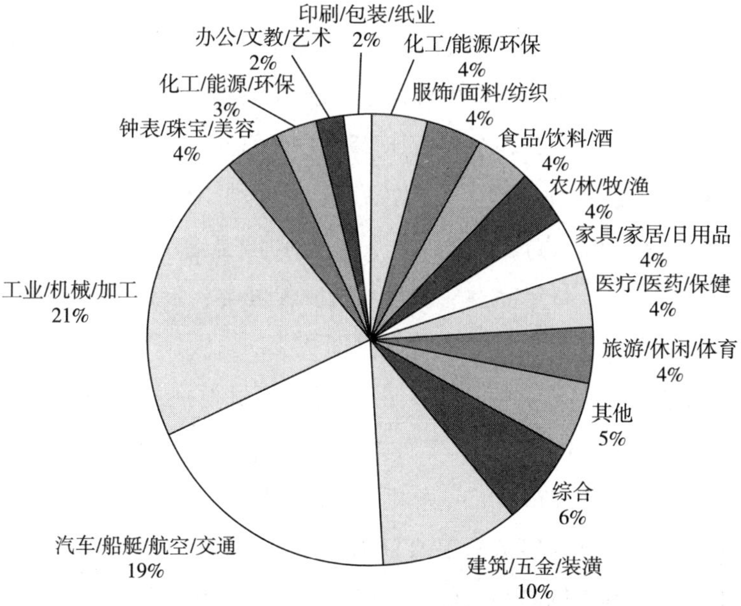

图 7　2015 年世界商展百强各题材类型总面积占比

类，单展平均面积达246389平方米；排第二的是化工/能源/环保类，236000平方米；排第三的是综合类，235440平方米（见图8）。

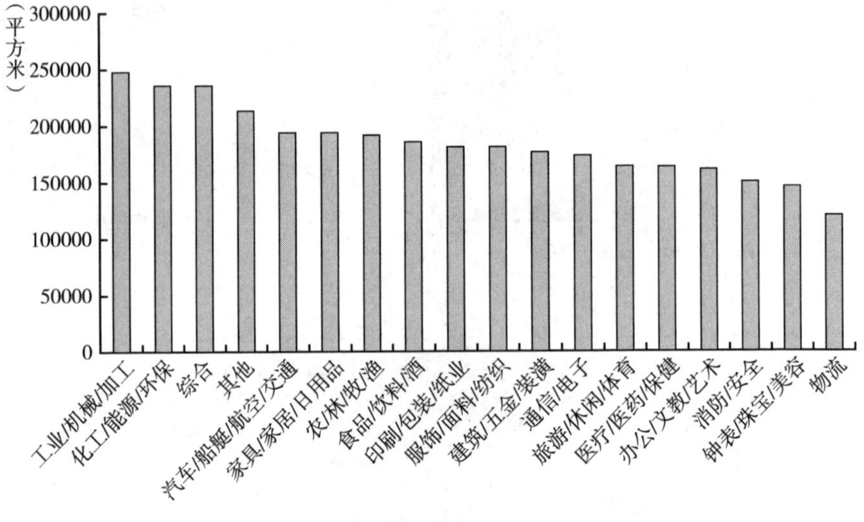

图8　2015年世界商展百强各类型展览平均单展面积大小比较

2015年世界商展百强中中国商展入围20个，总展出面积共346.99万平方米，占百强总面积的17.67%。按入选题材数量排名，排第一的是工业/机械/加工类商展，共5个，占比25%；而汽车/船艇/航空/交通类展会排第二，共4个，占比20%；占据第三位的是服饰/面料/纺织与钟表/珠宝/美容类，各2个，占比10%；余下的是建筑/五金/装潢类、化工/能源/环保类、家具/家居/日用品类、医疗/医药/保健类、旅游/休闲/体育类、印刷/包装/纸业类、其他类，各1个（见图9）。

2015年世界百强商展中中国入围商展按题材类别总面积排名，居前三位的依次是：汽车/船艇/航空/交通类展览，总面积95万平方米，占中国入围商展总展览面积的27%；工业/机械/加工类展览，总面积89.25万平方米，占中国入围商展总展览面积的26%；服饰/面料/纺织类，总面积32.54万平方米，占中国入围商展总展览面积的9%（见图10）。

2015年世界百强商展中中国入围商展按单展平均面积排名，前三位依

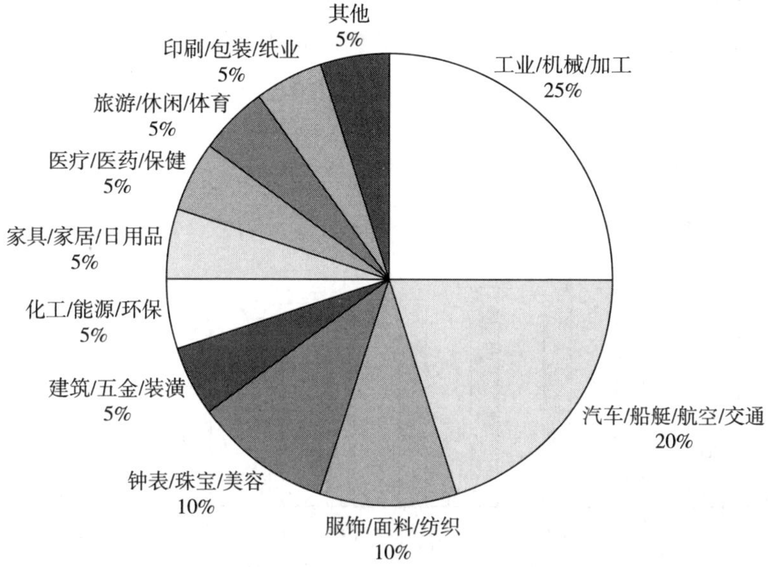

图 9 百强中中国展题材类别数量占比

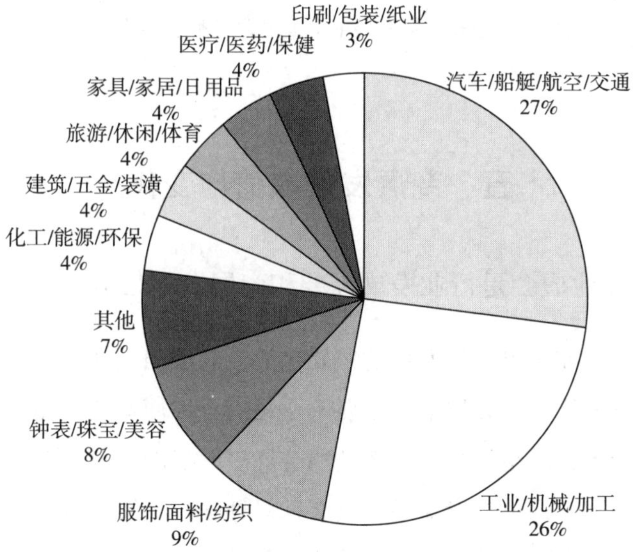

图 10 百强中中国各题材类别展览总面积占比

次是：其他类展览（中国国际塑料橡胶工业展览会），单展平均面积为23万平方米；工业/机械/加工类，单展平均面积为22.31万平方米；汽车/船艇/航空/交通类，单展平均面积为19万平方米（见图11）。

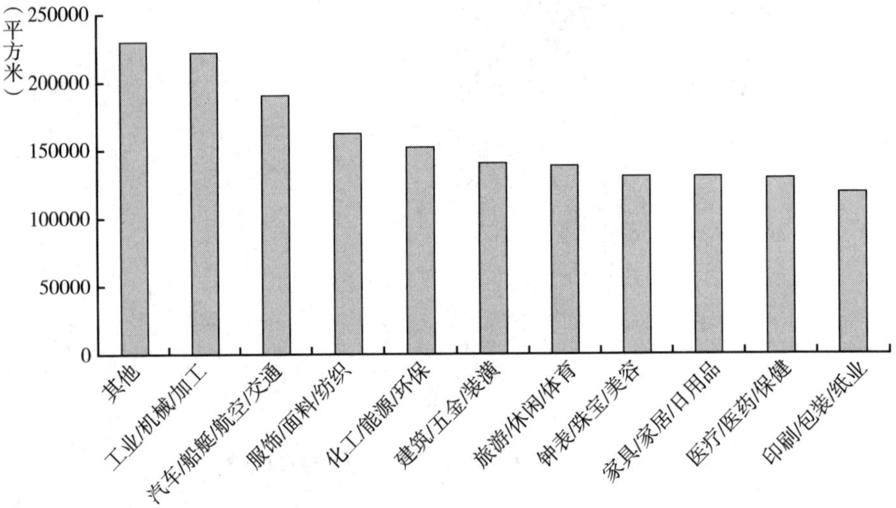

图11　世界百强商展中中国展题材类别展均面积

五　商展发展趋势与变化

（一）专业展会是行业发展需要和商展发展趋势

专业化是目前世界商展发展的主要趋势。会展强国如德国、意大利、法国、美国、英国等，其办展形式主要不再是综合性博览会，而是行业特点鲜明的专业展和意在满足终端消费者的混合展。明确的展览主题和市场定位是展会吸引力的根本保证。专业展会具有针对性强、参展观众质量高、参展效果好等优势，能够让专业生产商、采购商和消费者重点关注，而带着专业产品的专业人员在同一时空展开切磋交流，使专业供需信息在与会者之间流通，也使企业品牌在全球范围内传播，从而引领整个行业的最新发展潮流。

近年来许多综合性展览会都不同程度地转为专业性展览会，专业性的展览已经成为会展业发展的主流，如汉诺威工业博览会已分化为机器人展、自动化立体仓库展、铸件展、低压电器展等专业展。在过去相当长时期内我国商展追求综合化、大而全，无法形成特色鲜明的专业展会，同时低水平重复办展造成展会吸引力不强、规模效益偏低。

近年来，我国展览行业专业化得到不断加强，专业性展览会数量持续增加，行业协会、组展企业办展以专业展为主，政府主导的展会也正在走向专业化的道路。在“十二五”期间新增展览会项目中，专业性展览会比重逐年走高。

（二）国际化成为会展大国发展战略的重要一步

世界经济的特点和国际贸易的需求要求国际商展在世界范围内优化资源配置。境外参展商和参观者比例历来是展会国际化程度的标志。以会展强国为参照，德国每年大约举办150场国际贸易展览会，有16万~17万参展商参展，900万~1000万观众参观。其中，超过半数的参展商来自德国以外，来自欧洲以外国家占三分之一；观众中有将近四分之一来自国外，来自欧洲大陆以外的占20%。以上海2010年举办的国际商展为例，在数量上大大超过德国，为232个，但展出面积为577.5万平方米，未能达到德国的规模；在15.98万参展商中，海外参展商为3.49万，占比仅21.8%，与德国海外参展商占53%的比例有较大差距；参观客商812.5万人，其中境外参观客商59.95万人次，占比7.4%，远远低于德国25%的比例。

由于国内展览市场趋于饱和，在欧洲，各国国内以及区域内的参展商和参观者比例在不断下降，而来自海外特别是亚洲的参展商和参观者却在增加。欧洲主要会展中心城市的人口数量都不是很多，本地总体购买能力和市场规模受到一定程度的限制。因此，拓展国际渠道、实施全球营销策略就成为国际品牌展会谋求发展的重要途径。通过在经济发展迅速、会展业存在巨大发展潜力的国家或地区设立分公司、办事处或代办机构，品牌展会建构起功能强大、范围广泛的国际分支机构与网络，扩大了品牌影响力、占领了新兴市场，获取了丰厚的利润回报。例如，德国众多会展中心城市充分利用自己独特的区位与会展产业优势，在不断深化开拓欧洲市场的同时，近年来亚洲又成为其开辟国际市场的重要地区，目前德国60%左右的国外展会举办地点选在中国或印度。德国的汉诺威展览公司、杜塞尔多夫展览公司和慕尼黑展览有限公司与上海陆家嘴（集团）有限公司共同投资、建成了在上海会展产业占据重要地位的上海新国际博览中心。通过国际合作进行的场馆经营与管理、展会项目策划与组织实施等方式，在促进上海乃至中国会展业发展的同时，德国的汉诺威、杜塞尔多夫和慕尼黑等三座会展中心城市的国际影响力不断扩大，其国际竞争力得到提升。2012 年德国在国外拥有 510 家办事处和分支机构，欧盟 171 家，非欧盟欧洲国家 67 家，东南亚和中亚 90 家，拉美 65 家，非洲 54 家，中东 33，北美 21 家，大洋洲 9 家。德国组展商在海外办展数量逐年递增，2009 年 211 个，2010 年 226 个，2011 年 263 个，2012 年 266 个，2013 年 277 个。以上都是德国作为展览强国展览国际化水平不断加深的强有力证明。

（三）市场化水平决定商展成败

2013 年营业额高于 1 亿欧元的全球 26 个组展商中，德国独占 8 家，2013 年营业总额 22.95 亿欧元；英国占 7 家，2013 年营业总额 23.861 亿欧元；法国 3 家，2013 年营业额为 12.24 亿欧元；意大利 2 家，2013 年营业额 3.68 亿欧元。在德国，商展每年创造 235 亿欧元的经济效益，提供 22.6 万个全职工作岗位。会展城市科隆每年定期举办的国际性大展有 40 多个，参展商 3.4 万多家，分别来自 120 多个国家，采购商、专业观众达 200 多万，会展产业带来巨大商机，带动当地消费达 15 亿欧元，其中旅店餐饮 6 亿欧元，交通购物 9 亿欧元。英国会展业每年提供工作机会 13.7 万个，占英国就业总人口的 0.5%，伦敦会展业直接收入 20 亿英镑，对创意产业拉动显著，每年税收收入 10 多亿英镑[①]。例如，一年两度的“伦敦时装周”拉动消费 2000 万～5000 万英镑，促进英国 2/3 的时装产品出口。在法国，

① 《英国展览业发展情况简介》，中国国际贸易促进委员会驻英国代表处，（2007－06－28）[2011－04－01]，http：//daibiaochu. ccpit. org/Contents/Channel_ 1257/2007/0628/456 66/content_ 45666. htm。

共有600余家展览会和博览会主办企业，雇员达3500多人，其中，为展览提供服务的企业约有250家，服务包括展台设计、搭建、设备供应、装饰、安装、电气、清洁、保安、临时工作人员招聘等，这些企业雇工约6000人，年营业总额为6.1亿欧元[①]。与德国、英国、法国展会的经济效益相比，我国差距还很大，展览经济总量以及经济拉动效应都不及美国、德国、英国、法国、澳大利亚等国家。由此可见，我国展览的产业化和市场化程度还很低，要成为一个展览大国还有很长的路要走。

① 北京国际城市发展研究院会展经济研究所：《法国会展业专业化集团化趋势》，《国际商报》2004年3月10日。

B.11 中国商展现状报告

中外会展业动态评估研究报告课题组*

摘　要：本文从中国商贸类展会在世界百强商展中的排名、国内商展概况、中国商展典型个案垂直对比分析、中国商展新趋势等几方面对中国商展现状进行了评估。2015 年中国入围世界百强商展 20 席，百强商展中我国展出总面积为 346.992 万平方米，均居德国之后的第二位。从全国范围看，长江三角洲、珠江三角洲、环渤海经济圈是三个会展核心产业群，是我国会展业发展相对成熟的区域，并形成了各自独特的发展模式。

关键词：国际排名　国内商展　会展核心产业群　典型个案　发展趋势

一　中国商展在世界百强商展中的排名[①]

2015 年世界商展百强由德国、法国、意大利、西班牙、瑞士、中国、美国、俄罗斯、英国九国包揽。其中，德国入围 50 席，中国 20 席，意大利 10 席，法国 9 席，美国 5 席，俄罗斯 2 席，瑞士 2 席，西班牙 1 席，英国 1 席。中国商展入围世界百强数量逐年递增，2008 年仅为 4 席，2009 年 6 席，

---

* 该报告的撰写人为张敏、戴宇菲。本文为国家社科基金规划课题“全球化视野下国际会展业发展比较研究”（13BGL086）的阶段性成果。

① 《2015年世界商展100强排行榜》,《进出口经理人》2015年第7期。

2010年猛增至14席，2011年保持14席，2012年17席，2013年18席，2014年19席，2015年20席，仅次于德国居世界第二。2015年中国入围商展中，上海举办的商展数量最多，占11席，北京占4席，广州占3席，香港、重庆各占一席。

2015年世界商展百强总展出面积为1963.27万平方米，中国入围展览总面积为346.99万平方米，占百强总面积的17.67%，位居第二，仅次于德国。其中，上海入围商展的展出面积较2014年的173.95万平方米有很大突破，增至195.89万平方米，位居首位，占总面积的56.45%；北京入围世界百强商展的展览总面积为66.6万平方米，占总面积的19.19%，仍位居中国第二；广州较上年有所上升，为58万平方米，占总面积的16.72%；香港13.5万平方米，占总面积的3.89%；重庆13万平方米，占总面积的3.75%。

2015年世界商展百强单展平均面积为19.6万平方米，中国入围商展的单展平均面积为17.35万平方米，排名第六。单个展会规模较小，在世界会展大国中排名靠后。

2015年世界百强商展中国入围商展按题材类别总面积排名，排名前三位的依次是：汽车/船艇/航空/交通类展览，总面积95万平方米，占中国入围商展总展览面积的27.4%；工业/机械/加工类展览，总面积61.6万平方米，占中国入围商展总展览面积的17.8%；服饰/面料/纺织类，总面积47.5万平方米，占中国入围商展总展览面积的13.7%。按中国入围商展的展览题材类型数量排名，第一位是汽车/船艇/航空/交通类商展，共4个，占比20%；排名第二的是工业/机械/加工类商展，共3个，占比15%；排名第三位的是服饰/面料/纺织类，共3个，占比15%；并列排第四位的是化工/能源/环保类、建筑/五金/装潢类、钟表/珠宝/美容类，各2个；剩下的是酒店/旅游类、家具/家居/日用品类、医疗/医药/保健类、广告/印刷/包装类，各1个。中国入围商展按单展平均面积排名，前三位依次是：汽车/船艇/航空/交通类展览，单展平均面积为23.75万平方米；工业/机械/加工类，单展平均面积为20.53万平方米；化工/能源/环保类，单展平均面积为19万平方米（见表1）。

表1　入榜2015年世界商展100强排行榜的中国展会*

单位：平方米

世界排名	展览名称	英文简称	面积	城市
7	中国国际工程机械、建材机械、工程车辆及设备博览会	Bauma China	300000	上海
11	上海国际汽车工业展览会	Auto Shanghai	280000	上海
26	北京国际汽车展览会	Auto China	230000	北京
27	中国国际塑料橡胶工业展览会	CHINAPLAS	230000	广州
30	上海国际汽车零配件、维修检测诊断设备及服务用品展览会	Automechanika Shanghai	220000	上海
33	中国(广州)国际汽车展览会	Auto Guangzhou	220000	广州
42	中国(北京)国际工程机械、建材机械及矿山机械展览与技术交流会	BICES	190000	北京
51	中国国际纺织面料及辅料博览会	Intertextile Shanghai Apparel Fabrics	175020	上海
64	中国国际家用纺织品及辅料博览会	Intertextile Shanghai Home Textiles	150400	上海
68	SNEC国际太阳能产业及光伏工程(上海)展览会暨论坛	SNEC PV Power Expo	150000	上海
69	中国国际纺织机械展览会暨ITMA亚洲展览会	ITMA Asia + CITME	150000	上海
80	中国国际地面材料及铺装技术展览会	DOMOTEX asia/CHINAFLOOR	140000	上海
81	上海国际酒店用品博览会	Hotelex Shanghai	140000	上海
83	香港珠宝首饰展览会	JGF	135000	香港
89	广州国际木工机械、家具配件展览会	CIFM/interzum guangzhou	130000	广州
90	中国国际医疗器械博览会	CMEF	130000	重庆
92	中国美容博览会	CHINA BEAUTY EXPO	127000	上海
94	中国国际机床展览会	CIMT	126000	北京
96	中国国际五金博览会	CIHF	126500	上海
99	北京国际印刷技术展览会	CHINAPRINT	120000	北京

* 《2015年世界商展100强排行榜》，《进出口经理人》2015年第7期。

二 三大会展集群领衔，西三角会展集群崛起

2014 年，全国共举办各类展览 8009 场，同比增长 9.43%；展览面积 10276 万平方米，同比增长 9.43%；会展经济直接产值达到 4183.5 亿元人民币，较 2013 年增长 8.1%，约占全国国内生产总值 636463 亿元的 0.66%[①]。随着会展业的快速发展，区域联盟、集群发展成为国际会展业的新发展趋势之一。从全国范围看，长江三角洲、珠江三角洲、环渤海三个核心群是我国会展业发展相对成熟的区域，并形成了各自独特的发展模式。三大会展集群均分布在我国经济较为发达的东部沿海地区，以上海、广州、北京为中心，以点带面，呈辐射状带动周边地区会展业的发展。2014 年北京、上海、广州三个城市共举办展览会 1592 场，占全国展会项目总数的 19.9%；展览面积达 2745.76 万平方米，占全国展览总面积的 26.7%[②]。“十二五”以来，重庆、成都、西安等西部城市会展发展势头强劲，初步形成了西部会展集群，带动了整个西部经济的发展，是国家西部大开发战略的重要组成部分。

（一）商展的地区分布

2014 年我国展会仍然集中在长三角、环渤海与珠三角经济区，上海市、北京市、广东省三个展会重点省市占据市场半壁江山，重庆市发展势头迅猛。2014 年办展数量超过 80 场的城市共 24 个，其中超过 400 场的城市 3 个，分别是上海、重庆、北京；办展面积超过 100 万平方米的城市有 24 个，其中超过 500 万平方米的城市有 4 个，分别是上海、广州、北京、重庆[③]。上海市、北京市、广州市三大一线会展中心城市继续保持其在国内的会展核心地位，以三大城市为中心点，带动周边城市的会展业发展，如长三角经济

① 2015 年会展业发展数据暂未公布，本部分数据参考《中国展览行业发展报告（2015）》。

② 《中国展览行业发展报告（2015）》。

③ 《中国展览行业发展报告（2015）》。

区的杭州、南京，环渤海经济区的天津、济南，珠三角经济区的深圳和东莞等地，会展业发展也都步入快速通道。

1. 以上海为中心的长三角经济区

长三角经济区以上海为龙头，包括浙江的宁波、温州、义乌、杭州，江苏的南京、苏州、南通等会展城市。上海98%以上的国际展览会运用市场运作模式，市场化程度已呈现较高水准。上海市凭借其吸引外资力度大、进出口贸易额高、金融商业发达和正逐步成为国际贸易中心等有利条件，成为会展龙头城市。2014年上海市举办展览共计769场，办展总面积1279万平方米，居全国首位。浙江省和江苏省是长三角经济区的重点会展省份。2014年，江苏省办展数量为887场，展出总面积为894.89万平方米，平均展出面积为1.01万平方米。浙江省办展565场，展出总面积为666.27万平方米，平均展出面积为1.18万平方米。

2. 以北京为中心的环渤海经济区

环渤海经济区以北京为中心，包括天津，山东的青岛、济南、潍坊、威海、烟台，河北的石家庄、廊坊、唐山等。环渤海经济区会展发展早、数量多、规模大、门类齐全，知名品牌展览集中且辐射广。环渤海经济区的会展业以北京为首，国际性展会和会展场馆数量较多，获得国际展览业协会（UFI）认证的国际品牌展会数量也较多。北京因其独特的政治地位和发达的经济，具有突出的辐射带动作用。

2014年北京市举办展览共计431场，办展总面积达608.19万平方米。环渤海经济区除北京市之外，山东省和天津市是重点展会省市。山东省2014年办展631场，展出总面积达997.13万平方米，居江苏省、上海市、重庆市之后，位列全国第四。天津市2014年办展147场，展出总面积173.06万平方米。环渤海经济区发展会展条件优越，天津工业发达，天津港是北方最大的港口；烟台是环渤海经济圈内国家重点开发的重要城市之一，APEC多次在此地举办重大的经济贸易活动；青岛是环渤海经济圈内的重要港口城市及工业名城，会展业发展优势突出。

3. 以广州为中心的珠三角经济区

珠三角经济区以广州为中心，包括广东的深圳、东莞、顺德、珠海、中山以及香港、澳门。2014 年广州市共举办展会 392 个，展览总面积达 858. 57 万平方米；深圳市共举办展会 79 个，展览总面积达 256. 23 万平方米；东莞市共举办展会 40 个，展览总面积达 126. 55 万平方米。珠三角地区是全国会展业起步最早的地区，随着长三角、环渤海会展的迅速发展，以中国（广州）进出口商品交易会为王牌的珠三角逐渐失去优势。2009 年 1 月，国务院颁布了《珠江三角洲地区改革发展规划纲要（2008 ~ 2020 年)》，要求重点发展珠三角经济区的国际化专业品牌展览会。其中包括中国（广州）进出口商品交易会、中国（深圳）国际高新技术成果交易会、中国（珠海）国际航空航天博览会、中国（广州）中小企业博览会、中国（深圳）国际文化产业博览交易会，扩大它们的国际影响力，打造世界一流的会展品牌。

4. 以成都、重庆、西安为中心的西三角经济区

西三角经济区包括关中、成渝和其间的秦巴山区，共 61 座城市，面积 37. 78 万平方公里。以西安、重庆、成都为中心，整合大关中与成渝经济带。“十二五”时期，国家实施西部大开发战略，重点建立西三角经济区，整合西北、西南两大经济重心，打造西部大开发的龙头和中国经济发展第四增长极。西三角经济区建设便于整合和提升经济，成为促进中国西部发展的“第四极”，是继珠三角、长三角和环渤海经济区之后的又一经济区。

西三角经济区中，重庆市的会展业发展最快最好，展览面积和数量在全国名列前茅，近年来势头迅猛。2014 年，重庆市以 662 场的办展数量居全国第二位，超过北京和广州；总展览面积为 601. 3 万平方米，居全国第四。重庆市会展业的发展，拉动了西南地区的会展业发展，西三角经济区也成为我国会展业发展的新的重要地区。成都会展业在西部名列前茅，具备发展会展业及推进国际化的优势条件，开放度较高、经济总量较大、国际旅游发达。2014 年，成都市共办展 214 场，展览面积达 325 万平方米，居全国第六。西安市 2014 年全年办展 175 场，展览总面积达 211 万平方米。西安市

的展览总面积少于重庆市和成都市，但在展览平均面积上有优势，西安市、成都市的展览平均面积均大于1万平方米，重庆市小于1万平方米。整体来说，西安市的展会数量不多但相对规模大。

随着会展业的迅猛发展，西三角经济区逐渐形成了一批在国内颇具影响力的展会，如成都国际家具工业展览会、西部国际博览会、重庆的高交会、西安的东西部洽谈会等。但由于西三角经济区的会展发展起步相对东部沿海地区较晚，增长速度快，取得了一定成果，但仍然存在国际品牌商展数量少的问题。西三角经济区的展会数量有大幅度增加，但是仅有少量展会能够通过UFI的国际品牌认证，而北京、上海、香港等城市均有十余个展会入选。在成都每年举办的各类展会中，达到“国际化”标准的仅占20%，其余大部分均为国内展会。西三角经济区应该坚持以“品牌国际化、服务国际化、环境国际化、企业国际化、营销国际化”为核心，致力于增加国际会展活动的数量，积极提升重大会展活动的举办水平，打造国际化的全链条会展服务。

（二）商展的场馆分布

由于会展的经济效益日益凸显，尤其是大型展会对城市发展的巨大促进作用，各地政府的展馆投资急剧升温，一些大型展馆建设项目方兴未艾，昆明、成都、上海虹桥等许多展馆项目在投资金额和建设规模等方面已经远远超过现有场馆。截至2016年3月，据不完全统计，我国共有场馆292家，室内展能总面积927.72万平方米，其中室内展能在10万平方米以上的特大场馆14个，5万~10万平方米的大型场馆44个。2015年，全国在建会展场馆21个，面积186.82万平方米；待建展馆5个，面积41.5万平方米。全部建成后，全国会展场馆总数将达到312个，可供展览面积将达到1120.41万平方米。单体会展设施大型化趋势明显，在建、待建场馆单个平均面积均超过10万平方米，上海国家会展中心和天津国家会展中心室内展览面积更是高达40万平方米①。从拥有专业展馆数量看，排名第一位的是

---

① 《中国展览数据统计报告（2015）》。

上海市，共 12 个，室内展览面积 86.21 万平方米；排第二位的是北京市，拥有 9 个专业展馆，室内展览面积 44.79 万平方米；并列第三的有广州市、杭州市、潍坊市、汕头市、佛山市和淄博市，各 6 个，室内展览面积分别为 52.24 万平方米、21.92 万平方米、15.71 万平方米、12.53 万平方米、12 万平方米和 7.98 万平方米；其后是无锡市和石家庄，各 5 个，室内展览面积分别为 12.85 万平方米和 12.76 万平方米。[①] 由此可见，各个城市的会展经济水平往往与其拥有专业展馆的数量以及展览面积呈正相关关系。

（三）中国的世界百强展会现状及分布

1. 长三角经济区的世界百强展会

2015 年世界百强商展中国入围 20 席，其中上海贡献 11 席，展出面积较 2014 年的 173.95 万平方米有很大突破，增至 195.89 万平方米，位居首位，占总面积的 56.45%。这 11 个入围商展分别是中国国际工程机械、建材机械、工程车辆及设备博览会，上海国际汽车零配件、维修检测诊断设备及服务用品展览会，中国国际纺织面料及辅料博览会，上海国际汽车工业展览会，中国国际纺织机械展览会暨 ITMA 亚洲展览会，中国国际家用纺织品及辅料博览会，中国美容博览会，中国国际地面材料及铺装技术展览会，上海国际酒店用品博览会，SNEC 国际太阳能产业及光伏工程（上海）展览会暨论坛，中国国际五金博览会[②]。

（1）中国国际工程机械、建材机械、工程车辆及设备博览会：世界排名第 7 位。

2014 年第七届中国国际工程机械、建材机械、工程车辆及设备博览会[③]展示面积达 300000 平方米，共吸引了来自 149 个国家和地区约 191000 名观众，较上届增幅逾 6%；汇聚了来自 41 个国家和地区的 3104 家展商，较上

① 《中国展览数据统计报告（2015）》。

② 展会资料及数据均来自各展会官网以及官方发布的展后报告，后文不作单独说明。

③ 第八届中国国际工程机械、建材机械、工程车辆及设备博览会于 2016 年 11 月 22 日至 25 日举办，暂无数据。

届增幅达14%。国内参展商2097家，国外参展商1007家，其中来自德国、美国、意大利、韩国和日本的数量位列前五。来自奥地利、德国、芬兰、英国、意大利、韩国、西班牙、土耳其和美国的展团悉数亮相。展览还吸引了高质量的专业观众，除中国本土的观众外，展会还吸引了大量海外观众，其中观众数量排名前十的海外国家和地区分别是：俄罗斯、韩国、印度、马来西亚、新加坡、日本、泰国、中国台湾、中国香港和土耳其。从展后报告发布的数据来看，中国国际工程机械/建材机械/工程车辆及设备博览会参展商数量多、质量高，专业观众活跃，展会收益好，是国际化、品牌化的展会。

（2）上海国际汽车工业展览会：世界排名第11位。

第十六届上海国际汽车工业展览会（简称上海车展）共吸引了来自18个国家和地区的2000家中外汽车展商参展；展出整车1343辆，全球首发车109辆，概念车47辆，新能源车103辆，亚洲首发车44辆。车展期间，来自44个国家和地区的2150家中外媒体竞相报道了车展盛况。本届车展共吸引参观者92.8万人次。

上海车展无论国际化、现代化还是影响力都达到一流水平。上海车展已被跨国汽车巨头视为全球最重要的车展之一，厂商无一缺席，高管轮番出席。欧系、日系、美系及各著名厂家均以国际A级车展中的重点展会规格布展、参展。展会的现代展示技术集中应用，现场精彩纷呈。各参展商通过3D视频、模型展示、模拟运行、互动体验甚至实物操作等方式，极大地丰富了观众的参观体验。2015年上海国际车展正逢30周年，1985年上海车展初次亮相，是中国最早举办的专业国际汽车展览会，展出面积1.5万平方米。走过30年的上海车展折射了一个时代的变迁，也见证了中国汽车工业的崛起，更成为上海城市的一张名片。

（3）上海国际汽车零配件、维修检测诊断设备及服务用品展览会：世界排名第30位。

由法兰克福展览（上海）有限公司和中国汽车工业国际合作有限公司联合主办的Automechanika Shanghai是亚洲规模最大的汽车零部件、维修检测诊断设备及汽车用品展览会，更是全球范围内汇聚最多中国企业及海内外领军品牌的汽车行业服务平台。该展会于2004年首次举办，其展示面积仅10000平方米，参展企业共235家。历经短短十载春秋，如今已经成长为规模仅次于德国法兰克福母展的全球第二大同类品牌展览会，其惊人的发展速度得到海内外汽车及展会行业的高度赞誉。

（4）中国国际纺织面料及辅料博览会：世界排名第51位。

中国国际纺织面料及辅料博览会是目前规模最大的服装面料和辅料展览会之一。展会提供一站式采购平台，为服装制造商、贸易公司、进出口商、零售商、连锁店等面料买家展示各式各样的正装、衬衫、女装、功能服装、运动服装、休闲服装面料和辅料系列。中国国际纺织面料及辅料博览会不仅是采购最新面料及辅料的优质平台，其流行趋势区和研讨会更为下一季的流行趋势提供设计灵感。

（5）中国国际家用纺织品及辅料博览会：世界排名第64位。

中国国际家用纺织品及辅料博览会一年举办春秋两季，是全国唯一的国家级家用纺织品行业国际性专业贸易展览会。众多一线生产企业带来了更优质的产品和更有竞争力的价格，为沙发布、整体窗帘、家居用布等产品提供一站式采购平台，方便专业买家进行同类产品横向比较和多产品链的纵向选择。

（6）中国国际纺织机械展览会暨ITMA亚洲展览会：世界排名第69位。

中国国际纺织机械展览会暨ITMA亚洲展览会（ITMA ASIA + CITME）由“中国国际纺织机械展览会”和“ITMA ASIA”共同组成，是中国、日本及欧洲各国等重要纺织机械行业协会为维护全球纺织机械制造商和客户的利益、提高纺织机械类展会的质量而采取的联合行动。

2014年中国国际纺织机械展览会暨ITMA亚洲展览会共接待观众10万余人次，来自全球102个国家和地区，较2012年增长7%。其中超过20%的观众来自海外。中国大陆观众人数位列第一，其次为印度、日本、中国台湾、韩国、印度尼西亚和土耳其。展览总面积已超过15万平方米，启用了上海新国际博览中心13个展馆，是联合办展以来规模最大的一次。共有来自28个国家和地区的近1600家展商参展，展出面积和参展商数量都较上届呈现两位数增长。以展出面积来看，中国内地参展企业的展出总面积居于首位，彰显出中国纺织机械制造能力的快速发展和进步。面积位居第二的是德国，其后为日本、意大利和瑞士。

（7）中国美容博览会：世界排名第 92 位。

中国美容博览会是世界三强、亚洲第一美容展。美容博览会一直致力于为中国化妆品行业打造一个高效、专业、国际化的贸易与交流平台。作为展会平台，中国美容博览会深谙：满足展商与观展人群的需求是关键。第二十届展会共吸引了 15 个国家和地区的 2120 家参展商参展，展现出作为中国最具权威的综合美容化妆品产业链交流平台的特有魅力。

（8）中国国际地面材料及铺装技术展览会：世界排名第 80 位。

中国国际地面材料及铺装技术展览会是亚洲最大的国际专业地面材料贸易展，作为服务行业上下游的垂直性平台，致力于打造地面材料与铺装技术的全球顶级贸易盛会。第十八届中国国际地面材料及铺装技术展览会共有 1303 家参展企业，预订量高达 62.8%，来自 106 个国家及地区的 50398 位海内外专业观众参与展会，展会现场观众总数首次突破 5 万大关，较上年同比增长 9.3%。亚洲及大洋洲的观众增长势头较为突出，其中日本、印度、澳大利亚同比分别增长 28%、21% 以及 15%。来自北美、欧洲、澳洲、新加坡、韩国、卡塔尔、印度等十多个国家和地区的超过 30 名顶尖买家亲临展会现场，实地参观地面材料工厂进行贸易配对，带来更多跨国合作机会。96.2% 的观众对本届展会表示“满意”“非常满意”，88.7% 的观众明确表示将参观下一届展会，53.4% 的观众在本届展会的逗留时间超过 2 天。本届展会展商数创历届新高，其中国际参展商表现抢眼，展出面积达到总展出面积的 25.5%，同比增长 10.5%，四成以上展商申请两年连展计划。

（9）SNEC 国际太阳能产业及光伏工程（上海）展览会暨论坛：世界排名第 68 位。

2015 年第九届展会参展企业达 1538 家，展品包括光伏生产设备、材料、光伏电池、光伏应用产品和组件以及光伏工程及系统，涵盖了光伏产业链的各个环节。展商来自德国、英国、法国、美国、加拿大、日本、奥地利、匈牙利、意大利、荷兰、瑞士、比利时、西班牙、新加坡、中国台湾等90个国家和地区，外国展商占35%。参展商品丰富多样，光伏生产设备、材料、光伏电池、光伏应用产品和组件以及光伏工程及系统，涵盖了光伏产业链的各个环节。166871人次观众到会观摩，共赏太阳能光伏发电的无穷魅力。

（10）上海国际酒店用品博览会：世界排名第81位。

上海国际酒店用品博览会作为酒店餐饮行业全球规模最大、影响力最强、水平最高的博览会之一，一如既往关注酒店用品行业的创新元素与绿色理念的实践。作为HDD主打展会和重要组成部分，截至2015年已经成功地举办了二十四届。旗下包含了十个主题展区，分别为餐饮供应设备展、高端食品与饮料展、葡萄酒及烈酒展览会、咖啡与茶展、酒店桌面用品展、IT及安防用品展、酒店布草及纺织品展、客房用品及电器烘焙展、康体健身与休闲娱乐展，为业内人士提供一站式采购和信息融合的平台。

作为酒店餐饮及高端食品饮料类展会的风向标，2015年上海国际酒店用品博览会无论是展出规模还是买家数量都创历届新高。展会现场共有96508名专业观众参观展览会，较2014年度展会观众人数总量提升了18.3%，展会使用了上海浦东新国际博览中心全部17个展馆和4个室外展馆以及部分上海世博展览馆。据不完全统计，展会现场汇聚了来自意大利、西班牙、美国、德国、日本及港澳台等超过50个国家和地区的展商，以及超过2500家行业领军品牌和代表企业，让专业观众在各个展馆内都能直观深入地了解众多一线品牌的实力和方向。众多纷至沓来的宾客来自酒店餐饮业、咖啡及烘焙行业、酒吧会所、商场超市零售业等行业，专业买家分布于130个国家和地区，其中涉及采购商品范围更是涵盖了酒店、餐饮、食品加工等整个产业链的相关产品。与此同时，各项赛事论坛现场座无虚席，各大展示沙龙尽显行业卓越风姿，台上台下互动不断，成功吸引往来宾客纷纷驻足观摩。

（11）中国国际五金博览会：世界排名第96位。

中国国际五金博览会是目前全球规模最大的五金专业展会，是中国五金机电行业聚焦的顶级盛会。2015 年 3 月第二十七届中国国际五金博览会首次移师国家会展中心（上海）举办，展会各项指标再创历史新高：展位总量达 8000 个，参展企业 3000 余家，海内外专业观众超过 70000 人次。中国国际五金博览会已成为名副其实的“全球五金第一展”。

2. 环渤海经济圈世界百强商展

2015 年世界百强商展中国入围 20 席，北京占 4 席，总展览面积为 66.6 万平方米，占中国入围展会总面积的 19.19%。这四个展会分别是北京国际汽车展览会、中国国际机床展览会、北京国际印刷技术展览会、中国（北京）国际工程机械、建材机械及矿山机械展览与技术交流会。

（1）北京国际汽车展览会：世界排名第 26 位。

北京国际汽车展览会（Auto China）创办于 1990 年，每两年在北京举办一届，是企业发布发展战略、全方位展示形象的窗口，是全世界前沿及创新技术的信息交流平台，是最有效的品牌宣传和推广的舞台。展出展品的品质在逐届提高，展会的影响也随之日趋扩大。依托中国规模庞大的汽车消费市场和发展迅速的汽车工业，北京国际汽车展览会在展品质量、展览规模、国际化水准以及世界影响力等各方面逐届提高，中外汽车业界、新闻界和社会各界高度关注、积极参与。众多国际著名汽车品牌已将北京国际汽车展览会列为世界最重要的国际级车展，本土汽车企业也将其作为发布最新科技成果、推广自主知识品牌的首要平台。

（2）中国（北京）国际工程机械、建材机械及矿山机械展览与技术交流会：世界排名第 42 位。

中国（北京）国际工程机械、建材机械及矿山机械展览与技术交流会（BICES）每两年举办一届，至今已历二十余年，致力于展示行业中最前沿的产品、设备、科技以及服务。第十三届中国（北京）国际工程机械、建材机械及矿山机械展览与技术交流会（BICES 2015）在中国国际展览中心新馆（北京新国展）隆重举办。来自 26 个国家的 1040 家参展商参与展览，展会接待了来自 75 个国家的观众 106501 人。BICES 2015 依托独有的八大优势，国内外多个行业协会和用户单位全力支持和参与，同时也迎来新兴市场如俄罗斯、越南、巴西、印度等多个海外专业机构组团观展，国内水利、交通、能源、市政、矿山、应急、港口机械等热点行业机构也组织了多个专业参观团前来观摩采购。

（3）中国国际机床展览会：世界排名第94位。

中国国际机床展览会（CIMT）是由中国机床工具工业协会于1989年创办，每逢单年举办一届，是中国最负盛名的国际机床工具展览会，是与欧洲国际机床展（EMO）、美国芝加哥国际机床展（IMTS）和日本国际机床展（JIMTOF）齐名的世界四大国际机床展之一。历经20余年，CIMT展会的国际地位和影响不断提升，已成为全球领先制造技术交流与贸易的重要场所及现代装备制造技术最新成果的展示平台，是中国机床工业发展和机械制造技术进步的晴雨表和风向标。CIMT展会汇集了全球最先进适用的机床工具产品，对国内采购商和用户来说，是不出国门的国际考察。

（4）北京国际印刷技术展览会：世界排名第99位。

为了贯彻中共中央、国务院关于加强出版工作的决定，推动我国印刷工业的技术改造和印刷技术的发展，1984年，经过国务院批准，由中国国际贸易促进委员会和国家经贸委员会联合主办的第一届北京国际印刷技术展（CHINA PRINT）在全国农业展览馆成功举办。经政府决定，北京国际印刷技术展览会将每四年举办一次，现已成功举办了八届。第八届北京国际印刷技术展览会（CHINA PRINT 2013）以“绿色、高效、数字化、智能化”为主题，全面展示了有关印刷的新理念、新技术及各种各样先进适用的印刷设备和印刷器材。本届展览会展出的1326家参展厂商来自28个国家和地区，比上届增长4%；观众来自145个国家和地区，达183809人次（门禁数据），其中海外观众36772人次，占总人次的20%，大大超出预期。本届展会的展出规模超过了“第二届中国（广东）国际印刷技术展览会（PRINT CHINA 2011）”，成为国内和亚洲第一大印刷展；在国际上，成为仅次于德国德鲁巴（DRUPA）印刷展的世界第二大国际印刷展。

3. 珠三角经济区世界百强商展

2015年珠三角经济区共有4个展会入围世界百强商展，其中广州占3

席，香港占1席。广州入围的是中国国际塑料橡胶工业展览会、中国（广州）国际汽车展览会和广州国际木工机械、家具配件展览会，总展览面积为58万平方米，占中国入围展会总面积的16.72%；香港入围的展会是香港珠宝首饰展览会，展览面积13.5万平方米，占中国入围展会总面积的3.89%。

（1）中国国际塑料橡胶工业展览会：世界排名第27位。

中国国际塑料橡胶工业展览会伴随着中国塑料及橡胶行业的成长近30年，目前已发展成为亚洲塑料橡胶业最具规模的展会，同时也对中国塑料橡胶业的发展起到了积极的推动作用。如今的中国国际塑料橡胶展不仅是亚洲最大规模的塑料及橡胶业展览会，更得到业内人士的公认，其影响力仅居后于被誉为世界第一大塑料橡胶展的德国K展，成为塑料橡胶业全球第二大展会。

（2）中国（广州）国际汽车展览会：世界排名第33位。

中国（广州）国际汽车展览会创办于2003年，凭借得天独厚的汽车产业集群与市场，已迅速跻身中国三大国际汽车展会。2015年第十三届中国（广州）国际汽车展览会总面积达22万平方米，历时9天的展会共吸引到场观众635541人次，参展企业603家。其中乘用车企业85家，电动车企业22家，汽车零部件及用品企业496家，共展出车辆1000台，全球首发车36台，其中跨国公司首发车7台。1730家海内外媒体的8491名记者参与报道了展会盛况。在中国汽车产业进入新常态的形势下，作为全国三大顶级国际汽车展之一，被誉为“中国汽车市场风向标”的广州汽车展受到国内外车企的高度重视，各大车企纷纷以集团形式参展，带来最前沿、最重量级的汽车产品，展示了各种先进的智能互联车辆技术，为汽车市场的健康发展注入持续的动力。

（3）香港珠宝首饰展览会：世界排名第83位。

香港邻近中国及印度两大珠宝新兴市场，占尽地利优势，是环球珠宝商开拓中国内地及其他亚洲市场的跳板。由亚洲博闻所举办的九月香港珠宝首饰展览会（九月展）是业内翘楚殷切期盼的殿堂级年度盛会。自1983年起，九月展推动行业的发展不遗余力，展会期间买家人流畅旺，营商气氛浓厚，获得各地买家的高度评价。在2015年，展会共有来自50个国家及地区的超过3750家参展商参与，并吸引超过57600名专业买家到场采购，占地面积超过135000平方米，绝对是珠宝买家及收藏家物色“心头好”的良机。九月展的规模及展品素质闻名遐迩，各地专业买手都会亲临现场了解最新的潮流趋势。此外，著名的国际性珠宝业界组织及机构于九月展期间举行多个重要会议、研讨会及交流酒会，让与会者可掌握最新的行业信息，并能借此与业界精英交流心得，拓展人脉，联系全世界的珠宝业务，了解市场最新动态。

（4）广州国际木工机械、家具配件展览会：世界排名第89位。

作为亚洲木工机械、家具配料与室内装饰行业规模最大、最全面的专业贸易展览会，2015年的中国广州国际木工机械、家具配件展览会（CIFM/interzum guangzhou）于中国进出口商品交易会展馆顺利落下帷幕。共有来自德国、意大利、比利时、西班牙、智利、芬兰、美国、加拿大、俄罗斯、土耳其、印度、泰国等35个国家和地区的1269家参展商参展，八大海外展团围绕家具生产原辅材料、软体家具和床具生产机械、木工机械及辅助设备、家具面料、家具五金配件、室内装饰机械材料及组件等家具制造行业产品类别进行展示，其中海外展商数目为309家，所占比例超过总参展商数目的24%。本届CIFM/interzum guangzhou新增12.1号馆，横跨琶洲展馆B区、C区共16个展馆，展览规模为历届之最。

4. 西三角经济区世界百强商展

西三角经济区重庆市的中国国际医疗器械博览会入围2015年世界百强商展，展览面积13万平方米，占中国入围展会总面积的3.75%。

中国国际医疗器械博览会：世界排名第90位。

中国国际医疗器械博览会（CMEF）创始于1979年，每年分别于春秋季举办一届，历经了30余年的自我完善与不断创新，CMEF现已成为亚洲及太平洋地区最具规模的医疗器械及相关产品和服务展览会。展会展出内容全面丰富，涵盖了包括医用影像、体外诊断、康复护理、光学、电子、急救以及医疗信息技术和外包服务等上万品种，全面直接服务于医疗器械行业从源头到终端的完整产业链。每一届中国国际医疗器械博览会都有来自20多个国家和地区的2600余家医疗器械生产企业参展，接待与服务超过全球100多个国家和地区的150000人次，是医院买家、政府机构采购人员及经销商汇聚、交流和交易的最佳场所。随着展览会向专业化目标的纵深发展，先后创建了会议论坛、CMEF IVD、CMEF Imaging、CMEF IT以及ICMD等一系列医疗领域的子品牌，CMEF已经成为医疗行业规模最大的专业医疗采购贸易平台、最有效的企业形象发布地以及最佳的专业信息集散地和技术、学术交流平台。

三 国内商展概况

（一）国内商展的经济效益

我国会展行业市场结构不断优化，经济效益持续提升。2014年，全国共举办各类展览8009场，展览面积10276万平方米，2014年会展经济直接产值达到4183.5亿元人民币，较2013年增长8.1%，约占全国国内生产总值636463亿元人民币的0.66%[①]。2014年，展会主办单位从业人数为12362人，比2013年增加4.6%。据测算，当年展览行业经营单位3.49万家，比2013年增加1.2%，直接从业人员87.6万人，比2013年增加1.7%，带动全国就业人数可达2905万人，会展市场有力地推动了上中下游产业的蓬勃发展。中国经济的繁荣为会展业的发展提供了基础，而会展业的发展也是与经济相匹配的。

（二）国内商展的地区分布[②]

我国会展发展不平衡现象依然存在，沿海与内地、东部与中西部发展差

① 2015年会展业发展数据暂未公布，本部分数据参考《中国展览行业发展报告（2015）》。

② 《中国展览行业发展报告(2015)》。

距仍然较大。综观区域分布，我国会展区域格局表现为：北、上、广位列前三位，引领全国发展；东、中、西分布不均，东部地区主导地位明显；展会举办相对集中，七成以上展会聚集在十个会展强省（市），全国3/4的展会集中在24个主要城市（见图1）。

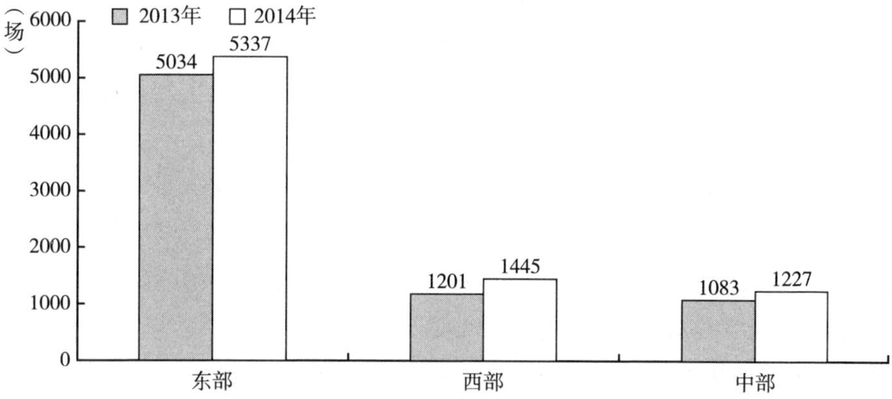

图1　2013～2014年我国东、西、中部展览数量对比

按省级行政区划分析，2014年展览活动项目数量位居前十位的依次是江苏省887场、上海市769场、重庆市662场、山东省631场、广东省617场、辽宁省574场、浙江省565场、北京市431场、河北省298场、河南省262场。这十个省（自治区、直辖市）的展览项目数量占全国总数的71.11%，展出面积占全国总面积的72.85%（见表2）。

表2　2014年展览项目数量居前十位省份

省份	2014年办展数量（场）	2014年办展面积（万平方米）	办展数量占比（%）	办展面积占比（%）	平均办展面积（万平方米）
江苏省	887	894.89	11.09	8.67	1.01
上海市	769	1279.00	9.60	12.39	1.66
重庆市	662	601.30	8.27	5.82	0.91
山东省	631	997.13	7.88	9.66	1.58
广东省	617	1385.60	7.70	13.42	2.25

续表

省份	2014 年办展数量（场）	2014 年办展面积（万平方米）	办展数量占比（%）	办展面积占比（%）	平均办展面积（万平方米）
辽宁省	574	521.50	7.17	5.05	0.91
浙江省	565	666.27	7.05	6.45	1.18
北京市	431	608.19	5.38	5.89	1.41
河北省	298	283.64	3.72	2.75	0.95
河南省	262	248.53	3.27	2.41	0.95

（三）国内商展的国际化进程

我国会展行业的实力不断提升，国际化进程不断加快，国际影响力持续提升。2015 年中国境外自主办展总数量为 63 场，办展面积达 32.2 万平方米[①]。

2015 年世界百强商展榜单中国入围 20 席，展览总面积 346.992 万平方米，占百强总面积的 17.67%，排名世界第二。中国入选百强的展出面积由 2008 年的 50.15 万平方米，占比 2.8%，增长为 2009 年的 82.95 万平方米，占比 4.5%，2010 年的 186.1 万平方米，占比 10.2%，2011 年的 199.7 万平方米，占比 11%，2012 年的 263.84 万平方米，占比 13.97%，2013 年的 297.4 万平方米，占比 15.4%，2014 年的 324.05 万平方米，占比 16.6%。仅 2013 ~2015 年两年展出面积增加了 49.6 万平方米，排名稳居世界第二，中国商展力量逐渐彰显（见图 2）。

截至 2014 年底，国际展览业协会（UFI）的中国会员达到 95 个，主要分布在北京、广东、上海三地，其中北京 29 个，广东省 24 个，上海市 22 个，三省市的会员数约占中国会员数的 79%（见图 3）。

UFI 认证展会共 77 个，其中境内认证展览 73 个，境外认证展览 4 个。主要分布在广东省、上海市、北京市，其中广东省 20 个，上海市 21 个，北京市 18 个（见图 4）[②]。

① 中国会展经济研究会：《2015 中国展览数据统计报告》。

② 中国会展经济研究会：《2015 中国展览数据统计报告》。

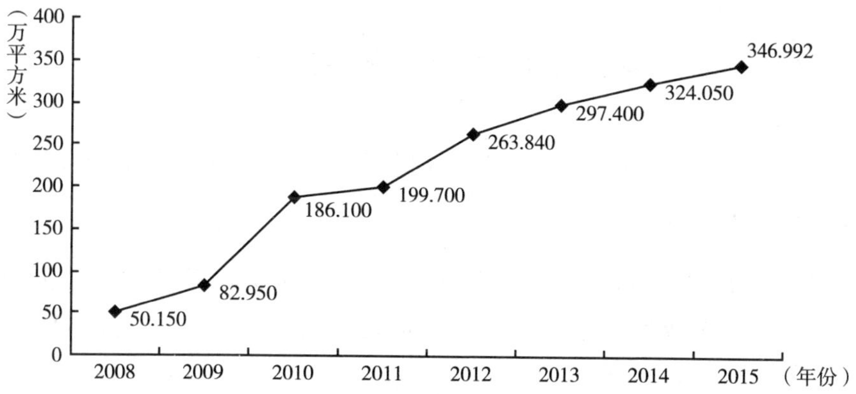

图 2　2008～2015 年中国入围世界商展百强展览总面积发展趋势

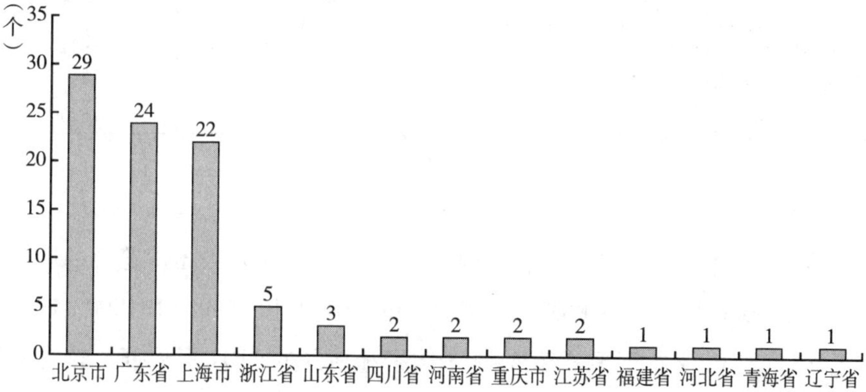

图 3　2015 年各省市 UFI 中国会员数量

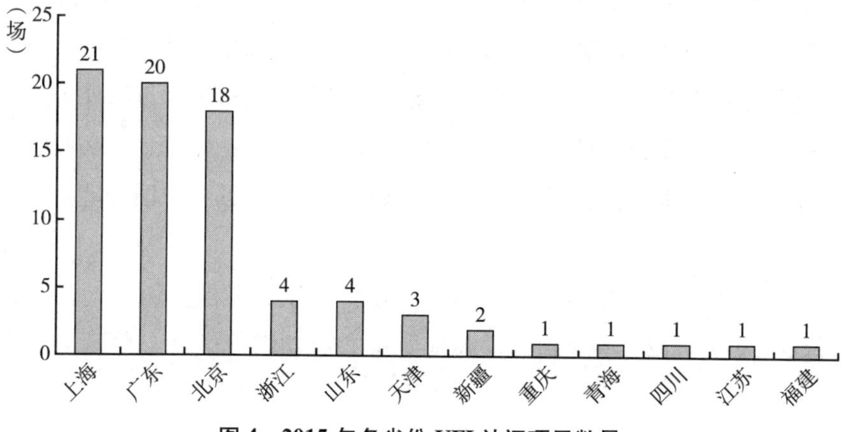

图 4　2015 年各省份 UFI 认证项目数量

四　中国商展典型个案垂直对比分析

（一）中国国际工程机械、建材机械、工程车辆及设备博览会（Bauma China）①

中国国际工程机械、建材机械、工程车辆及设备博览会（Bauma China），每两年举办一次，是亚太地区最大规模的专业展览（见表3）。

表3　Bauma China 连续三届主要数据对比

	展出面积(万平方米)	参展商(家)	观众(万人)
Bauma China 2014	30	3104	19.1
Bauma China 2012	30	2718	18
Bauma China 2010	23	1858	15.56

1. Bauma China 2014

第七届中国国际工程机械、建材机械、工程车辆及设备博览会的展示面积达到300000平方米，共吸引了来自149个国家和地区约191000名观众，较上届增幅逾6%；汇聚了来自41个国家和地区的3104家展商，较上届增幅达14%。国内参展商2097家，国外参展商1007家，其中来自德国、美国、意大利、韩国和日本的数量位列前五。来自奥地利、芬兰、德国、英国、韩国、意大利、西班牙、美国和土耳其的展团悉数出席。展览还吸引了高质量的专业观众，除中国本土的观众外，展会还吸引了大量海外观众，其中前来参展的观众数量排名前十的海外国家和地区有：印度、马来西亚、韩国、新加坡、日本、俄罗斯、泰国、中国台湾、土耳其和中国香港。

2. Bauma China 2012

2012年第六届中国国际工程机械、建材机械、工程车辆及设备博览会（Bauma China 2012）在上海新国际博览中心成功召开，观众数量、展商数

① 数据来源于 Bauma China 网站，http://www.b－china.cn。

量和展示面积均刷新历史。

展会四天共吸引约 18 万名观众，增幅 16%。除中国本土的观众外，展会还吸引了大量海外观众，其中前来参展的观众数量排名前十的海外国家和地区有：韩国、印度、俄罗斯、马来西亚、日本、新加坡、中国台湾、泰国、中国香港和土耳其。

2012 年首次使用了上海新国际博览中心的所有室内外展馆，展示面积达到 300000 平方米，较 2010 年增长超过 30%。

在参展企业的数量上，Bauma China2012 也创下了新纪录，聚集了来自 38 个国家和地区的 2718 家企业，增幅达 46%，参与本届展会的国际展商也为历届最多。中国企业以 1882 家参展商数量位列第一，海外展商排名分列前五的是：德国 172 家、意大利 122 家、美国 116 家、韩国 67 家和日本 49 家。德国、英国、意大利、芬兰、韩国、奥地利、西班牙和美国八大展团悉数出席，其中来自韩国仁川商会组织的联合参展团是首次亮相于 Bauma China。

3. Bauma China 2010

2010 年第五届中国国际工程机械、建材机械、工程车辆及设备博览会（Bauma China2010）的多项数据再创新高，包括了展览面积、展商数量及观众数量。本届展会共计接待了来自 165 个国家的 155615 名观众，前来参观的观众数量排名前十位的海外国家有：韩国、日本、俄罗斯、印度、马来西亚、新加坡、泰国、巴西、印度尼西亚和澳大利亚。

以 2008 年的展会为基准，Bauma China2010 的展示面积相对增长 10%，总计 230000 平方米；展商数量相对增长 15%，展商来源更趋于国际化，来自全球 37 个国家和地区的 1858 家展商参加了本届展会。其中除了 1124 家中国厂商外，有 734 家海外展商，国内外知名展商齐集 Bauma China2010，展示各自最前沿的产品和技术。其中展商数量最多的海外国家依次是：德国（154 家）、意大利（107 家）、美国（92 家）。Bauma China2010 的另一大亮点是来自芬兰、奥地利、德国、英国、韩国、意大利、西班牙以及美国这八大海外国家的展团，他们不仅带来了最新科技，更展示了行业研发的新趋势。

（二）中国国际塑料橡胶工业展览会（Chinaplas）①

中国国际塑料橡胶工业展览会（Chinaplas）伴随着中国塑料及橡胶行业的成长近30年，目前已发展成为亚洲塑料橡胶业最具规模的展会，同时也对中国塑料橡胶业的发展起到了积极的推动作用。如今的中国国际塑料橡胶展不仅是亚洲最大规模的塑料及橡胶业展览会，更得到业内人士的公认，其影响力仅次于被誉为世界第一大塑料橡胶展的德国K展，成为塑料橡胶业全球第二大展会。

中国国际塑料橡胶工业展览会荣获"UFI认可展会"。目前，中国国际塑料橡胶工业展览会是中国唯一获此殊荣的塑料橡胶工业展，反映了该展无论是国际化、展商质量及观众服务的专业程度还是专案管理模式的系统化方面，都表现优良。

自1987年开始，中国国际塑料橡胶工业展览会获得欧洲塑料和橡胶工业机械制造商协会（EUROMAP）的支持，被列为支持展会。2012年中国国际塑料橡胶工业展览会是连续第25次荣获EUROMAP独家赞助的中国塑料橡胶展览会（见表4）。

表4　Chinaplas 连续三届主要数据对比

	展出面积(万平方米)	参展商(家)	观众(万人)
Chinaplas 2015	24	3275	12.83
Chinaplas 2014	23	3067	13.04
Chinaplas 2013	22	2969	11.41

1. Chinaplas 2015

2015年第二十九届国际塑料橡胶工业展览会展览面积共计24万平方米，参展商3275家，来自39个国家与地区，国家与地区展团13个。接待观众128264人，来自137个国家与地区，其中国内观众93174人，占比

① 数据来源于Chinaplas网站，http://www.chinaplasonline.com。

72.64%；海外观众35090人，占比27.36%；其中，中国香港、澳门、台湾15.73%，日本、韩国13.24%，其他亚洲国家40.31%，欧洲7.36%，中东12.21%，美洲6.1%，非洲3.64%，大洋洲1.41%。

2. Chinaplas 2014

2014年第二十八届国际塑料橡胶工业展览会展览面积共计23万平方米，参展商3067家，来自40个国家与地区，国家与地区展团14个。接待观众130370人，来自144个国家与地区，其中国内观众93529人，占比71.74%；海外观众36841人，占比28.26%，其中，中国香港、澳门、台湾8.5%，日本、韩国19.5%，其他亚洲国家35.2%，欧洲10.7%，中东11.5%，美洲7.5%，非洲5.8%，大洋洲1.3%。

3. Chinaplas 2013

展场面积22万平方米。参展商数目2969家，来自39个国家与地区，国家与地区展团14个。观众数目114103人，来自138个国家与地区，国内观众83333人，占73.03%；海外观众30770人，占26.97%；其中亚洲49.9%，欧洲9.4%，中东8.9%，中国香港、澳门、台湾18%，美洲6.4%，非洲5.7%，大洋洲1.7%。

（三）上海国际车展（Auto Shanghai）①

上海国际车展创办于1985年，是国内最早的专业性国际汽车博览会，也是中国首个加入UFI的国际汽车展览会，成为备受中外汽车行业关注、支持与热情参与的国际汽车盛会。上海国际车展每两年举办一届，历经14年的成功举办，已经成长为国内最具权威、国际最具影响力的汽车大展之一，是中外汽车产业界交流与合作、展示推广的重要平台，上海国际车展已然成为引领汽车消费、促进产业发展的重要载体。展会在以人为本的管理与服务理念的基础上，不断追求创新，努力培养特色与气质，成为全球最值得参与的汽车展览活动之一（见表5）。

---

① 数据来源于Auto Shanghai网站，http://autoshanghai.org/。

表 5　Auto Shanghai 连续三届主要数据对比

	展出面积(万平方米)	参展商(家)	观众(万人)
Auto Shanghai2015	35	2000	92.8
Auto Shanghai2013	28	2000	81.3
Auto Shanghai2011	23	2000	71.5

1. Auto Shanghai 2015

2015 年第十六届上海国际汽车工业展览会吸引了 18 个国家和地区 2000 家中外汽车展商参展；展出整车 1343 辆，其中全球首发车 109 辆，新能源车 103 辆，概念车 47 辆，亚洲首发车 44 辆。4 月 20 日、21 日两天媒体日，各大汽车厂商召开了 104 场新闻发布会。车展期间，来自 44 个国家和地区的 2150 家中外媒体 1 万余名记者竞相报道了车展盛况。本届车展共吸引参观者 92.8 万人次。

2. Auto Shanghai 2013

2013 年第十五届上海国际汽车工业展览会吸引了 18 个国家和地区 2000 家中外汽车展商参展；展出整车 1300 辆，全球首发车 111 辆，概念车 69 辆，新能源车 91 辆。共接待观众 81.3 万人次，2718 家中外媒体 10493 名记者竞相报道了车展盛况。

3. Auto Shanghai 2011

第十四届上海国际汽车工业展览会汇聚了共计来自 25 个国家和地区的 2000 余家参展商，展出车辆达到 1100 辆，包括进口车 200 辆和国产车 900 辆，其中 75 辆为全球首发车。参观者超过 71.5 万人次，更有来自国内外 38 个国家和地区的 2700 多家新闻媒体共 9872 名记者争相报道车展盛况，其中海外媒体记者达 867 名。

（四）上海国际汽车零配件、维修检测诊断设备及服务用品展览会（Automechanika Shanghai）①

Automechanika Shanghai 是汽车行业的年度盛事，更是规模仅次于德国法

① 数据来源于 Automechanika Shanghai 网站，http：//www. automechanika - shanghai. com。

兰克福举办的全球第二大汽车零部件、维修检测设备及汽车用品展览会——Automechanika 品牌展，是全球 12 个 Automechanika 品牌展会之一，其他展会分布于亚洲、欧洲、北美、南美和非洲等地。Automechanika Shanghai 是全球最具规模的汽车零配件领域贸易展会，由法兰克福展览（上海）有限公司和中国汽车工业国际合作总公司共同主办（见表 6）。

表 6　Automechanika Shanghai 连续三届主要数据对比

	展出面积(万平方米)	参展商(家)	观众(万人)
Automechanika Shanghai 2015	28	5395	10.97
Automechanika Shanghai 2014	22	4906	8.9
Automechanika Shanghai 2013	21	4600	8.0

1. Automechanika Shanghai 2015

2015 年 Automechanika Shanghai 展览总面积实现 27% 的增长，达到 280000 平方米，展会汇集了来自世界各地的 109700 名专业观众参观，以及来自 39 个国家及地区的 5395 家参展企业，较上年上升 10%。

2. Automechanika Shanghai 2014

2014 年 Automechanika Shanghai 启用上海新国际博览中心的所有 17 个室内标准展馆以及 10 个室外临时展馆，展览总面积实现 5% 的增长，达到 220000 平方米，展会汇集了来自世界各地的 89111 名专业观众参观，以及来自 39 个国家及地区的 4906 家参展企业同场竞技，较上年上升 6%；其中有来自 5 个国家的企业首次参与展会，分别是白俄罗斯、秘鲁、葡萄牙、瑞士以及约旦。此外，共有 34 个国家和地区的参展商再次亮相，分别是阿根廷、阿拉伯联合酋长国、澳大利亚、巴基斯坦、巴西、保加利亚、波兰、丹麦、德国、俄罗斯、法国、韩国、荷兰、加拿大、马来西亚、美国、墨西哥、日本、瑞典、斯洛伐克、泰国、土耳其、西班牙、希腊、新加坡、伊朗、意大利、印度、印度尼西亚、英国、越南、中国、中国台湾以及中国香港。

3. Automechanika Shanghai 2013

2013 年 Automechanika Shanghai 迎来了展会创立十周年这一重要里程碑，启用上海新国际博览中心的全部 17 个展馆及 7 个室外临时展馆，在 210000 平方米的场地内汇集逾 4600 家参展企业。与展示规模增长相呼应的是，来自世界各地超过 80000 名的优质买家及专业观众应邀参观。

（五）广州国际照明展览会①

广州国际照明展览会（光亚展）创办于 1996 年，是汇聚全球最优秀、最全面的照明领域生产及贸易企业、专业观众和相关机构组织的世界级高水平展览会。作为全球最大规模的照明及 LED 展，每年都有超过 2500 多家国内外照明企业前来参展，国际知名品牌参展尤为踊跃。光亚展上各式各样的新产品、新技术、新设计，昭示着照明行业技术及应用的最新发展趋势（见表 7）。

表 7　光亚展连续三届主要数据对比

	展出面积(万平方米)	参展商(家)	观众(万人)
2015 年光亚展	20	2698	13.6
2014 年光亚展	24.5	2911	12.99
2013 年光亚展	22	2588	11.7

1. 2015年广州国际照明展览会

第 20 届广州国际照明展览会于 6 月 9 ~ 12 日在广州中国进出口商品交易会展馆成功举行，展出规模 200000 平方米，继续保持世界第一大照明展地位。本届展会成功汇聚来自 28 个国家及地区的 2698 个国内外知名参展商参展，参展企业对展出效果满意度达到历史新高。

2. 2014年广州国际照明展览会

广州国际照明展览会在摸索中不断成长，第 19 届展会规模再创新高。

① 数据来源于广州国际照明展览会网站，http://www.alighting.cn。

据悉，现场有23个展馆开馆，展览总面积达245000平方米，来自全球的2911家企业汇聚一堂，携最具创新力的照明产品及前沿技术同台竞技。与广州国际照明展览会同期举办的还有广州国际建筑电气及技术展览会、广州国际线缆展及附件展览会，三展覆盖中国进出口商品交易会展馆A区和B区全部展馆。

3. 2013年广州国际照明展览会

2013年广州国际照明展览会共有来自120个国家及地区超过116000名专业观众参展，较上届增加6%，其中海外观众数量排名前十位的国家及地区有：中国香港、印度、韩国、美国、中国台湾、新加坡、俄罗斯、马来西亚、泰国及日本。超过100家资深媒体对本次展会进行全面报道，展会汇聚来自27个国家及地区的2588家参展商，展示最全面的照明灯具及产品、电灯附件及涵盖整个LED产业链的技术。2013年广州国际照明展览会继续与广州国际建筑电气技术展览会及广州国际光电建筑展览会同期举行。三展横跨21个展馆，展览总面积达220000平方米，全面覆盖建筑技术相关产业链，为业界展示完整创新的照明及建筑技术解决方案。展会同期举行120场高端论坛及交流活动，探讨最新照明技术及设计新思维，拓展合作机会。

五　中国商展发展新趋势

（一）办展主体多元化，市场化进程不断加快

我国展览业办展主体呈现多元化发展，目前已形成政府、行业商会协会、国有企业、民营企业和外资企业等几大办展主体。随着我国展览业的市场化步伐和开放度逐步加快，企业、行业商会协会正在成为展览市场主体。以上海市为例，上海会展企业所举办的各类展览会项目，目前基本上都摆脱了依赖政府、依靠政府财政补贴的局面，非公企业已成为上海会展业的主力军，实行了自主经营市场化运作，市场机制灵活性和市场敏感性的优势得到发挥，办展质量与服务质量有了较大提高。据统计，上海800余个展览会项

目中，90%以上的项目是由企业自主经营、市场化运作的，并在市场中不断优胜劣汰。这些项目经过市场历练培育，已具强有力的生命力。

（二）市场细分日趋明显，专业化展会成为主流

专业展会具有针对性强、参展观众质量高、参展效果好等优势，近年来许多综合性展览会都不同程度地转为专业性展览会，专业性的展览已经成为会展业发展的主流。截至2015年底，中国内地获得国际展览业协会认证的国际性专业化展览会达到77个。据统计，中国现有的展会大多为经济贸易类展会，约占中国全国展会总面积的90%，信息产业、文化产业、服务业等新型行业展会数量不断增多。以广州市会展业为例，全市连续举办10年以上的展会已有26个，其中专业性展会数目超过九成。以广交会为龙头，中国广州国际汽车展、广州国际照明展、中国国际塑料橡胶工业展、广州国际美容美发化妆品进出口博览会等专业品牌展会在国内以至国际上越发具有影响力。

（三）会展规模不断壮大，品牌化优势日趋明显

我国会展规模不断壮大，单体会展设施大型化趋势明显。截至2016年3月，全国已拥有10万平方米以上的特大场馆14个，5万～10万平方米的大型场馆44个，可供展览面积927.72万平方米，馆均面积3.18万平方米，分布在31个省（市、自治区）。中国规模化的品牌展会数量不断增加，在国际市场上的影响力日益凸显。2015年中国入选世界商展百强展会20个，总展出面积346.992万平方米，较2014年增长7.1%；单展平均面积达17.35万平方米，较上年增长了0.3万平方米，增幅达2.73%。

（四）出国办展数量上升，国际化进程不断加快

大型商展的意义，突出表现于国际贸易，在世界范围内实现资源的优化配置。欧美国家会展业充分利用世界性业务网络，把自己举办成功的品牌展览会逐渐移植到其他国家。这些品牌展会依托庞大的客户资源和先进的管理

经验迅速进入并占领他国市场，如德国法兰克福展览有限公司将国际消费品展览会（Ambiente）移植到中国、日本。

近年来我国会展行业的实力不断提升，国际化进程不断加快，国际影响力持续提升。2015 年，中国境外自主办展总量为 63 场，办展面积达 32.2 万平方米，相对于 2014 年增加 5.4 万平方米，增幅达 20%。

（五）线上线下融合发展，科技化助推会展腾飞

近年来新技术在会展活动中得到广泛运用，如现场展品的声光影展示方式、展馆的绿色科技设备、线上线下的宣传推广、电子商务，都充分体现出“会展与科技融合发展”的总体趋势。据调查，截至 2015 年底，几乎所有展览会都设立了自己的网站，10 万平方米以上的超大型展会几乎全部实现了线上展会与线下展会的结合。以广交会为代表的商贸类展会，其网上成交和电子商务已经成为实体展会不可分割的重要组成部分。智能手机 App 在展会中的应用已经成为时尚标志，O2O 方式也被会展业界普遍接受。

（六）政府持续关注支持，标准化建设不断推进

近年来会展经济迅速发展，取得了良好的经济和社会成果，在促进消费、扩大内需的过程中受到了各级政府部门的极大重视，政府部门在政策、硬件设施、人才培养等方面加大了对展览活动的指导和支持。《中共中央关于深化文化体制改革　推动社会主义文化大发展大繁荣若干重大问题的决定》提出，要“发展壮大会展等传统文化产业”；《商务部关于“十二五”期间促进会展业发展的指导意见》提出，把会展业培育成我国现代服务业的战略先导性产业；各省市纷纷出台会展业发展规划，如北京市提出将北京建设成为“亚洲会展之都”；武汉市将发展会展经济作为打造商贸物流中心、建设国家中心城市的重要途径；南京市提出将建立会展友好城市合作机制，持续引进国际品牌展会，提高自主品牌项目的国际化程度；成都市计划在 2020 年之前将成都市域的室内展场总规模提升到 60

万平方米。同时，随着会展业规模的不断扩大，行业标准的制定和推广越来越成为行业规范的重要内容。2013 年，国家标准化技术委员会先后颁布实施了《会展中心（会议中心）服务规范》《会展设计搭建服务规范》《商贸类展览会等级分类标准》等三项会展业国家标准；研究制定了“会议分类和术语”和“贸易类展览会数据统计”标准。商务部也制定了会展业节能降耗规范行业标准。

国外会展机构评估报告编译和研究综述

Compiling of Foreign MICEE Institutes Review and Literature Review

B.12

德国展览业年度回顾

中外会展业动态评估研究报告课题组 *

一 展望

尽管传统展会和数字传媒技术形成了激烈竞争，然而展会作为营销沟通媒介一直具有社会需求，特别是在德国。这已经得到充分验证。与此同时，在举办展会和参加国外展会的过程中，“德国制造”为德国的参展商提供了一个向全世界展示和出口的绝佳机会。

---

* 该部分报告编译自“AUMA2014 年德国展览业回顾”（German Trade Fair Industry Review 2014），编译者为张敏、聂鑫炎、狄丹、王青璇；报告原文见 http：//www. auma. de/en/DownloadsPublications/Seiten/GermanTradeFairIndustry – Review. aspx. 本文为国家社科基金规划课题“全球化视野下国际会展业发展比较研究”（13BGL086）的阶段性成果。

德国展览业协会（AUMA）的研究报告显示，约有1/4的参展企业认为参与展会是进行营销沟通的核心选择，另外的1/2认为参展在营销沟通中与其他手段同等重要。对于一个企业而言，展会的稳定地位，是通过其在诸多营销手段中的重要性来衡量并取得的。大约80%的参展公司将参展看作接近客户的重要甚至非常重要的手段。更有甚者，参展企业会花费大约45%的商贸营销预算在参展上，比以往任何时候都要多。

为什么这种现象能够在数字媒体大行其道时出现？虽然听起来不同寻常，但这一切的原因都可以在结果难料的展会中找到。通常，参展商在参展前会与他们现有的及潜在的客户预约。与此同时，在一定程度上，许多参观者会自然而然地详细安排参观展会的时间。这样做的结果，是可以在展会上发现那些没有见过甚至一直在寻找但还未找到的东西。这种情况会发生在那些苦苦寻找难得一遇的产品或供应商的参观者身上。对那些想要接触参展商并对合作有兴趣的人，或者想要在参展商公司找到工作的人，这种情况也会发生。然而，上述情况在网络媒体上却十分罕见。因为网络媒体的信息内容通常以特定对象的实时搜索或长期需求为导向。在网络上把握趋势是极其困难的，但是会展活动却在创造某些部门的市场透明度方面一直具有可圈可点的优势。当然，在获得潜在供应商的基本情况方面，网络确实相对便捷。然而这并不能说明对象公司或它的产品质量可以得到可靠的评估。在这种情况下，现场参展便以其直接同人与产品面对面的优势，为最终决策提供了坚实而可靠的基础。

通过展会实现职业选择的作用日益重要，这意味着许多产业可以通过展会接近他们潜在的雇员。从那些参加高科技展会的学生，到那些为学习贸易技能而参与区域贸易展会的学生，都在未来雇员的可挑选范围之内。没有什么地方可以比展会能提供同样的接触机会，因为通过参与展会，对某一行业有兴趣的人士很有可能日后成为相关企业的员工。展位的设计传达出企业自我的形象，会给参观者留下印象。与此同时，参观者可以直接看到一家企业生产什么，怎样生产，或者怎样提供服务。如果技术行业是兴趣点所在，参观者可以看到现场演示，甚至可以自己亲自去测试。没有什么比观看甚至实际操作对最终决策更有帮助了。这生动地表明，真正的接触对今天乃至未来所起到的作用。重要的是，展会表现出的功能范围远远没有到尽头。

一个强大的组合：展会与“德国制造”对于德国经济而言，特别是对于德国的中小企业而言，“德国制造”商标变得比以往更加重要。参展商从“德国制造”这几个字中所唤起的高品质印象获益。通常有三种方式。首先，中小企业能够从家门口举办的国际高品质展会中获益。其次，展会为它们提供了一个能够以最低成本/最佳效果和国际市场直接接轨的机会，而且德国组织的海外展会能够为中小企业提供机会，与它们所习惯的单个高品质国外市场接触。最后，由联邦统筹的外交部经济事务和能源部“德国制造”系列展会，在吸引参观者方面起到了强大的拉动作用。这是因为“德国制造”是世界上“物美价优”的典范。这对于遥远的待开发市场来说，成了一个绝佳的卖点。

二　德国境内展会

（一）概述

德国的国际和国内展会的发展，反映了欧洲 2014 年至今包括经济增长疲软、欧元低汇率和国际危机在内的高度异质性的经济环境。然而在总体疲软形势下，德国的贸易类展会能够在国际竞争中保持自己的竞争力，大体是因为德国产业的关键指标出现了小幅增长。

欧洲的经济形势敏感地反映了欧洲央行的举措。这些举措构成了某些中期风险，但对德国的出口贸易而言，也带来了一些直接的正面影响。尽管德国的出口贸易正在经历增长，虽然明显低于前几年，但是它能够从欧洲正在经历的低汇率中获益。特别是在对美元方面，德国产品的价格在欧洲以外的众多市场上出现了下降。这一进展对德国贸易产生了积极的影响，如对此感兴趣的专业观众和国外买家增加。另外，很多欧盟国家经历着经济停滞和持续的低增长。此外，2014 年卷入军事冲突的地区大量增加——从乌克兰到中东，再到非洲。军事冲突会对国际贸易造成影响，也会对德国的国际会展业务造成影响。到目前为止，虽然来自中东、非洲和乌克兰的展会参与者数量，无论是参展商还是专业观众都比较稳定。但是，这一数量有可能在2015年出现明显的下降。

在德国展会的观众中，有相当一部分人对通过参与展会开展业务这种方式感到非常满意。德国展览业协会2014年的研究显示，大部分观众通过参展达成了他们为自己设定的目标。因此，许多观众愿意推荐其他人也去参加贸易展会。此外，德国展商以展会参与者的名义进行的投资也略有增加，并且这一趋势在2015年还有可能持续下去。

1. 2014年回顾

与这种不稳定的背景环境形成对比的是，2014年有176场国际和国内展会在德国举行。在传播工具间竞争白热化的背景下，与以往相比，这是一个人们之前未抱期待却略显积极的结果。展会的参展商数量平均涨幅为1.5%，这都归功于国外参展商数量的急剧上升。尽管国外参展商数量平均增长了5.2%，与此同时，本土参展商却减少了3.1%。因此，对非参展商进行挖掘和尽早使新成立的公司确信参展所带来的好处，应当成为目前德国展会组织者们的主要任务。

展览面积增加了0.3%，这是企业营销预算激烈竞争的必然结果。专业观众数量增长平稳，平均增加了0.3%。

（1）各类展会的情况。

与其他各类展会相比，104场生产资料类展会高于平均水平。与以往相比，参展商数量平均增加了2.1%。其中，国外参展商数量增加了7.3%，表现出惊人的增长速度。与此同时，德国展商的数量却降低了2.9%。在某些领域表现出对投资活动的限制，明显影响了参展商决策。参展商开始重新考虑扩大参展范围和增加展会出席率的问题。此外，越来越多的国外供应商已经与德国市场融合。这表明，在许多方面价格因素变得更为敏感。生产资料类展会的展览面积增加了至少0.7%，参加展会的观众数量下降了0.8%。44场消费类展会在想方设法整体提速：参展商增加了1.2%。这主要是由于海外参展商数量大幅上涨了3.3%；与此同时，德国本土参展商数量却急剧下降了3.4%。受德国消费品制造商数量减少的影响，这种趋势还将持续几年。就展览面积的走势而言，展览面积增加了0.4%，未能与参展商数量增加保持一致。值得注意的是，继2013年增长1.3%后，观众的数量在2014年继续出现了0.4%的微幅增长。这些结果似乎证实，消费品展会对拉动观众人数的增长仍具普遍有效性。

19个国际和国内的公共展览参展商数量以0.5%的增速维持住了现有地位。这反映出国内参展疲软（-3.2%）和境外参展明显增加（+6.3%），然而展览面积缩小（-1.4%）。观众数量增长了0.6%，这是为争取消费者闲暇时间的竞争非常激烈必然造成的结果。9个主要致力于服务业的展会继续在减少，展览面积微弱上升0.5%，只能在一定意义上抵消参展商减少1.3%的效应。旅游、金融、营销和IT服务这几个主题展会的平均观众数量保持不变。

（2）2014年整体成果。

总体来看，德国展览业协会所统计的330场在德国举办的展会，共有232000家参展商，展出面积达到830万平方米，观众数量1560万名。其中国际和国内专业展会176场，召集观众972万名，参展商179645家，包括102665家海外参展商，展出面积682万平方米。此外，德国展览业协会还通过非官方渠道收集了154场展览的数据，包括52602家参展商，1507321平方米展出面积和5887966名观众，只是这一组跨区域特殊展会已经被整合进了国际和国内展会大类之中。

初步计算，德国组展商的营业收入大约为35亿欧元，打破了2012年34亿欧元的纪录。2013年，受展会排期轮空的影响，营业额为32亿欧元。据此，2014年营业额的增长超过了2012年，不是因为展出面积的增长，而是国际商业活动的增长和国内商业细分与展会关联性减弱造成的。但是，强大的国内外展会一直持续构成了大中型企业的核心业务。

2. 2015年展望

德国经济相对强劲的表现以及对于会展作为营销沟通工具的高接受度，

使得人们有理由期待德国的国际展会和国内展会在 2015 年将持续呈积极的发展趋势。总体而言，这一趋势会在 0 ~ 2% 这个区间内。这个范围应该也适用于对展商和观众数量的估计。上述这种对个别展会数据的乐观预期与 AUMA 所实施的一项针对组展商的调查研究的结果相一致。该项调查是科隆经济研究所开展的有关行业协会调查研究的部分内容，AUMA 作为行业协会被涵盖在内。根据这项调查，一旦展会排期的波动得以熨平，展会组织者对 2015 年所有国内外商务活动总成交额的期望将高于 2014 年。展览公司的平均投资预计将出现轻微上扬。很少一部分展览公司的投资计划会稳定在同一水平。与此同时，很少有公司计划减少投资。员工数量会保持大体不变。少数公司计划增加员工数量，极少数公司计划减少员工数量。截至 2014 年底，大部分展会组织者认为，产业的整体气候与 2013 年末和 2014 年初相似。几乎所有的主要展会组织者都认为，与上一年度相比，2015 年的产业发展会更加稳定，仅有很少的组织者认为情况将会变糟。

3. 2015年展览业趋势

未来两年内，1/3 的德国参展企业在参展方面计划比 2013 年和 2014 年投入更多，只有 14% 的企业计划减少这一投入，1/2 的企业将维持现有投入。以上数据来源于德国艾曼尼德民意调查机构 2014 年 11 月进行的一项调查。这项调查受 AUMA 委托，访问了被选出的 500 家有代表性的企业。

参展商对准备参与下一年度的展会均持明显乐观的态度，特别是大公司计划在参与展会方面增加投资。几乎 40% 的销售额在 1.25 亿欧元以上的参展商愿意增加在参展方面的预算。与此同时，只有 7% 希望在参展方面少花钱。如果大公司给予展会这一媒介更多关注，就会向小公司传递重要的积极的信号。

那些增加参展预算的公司为的是提升客户的关注度，首先是通过增加参展次数，其次是通过改善参展质量，如在展位的装修和设计方面加大投入。对于参展商的调查还显示，参展数量在很大程度上将维持原状。19% 的参展商更倾向于多参加德国的展会，另外 19% 倾向于少参加，59% 希望保持现有参展次数。更多的公司依靠连续的境外参展。1/3 的公司预计 2015 ~ 2016

年的参展量与 2013 ~ 2014 年大致相同，有 12% 的公司预计会增加参展次数，同时也有 12% 的公司预计减少这一数量。

考虑到不断增长的国际危机和经济发展的不确定性，这种结果不一定与预期相符。在这种不确定性居高不下的时期，许多公司显然更加重视与客户的直接对话。这当然也是参与展会的核心目的所在。展会作为综合性营销工具的地位再一次得到证实。81% 的受访参展商（上年为 79%）认为，展会在其 B2B 营销沟通中的作用甚至越来越重要；88% 的参展商认为其网站作为营销沟通的基础变得更加重要；76% 的参展商认为现场营销更加重要，而认为直邮重要的为 47%，前一年则为 53%；认为在贸易类期刊上发布广告以及事件活动营销重要的均为 40%，与上年持平。

（二）展会：解决营销沟通中的核心问题

公司首次被问及展会在其市场营销沟通中的重要性位置排序时，至少 1/3 的公司说展会是市场营销沟通的核心，不到 50% 的公司认为展会与其他重要的营销工具排位是一样的，只有大约 25% 的公司将展会视作营销沟通中的补充工具。这些说法非常清楚地反映出展会在 B2B 营销沟通中所扮演的重要角色。因此，会展业可以满怀信心地展望未来。这一结论通过展会支出在 B2B 市场营销总预算中比例的上升得到了强化。2015 ~ 2016 年，这一比例将会达到 45%。而过去五年中，这一比例为 40% ~ 44%。目前，这一数值在生产资料类参展商那里已经达到了 50%。

1. 1/5的观众来自国外

2014 年，大约 55000 名潜在客户为收集信息或者为将要开展的商业活动而参与展会。在 260 万名来到德国展馆参观的国际观众中，从非欧盟国家来德国的比例超过了 1/5。

南亚、东亚和中亚是迄今为止最好的海外代表性地区。它们到场参观的人数大约为 21 万人，紧随其后的是中东的 9 万人，北美的 8 万人和拉丁美洲的 6.5 万人。在德国举办的展会上，高质量的国际产品显然是激励潜在客户不远万里到德国参展的一个强大动力。对许多买家来说，通过网络媒体来寻找信息显然是不够的。

欧盟仍然是主要的观众来源区域。大约 170 万名潜在客户来自该区域，这主要是由于德国拥有强大的跨境经济。与此同时，大约 38 万名观众来自非欧盟国家，主要是瑞士、俄罗斯和土耳其。2014 年，观众人数最多的国家是荷兰，24.5 万人，其次是法国和英国，各 14.5 万人，瑞士 14 万人，比利时 13 万人，美国和中国各 6.5 万人，印度 3.5 万人。以上这些国家是欧盟外最大的观众来源国。

值得注意的是，有许多来自德国邻国的观众，在参与展会的同时也有其私人目的。与此同时，几乎所有海外观众参与展会都是抱着专业目的而来的。

对于个别国家的调查结果部分是基于估计，因为并不是所有展会都能够按国别确定观众数量。

2. 前来德国的国外参展商有显著增长

2014 年，在德国场馆参展的外国参展商与过去七年比数量有了增长。根据 176 个国内或国际展会统计，比之前增长 5.2%。2007 年这一数字曾经达到 5.3%，这一增长速度至今没有被超越。毫无疑问，强劲的需求是德国市场的驱动力。这一市场对产业需求和消费者方面的需求都很高。不过，如下观点同样有道理：德国展会中外国观众占比较高。这在参展商决定到德国参展的决策过程中发挥了关键性作用。

值得注意的是，几乎所有国家都对这一结论作出了贡献。例如，南亚、东亚和中亚的参与增加了 6.5%，与预期几乎吻合。但是，也有 4.7% 以上的增长来自其他欧盟国家。拉丁美洲和澳大利亚/大洋洲各有 5% 的增长。北美增长 4.5%。然而，非洲的增长仅为 1.5%，大大低于平均值。

在亚洲国家中，中国增长了 12%。2013 年，参展商增长 3.5%。经历了短暂的弱势之后，中国企业把重点放在了出口营销的会展价格上。然而其他亚洲国家，如印度（+11%）、印度尼西亚（+10%）、菲律宾（+19%）和越南（+17%）的增长率也都是两位数。

中东地区的发展不平衡。阿联酋有高达 9% 的显著提升。但是伊拉克和以色列作为地区参展收入的领先者，却要落后很多。某些欧盟国家的参展商数量在平均水平之上。7% 的参展商来自英国，11% 来自波兰，17% 来自捷克，13% 来自葡萄牙，12% 来自芬兰和希腊。这表明德国和周边地区产业的相互关联，以及南欧国家在增加出口量方面做出了越来越多的努力。在欧洲的非欧盟国家中，抛开政治紧张局势因素，与乌克兰 13% 的增长相比，俄罗斯稳定的参展数量值得一提。土耳其是排在瑞士之后欧洲最大的非欧盟参展商来源国，但与之前相比只增加了不到 4%。

拉丁美洲的特点是，温和增长甚至出现下滑，如巴西。然而阿根廷（+13%）和哥伦比亚（+21%）现象是例外。美国（+4%）和加拿大（+7%）的数据显示，北美地区赴德参展率呈上升趋势。

在北非国家中，由于经常发生政治冲突，虽然一些像埃及和突尼斯这样的国家还能保持稳定的参展率，但是其他国家，如摩纳哥，其参展率呈下降趋势。南非的潜在参展商失去了大概 10%，然而肯尼亚却增加了 10%。撒哈拉以南国家的参展率维持在一个相对较低的水平。

澳大利亚和新西兰的参展率比之前有显著提升。这两个国家也是唯一在地区内拥有贸易展会的国家。其他国家正在将力量集中于发展旅游业，这对澳大利亚和新西兰来说，已经是过去时。

中国参展商在参与德国国内和国际展会方面，数量是最多的，达 13494 家。意大利居其次，达 11800 家。英国和法国分别以 5907 家和 5904 家居第三、四位。荷兰和美国以 5694 家和 5450 家排在第五、六位。另外，西班牙以 4212 家、奥地利以 3896 家、中国台湾以 3800 家和瑞士以 3450 家跻身前十位。

奥地利参与了 168 场展会，居第一位，瑞士以 167 场位居第二，荷兰以 161 场、法国以 157 场、意大利以 156 场、英国以 155 场分别位列第三至六位。在非欧盟国家中，美国以参加 144 场展会排在第一，中国以参加 125 场展会排在第二。

（三）区域性展会

从展会的区域观众统计结果可以看出，与 2013 年数据相比所有指标都略有上升，且这一部分的细分市场又有所完善。

在2014年所举办的154场展会中，AUMA注册的参展商比之前平均增加了1.4%（2013年减少0.6%）。显而易见的是，更多企业在寻求与区域商业伙伴或者私人客户的联系。2014年的展览面积增长了2.0%，2013年这一数据是1.6%。

观众数量增长率为0.9%，比2013年的增长率1%有所回落。对于专业参展商或私人参观者而言，区域性展览的接受度越来越高。对区域性产品或客户而言，在国内或国际商务层面，便利的市场环境显然是一个有意思的业务补充。

组织者们加大在区域会展策划、参展商质量和服务方面的投入。显然，他们的目的在于获取更高的回报率。5887966名观众参与了154场区域性展会，52602名参展商租用了1507321平方米的展览面积。以上统计数据来自AUMA和FAMA（Trade Association for Fairs and Exhibitions）会员举办的展会，该类展会被AUMA归类为区域性展会。

（四）展会数据认证：为了更专业的展会策划

展会数据认证对于德国的参展商至关重要。权威调查显示，2014年高达53%的展览企业认为，与观众资料相关的数据认证是重要的。

因此，有51家德国会员企业为FKM提供大量数据。这些数据能够提供与观众从事产业相关的信息。仅2014年一年就有161份观众资料被提供给了展会使用。

目前，FKM正在加紧建立传播体系，努力提高服务意识。从2014年秋天起，FKM的通讯《FKM知道怎么做》（*FKM Knowhow*）上线，包含了观众资料数据查询、展会术语查询和FKM运营方式介绍等功能。

这份通讯的目标受众不仅包括参展商，而且包括咨询方、标准制定公司、协会以及媒体。除此之外，大量成员倾向于在展会网站上或者印刷出版物上使用FKM认证标志，以此显示其展会经过了FKM认证。这进一步提高了FKM认证在会展业界的声望。

2014 年德国组展商举办的 203 场展会，其参展商、展览面积、观众等数据加入了认证。目前 FKM 有 51 家德国组展商会员和 2 家外国组展商会员，还有 2 家会员于 2014 年退出 FKM。现有的两家外国会员分别为香港贸发局（Hong Kong Trade Development Council）和维罗纳展览公司（Verona Trade Fair Company），它们共有 17 场展会参与了认证。

展会的国际透明度。FKM 与其他欧洲审计机构一道参与出版了小册子《欧洲展览业数据》（*Euro Fair Statistics*）。这本小册子由 UFI 出版，汇集了 2013 年由 22 个国家举办的 2500 多场展会的审计数据。FKM 还参与了 UFI 相关委员会，在国际层面提高其展会的透明度，如协会委员会和审计会议委员会。此外，FKM 与其他国家的审计机构也保持着双向联系。

三　游说和法律事务

（一）展会签证

2014 年 7 月 AUMA 发起了一项针对德国大使馆和领事馆向德国展览公司外籍代表发放签证问题的调查。该项调查的重点，是参展商和观众是否被要求提供邀请函。

尽管德国联邦外交事务办公室早在 2013 年夏天即发布通知，声明参展不需要持有组展方邀请函。但是，最近受访的 1/3 海外参展商和观众仍被使馆、领馆、签证中心要求提供展览公司的邀请函。来自中国和印度的参展代表尤其可能在这方面面临问题。但在某些情况下，申请者需要自己负责签证上出现的问题，如签证文件丢失或者申请文件迟送，都是导致签证出现问题的主要原因。

然而，总体来说令人感到鼓舞的是，40% 的受访者认为这种情况已经在近几个月有了改善。签证中心增加了接受外包申请的数量，特别是增加了生物识别数据以缩短等待时间，使申请者避免只为一次面签而不得不耗时费力长途旅行。AUMA 称，这份调查结果来自外交事务办公室，并在大使馆举办的签证论坛上以其规定终止了邀请函制度。此外，AUMA 将持续指导驻外使馆在收到个别负面反馈时，关注参展签证程序，尽力改进相关程序。

有关展会签证的其他重要信息，可参见 auma. de/en/ Legal matters。

（二）侵犯知识产权行为

位于慕尼黑的德国专利商标局决定抓紧对展会采取行动，并与会展公司和 AUMA 形成了进一步的合作。

AUMA 邀请德国专利商标局（DPMA）每年派代表在一年一度的法律和行政事务工作组会议上发表演讲，主要内容是向参会者介绍和解释 DPMA 的职责，尤其是对于盗版产品的预防策略，还有 DPMA 在以前展会活动中的作用，以及 DPMA 和展览公司合作的可能性。DPMA 和一些展览公司已经在某些展会上保持定期合作关系。然而，这种做法似乎更容易影响目标观众群体，而非参展商群体。

（三）会展业的可持续发展

“可持续性”和“社会责任”是每个产业领域内的企业在维护公共关系时经常使用的流行术语。德国会展业在这一话题上的探讨表现得相对保守。那么，如何在本国会展行业开展可持续创新活动？在可持续创新的过程中企业有哪些选择？必须面对的困难是什么？

AUMA 围绕以上问题探讨《可持续事件管理》（*Nachhaltiges Veranstaltungs management*）的贡献。这本小册子由德国联邦基金会出版。德国所有的会展场馆将系统实施可持续发展战略和可持续运营程序，使之成为现代化措施的一部分。实际上，企业对所谓的粉饰并没有兴趣，它们往往更重视与外部世界的沟通。

AUMA 也是 UFI 可持续发展委员会成员。该委员会从 2014 年起为效益成果设立了一个奖项：最佳测量工具奖。2014 年度获得这个奖项的是爱丁堡国际会议中心（Edinburgh International Conference Centre）。2015 年奖项的主题是“价值链中的成本创新节约”。AUMA 的科技与物流工作组成员讨论了当下展馆的可持续发展措施，特别关注能源数据的系统采集和预处理、照明系统优化、降低热耗以及可再生能源比例显著增加几个问题。

（四）会展技术的欧洲标准化

早在2013年，标准化专家组决定采取来自德国标准化协会（DIN）的建议，请求欧洲标准化委员会（Comité Européen de Normalisation，CEN）建立一个欧洲会展技术标准化工作委员会。该建议2014年春为欧洲标准化委员会（CEN）33个成员国的大多数代表通过。

召开新技术委员会成立大会，CEN/TC433（欧洲标准化委员会/技术委员会433）标准“娱乐技术——机械、设备和设施”于2014年8月12日在柏林的德国标准化协会召开。会议目标是为机械、技术设施和设备、组装设备、用于展会活动和剧院的舞台设备制定标准。

标准化工作适用于所有机械和用于升降、悬挂、移动或者携带载荷（如幕布、结构系统、照明设备、电影/视频和音响设备）的技术设备，与安全相关的建设、安装、测试和安全使用相关规则也包括在内。这个标准化项目的支持者是运营这些设备的不同协会，包括AUMA在内。

（五）“展览指南”（Expo-Guide）仍然活跃

2014年的几乎每一天AUMA都会收到参展商咨询，多半是由于错误地申请加入了所谓的在线“展览指南”目录。

AUMA多年来一直向那些受影响的公司提供忠告。在此，应当了解所谓“展览指南”的运作套路。“展览指南”会联系参展商，要求他们翻阅在线参展商目录“Expo-Guide”核对自己的公司信息，更正或填写附件里的申请表格。那仅仅是一张打印得很小的订单表格，里面有一个条款声称，想要三年内都被列入这一目录，需要每年支付1271欧元的费用。AUMA建议那些被卷入的公司，不必理睬相应的付款请求，不要付款。据AUMA所知，所谓“展览指南”从未对那些没有缴纳费用的参展商采取过任何“法律行动”。AUMA网站上《法律事务》一栏提供了信息，向那些被卷入此类事件的公司提供了信息和帮助，以及“收录诈骗”相关案例法律的介绍。

（六）布鲁塞尔的 AUMA 办公室

2015 年 1 月末，第十五届 AUMA 布鲁塞尔圆桌会议召开。议题之一是欧盟对俄罗斯的制裁。德国会展公司的代表以及德国主要产业协会的代表在有关欧盟的问题上进行了对话，并且把他们的矛头指向了欧盟机构与欧洲贸易协会发言人。

蓝贝茨（Günter Lambertz）是德国工商总会布鲁塞尔办公室主管，莱姆克（Freya Lemcke）是 AUMA 2013 年 11 月以来驻布鲁塞尔代表。他们以阐述新委员会的组成机构和工作方法的变化开场。接下来，布鲁塞尔德国工商总会的亚历山德拉·贝钠带来了一个关于为中小企业提供咨询服务的欧洲企业网（Enterprise Europe Network EEN）的报告。欧盟委员会理事会贸易总干事拉齐福德（Robin Ratchford）发表了关于欧盟国家和非欧盟国家间贸易协定的演说。他强调，作为一项规则，会展业应该作为服务经济的一部分被纳入所有的贸易协定。欧盟对外事务部俄罗斯分部的冈贝伦特（Wolfgang Behrendt）对乌克兰的发展和欧盟对俄罗斯的制裁作了回顾。AUMA 认为，俄罗斯在参展方面对德国经济有着持续的需求。为了配合制裁，德国联邦经济事务和能源部目前正在评估联邦政府资助的每一个在俄罗斯举办的展会。对于在国家层面上欧盟的制裁会达到何种程度的问题，冈贝伦特表示，欧盟机构正在评估。他解释说，这将在各成员国给予一定范围的制裁之后予以实施。

提到南方共同市场知识产权中小企业服务台（Mercado Comun del Sur Intellectual Property Rights SME Helpdesk），巴丹（Paolo Baldan）认为，从 2015 年年中开始，服务台将会对整个拉丁美洲负责。

对于那些有意向拉丁美洲扩张的中小企业，除了提供基本信息、视频和网上教学模块外，服务台还会进行课程培训，开办工作坊。这项服务中还包括知识产权保护，如在参展商和观众涉及相关国际化主题各方面。欧洲展览产业联盟（European Exhibition Industry Alliance，EEIA）总秘书魏兹扎克

（Barbara Weizsäcker）在总结联盟活动时透露，已与欧盟委员会代表多次接触，目前是接近欧盟机构，向欧盟提出会展业发展必须提出的各种要求的最好时机。最后，AUMA 向与会者通报了有关在展会上撤回购买协议的权利探讨的新进展，以及参展签证和食品样品等相关事宜。除此之外，AUMA 还就最近生效的会展业最低工资法可能带来的积极影响作了解释。

四　德国展览研究院

（一）培训和继续教育

德国展览研究院提供了大量的培训和继续教育的机会以供选择。AUMA 与众多培训服务提供者开展了密切的合作，并且面向那些具有创新精神的年轻参展商提供相关的会展咨询服务。

作为对新一代会展从业者的承诺，AUMA 定期组织并推出面向下一代从业者的活动，以发起者或赞助者的身份积极举办或参加各种讲座、工作坊和研讨会。这些活动面向受训者、学生、机构、服务供应商、教师、讲师以及其他志在从事会展业或者对会展产业有兴趣的人。2014 年度，AUMA 参加了在汉堡举行的会议以及在明斯特举办的 VIA 论坛。每一个会议或论坛都包含相关的展览、晚会以及对当地的访问。此外，德国展览研究院还组织了一些主要由学生或受训者来完成的实践项目。2014 年 6 月，在柏林会展专家大会（Meeting Experts Conference，MEXCON）期间，AUMA 参与了一个以“下一代及其在会展业劳动力市场中的前景与未来”为主题的论坛。论坛由来自柏林 Oberstufenzentrum 贸易学校（Oberstufenzentrum Handel 1 school）的六位实习会展经理接待。

此外，德国展览研究院还向学生群体和受训者提供讲座或研讨班课程，目的在于使下一代从业者形成会展业非常重要的印象。

大学和技术学院的教学职责是德国会展业最重要的两个目标：一个是将会展业的主题与经济学的研究项目相结合，另一个是扩大网络范围，使更多的大学开展会展业相关课程。为了实现这一目标，许多有关会展教育的措施从2014年开始在德国实施。

各种类型的研究涵盖了AUMA的任务与功能、会展市场的发展、会展在营销中的重要性以及展会绩效考核等多个主题。AUMA也向来自柏林的高校或技术院校的观众群体宣讲，向他们介绍德国展览业图书馆。除了讲座，AUMA定期向大学及技术院校提供编写工作以及学习材料，这些材料是之前用于研讨会的或者贸易文献中的引文。

（二）研究项目

1. AUMA《2015年展览业趋势》参展商调查

AUMA的展览业趋势是德国展览公司的年度调查报告，截至2014年秋季，已发布了16版。与往年相同，特恩斯公司抽样调查了500家企业的展览活动。

2. 作为休闲方式的消费展研究

大约1/2的德国14岁以上（48%）人口至少有一次为了寻找体验最新产品，或者为了兴趣爱好和家庭需求寻找相关服务而参观消费类展会。消费类展会之所以占有重要的一席之地，是因为它可以将一个人的自由时间组织起来成为信息的来源以及购物的动力。然而，相关展会事实上却不是随时随地想有就有的。这个结论是从2014年AUMA委托特恩斯埃姆尼德（TNS Emnid）所做的一份有1000个样本的代表性调查中得出的。该调查的数据分析由莱比锡商学院（Leipzig Graduate School of Management）承担。

分析显示，消费展参与度最高的人群集中在30~59岁这个年龄段，他们中有54%至少一次主动或者偶然参观展会；60岁以上年龄段，这个数值低于45%；14~29岁年龄段，这个数值为41%。对于73%的观众来说，展会的主题是他们参与展会前最主要关注的问题。排在之后的分别是展会的环境（36%）、获取信息和建议的渠道（29%）以及展览实施（27%）。以上这些观众所关注的问题，反映了组展商和参展商应该在哪些方面作出努力，使展会变得更加有吸引力。此外，吸引更多的年轻观众也是今后努力的方向。消费展面临着来自其他休闲活动和购物选择的激烈竞争。结论证实了对14岁以上、涵盖52%的德国人口的非观众组的调查结果。75%的非观众认为，其他的休闲项目更加有趣，70%认为在城市里的购物中心里购物更加有吸引力。

3. 观众行为研究

大多数观众来德国参加专业展会都是为了达到既定的目标。总体来说，他们中的72%认为，通过参与展会，他们很好地达成了既定目标；与此同时，其余的32%认为，至少在一定程度上达到了既定目标；只有3%的人认为根本没有达到目标。以上结果来自AUMA所属的德国展览研究院所委托的一项有关观众行为的研究。在这项研究开展的过程中，组展方提供了近190场展会的观众调查结果。这就意味着这一研究调研了超过163000名来德国参观展会的观众。特恩斯市场研究咨询公司（TNS Infratest）负责二次分析，按照它的评价，这是这一领域中迄今范围最广泛的研究。

总的来说，这些对于观众的调查证明了德国的展会是有效的，在德国参展能带来巨大的效益，从而驱动进一步的参展行为以及口碑效应的产生。本研究的一个重要发现，就是口碑效应的重要性。这主要适用于熟客向同事或熟人推荐，由此成为选择性参与哪一个展会的重要决策基础。1/3的观众意识到从同事或熟人那里获得的推荐，对于参展选择来说是一个比较好的参考，次级重要的是来自参展商的信息。17%的观众会事先在互联网上搜索信息，15%的人会通过现有媒体所提供的文章或广告来了解展会，14%的观众通过贸易出版物了解展会。

（三）德国展览图书馆

柏林的德国展览图书馆为读者提供广泛的服务。任何人都可以在此寻找有关展会、会议和活动的相关信息。该馆帮助学生、老师和其他对展览感兴趣的人找到合适的资料，并且为展览、会议或者与现场沟通相关的问题提供回答。由于紧邻AUMA的各专业部门，图书馆为信息的直接交流提供了方便。AUMA 1997年建起了德国展览图书馆，现在的馆藏，有包括900份科学学位论文在内的8350份媒体资源。2014年，AUMA再一次凭借其服务和设施，在与会展与活动管理专业的学生和老师接触方面取得了成功。顾问、记者和来自展会活动的组织方和会展服务的提供方的雇员，受邀参观图书馆或提交研究。2014 年全年，图书馆的访问次数有 280 次之多。2013 年，图书馆回答的咨询问题超过 600 个，借阅数量比 2012 年增加了三倍。

五 海外展会

（一）国际竞争形势

根据国际货币基金组织（IMF）提供的数据，2014 年世界经济相较于 2013 年增长了 3.3%。其中，新兴工业化国家和发展中经济体增长 4.4%，发达经济体增长 1.8%。国际货币基金组织预计，2015 年全球经济将增长 3.5%。其中，欧元区将略有提升，预计增长 1.2%。美国预计将增长 3.6%。尽管经济形势不容乐观，但新兴工业化国家仍然保持高于平均增长水平的发展步伐。对于许多出口商而言，中国仍然是最重要的亚洲市场，并且正在影响各种贸易交易市场。

多年来，AUMA 一直在密切关注同德国境内的国际性展会展开竞争的海外展会。为此，他们向德国境内举办的国际性展会的组展商们询问，其境外最重要的竞争对手是谁。最终发现，相关的海外竞争性展会达 340 场。事实上，德国在发达市场仍然具有比较强劲的竞争力。在 2010 ~ 2013 年的四年间，在德国境内和境外举办过一次的国际性展会中，美国拥有 71 场，意大利和法国均为 54 场，随后是英国和中国各 27 场，西班牙则以 18 场位居第六位。此外，瑞士 12 场，荷兰 10 场。

1. 欧洲是德国展会的主要竞争者

全球举办的竞争性展会中，2/3 在欧洲，其中大部分落地于欧盟国家。20% 的竞争性展会举办于美国，七分之一的竞争性展会在亚洲及包括中东在内的地区举办。虽然法国、荷兰和西班牙的竞争性展会数量有所下降，但总体上与前些年相比没有出现明显的变化。

2/3 的海外竞争性展会是生产资料类展会，1/4 的海外竞争性展会是以专业观众为对象的消费类展会。其他的消费类展会则是针对一般大众的展会和服务类展会。尽管国际竞争日趋激烈，2010～2013 年德国国际和国内的竞争性展会仍然巩固了它们的领先地位。与德国本土的国际性展会展开竞争的海外展会，在展览面积、参展商数量和观众数量方面，分别能达到其德国竞争对手的 69%、79% 和 81%。海外竞争性展会的三个主要会展数据平均值为：展览面积 35643 平方米、参展商 925 家、参展观众 58045 名。值得注意的是，德国大约举办了 200 场国际性展会，而上述的海外竞争对手仅仅是在各自国家中居于领导地位的少量展会。

2. 支持海外参展的德国展商

2014 年，德国联邦经济事务与能源部（German Federal Ministry for Economic Affairs and Energy）的“海外展览计划”（Foreign Trade Fair Programme）又一次为德国出口贸易的成就作出了巨大贡献，特别是针对困难和偏远的国家和地区。该计划主要针对欧盟以外的地区。相关产业协会参与了其中的遴选工作，确保了该计划的需求导向和资源的有效利用。

2014 年德国联邦经济事务与能源部的“海外展览计划”包括 270 场（2013 年 287 场）展览，其中 245 场已经落实，仿佛前几年 91% 的落实率再现。主要原因是“计划”中有少量金融资源支持，且来自其他地区的成本上涨在可控范围内。

2014 年展会减少了 294 场，参展商比 2013 年下降 4%，只有 7154 家。所有海外德国展馆的展览面积为 147810 平方米，2013 年为 159906 平方米。企业参与的德国展馆均值为：30 个参展商占用 546 平方米。据此分析，单位展会（包括展会信息中心）的平均展出面积约 18 平方米。

2014 年“海外展览计划”支持了来自 64 个行业的参展商。值得注意的是，基于 AUMA 对该项目的协调，大多数展会的申请来自行业协会；相比上一年度减少 11 场，新增 28 场。

2014 年迪拜阿拉伯国际医疗设备展览会（Arab Health in Dubai）中的德国展区继续成为海外 273 场展会中展商最多的展会。在占用面积方面，曾作为德国海外展会规模最大的莫斯科皮革展（CPM - Collection Premiere Moscow）的德国展区，本年度再度摘得桂冠，并且扩大业务，举办了春季7146平方米和秋季5962平方米的国际时装博览会。

南亚、东亚和中亚举办了245场有竞争力的海外展会。其中110场德国展区占比最大，为44.9%，紧随其后的是欧盟以外的欧洲国家（55场），中东27场，北美24场。而拉美比上年度的展会数量有所下降，仅有13场举办德国展区。在巴西，近些年对进口的限制趋于严格，影响了参加展会的外国企业的利益。

2014年列入德国联邦经济事务与能源部“海外展览计划”的42个国家中，有39个属于欧盟以外的国家。其中中国55场，俄罗斯39场，美国23场，阿联酋20场，印度17场。一方面，在中国举办的海外展会比2013年的49场再次增加；另一方面，由于周期性原因，俄罗斯的海外展会德国展区比2013年的50场下滑幅度较大。

从2015年初开始德国海外合资展会的展区在German-pavilion.com推出以来，表现出新颖的形式和全新的理念。德国联邦经济事务与能源部和联邦食品与农业部有关海外展览计划的概览、联系方式、产品和参展商信息全都汇聚在一个单独的页面上，方便使用者找到所需的相关链接。

（二）食品和农业展览扶持计划

德国联邦食品和农业部对食品产业和农业生产领域的海外参展商提供了资助。2014年该部将530万欧元的预算分配给了22场海外展会。其中，南亚、东亚和中亚7场，欧盟以外的欧洲国家7场。德国的参展商因此得以参加在北美的3场、中东的2场展会，在欧盟、拉美和非洲的各1场展会。2014年以来，AUMA开始负责协调行业秩序利益，以及联邦经济事务与能源部海外展览计划的长期实施。

（三）德国组展商举办的海外展会

德国组展商进一步加强了海外组织活动。2014年，有21个AUMA和

FAMA 的成员依据德国先进展会的标准范例概念，组织了 303 场德国境外的展会，比 2013 年增加 26 场。由于新展会数量高涨和现场活动明显增加，关键绩效指标均得以实现。总计有超过 124000 家参展商（2013 年约为 109000 家）使用了大约 370 万平方米的展览面积（2013 年约为 300 万平方米）。尽管依托德国海外优质展会（GTQ）的相关活动数量增加，观众人数仍为 730 万名（2013 年为 740 万名），与上一年度基本持平。这或许可以归因于消费展数量的周期性下降。

2014 年有 5036 家参展商参加了上海汽配展（Automechanika Shanghai），使其再一次成为拥有最多参展商的海外展会。上海国际纺织面料及辅料博览会参展商也达到了 3844 家。有超过 3000 家参展商参加了宝马中国展会，确切数字为 3098 家。国际塑料橡胶展为 3068 家。上述四个展会的举办地都是上海。接下来是广州照明展的 2621 家，上海中国国际五金展 2610 家。中国以外参展商最多的是在莫斯科举办的国际食品展（PRODEXPO）（2289 家）。

在 2014 年德国海外优质展会报告中的三大消费展之后，即北京国际汽车展览会（Auto China，850000 位参观者），成都汽车展（CDMS-Chengdu Motor Show，674500 位参观者），以及武汉汽车展（452000 位参观者），宝马中国（bauma China，189732 位参观者）作为第一个生产资料展，规模位列第四。

中国展会占据德国海外优质展会的 90 场，其中 30% 在中国注册。更加引人注目的是，中国展会分别占德国海外展览面积的 56%，参展商的 50%，参观者的 63%。因此，在 2014 年德国海外优质展会（GTQ）报告中，中国展会表现惊人。

德国海外优质展会报告显示，2014 年印度展会 45 场，占全部活动的 15%，其数量超过俄罗斯。在关键数据方面，印度展会出现了不成比例的小额占比。2014 年印度的展会面积超过 4%（约为 160000 平方米），参观者不足 5%，参展商大约占 6%。

2014 年德国海外优质展会中，俄罗斯展会约占 12%（37 场），比 2013 年减少 2 场，略微下降。俄罗斯展览面积约占 12%（约 50 万平方米），参展商约占13%，参观者约占7%。乌克兰冲突及相关制裁影响了展会规模，目前影响相对减弱。

2014年，土耳其和美国展会均为19场。关注焦点转至巴西，2013年巴西举办了19场，而2014年由于部分展会取消或周期性的影响仅仅举办了10场。

2015年，AUMA和FAMA的19位成员计划在各大洲举办312场展会。对于德国组展商而言，中国仍旧是最重要的市场，将举办43场展会。俄罗斯42场，此与德国海外优质展会的预测相同。预计土耳其22场，美国17场，阿拉伯联合酋长国15场，巴西13场，日本9场，泰国尽管存在政治危机也将计划有7场。南美6场。

（四）世博会

新一届世博会（综合性世博会）于2015年5月1日到10月31日在意大利的米兰举办，本次世博会的主题是“滋养地球，生命能源”（Feeding the Planet-Energy for Life）。据估计，截止到2015年10月31日世博会将接待2400万的参观者，他们来自145个国家，其中包括93个搭建展馆并在一定程度上展示可持续的全球滋养观念的国家。

与2015年世博会的主题相一致，德国正在就处理气候保护和过渡性可持续能源展示其有效性和技巧性的解决方案。世博会德国馆核心主题是景观、农业和生活方式。德国联邦经济事务与能源部委托斯图加特的米拉合伙人公司、慕尼黑的希米德荷贝公司、罗特的纽丝礼德国公司（邻近纽伦堡）参与设计世博会德国馆。法兰克福展览公司负责世博会德国馆的组织工作。

世博会2017。哈萨克（Kazakh）首都阿斯塔纳（Astana）将成为中亚地区首次举办世博会的城市。本次“微型”世博会将于2017年6月10日～9月10日举办，众多国家、组织和机构将围绕“未来能源”（Future Energy）的主题展示各自的阐释。据主办方预测，届时将迎来500万观众参展。

世博会 2020。阿拉伯联合酋长国迪拜将举办 2020 年世博会，这将是世博会历史上第一次来到阿拉伯国家。本次世博会将于 2020 年 10 月 20 日至 2021 年 4 月 10 日举行。2013 年 11 月 26 日，经过了竞标长跑之后巴黎世博局（BIE）作出了这一决定。借助“心系彼此，共创未来”的主题，迪拜在与对手伊斯坦布尔、伊兹密尔和圣保罗的竞争中胜出。世博会场地将会朝着阿布扎比的方向，斥资 48 亿欧元，选址在迪拜的新机场附近。据预测，届时将有 2500 万名参观者，其中 70% 来自国外。综合性世博会每五年举办一次，起止时间约 6 个月。

六　营销、媒介与活动

（一）德国展会的推广

AUMA 通过使用德国海外优质展会的标识，支持德国组展商的国际推广活动，提升“优质展会、德国创造”的声誉，以及推动德国组展商组织的海外展会的发展。

（1）德国展会信息。2014 年，来自世界各地诸如德国外交使团、海外工商协会等机构和组织填写了近 200 份调查，关于德国组展商举办展会的数据信息再次引起了强烈的关注，调查重点集中于德国境内国际性展会的外国展商和观众数据。

各组织和机构的网站链接了 AUMA 提供信息的网页，特别是有关国际展会的数据依旧保持高位需求。全球约 250 个包括德国大使馆、总领事馆和海外工商协会等组织链接了 AUMA 的网站。

总之，全球使用了超过 550 条来自 AUMA 宣传册和在线内容的信息，尤其是德国组展商的海外代表、德国外交使团及海外工商协会。德国也成为世界展会信息的集聚地。以“优质展会、德国创造”为主题的宣传册在所有海外展览计划所资助的问询台上也得到了利用。

（2）“优质展会，德国创造”宣传册。由于在线内容的使用增加以及

AUMA 会展数据库的链接地址，对纸质信息内容的需求下降。这本宣传册以德语、英语、西班牙和法语印刷发行了 80000 份。AUMA 与海外的德国工商协会和其他机构合作，印刷了 65000 多份阿拉伯语、巴西葡萄牙语、汉语、希腊语、波斯语和俄语等不同语言的纸质本。宣传册还提供俄语电子版，日语版的宣传页提升了英语版的在线数据。

“优质展会、德国创造”宣传册发布的信息以德国展会现场为依据，包括国际性和全国性展会的重点问题和数据。所发布的信息强调德国展会的优势，诸如展会组织者的国际化、专业化和一流的基础设施。

（3）“优质展会，德国创造”宣传片。借助欧洲中心、顶级基础设施的优势及世界领先的展会现场，德国提供了展示创新的理想条件。人们在展会现场见面和交谈，新的想法将会出现，经济领域也将受到较大的刺激。这便是半分钟长的宣传片所呈现的“优质展会，德国创造”。

宣传片主要提供给德国展会的海外代理商。2014 年宣传片被订购了 400 多份，其 DVD 有 9 种不同的语言以供选择。

展会为企业提供了完整的市场分析、展示产品创新及聚集关键决策者的功能。这些功能被 AUMA 新的广告运动所关注，正如将其展示在日报和商业媒体中。

AUMA 通过各种途径帮助组展商的市场推广活动，创造出更多的注意力经济。广告运动的核心诉求“会展助力成功”是提升展会的特殊工具。

广告运动的目标特别定位于激励中小企业参展。集中关注管理、市场和展会的决策者。“会展助力成功”呈现的展会是参展和提升展会经济效益的特别内容。2014 年，广告运动的主题是成功、沟通、消费和改革。

在德国境内，大型海报在 ICE 车站站台交替出现，带有广告运动标识的图案也移动式呈现在卡车后部。其他推广工具还包括门户网站的在线浮动广告、谷歌的赞助商链接。此外，AUMA 还在国家日报和商业周报上投递了小尺寸的平面广告。

AUMA 会员中的展会组织者考虑将展会目录和消费杂志作为广告主题。

（4）在网络化时代，展会同样重视在线功能。相比前些年，许多参展商甚至正在追求更多的展会目标，但展会最大限度的成功仅仅是使用了正确的工具、做了准备。

据此，2014 年，AUMA 开发了免费的网站——toolbox. auma. de。网站提供注意事项、检查清单、交易数据和最新的展会收益核对等功能。四个相互独立的功能帮助参展商准备各自的参展。

“展会匹配（Messe Fit）”是对展会阶段性的指导，伴有后续 10 个明确和紧凑的步骤。“展会计划（Trade Fair Plan）”中，使用者能够编制展会中的自身需求并将个体的展会计划与数据资料相结合。“展会收益核对（Trade Fair Benefit Check）”包括参展的经济类内容。这款软件支持参展商比较参展的成本和收益，以便决定参展是否收支平衡。“展会收益核对培训（Trade Fair Benefit Check Trainer）”为新用户解释程序，使之更加容易操作。

①线上沟通。AUMA 网站提供了展会资料和日期、行业资料、实践提示和展会市场信息。从展会研究到成功监控的全部展会计划——细节的视角，为感兴趣的组织免费提供。

AUMA 展会数据库存有与德国境内和境外的 5000 个展会相关的资料。2014 年网站记录了约 236 万页面视图和 49 万网站访问者。2/3 的网站访问都表现为对英语、法语和西班牙语的展会数据库的诉求。数据库包括了德国的大部分展会，还包括日期、关键数据、访问者配置文件的精确数据，以及涉及展示潜在参展商和参观者何种展会能够达成其目标的参展观众的精确数据。展会数据库还提供大约 5000 个组织者、服务提供商、政府、展会组织和德国及其境外的统计公司等有关的展会数据。

②我的展会——展会数据跟踪。从 2010 年 AUMA 的展会数据已经可以在应用在移动设备上，2015 年起包括 IPhone 的安卓系统也可以使用。“我的展会”的使用者通过举办地和举办区域、主题、日期、组展商和行业等关键词搜寻展会信息。“我的展会”在 App Store 中有德语和英语两种语言，且可以免费获得。

③博客。2013 年，AUMA 开通了博客，会员能够对相关展会和参展展会的进程和经历发表评论。博客还为展览协会的工作提供了帮助和启发。博

客的目标是促进形成展会市场的一方，特别是展览公司、组展商、展会参展观众和服务提供商之间的多方对话。其中，已经有100多条评论被出版。

④Twitter。在Twitter频道中，以德语和英语发布的Twitter文已经超过了1200多篇。2015年初，追踪博客的人数增加到近1130位，其中大部分人都是组展商、协会和行业组织、媒体和展会服务提供商。

2014年5月27日，AUMA邀请了会展业界人士参加柏林夏洛腾堡宫举办的年会。

AUMA主席沃特·曼尼科斯（Walter Mennekes）对莅临的400多位来自组展商、合同承包商、展览公司、协会、政要和媒体等的贵宾表示欢迎。他表示，德国的会展业和组展商并非无所作为而是表现出众。他暗示政府，工业部应该向“海外展览计划”投入更多资金。项目中期预算大幅度增加的目标是最终扩大出口、就业和正在削弱的“德国制造”的品牌。

在之前的会员会议中，AUMA选择了两位新的董事会成员：伊莎贝拉·阿弗莱·霍尔斯特博士，达姆施塔特软件股份公司市场战略部高级副主席，作为联邦信息技术协会及电信和新媒体（BITKOM）的代表。罗兰·弗莱克博士，Nürnbergmesse有限公司常务董事，接替前任董事会成彼得·奥特曼成为该公司的常务董事。

（二）出席各种国际大会

（1）波哥大2014年UFI大会。UFI（国际展览业协会）年会于2014年10月29～31日在波哥大召开，300余位参会人员。彼得·内温作为AUMA常务董事和UFI协会委员会副主席出席了本次大会。马可·斯普林格——AUMA全球市场部总监、奥拉夫·班斯——拉丁美洲通讯员出席了本次会议。新任UFI主席和展览中心总经理安德烈斯·洛佩兹·巴尔德拉马在总结展览业在南亚次大陆的发展现状时指出，拉丁美洲并非一个展会市场，而是主要代表四个国家利益的区域化市场，即巴西、墨西哥、阿根廷和正在提升的哥伦比亚。他表示，即使是在美洲的相关展会中，来自于该地区的观众兴趣通过逐渐发展的展会，吸引了来自其他拉丁美洲国家的游客。发展展会的关键是培养职业化经理人。他认为，许多情况下这可以带来现代展览能力的提升。大会还开展了“适度竞争”的演讲和讨论的广泛计划。

此外，UFI 会议期间，众多委员会会议在地区成员和协会委员会中展开，彼得·内温博士再次当选副主席。下一届 UFI 大会于2015 年11 月4 ~7 日在米兰举办。

（2）印度尼西亚展览论坛。2014 年6 月12 日印度展览论坛在雅加达会展中心举行。来自展会组织者、服务提供商和政府机构的100 多位代表参加了本次由会展行业协会 ASPERAPI 组织的论坛。为期一天的讲座和网络活动展示了展会组织者和展馆经营者的运营能力，以及该国接待旅游的能力，据此促进了国内展会市场的进一步发展。

马可·斯普林格作为 AUMA 全球市场部总监出席了本次会议。应 ASPERAPI 的要求，他总结了有关亚洲德国展会组展商和参展商的情况，其中以东盟国家作为重点。

（3）中国会展经济国际合作论坛——昆明。以“加入—合作—共赢”为主题，力求扩大国际合作的中国世博会于2015 年1 月15 ~17 日在云南省省会昆明举办。500 多名中国会展行业、海外展会组织者和协会代表参加了本次活动。本次论坛是由中国国际贸易促进委员会联合 UFI、美国展览业协会 IAEE 和 SISO 共同举办。AUMA 全球市场部总监马可·斯普林格在国际讨论小组阐述了德国组展商的海外战略。迄今为止，德国组展商视中国为亚洲最重要的展会国家，其地理位置紧邻泰国和东盟的印度尼西亚。德国海外展会的另一个目标区域是巴西，包括拉丁美洲大陆上的其他国家。

（三）UFI 教育委员会

2014 年10 月30 日，在波哥大召开的 UFI 大会期间，贝蒂娜·罗森巴赫作为 AUMA 培训与继续教育的主管被选为 UFI 教育委员会副主席。该组织主席由菲耶拉基金会的恩丽卡·巴奇尼担任。委员会的任务是促进会展业国家间的培训和继续教育。

（1）2014 年国际暑期学校。2014 年6 月4 日到6 日，主题为会展管理的国际暑期学校第六期在科隆举办。来自17个国家的70位参与者和13位发言人参加了本次活动。本次活动得到了与全球展览业协会合作的科隆大学和AUMA的支持。科隆国际展览有限公司举办了主题为“参展观众的革命”的活动，而参展观众也成为讲座、研讨会和讨论小组的中心话题：如何唤起参展观众的兴趣，如何接触参展观众，如何满足参展观众的需求，以及如何改变他们的行为？

为期三年的活动期间，学界和业界的专家举行了有关会展业四大趋势的讲座，其中包括全球化会展业、社区管理、数字化和可持续发展。旨在以最好的实践例子和崭新的视角，促进会展行业的全面发展。

AUMA常务董事彼得·内温，总经理贝蒂娜·罗森巴赫和克里斯廷·赞德出席了本次活动。

（2）萨尔茨堡国际会展业研讨会。第46届国际会展业研讨会于2014年6月28日~7月1日在萨尔茨堡召开，来自奥地利、德国、意大利和瑞士的130位会展业专业人士参加了本次研讨会。会展业研讨会作为年度盛会汇集了奥地利组展商协会、瑞士世博协会和德国展会组展商协会等机构参加。该研讨会除了会展行为的主题演讲外，还包括身体语言、健康营养、边缘经验和领导能力等更加广泛的范畴。AUMA董事哈拉德·柯特（Harald Kötter）和马可·斯普林格及经理汉克·施威特（Heike Schöttle）出席了本次会议。2015年第47届国际会展业研讨会在莱比锡举办。

（四）AUMA出版物一览

《AUMA德国会展业回顾》（*AUMA Review-the German Trade Fair Industry*）。回顾了德国会展业的发展，以及AUMA作为会展行业协会所做的工作。德语版发行于每年6月份，英语版发行于每年8月份。

《德国展览业：现状、功能和前景》（*The German Trade Fair Industry Facts, Functions, Outlook*）2013年发行了更新过的德语版和英语第五版。

《服务于会展的AUMA》（*Portrait: AUMA-Serving the Trade Fair Industry*）和《AUMA使命、组织、会员介绍》2015年以德语和英语发行。

《德国会展业 2015 年数据》（*German Trade Fair Industry Figures 2015*）2015 年以德语和英语出版。

《“优质展会，德国创造”宣传片》（*Promotional Film-Trade Fairs Made in Germany*），该宣传片突出展现了会展作为营销推广所具有的优点，以及德国展会特殊的品质和效果。该短片的 DVD 时长 2 分 30 秒，有多种语言版本可供选择：德语、汉语、英语、法语、日语、葡萄牙语、俄语和西班牙语。

《世博会的建筑》（*World Expo Architecture*）作者是托马斯博士，由 AUMA 出版发行，432 页，2015 年德语版，售价 78 欧元。

AUMA 在线（AUMA Online）。可以从互联网获得 AUMA 提供的相关资源，包括四种语言版本的全球展会数据库、展会排期信息、支持项目、行业数据、职业培训和高级培训、研究报告、德国展览图书馆。

“我的展会”展会数据管理 App（MyFairs-The Trade Fair Data Manager as an App）。AUMA 展会数据资源包括德语和英语两个版本免费获取。支持 IOS7 和 Android 4.4 或更高的配置。

《展览媒体手册 2015》（*Mess Media Guide 2015*）。为媒体提供以下信息：展会、组展商、德国展览场地及联系方式。共 116 页，有纸质和 PDF 两个版本。每年以德语出版。

德国海外优质展会（German Trade Fair Quality Abroad）。这是德国组展商在德国境外举办展会的目录。内容涉及近 315 场展会的名称、日期、组展商的相关信息。每年 11 月份以德语和英语出版。

德国展会 2015/2016（Trade Fairs Made in Germany，2015/2016）。内容涉及德国境内国际性展会的日期、主要产品、数据和主题索引。每年秋季以阿拉伯语、汉语、英语、法语、德语、希腊语、韩语、葡萄牙语、俄语和西班牙语出版。

AUMA 实战小册子（*AUMA-Practice*）。“展会上的成功——第一部分：基础”向参展商提供了从选择展会到评估成功的详细信息。这个小册子附有大量的图片和 POWERPOINT 演示页面。AUMA 在 2014 年 1 月以德语和英语出版，仅在 AUMA 网站上提供。

AUMA 工具书（AUMA Toolbox）。内容涉及参展商参展的各个方面：获得展会成功的 10 个步骤、如何利用 AUMA 展会数据库、展会利益审核和核对清单。参见 toolboxauma. de。

AUMA 展会绩效检核（AUMA-Trade Fair Benefit Check）。该软件涉及展会计划、计算和评估，免费提供德语、英语、法语、西班牙语版本。演示视频指导如何使用本款软件。2010 年出版了视频 2. 3，仅在 AUMA. de 网站上提供。

七　德国展览业主要数据

（一）宏观经济意义

会展业是德国经济体系中最重要的服务产业部门之一。德国会展业在国际层面的排名同样位居前列。就营业额来看，世界十大展览公司有五个位于德国（见表 1、图 1、图 2）。

表 1　世界展览公司营业额（超过 1 亿欧元）

单位：百万欧元

公司名称	2014	2013	2012
励展博览集团(Reed Exhibitions)(英国)	1104. 0	1017. 0	1051. 0
智奥会展(GL events)(法国)	939. 4	809. 1	824. 2
博闻集团(United Business Media)(英国)	561. 1	546. 0	538. 9
法兰克福展览公司(Messe Frankfurt)(德国)	554. 2	544. 8	536. 9
杜塞尔多夫展览公司(Messe Düsseldorf)(德国)	411. 5	323. 0	380. 5
瑞士 MCH 展览集团(MCH Group)(瑞士)	373. 6	385. 5	323. 1
VIPARIS 国际展览公司(VIPARIS)(法国)	316. 0	297. 4	327. 6
慕尼黑展览公司(Messe München)(德国)	309. 4	353. 0	298. 4
汉诺威 Deutsche Messe 展览公司(Deutsche Messe)(德国)	280. 6	312. 0	251. 3
柏林展览公司(Messe Berlin)(德国)	269. 4	190. 0 *	246. 8
英富曼公司(Informa)(英国)	248. 7	196. 0	179. 0
米兰国际展览中心(Fiera Milano)(意大利)	245. 5	258. 1	263. 4
科隆展览公司(Koelnmesse)(德国)	231. 2	280. 6	227. 4
纽伦堡展览公司(Nürnberg Messe)(德国)	228. 7	192. 8	236. 0

续表

公司名称	2014	2013	2012
翡翠展览公司(Emerald Expositions)(美国)	225.4	132.9	138.4
香港贸发局(HKTDC)(中国香港)	225.2	163.4	155.7
英国国际贸易与展览集团(ITE Group)(英国)	223.7	229.4	216.5
英国 i2i 展览公司(i2i Events Group)(英国)	180.8	145.3	124.3
巴塞罗那展览中心(Fira Barcelona)(西班牙)	152.0	117.8	115.1
上海新国际博览中心(SNIEC Shanghai)(中国)	152.0	117.0	104.0
伯明翰国家展览中心(NEC Birmingham)(英国)	—	148.6	133.0
东京有明展览公司(Tokyo Big Sight)(日本)	—	140.8	176.1
斯坦加特展览公司(Landesmesse Stuttgart)(德国)	137.0	98.8	129.0
荷兰乌德勒支展览公司(Jaarbeurs Utrecht)(荷兰)	131.6	140.9	149.2
高美艾博展览公司(Comexposium)(法国)	129.3	117.5	145.8
德马吉展览公司(Dmg Events)(英国)	128.0	103.8	111.8
博洛尼亚展览集团(Bologna Fiere)(意大利)	120.0	109.9	114.0
阿姆斯特丹 RAI 国际展览公司(Amsterdam RAI)(荷兰)	119.7	116.6	134.7

注：带 * 号的数据为初步统计结果（preliminary）。

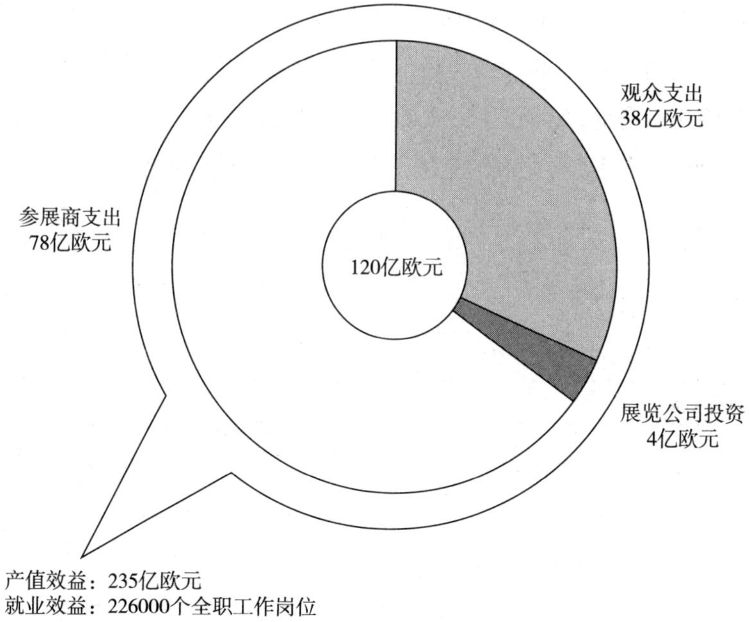

图 1　德国展览业平均的多重经济影响分析（2005～2008）

数据来源：AUMA2009。

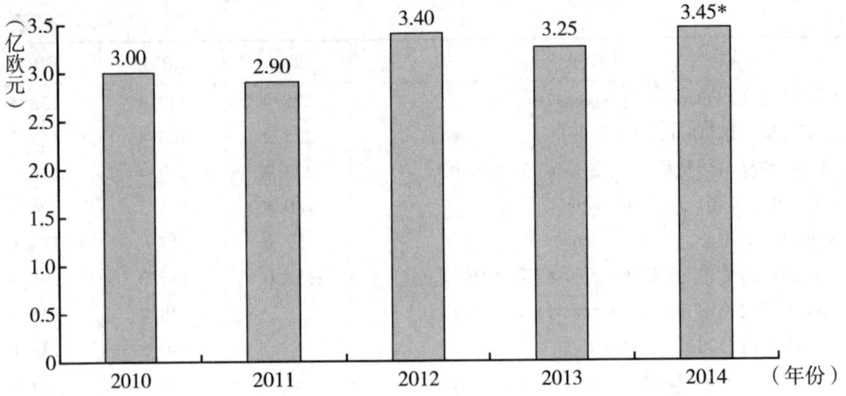

图2　德国组织国际性和区域性展会活动的展览公司的营业额（包括国外展会、会议及服务）发展趋势

* 为初步统计数据。

（二）国际和全国性展会

德国作为会展集聚地，在举办国际性展会方面是全球领导者。世界上位居领导地位的各种门类的展会，近三分之二是在德国境内举办的。

尽管面临不确定的经济形势，国际性和全国性的展会依然再次出现了增长，甚至日益激烈的营销媒介之间的竞争，也几乎没有影响德国展会（见图3、图4）。

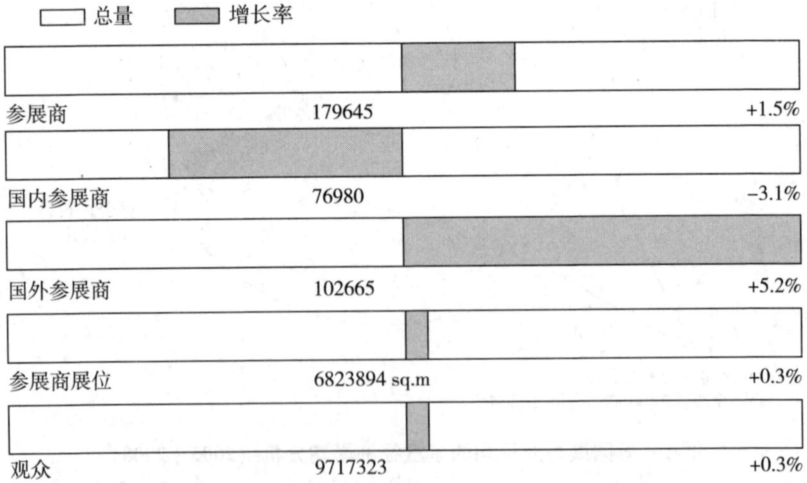

图3　2014 年德国 176 场国际性/全国性展会、活动与往年展会基本数据对比

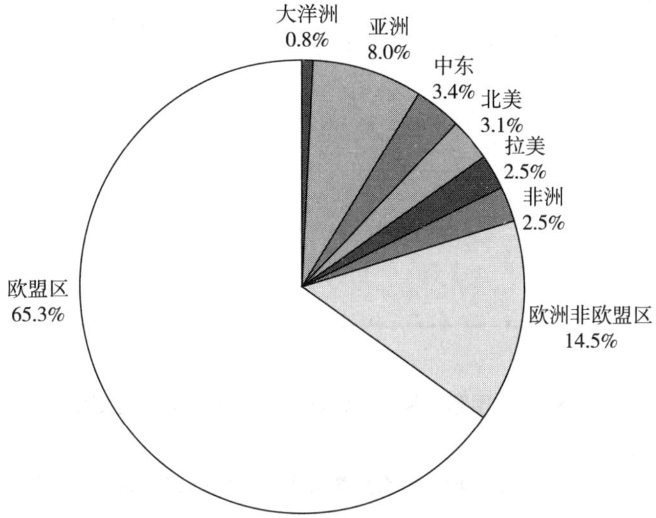

图 4　AUMA 国际性和全国性展会活动的外国参展商数据结构

德国 23 个展览中心可用于举办国际性交易会和展览的展厅共有近 280 万平方米。其中，有 10 个展厅超过 100000 平方米，另有 5 个展厅超过 50000 平方米。预计在接下来的几年内，展厅面积将不会有显著的增加（见图 5、图 6、表 2）。

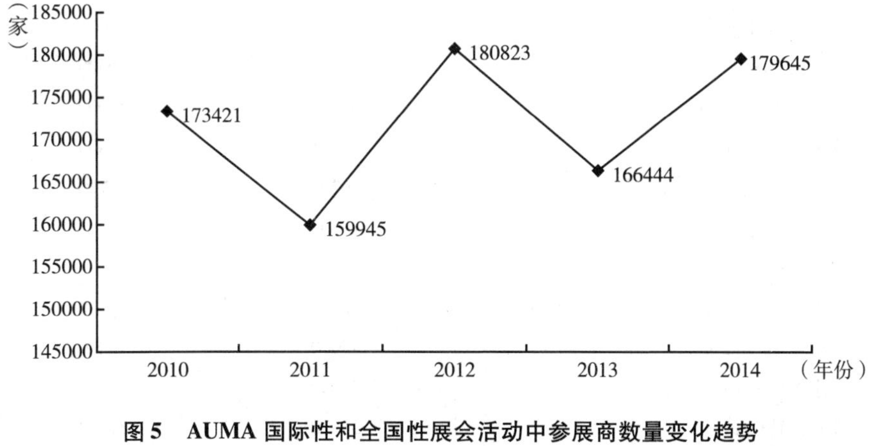

图 5　AUMA 国际性和全国性展会活动中参展商数量变化趋势

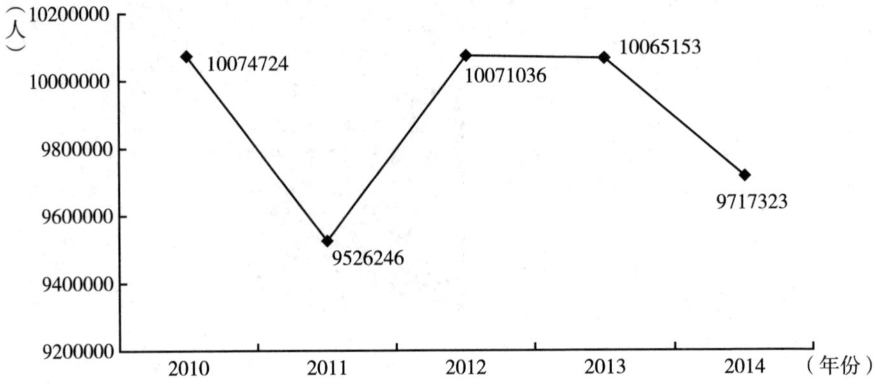

图 6　AUMA 国际性和全国性展会活动中观众数量变化趋势

表 2　2015 年德国各城市展览馆展能面积

单位：平方米

城市展馆	室内展位面积	户外展位面积
汉诺威(Hannover)	463275	58000
法兰克福(Frankfurt/M.)	366637	96078
科隆(Cologne)	284000	100000
杜塞尔多夫(Düsseldorf)	262218	43000
慕尼黑(Munich,Exh. Center)	180000	425000
柏林(Berlin,ExpoCenter City)	170000	157000
纽伦堡(Nuremberg)	170000	50000
莱比锡(Leipzig)	111300	70000
艾森(Essen)	110000	20000
斯图加特(Stuttgart)	105200	40000
汉堡(Hamburg)	86465	10000
腓特烈港(Friedrichshafen)	86200	15160
巴特萨尔佐夫伦(Bad Salzuflen)	78000	
多特蒙德(Dortmund)	59735	
卡尔斯鲁厄(Karlsruhe,New Exh. Center)	52000	62000
奥格斯堡(Augsburg)	48000	10000
不来梅(Bremen)	39000	100000
爱尔福特(Erfurt)	25070	21600
奥芬堡(Offenburg)	22570	37877

续表

城市展馆	室内展位面积	户外展位面积
弗莱堡（Freiburg）	21500	80000
奥芬巴赫（Offenbach）	21000	—
柏林（Berlin，ExpoCenter Airport）	20000	57000
明斯特（Munster）	20000	10000
开姆尼茨博览会（Chemnitz Messe）	11000	8000
伊达尔—奥伯施泰因（Idar-Oberstein）	6000	1000
胡苏姆（Husum）	5200	40000

注：数据截至2015年1月1日；依据AUMA的国际和全国性会展活动分类，统计范围包括至少举办了一次此类会展活动的展馆。

（三）区域性展会

针对区域性观众举办的贸易展和消费类展会的密集网络，使国际性和全国性展会获得了有益的补充。每年大约50000家参展商和600万观众参加了这些展览活动。一些特殊的展会以前也被归入区域性展会类别，2010年开始，我们开始将它们分开考察（见图7）。

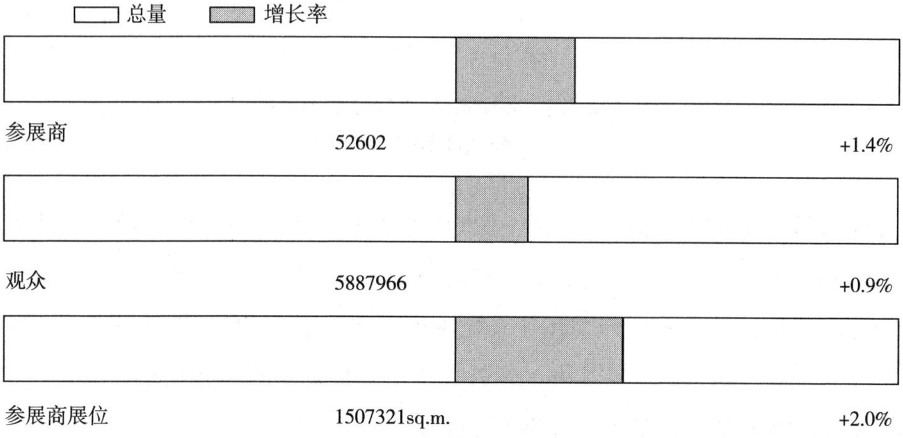

图7　德国2014年154场区域性展会/活动数据与以往对比

（四）海外展览计划

除了参与在德国本土举办的展览活动，德国企业还广泛利用海外的展会以促进出口贸易。尤其是对于小型和中型企业而言，德国联邦经济事务与能源部的“海外展览计划”成了一种重要的市场推广工具（见图8）。

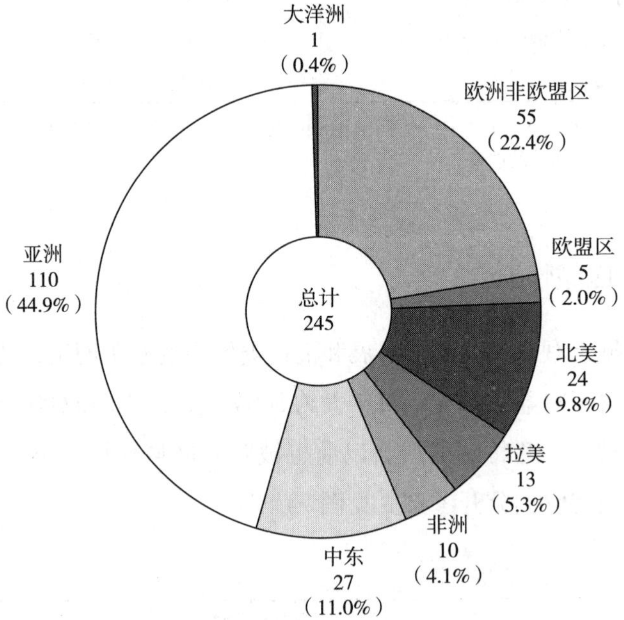

图8　德国联邦经济事务与能源部统计的海外展览计划的地区分布

AUMA 和 FAMA 的组展商会员每年都在海外重要的发展中地区举办近300场展会，特别是亚洲、北美、南美和东欧。德国本土顶级展会经久验证的经营理念被最大限度地应用于选定的海外市场。在2008年经济危机引发的衰退之后，德国组展商举办的海外展会主要数据一直都在增长，未来这一趋势有可能继续保持下去（见图9～12）。

德国组展商所组织的海外展会中，超过50%的展会举办于南—东—中亚。但欧洲特别是俄罗斯同样具有举足轻重的地位。

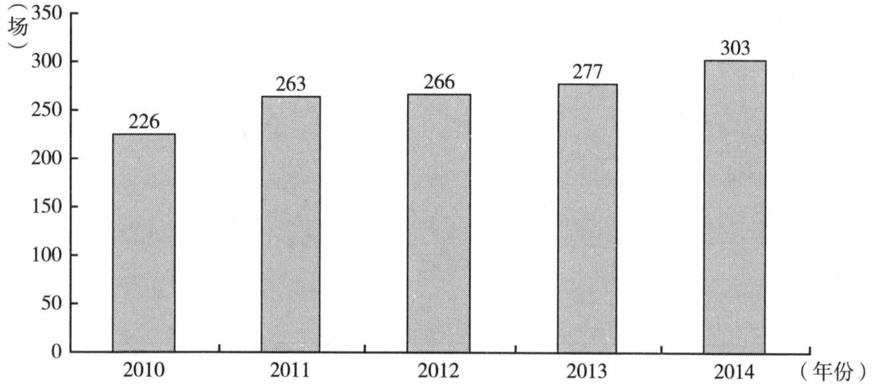

图 9　德国组展商举办的海外展会数量变化趋势

* AUMA and FAMA members.

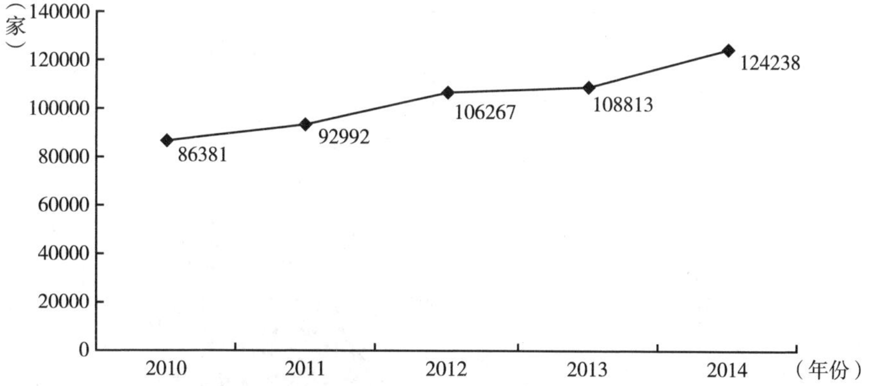

图 10　德国组展商举办的海外展会参展商数量变化趋势

* AUMA and FAMA members.

（五）全球竞争中的德国展会

德国会展活动的主要竞争对手仍然是那些举办于美国和西欧的展会。一般来说，它们的规模仍然比德国境内的国际性展会小得多（见图 13）。

世界各大展览中心展能面积。世界上最大的 6 个展览中心，其中的 4 个位于德国。世界上展厅面积超过 100000 平方米的展馆有 52 个，其中

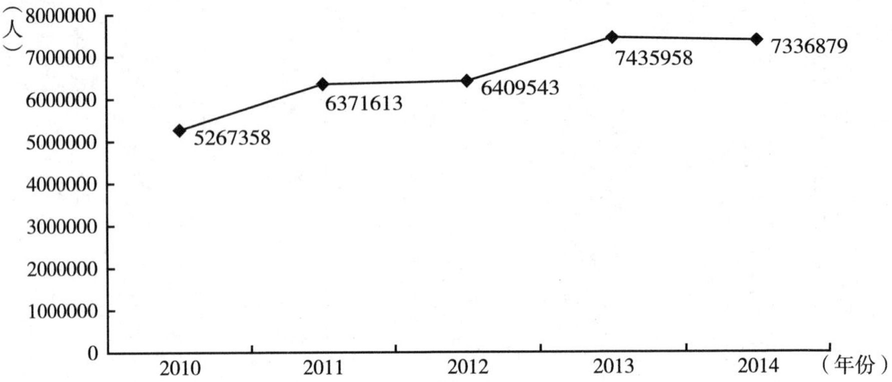

图 11　德国组展商举办的海外展会观众数量变化趋势

* AUMA and FAMA members.

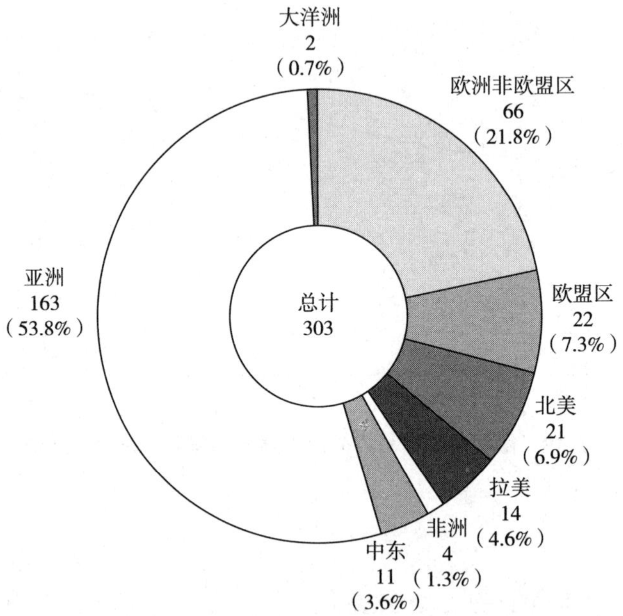

图 12　德国组展商举办的海外展会地区分布

的 17 个位于欧洲之外，这 17 个中有 8 个位于中国。35 个欧洲展览中心的面积超过了 100000 平方米，31 个位于西欧，4 个位于中东欧（见表 3）。

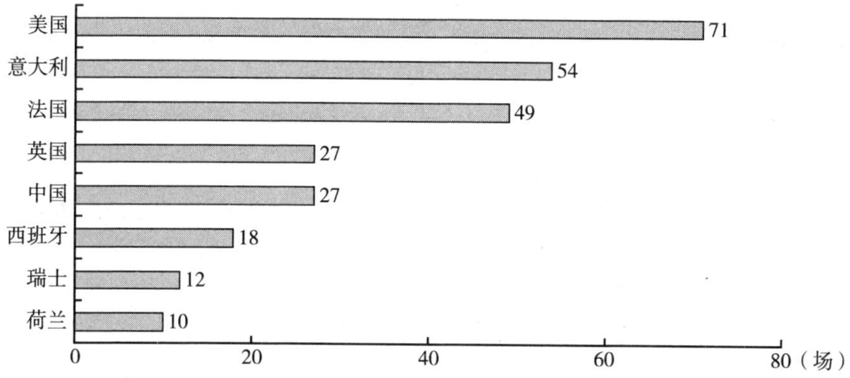

图 13　德国国际性展会的外国竞争对手的国家分布

表 3　2015 年世界各大展览中心展能面积

名　　称	面积（平方米）
汉诺威展览中心（Hannover Exhibition Grounds）	463275
法兰克福展览中心（Frankfurt/Main Exhibition Grounds）	366637
米兰展览中心（Fiera Milano）	345000
中国进出口商品交易会展馆（China Import & Export Fair Complex Guangzhou）	340000
科隆展览中心（Cologne Exhibition Grounds）	284000
杜塞尔多夫展览中心（Düesseldorf Exhibition Grounds）	262218
巴黎北维勒班特会展中心（Paris Nord Villepinte）	242582
芝加哥麦考密克展览中心（McCormick Place Chicago）	241549
巴塞罗那展览中心（Fira Barcelona Gran Vía）	240000
瓦伦西亚展览中心（Feria Valencia）	230837
巴黎展览公司凡尔赛宫展览中心（Paris Porte de Versailles）	227380
莫斯科 Crocus 国际展览中心（Crocus Expo IEC Moskau）	226399
重庆国际博览中心（Chongqing International Expo Centre）	204000
伯明翰国家展览中心（The NEC Birmingham）	201634
博洛尼亚展览中心（Bologna Fiere）	200000
马德里展览中心（IFEMA Feria de Madrid）	200000
上海新国际博览中心（SNIEC Shanghai）	200000
橙县展览中心（Orange County Convention Center Orlando）	190875
拉斯维加斯会议中心（Las Vegas Convention Center）	184456
新慕尼黑展览中心（Munich Exhibition Center）	180000
纽伦堡展览中心（Nuremberg Exhibition Center）	170000

续表

名　　称	面积（平方米）
柏林城市展览中心（Berlin ExpoCenter City）	170000
维罗纳展览中心（Veronafiere）	151536
国家会展中心（上海）[National Exhibition and Convention Center（Shanghai）]	150000
武汉国际博览中心（Wuhan International Expo Center）	150000
巴塞尔展览中心（Messe Basel）	141000
曼谷 IMPACT 会展中心（IMPACT Muang Thong Thani Bangkok）	140000
全俄展览中心（VVC Moskau）	132720
佐治亚世界会议中心（Georgia World Congress Center Atlanta）	130112
布尔诺国际展览中心（BVV Brno）	121314
休斯敦 Reliant 中心（Reliant Park Houston）	120402
莱万特展览中心（Fiera del Levante Bari）	120000
义乌国际展览中心（Yiwu International Expo Center）	120000
罗马展览有限公司（Fira Roma）	118910
巴塞罗那展览公司 Montjuic 展览中心（Fira Barcelona-Montjuic）	115211
布鲁塞尔展览中心（Brussels Expo）	114445
法国里昂全欧会展中心（Eurexpo Lyon）	114275
莱比锡展览中心（Leipzig Exhibition Centre）	111300
埃森展览中心（Essen Exhibition Centre）	110000
新加坡展览中心（Singapore Expo）	109187
里米尼展览公司（Rimini Fiera）	109000
首尔 KINTEX 展览中心（KINTEX Goyang/Seoul）	108049
毕尔巴鄂国际展览中心（BEC Bilbao Exhibition Centre）	108000
日内瓦 Palexpo 展览中心（Palexpo Genf）	108000
波兹南国际展览中心（Poznan International Fair）	107654
北京新中国国际展览中心（New China International Exhibition Center Beijing）	106800
斯图加特展览中心（Messe Stuttgar）	105200
沈阳国际展览中心（Shenyang International Exhibition Center）	105200
中国深圳会展中心（Shenzhen Convention & Exhibition Center）	105000
新奥尔良厄尔斯特 N. 莫里尔会议中心（Ernest N. Morial Convention Center New Orleans）	102230
伦敦国际展览中心（ExCel London）	100000
帕尔玛展览中心（Fiere di Parma）	100000
乌德勒支 Jaarbeurs 会展中心（Jaarbeurs Utrecht）	100000

注：截至 2015 年 1 月 1 日。

B.13

国际会议业发展动态

中外会展业动态评估研究报告课题组*

摘　要：随着信息技术的持续发展与经济实力的不断提升，国际会议已经成为当代社会沟通、交流、研讨及决策的核心手段之一。会议业作为会展业的分支之一，由于其人、物、资源等不同主体的现场聚集特性，对会议召开城市、会议场所及周边的软硬件设施都提出了较高的要求。本文以ICCA（国际大会及会议协会）官方的年度报告数据为基础，从分布状况、数量变化、跨度差异等不同维度对全球会议业近年来的发展状况进行动态评估，以求为会议产业研究与大会展理论的充实丰富提供内容支撑。

关键词：会展研究　会议业　国际会议　会议国家　会议城市

一　国际会议市场

（一）市场细分

国际会议市场有许多细分标准，包括会议规模、参会人员类型、会议目

* 该部分报告编译自ICCA的三个报告，分别为："Modern History of International Association Meetings 1963 - 2012"（http：//50years. iccaworld. com.），"ICCA Country & City Rankings 2015"（http：//www. iccaworld. com/cnt/files% 5CPR/ICCA2015% 20rankings% 20infograph. png.），"Stastics Report 2014"（http：//www. iccaworld. com/cdps/cditem. cfm? nid =4036.）；编译者为张敏、靳佳佳、聂鑫焱、狄丹。本文为国家社科基金规划课题"全球化视野下国际会展业发展比较研究"（13BGL086）的阶段性成果。

的等。然而，对于会议服务商而言，国际会议市场细分的主要标准是会议的发起者，究其缘由，会议发起者决定了会议的组织类型和所需的配套服务，从而使会议的参与者在直接与间接的感受上呈现差异，展示个性。

按照这一标准，国际会议市场可分为公司发起的会议和非公司发起的会议两个基本大类，公司会议由公司内部会议、外部会议、内外部结合会议三类组成，而非公司会议通常被统称为协会会议，又包括了国际政府间组织会议和国际非政府组织会议（见图1）。

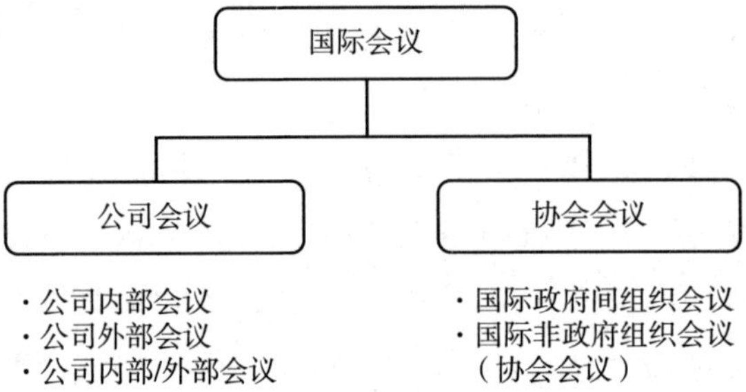

图1　国际会议分类

国际大会及会议协会（International Congress and Convention Association，ICCA）作为全球国际会议最主要的机构组织之一，在国际协会会议市场有最强的专业性与权威性，通过对协会会议市场的研究，可以为其他会议细分市场提供有效借鉴与帮助。

本文的研究对象均来自ICCA官方报告数据，如无特别说明，其中的会议均为协会会议。

（二）角色特征

协会会议市场覆盖专业广泛、涉及领域全面，医药（最大的细分市场）、科技、学术研究、商贸机构、专业团体、社会集团均被囊括其中。在规模、资金、持续时间及复杂程度等不同维度上，各种类型的协会会议显示出较大的差异，同一类型的协会会议之间也不尽相同。但综观全局，协会会议市场仍然拥有共同特点。

①拥有专业组织，几乎每个“专业”领域都有自己的协会，组织一定数量的会议；②遵循特定周期，大部分协会按周期召开会议，如年会、双年会议等；③较高灵活程度，协会会议的举办地（目的地）经常变换，短期内一般不会在同一个地方连续举办两次会议；④依托本地机构，协会在各地的分支机构（如国家级协会）往往是协会会议的发起者，如分支机构在本地主办会议有困难，协会会议就很有可能选择到其他地方召开；⑤筹备周期较长，协会会议的筹备期通常较长，有的需要五年甚至更长的时间；⑥招标程序多样，有的会议决策过程不包括正式招标程序，而是由“核心发起人”根据预先设定的严格条件来选择目的地和场馆。预计这一比例将会增长，目前非正式招标的会议在数量上占比25% ~30%，仍为少数。

据估计，全球定期召开的协会会议大约有24000个，其中80%的协会会议都被ICCA收入了协会数据库。

（三）国际协会会议：招标和抉择

任何国际协会都希望改进招标和抉择方法，而ICCA每年都会出一份会议市场的数据报告，以期激励国际协会组织优化对会议目的地的遴选过程，将更加丰富的变量纳入考察范围，作出专业决策，为从多方面考量会议及活动目的地提供了指导性帮助。

（四）国际会议信息的其他来源

国际协会联合会（Union of International Associations，UIA）同样也对国际会议市场进行分析。不过，UIA采用的会议标准不同于ICCA。

出于年度数据统计的需要，UIA对“国际会议”的定义包括以下标准中的一条或两条。

A. 会议由UIA年鉴所载国际机构组织或发起；与会者至少50人，或与会人数未知。

B. 会议不是由“国际机构”组织或发起，然而具有明显的国际化特征，如由全国性组织或国际组织的分支机构发起；与会者至少有40%来自主办国以外的其他国家，至少来自5个国家；最短会期是3天或持续时间未知；会议同时举办展览会，或至少有300个参加者。

C. 会议不是由“国际机构”组织或发起，然而具有明显的国际化特征，如由全国性组织或国际组织的分支机构发起；与会者至少有40%来自主办国外的其他国家，至少来自5个国家；最短会期是2天或持续时间未知；会议同时举办展览会，或至少有250个参加者。

所有B类会议在统计C类会议时也被统计在内，反之则不然。

被UIA排除在外的会议有：①纯粹的全国性会议和完全是宗教的、政治的、商业的或体育性质的会议；②严格限制参会资格的会议；③公司会议和奖励会议。

ICCA和UIA的统计中有相当一部分协会活动出现重叠。它们对会议市场所持观点的最大不同在于，UIA认定的协会活动包括那些固定在某一个地方举办的活动，而ICCA认定的协会活动必须在至少三个国家间轮流举办。UIA的A类活动同时也包含了政府间与跨国会议（例如，欧盟与联合国这样的机构所举办的会议）。

值得注意的是，自2010年初起，ICCA和UIA在统计数据上达成了合作：通过UIA数据库的进一步充实，ICCA协会数据库中5000个定期召开的会议有了更加权威与专业的资料基础，为筹办更加高效、优质的会议提供了保障。

二　1963~2012年协会会议市场

一般而言，ICCA于每年七月发布一份上年举办国际协会会议的国别以及市别排名，2013年正值ICCA自1963年创办的第50个年头，这一年，ICCA发布了一份70页涵盖1963~2012年半个世纪国际协会会议市场数据统计的特别报告——《1963~2012年现代国际协会会议史》[①]。报告以ICCA

① ICCA. A Modern History of International Association Meetings 1963 - 2012. http: //50years.iccaworld. com.

协会数据库为基础，包含了国际协会组织定期举办的所有会议，并且这些会议至少是在三个国家间轮流举办的。由于 ICCA 协会数据库是作为销售与市场资源设计的，目的在于帮助其成员确认未来的国际协会会议，因此它将一次性举办的会议或不变换目的地的会议排除在外，以尽力排除偶然数据的影响，从而增强数据的现实指导性。

报告显示，总体上，国际协会会议每 10 年固定增加 100 个，在过去的半个世纪里持续增加。具体而言，在过去的 50 年里，国际会议业的发展呈现出以下几个主要特征。

（一）会议数量持续提升

表 1 为过去 50 年的汇总数据（五年为一单位）。数据显示，自 1963 年以来，协会会议数以每年 10% 的涨幅增长，这意味着会议的数量每 10 年翻一番。1963 ~ 2012 年国际协会会议数量共 173432 场。其中有 1795 场（1%）会议发生在 1963 ~ 1967 年，有 54844 场（31.6%）发生在 2008 ~ 2012 年，即便在全球经济放缓的大环境下，这种指数增长模式仍在继续保持。

表 1　1963 ~ 2012 年国际协会会议量（5 年为一单位）

单位：场

1963 ~ 1967 年	1795	1993 ~ 1997 年	16861
1968 ~ 1972 年	2695	1998 ~ 2002 年	25535
1973 ~ 1977 年	4057	2003 ~ 2007 年	40823
1978 ~ 1982 年	5977	2008 ~ 2012 年	54844
1983 ~ 1987 年	8585	总量	173432
1988 ~ 1992 年	12260		

（二）会议目的地成为新增长点

在过去的 50 年间，举办国际协会会议的国家比国际会议量增长得多。1970 年，成员国/会议的比例大约在 1∶3，然而到了 2012 年，比例为 1∶12。

纵观这半个世纪的数据，协会会议的目的地已经成为会议的增长潜力所在。并且在未来的几十年里，会议市场的目的地潜力呈现出持续增加的趋势。

（三）欧洲始终是最受欢迎的会议目的地

在过去的50年里，欧洲始终是最吸引会议的目的地。尽管如此，欧洲的市场份额已经从1963～1967年的72.3%缩减到2008～2012年的54%。与此同时，亚洲/中东几乎是欧洲的一个反镜，地区受欢迎程度上升：1963～1967年，亚洲/中东的市场份额已经从8.2%增长到18.2%；同期拉丁美洲的市场份额从4.2%增长到10%；尽管北美总是时起时落，但仍然是三个最受欢迎的地区之一。非洲和大洋洲的市场份额都在波动，且非洲的市场份额在过去的25年里总体呈增长态势。

（四）美国仍是举办会议首选国家

截至2013年8月，在过去的50年里，美国仍是世界上最受欢迎的国际协会会议目的地。德国在过去的15年间稳居第二。除了美国、德国外，法国、意大利、英国（按字母顺序排列）等几个国家一直位居前十。与此同时，在排名前十的国家中，中国、巴西和西班牙的增长尤其显著。

（五）欧洲城市排名靠前，亚洲城市异军突起

在热门会议城市的排名中，维也纳于2005～2013年始终排名第一，然而，实际上在过去的30年里，巴黎确实也举办了更多的会议。对于这一现象，ICCA的解释是：巴黎的很多会议在举办2年、3年或4年后才被纳入ICCA的统计，然而大多数维也纳会议在举办一年后便即刻纳入数据统计中。这体现了及时为ICCA提供会议信息的重要性，否则，就有可能错失ICCA每年报告所提供的大的公关和营销机会。

展望区域态势，像新加坡、北京、首尔这样的亚洲城市毫无疑问地出现了大跃进。在排名前10的其他城市中，巴塞罗那、柏林和伊斯坦布尔发展尤为迅速。

（六）会议数量增加的同时规模逐渐变小

会议规模方面，国际协会会议规模呈现出越来越小的特点：从最初的1963～1967年平均参与者数量1253人下降到2008～2012年的424人，尽管如此，在过去的十年中，参与者数量减少的比例还是比会议数量的增长率要低得多。

近十年来，小型会议（参加人数多于50人，少于250人）的市场份额迅速扩张：过去的五年相较于1963～1967年，小型会议（50～149人）的比例已经从9.4%飙升到34.8%；50～249人的会议比例从12.5%增加到21.5%；与此同时，500人次以上的会议数量大幅下降。因此，在过去的半个世纪中，虽然会议的规模呈缩减态势，但数量却在增长。

根据统计，在过去的五年里，欧洲与会人数市场占有率为50.4%，而同时期其会议数量又占该地区的54%。亚洲/中东、北美和拉美地区这个数字等同于该区所有的国际会议市场份额。此市场份额相对于亚洲/中东而言，北美和拉美地区的会议数量和与会人数的市场占有率更高。这意味着欧洲的会议规模相对更小。

尽管会议规模越来越小，但仍可以看出组织者、与会者的变化情况：在过去的50年里，美国凭借会议组织数量排名第一攀升到一个相对稳定的核心地位，其中，2008～2012年，美国主办会议估计参会总人数为1848110人。德国和西班牙在同一时期吸引了100多万个国际协会与会者，分别排在第二位和第三位；在前20名中，巴西、中国、韩国、土耳其、葡萄牙发展势头强劲。

（七）多种因素共同作用

周期缩短：国际协会会议的一个明显走向就是会议周期的缩短：1963～1967年的统计数据显示，在这五年间，每个会议平均持续时间为6.3天；2008～2012年的数据显示，在这五年间，每个会议的平均持续时间跌落至

3.8 天。

频次稳定：在过去的 50 年间，年度会议增长明显。从 1963～1967 年的 34.1% 升至近五年的 57.6%，占据会议市场的一大半，因此可以推论，双年会或者以上的会议在相对逐渐减少。

酒店会议设施使用率提升：在过去的 20 年中，酒店会议设施的使用率逐渐提升，而会议/展览中心的使用率相对降低，这是由于与会者人数的减少以及会议规模的缩小。尽管使用率降低，但会议/展览中心仍然是第二大最受欢迎的会议场地；此外，院校作为会议场地的选择越来越受到欢迎；其他场馆（包括城堡、船只、剧院等）的使用率保持相对稳定。

主题集中：纵观 50 年间的主题，科技会议发展势头最好，从头五年的 6.2% 一跃升至 14.5%。而医疗科学一直是最受欢迎的主题，虽然此类主题的会议量在过去的 50 年间持续增加，但是相对受欢迎程度却在近十年间降低；同样的境遇也体现在第三大受欢迎的主题——科学，在过去的 40 年里科学曾是第二大最受欢迎的主题，但是在近十年里其位置却被科技主题取代。此外，生态环境类会议数量增加明显，但是农业类和体育休闲类会议的数量呈下降趋势。

费用支出：ICCA 对于会议费用的统计始于 1993 年。在 1993～1997 年五年的数据统计中，平均每位与会者每场会议注册费用为 429 美元，而 2008～2012 年人均会议注册费用升至 533 美元，增幅较小。

ICCA 数据库统计的总费用数据显示：1993～1997 年会议的合计总收入为 41 亿美元，合计总支出为 188 亿美元；而到 2008～2012 年，会议总收入与总支出同步增长了三倍，分别为 124 亿美元和 564 亿美元。

三　2014年协会会议市场[①]

2014 年，ICCA 进入其创建后的第 51 个年头。而在过去的 50 年里，

① 数据来源：ICCA Statistics Report 2014，http://www.iccaworld.com/cdps/cditem.cfm?nid=4036；ICCA 于2015年进行了数据排行的部分更新，笔者会在后文中单述。

ICCA 的会员数量逐年增长，其权威性、专业性、系统性方面也取得了更加显著的进展。在本部分中，课题组依据 2014 年 ICCA 国际协会会议市场报告，结合不同国家、地区及城市的特性对协会会议市场进行探究与分析。

（一）全球排名

1. 国别会议数量排行

（1）总体态势：大跨度、高聚合、强指向。

会议业在全球范围内展示出了大跨度、高聚合、强指向的特征。以纳入 ICCA 统计的全球国际会议数量国家排名数据作为样本，2014 年全球共举办国际会议 11505 场。纵观排行榜的全貌走势图（由于篇幅限制，横坐标轴中刻度标志国家为间隔显示），我们可以发现以下几个特征。

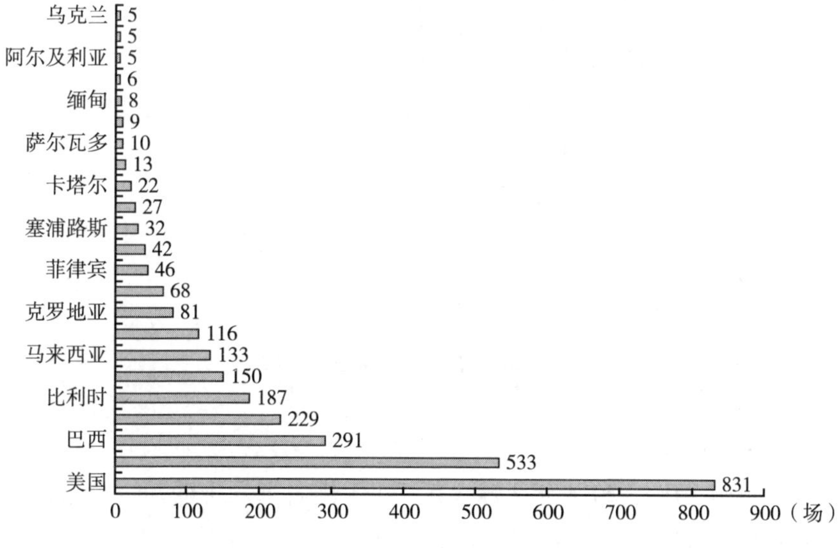

图 2　全球会议举办国家排名情况

注：由于篇幅限制，本部分数据选取了 2014 年 ICCA 国际会议市场国家排名第 1、5、10、15 位，以此类推，共 23 个国家样本。

场次跨度巨大。从图 2 可以看出，全球协会会议举办场次从首位的 831 场，到排名第 100 位的 5 场，在数量上相差 160 倍有余，分布极不平衡；在频率上，按照全年365天来进行计算，最高频率的为平均每天3场会议同时进行，而最低频率则为近3个月才有1次会议。

地区分布平均差异逐步加大。2013年，各国虽然在举办会议的数量上差异巨大，但从地区分布来看呈现出较为均衡的分布态势；但2014年数据显示，全球会议业差距逐步拉开，欧洲遥遥领先，分得全球会议半壁江山；拉美、北美地区与亚太、中东地区会议数量呈现等量态势；而非洲地区在全球会议市场上的份额下降明显，由22%直跌至3%（见图3）。

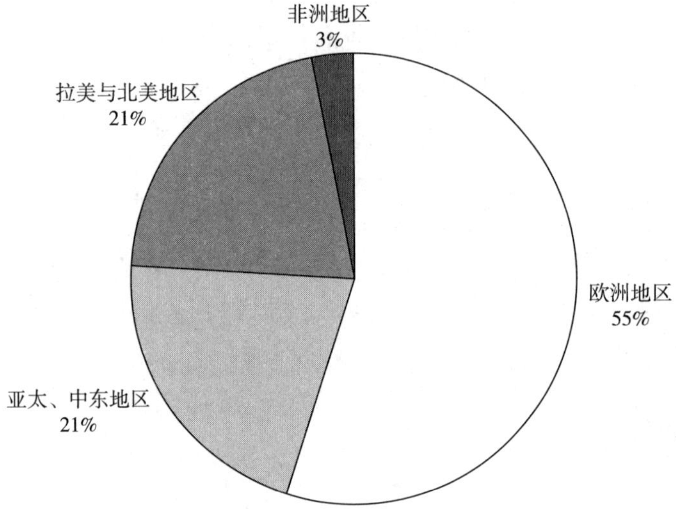

图3 2014年全球会议地区分布

（2）十强国家。

与2013年相比，2014年全球会议TOP3排名未发生变动：美国作为世界经济最发达国家，在国际会议市场上一如既往拔得头筹，以全年831场次位居全球排行榜的首位；紧随其后的是会展业大国德国，以659场次位居第二；排行榜中的第三位则属于西班牙，全年举办578场次；原居第五的英国以543场次挤掉法国位居第四位；而法国以10场之差（533场）位居第五位；意大利、日本、中国仍保持之前顺序，居第六、七、八位。其中意大利全年会议量为452场；中国则以5场之差的332场次紧随日本成为榜单第八名，维持了全球会议业十强国家的地位；荷兰以 307 场排名第九，巴西以全年 291 场成为第十名（见图 4）。通过对世界会议强国前十名进行分析，可以得出 2014 年的世界会议产业特点。

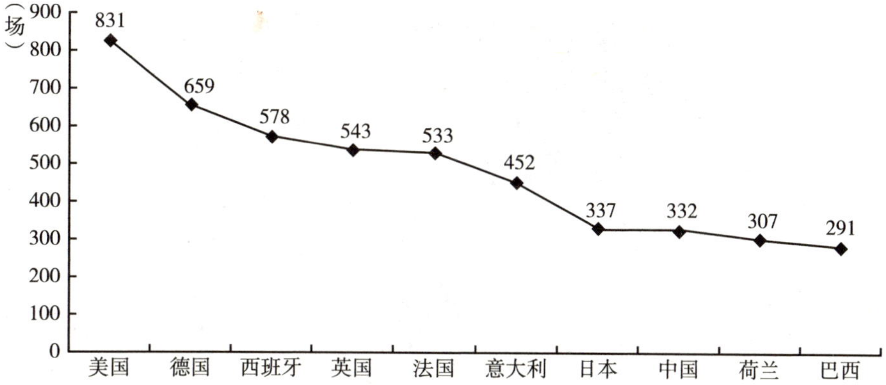

图 4　2014 年全球会议 TOP10 国家

欧洲领跑：在十强国家中，共有六个国家来自欧洲，两个国家来自亚洲，北美洲与南美洲各有一个国家上榜，说明欧洲在会议业上具有绝对的优势，会议业分布与国家经济实力具有很强的关联性。

阶梯分布：十强国家数量呈现出阶梯状分布的特点，从美国、德国开始，第一平台出现在第四名英国处，第二平台出现在日本处，这表明全球会议十强国家彼此间的会议数量并非均匀拉开，而呈现出有松有紧的间距。

（3）百场次以上国家。

十强之外的国家，其全年的会议场次已降至 300 场之下：从澳大利亚的 287 场，到爱尔兰的 108 场，可以看出，全球年度国际会议量达到百场以上的国家主要来自欧洲地区、亚太与中东地区、拉美与北美地区及非洲地区，共 37 个国家（见图 5、图 6）。通过归类可以发现：由于四大区域在全球国别会议市场所占数量份额与前一年相比呈现出阶梯差距态势，故百场次以上国家数量的多少就直接影响了区域比例。欧洲地区百场次以上国家为 20 个，占到整个欧洲市场的 54%；亚太与中东地区百场次以上国家共 9 个，占据区域市场的24.32%；拉美与北美地区百场次以上国家共7个，占据区域市场的18.9%，而非洲地区只有一个国家在百场次以上，以2.7%成为百场次地区中比例最低的。

图5　百场次以上国家的地域分布

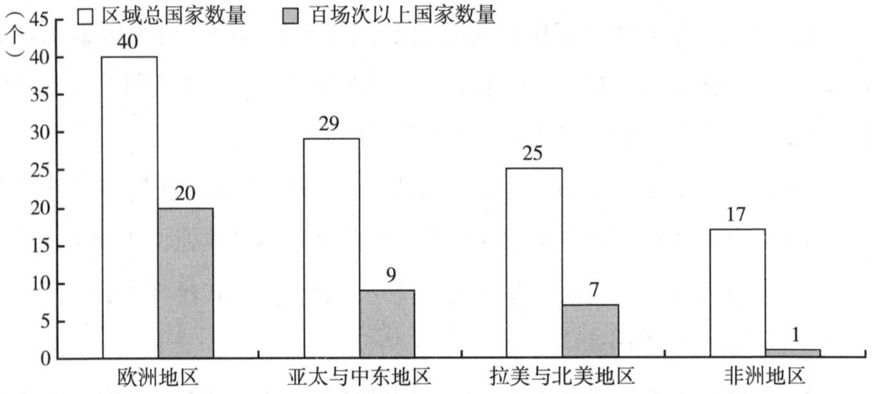

图6　百场次以上国家、区域分布

上述比例数值表现出区域会议产业的整体活跃程度：比例越高，表明相应区域举办的会议场次越多。而区域内举办百场以上会议的国家数量则表明了该区域会议产业的集散程度，数量越多，表明该区域内会议的选址越具有聚向性，即该国家在本地区拥有较强的竞争力，而数量越少则表示该地区会议产业的集聚性较低，呈现出市场的分散化。例如，非洲地区，虽然全地区共17个国家曾举办会议，但举办百场以上的仅有南非共和国一个国家，南非成为非洲会议市场的集中指向地点。

2. 市别会议数量排行

（1）整体概况。

2014年全球城市会议数量的排行榜纳入了365个会议城市的统计数据，图7是按照城市会议量，根据30位次的梯度差，将部分城市的会议场次依次列入图中后形成的走势图（由于篇幅限制，横坐标轴中刻度标志国家为间隔显示），从该走势可以看出，市别会议分布呈现出以下几个特点。

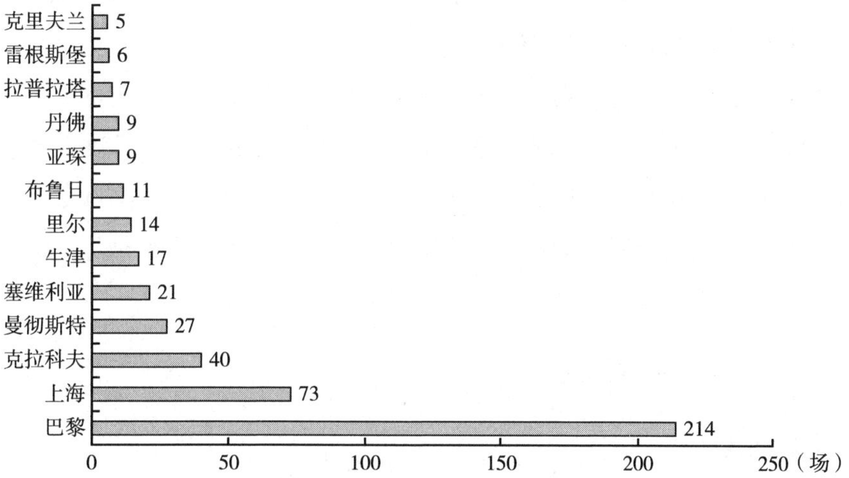

图7　市别会议排行分布

会议城市与会议国家呈弱相关态势：国别会议数量排名较高的国家，具有较强的发散性，其会议分散于不同的城市，而部分国家由于高度的会议城市集中性，城市会议数量的排行与国别会议数量排行出现较大差异。同时鉴于部分会议会选择多个城市同时或连续进行，所以在会议场次上，会议城市与会议国家并未形成强烈的对应关系。

前紧后松、变化较大：从排行榜第一位巴黎到第14位中国北京，是年会议量百场次以上的会议城市，形成第一梯队城市群；而从排名第15位首尔开始，到排名第58位的日内瓦，降幅达到58场，形成第二梯队城市群；

而从41场到5场的降幅则涉及361个城市，形成第三梯队城市群。由此可见，三个梯队与会议国家呈现出了较为一致的递减走势，但递减的程度明显减弱，形成了长而平缓的长尾。

（2）十强城市。

排名首位的会议城市并非来自美国，而是法国的巴黎（214场），从第二位开始到第十位，场次差距拉开并不明显：分别是奥地利首都维也纳（202场）、西班牙首都马德里（200场）、西班牙第二大城市巴塞罗那（182场）、德国首都柏林（178场）、英国首都伦敦（166场）、新加坡市（142场）、荷兰首都阿姆斯特丹（133场）、土耳其最大城市伊斯坦布尔（130场）、捷克首都布拉格（118场）。

通过对十强城市的观察，可以发现全球会议十强城市的分布规律：十强城市中有7个城市为国家首都，这说明在会议城市间的较量上，政治稳定与经济发达让首都在会议市场上独具优势，同时，首都城市以其设施完善的会议场地、发达便利的城市交通等周边配套设施为大型会议的顺利召开提供了保障，首都城市已成为会议组织者的优先选择。

（二）四大区域排名

1. 欧洲地区

（1）国别会议数量。

2014年，欧洲共有6316场会议被纳入ICCA统计，涵盖40个欧洲国家（除去其他未单列数据的国家），从第一名德国（659场）到最后一名乌克兰（5场），前七位有较大的场次差距：占据统计前七位的分别为德国（659场）、西班牙（578场）、英国（543场）、法国（533场）、意大利（452场）、荷兰（307场）、澳大利亚（287场），排行榜的中间拥有108场次国际会议的国家为爱尔兰，将整体排名以百场次为分界线分成了数量相对平均的两部分。

（2）城市会议数量。

欧洲地区拥有众多规模较小的城市，但欧洲区域城市会议数量排行榜中，排名前九位的均在全球会议量排行榜的前十强之列，在第12位结束了其百场次转换，第13、14位布达佩斯与罗马进入年会议量97场。

2. 亚太及中东地区

（1）国别会议数量。

2014年，亚太及中东地区共举办会议2417场，其中日本以举办337场位居地区首位；中国（不包含港澳台地区）以332场紧随其后；中国和日本是亚太及中东地区仅有的两个举办会议数量在300场以上的国家；澳大利亚2014年共举办260场会议，位列第三；韩国举办222场，位列第四。举办会议超过100场的国家或地区有日本、中国、澳大利亚、韩国、中国台湾、新加坡、马来西亚、泰国、印度九个。中国香港、中国澳门分别以举办98场、23场位居第10位和第18位。

（2）城市会议数量。

从会议城市来看，亚太及中东地区共举办会议2427场①。其中，新加坡以142场拔得头筹；第二位是举办104场的中国首都北京，这也是本地区仅有的两个百场以上的城市。韩国首尔以99场会议位居第三。尽管日本是亚太地区举办会议最多的国家，但就城市而言，东京以举办90场会议名列第六，香港、台北分别以98场、92场的会议举办量超越东京。在举办会议50场以上的12个城市中，中国的北京（1104场）、香港（98场）、台北（92场）、上海（73场）都榜上有名。而地区内相比较而言，亚太地区的会议发展在数量上更具优势，中东地区举办会议最多的城市迪拜仅以56场的年会议举办量位列地区第12位。

3. 北美和拉美地区

（1）国别会议数量。

2014年，美洲地区的会议举办数量为2462个，与亚太及中东地区总体差别不大。美国在2014年全年共举办831场会议，位居第一。美洲地区举

① 城市会议数量的统计总量多于国家会议数量，原因是部分会议不仅在单个城市举办，还有在两个或两个以上城市举办的情况，后文不再作说明。

办100场会议的国家有7个，分别是美国、巴西、加拿大、阿根廷、墨西哥、哥伦比亚以及智利；举办50~100场会议的国家有位居第八的秘鲁（84场）以及位居第十的乌拉圭（44场）。整体来看，北美和拉美地区的会议举办地相对不均衡，美国独占鳌头，其他国家的会议举办量相对较少。

（2）城市会议数量。

美洲地区在2014年共举办2480场会议，其中举办数量最多的城市是阿根廷的首都布宜诺斯艾利斯，共91场，智利城市圣地亚哥以71场位居第二，巴西城市圣保罗以66场位居第三，秘鲁首都利马与巴西的里约热内卢同居第四，都举办了64场。美国虽然举办会议总数最多，但会议的举办城市分布较分散，举办会议最多的城市为纽约（53场），排在加拿大温哥华（60场）、多伦多（59场）以及墨西哥城（55场）之后，位列第九名，紧随其后的是居第十位的华盛顿（51场）。在前五名会议城市中，阿根廷虽仅占1席但居首位，智利、秘鲁各1席，巴西2席。美国城市纽约、华盛顿、波士顿、芝加哥、圣地亚哥等跻身前20位。

4. 非洲地区

（1）国别会议数量。

2014年，非洲地区共举办了308场会议。排名首位的国家南非举办了124场，占整个地区会议数量的40%，也是该地区唯一一个举办会议100场以上的国家。年会议数量在10场及以上的国家有5个，分别是南非（124场）、摩洛哥（36场）、肯尼亚（24场）、埃及（13场）、塞内加尔（10场）。举办10场会议及以上的10个国家的会议总举办量为207场，占地区总举办量的67.2%，其他地区的会议举办量仅占总量的三分之一左右。

（2）城市会议数量。

在非洲地区，以城市为统计单位的会议数量为310场。2014年举办会议数量最多的城市是南非西南部港口城市开普敦，共举办58场会议，南非东北部城市约翰内斯堡以23场会议位列地区第二，就南非国家的总数124场而言，开普敦和约翰内斯堡的会议举办数约占国家的65.3%，是南非最主要的两个会议举办城市。摩洛哥历史古城马拉喀什以21场的举办量位居第三。除开普敦、约翰内斯堡及马拉喀什之外，2014 年举办 10 场会议以上的城市还有 2 个，分别为南非东部港口德班（19 场）以及肯尼亚首都内罗毕（16 场），举办 50 场会议以上的城市只有开普敦。

四　2015年协会会议市场①

2016 年 5 月 17 日，ICCA 发布了最新的 2015 年版国际协会会议数量统计排名，该排名统计了 2015 年共举办的 12076 场动态会议数据，相较于 2014 年，纳入统计的会议增加了 571 场，为历年最高。2015 年协会会议数量的持续攀升，体现了国际协会会议市场发展向好。目前，ICCA 协会数据库包含 20000 个常规会议系列、220000 个会议纪要和 11500 个国际协会组织。

（一）国别排行：英国飙升至第三

2015 年 ICCA 在美国新认定增加了 94 场国际协会会议，在德国增加了 8 场，英国增加了 39 场，西班牙、法国分别减少了 6 场、11 场。

根据 2015 年的排名（见表 2），美国仍蝉联桂冠，德国排行第二，英国代替西班牙名列第三，而西班牙位居第四。法国、意大利、日本和中国排名未变，保持 5 ~8 名。荷兰攀升一个位次，与中国并列第八，加拿大挤入前十，成为新晋 10 强国家。

表 2　2015 年会议量前 20 位国家排行榜

排名	国家	2015 年会议量	排名变动
1	美　国	925	—
2	德　国	667	—
3	英　国	582	▲1

① 该部分数据来自 ICCA Country&City Rankings 2015，http://www.iccaworld.com/cnt/files%5CPR/ICCA2015%20rankings%20infograph.png。

续表

排名	国家	2015 年会议量	排名变动
4	西班牙	572	▼1
5	法国	522	—
6	意大利	504	—
7	日本	355	—
8	中国	333	—
8	荷兰	333	▲1
10	加拿大	308	▲2
11	巴西	292	▼1
12	葡萄牙	278	▲3
13	韩国	267	▲4
14	奥地利	258	▼3
15	澳大利亚	247	▼2
16	比利时	216	▲4
16	瑞典	216	▼2
18	土耳其	211	▲1
19	丹麦	204	▲3
20	瑞士	194	▼4

（二）柏林成为新晋榜首城市

柏林攀升三个位次并成为新晋榜首，而上年榜首巴黎在 2015 年度却跌落一个位次，排行第二。虽然顺序大不相同，但是整体来看，前七名的城市基本没有发生变动：巴塞罗那攀升两个位次位居第三，而维也纳跌落两个位次排行第四，伦敦攀升一个位次与跌落两位的马德里同居第五位，新加坡保持了第七位，伊斯坦布尔攀升一个位次到第八位，里斯本和哥本哈根都攀升三个位次挤进前十，成为 TOP10 的新城市（见表 3）。

表 3　2015 年会议量前 20 位城市排行榜

排名	城市	2015 年会议量	排名变动
1	柏林	195	▲3
2	巴黎	186	▼1
3	巴塞罗那	180	▲2

续表

排名	城市	2015 年会议量	排名变动
4	维也纳	178	▼2
5	伦敦	171	▲1
5	马德里	171	▼2
7	新加坡	156	—
8	伊斯坦布尔	148	▲1
9	里斯本	145	▲3
10	哥本哈根	138	▲3
11	布拉格	123	▼1
12	阿姆斯特丹	120	▼4
13	布鲁塞尔	117	▼2
13	韩国	117	▲2
15	香港	112	▲1
16	曼谷	103	▲13
17	罗马	99	—
18	都柏林	97	▲6
19	北京	95	▼5
19	布达佩斯	95	▼2

（三）二线目的地城市增长更快

在城市排名中，真正的赢家应该是排名跌落较小，或者上升幅度较小的城市，新晋冠军柏林，相较于 2014 年，2015 年的会议量仅仅增加了 2 场，但巴黎相较于 2014 年则整整减少了 28 场会议，维也纳减少了 24 场，马德里减少了 29 场。巴塞罗那减少了 2 场，伦敦增加了 5 场，马德里减少了 29 场。虽然巴黎、维也纳、马德里等热门会议城市当年所举办的会议减少，但 2015 年世界范围内所举办的会议总数仍呈增长态势，这意味着 2015 年度举办的会议在均衡地流入各个会议目的地，二线目的地城市对国际会议的吸引力越来越大。

B.14
近年来会展研究综述

中外会展业动态评估研究报告课题组 *

摘　要：　在经济全球化、发展方式转型和会展产业繁荣的驱动下，会展研究近5年来推进明显。本文主要围绕会展史、会展理论、会展实务研究等方面进行了梳理，归纳和总结了我国会展研究的基本现状与主要议题。研究发现，会展研究一方面受到关注，出现了大批相关研究成果；另一方面，高质量的基础理论研究却比较少见。会展学科归属尚待明晰，学科范式还未形成，相关研究在现实需求牵引下被动进行。

关键词：　会展研究　会展活动　会展

一　会展史研究

（一）会展史研究现状

会展史研究具有边缘性特点，其边缘性体现在它既是中国历史学研究的重要分支，又因会展活动自身的社会性等特征而使它以社会学、经济学理论与研究方法为依托。研究者戚能杰认为，会展史研究依托了历史学、经济学和社会学三个学科，而近几年的会展史研究也往往从这几个角度出发。会展

* 该报告的撰写人为张敏、肖荣春、张博。本文为国家社科基金规划课题“全球化视野下国际会展业发展比较研究”（13BGL086）的阶段性成果。

史研究因其研究对象的范围、角度不同有不同的分支，具体可将近几年的会展史研究分为了六大主干类型：会展业通史、会展史论、断代会展史、专题史、地方会展史和分类史等①。

近几年来，关于会展研究的著作出版很多。从 2009 年至今，不同学者出版的“会展概论”便有 17 本之多。在这些著作中，不少学者将会展史研究作为绪论后的重要内容，如马勇主编的《中国会展概论》②（2010 年版）中的“中外会展发展概述”，龚平主编的《会展概论》③（2009 年版）第二章介绍了展览的历史渊源和发展，但从总体来看，会展史研究还存在不少问题。

（二）会展史研究问题

会展史研究瞄准会展活动的发展、演变过程。从 2009 年至今，国内外会展活动发展迅速，但是与会展活动发展的速度相比，会展史研究却未见迅猛发展之势。从期刊文章发表情况来看，2009 年至今关于会展史研究的论文文献较少，仅有的几篇参考文献，如上文中提到的戚能杰的《关于中国会展史研究框架的探讨》等文献也仅仅对国内会展史研究作了简要分析和探讨，并没有对会展史进行系统描述或概括。难能可贵的是，有学者研究了美国 1904 年圣路易斯世博会，认为世博会与大国崛起有很大关联，像世博会这类大型的交往沟通活动有助于大国的崛起④。还有研究者从展览史的角度分析了中国古代艺术博物馆展览策划运作过程中的“国宝”文化观念⑤。

最近出版的会展史研究的专门著作有乔兆红的《百年演绎：中国博览

---

① 戚能杰：《关于中国会展史研究框架的探讨》，载《经济管理者》2010 年第 2 期，第 231 页。

② 马勇、肖轶楠：《中国会展概论》，中国商务出版社，2010。

③ 龚平、赵尉平主编《会展概论》，复旦大学出版社，2009。

④ 包苏珊、张敏：《大国崛起的盛典》，《上海大学学报》（社会科学版）2011 年第 2 期，第 119～130 页。

⑤ 陈浩：《“国宝”观念是展览策略还是文化选择?》，载《新视觉艺术》2013 年第 3 期，第 37 页。

会事业的嬗变》[①] 和马敏主编的《博览会与近代中国》[②]，像此类专著在近5年的会展史研究中并不多见。而在会展研究概论类书籍中，会展史研究也并不是必有的章节，或只是作为对会展活动兴起、发展的轻描淡写。由此可以看出，国内会展史研究并没有形成如会展经济研究这样具有鲜明特色的研究领域，它仅仅属于中国历史或者会展概论研究的一个部分。

同时，从会展史研究自身角度来看也存在不少问题。会展史研究的基本任务，是史实描述和历史知识概括。目前的问题，首先是史实描述和积累不足，以至于未能形成连贯完整的会展史线索图，在史学视野中存在细节不准、结构支离、线索片断、论述不一等弊病。其次是历史知识提炼缺乏系统的史实描述作基础，没有世界范围内相关史实的参照对比，特别是没有成熟的会展理论为之提供必要的概念、命题和体系框架，因而难以作出令人信服的历史概括。最后是根据历史研究的方法，如从猿到人的历史撰写，往往需要从人到猿的研究顺序。会展史研究有必要凸出观照当代现实。其学术突破，有可能将从当代会展史切入。

（三）会展史研究期待

会展史研究没有形成鲜明特色，其研究局限于中国史研究或者会展概论的附庸。下一步会展史研究需要突破单纯的历史研究或会展概论的束缚，形成有问题、有热点、有根据、有商榷以及有学科框架、成熟具体的研究领域。

从会展史研究自身的角度看，一是提高研究内容的专业性，史料研究具体、史实描述准确、历史知识概括简明；二是挖掘研究的特色性内容，不要将通史研究的套路照搬到会展史研究中去，而要看到历史研究的个中特性和值得深究的部分；三是要更加关注会展史研究对现当代会展业的实用价值，在历史中总结经验，以历史之眼看待现实社会，推动会展业更好地发展。

---

① 乔兆红：《百年演绎：中国博览会事业的嬗变》，上海人民出版社，2009。

② 马敏主编《博览会与近代中国》，华中师范大学出版社，2010。

二 会展理论研究

近年来，随着会展活动的日益大发展，会展理论也在不断发展，增添了不少新的内容，也提出了不少问题解决方案。但是，正如一些学者所言，尽管会展被看作新兴学科，支撑服务业兴起，但与营销、广告等学科类似，其理论建构尚不完善，滞后于社会需求，往往都是由于社会实践在发展中遇到瓶颈，经验无法解决实践中遇到的重大问题，从而产生了对理论指导的强烈需求，成为会展理论诞生的社会背景①。因此，会展理论滞后于会展实践，理论研究相对于整个会展研究，特别是实务探讨来说，显得相对不足。

（一）会展的定义

会展的定义解释“会展是什么”的问题，是会展理论的首要问题。经过国内学者近30年的研究和探讨，结合国内外学者的文献和论述，我们对会展的定义也逐渐有了明晰的框架逻辑。然而，近5年来对会展理论探讨的期刊文章发表较少，但对会展概念、本质等理论作出系统阐述和总结的著作较多且具有较高的参考价值。

张晓娟在其编著的《会展概论》中将会展的定义分为国际和国内两个维度。国际上因会展定义不同而分为三大流派：欧派、美派和综合派。欧派将会展较为狭义地定义为“C&E”（Convention&Exposition）或者“M&E”（Meeting&Exposition），即会议和展览；美派将会展定义为MICE，即Meeting，Incentivetourism，Convention，Exhibition或Exposition，他们认为会展就是公司会议、奖励旅游、协会和社团组织的会议以及展览会四部分的总称；随着经济全球化和贸易自由化的发展，综合派又对会展的概念进行了补充，将

① 施谊、张义：《对会展理论的几点认识——基于会展与营销、物流的比较分析》，载《江苏商论》2010年第12期，第99页。

MICE 引申为 MICEE，多了一个“E”——代表节事活动（Event）。国内学者将会展定义划分为狭义和广义两大维度：狭义的会展就是会议和展览，广义的会展就是前面所介绍的综合派观点 MICEE，或者说广义的会展外延则包括各种类型的大型会议、博览会、体育竞技活动以及节日庆典等[①]。张晓娟从国际和国内两个视角定义会展，并将会展总结为“在某一预定的时空内举行的公司会议、奖励旅游、协会和社团组织的会议、展览会（包括交易会、博览会等）以及各种节事活动（包括各种大型活动，如奥运会、节庆活动等）的总称，简称 MICEE”。张晓娟参考了综合派的定义，其定义较为广义。

其他学者对会展的理解也不外乎以上提到的概念。龚平和赵尉平认为，会展从字面上解释就是会议和展览，两者有同有异。但同时会展的范围非常广，它不仅包括各种类型的会议和展览会，还包括运动会、音乐会、人才交流会等，更广的会展概念则包括会议、展览、节事活动、旅游奖励。两位学者还从参展商的角度认为展览的本质是将自身信息传递给观众，以促成观众购买[②]。刘晓广在其主编的《会展概论》中也探讨了会展的本质，他认为会展的本质是信息的传播与交流，是技术与成果、生产与产品的沟通与交流[③]。张敏则认为，会展是一种以现场集聚为形式，以表达展示为手段，以主题化时空为核心的规模化营销沟通服务，主要包括会议、展览、节庆、赛事、演出等活动[④]。张敏还进一步指出，会展的形态特征是现场聚集，其功能特征是内在经济性和外部公共性的统一[⑤]。这些观点从会展的特点出发，简洁明了地概括了会展的实质，体现了大会展的概念，对当下的会展理解具有较强的理论与现实指导意义。

（二）会展的学科基础理论

近年来学界在对会展活动、会展实务研究日趋火热的同时，会展理论的

---

① 张晓娟编著《会展概论》，东北财经大学出版社，2008，第 2~3 页。

② 龚平、赵尉平主编《会展概论》，复旦大学出版社，2009，第 1 页。

③ 刘晓广主编《会展概论》，化学工业出版社，2011，第 2 页。

④ 张敏：《中国会展研究 30 年文选》，上海交通大学出版社，2009，第 9 页。

⑤ 张敏：《中外会展业动态评估年度报告 2012》，社会科学文献出版社，2013，前言第 1 页。

研究显得极其单薄，而对会展作为一门学科的思考更是少之又少，代表著作是：俞华和朱立文出版的《会展学概论》。在该书中，两位学者讨论了会展学学科产生的社会背景、研究的对象和内容、研究方法、学科性质以及学科体系，认为百年来会议、展览活动以及国内外宝贵的会展理论财富奠定了会展学学科产生的社会背景，会展学研究利用信息论、系统论、观察法、社会调查法等方法围绕社会会展活动现象展开。两位学者认为会展学是一门综合性的交叉学科，涉及信息学、管理学、经济学、旅游学、广告学、艺术学、心理学、公共关系学等众多学科，既是理论科学又是应用科学，总体上属于社会科学，是介乎社会科学、工程技术科学和自然科学三者之间的边缘科学，其学科体系应由会展基础学科、会展应用学科和会展专题学科组成①。张健康出版的《会展学原理》，该书开篇即提出要将会展作为一门学科建构，提出了会展学的研究对象以及建构会展学的意义与方法。作者在思考建构会展学的基础上，从历史、理论与实务三个方面介绍会展，在梳理中外会展历史的基础上提出了会展的本质、功能及分类。在该书的后半部分介绍了立项策划、招展、招商、管理、评估等会展活动的各个环节，实际上是一个全流程的操作手册②。有的研究者立足全球会展的历史演变与发展，探讨了会展成为一门学科的可能性。例如，张敏认为，会展学是一门大有可为的新兴交叉学科③。

许传宏认为，当下国内会展经济迅速发展，行业规模急剧扩大，从业人员大幅度增加，人才需求旺盛，建立会展学科的呼声越来越高。许传宏对会展学学科体系的探讨与上文中俞华和朱立文的看法基本一致。他提出增设会展学学科的一些建议，认为目前作为试点目录外专业的会展经济与管理、会展艺术与技术分列在公共管理和艺术学科之下显然不太合适，并建议新增代

---

① 俞华、朱立文：《会展学原理》，机械工业出版社，2005，第1～12页。

② 张健康主编《会展学原理》，浙江大学出版社，2014。

③ 具体内容参见张敏《会展学，一门大有可为的新兴交叉学科》，2011年7月27日在第二届中国传媒领袖大讲堂上的演讲。

码为三位数的一级学科——会展学[①]。许传宏研究了会展学科的现状，指出了当前会展学的问题，并提出了较为可行的建议，为未来会展学科发展提供了有用的思路。张敏则一针见血地指出，如果坚持从各自角度对会展教育作终极界定，或将陷入“盲人摸象”的困境。会展的本性，似可理解为现代服务业中的营销沟通服务。它的研究定位，属于一种新兴交叉学科。其学科定位是一个在现行学科体系中如何确定其归属的问题[②]。他的观点对于我们探讨会展学科体系具有很好的启发意义。但是从总体上看，对会展学科的研究还处于“前命名”状态，各方面研究十分欠缺，还未形成一个有血有肉的鲜活的会展学学科体系。

三　会展实务研究

会展实务研究主要是对会展活动的各种具体形式进行讨论和剖析，旨在了解不同会展活动之间的异同和运作规律，以推动会展活动更好地发展。就目前而言，会展实务研究主要涉及会展策划、营销、管理、法规、设计、展示等。

（一）会展策划

会展实务的每一个活动分类研究都可以成为一个庞大的完整的学科体系，会展策划也不例外。近年来对会展策划的学术研究比较多，从图书的搜索情况来看，2008 年至今，书名中有“会展策划”的专门著作有 20 多部，可以看出，会展策划是一个因会展活动蓬勃发展而兴起的学术热点。

许传宏认为，会展策划是对会展进行管理和决策的一种程序，它是一种对会展活动的进程以及会展活动的总体战略进行前瞻性规划的活动。一般说来，一份完整的会展策划，基本上包括策划者、策划对象、策划依据、策划

① 许传宏：《会展的学科定位问题探讨》，载《教育与职业》2010 年第 3 期，第 108 ~ 109 页。
② 张敏：《会展教育的学科定位》，载《中国广告》2009 年第 10 期，第 100 ~ 101 页。

方案和策划效果评估等要素，而这些要素之间互相影响、互相制约，构成一个完整的会展策划体系[①]。许传宏还对会展策划流程的各个部分进行了细致的阐述，提出了会展策划的原则、方法等，从会展策划的概念、特点、分类等理论到会展策划实务，框架较为清晰和传统。

朱沁夫、雷春等学者认为，会展策划是对会展的整体战略与策略的运筹规划，是对提出会展战略的计划、实施并检验会展决策的全过程作预先考虑与设想的过程，它不是具体的展览业务，应该是会展决策的形成过程，是将会展目标具体化的过程。会展策划应有四个程序：主题定位阶段、目标确立阶段、方案设计阶段和方案论证阶段；其内容应有会展的调查和分析、会展的决策与计划、会展的运作与实施、会展的效果评价预测等四大块[②]。具体的流程则与上文中许传宏所述相类似。

学者对会展策划的一般理论研究内容框架大体类似，包括探讨会展策划的概念、要素、特点、原则、内容、流程、方法等，而华谦生则从更偏实务的角度描述展会各方面的策划，包括展会立项策划、展会项目可行性分析、展会品牌形象策划、展会后勤方案策划、招展策划、展会招商与宣传推广策划、展会服务与现场管理方案策划、展会时间管理方案策划等[③]。他们的观点较细致地考虑到展会实施过程中各个方面的不同策划方案，为高效、成功举办展会提供了可行思路。

也有学者从会展策划的特殊方法角度进行探讨。刘雅祺认为借势、融势和造势是会展策常用的方法。借势法是“借力打力”的艺术，包括借势政府政策、借势区域优势、借势外资力量，其主要目的是做有吸引力和影响力的活动[④]。刘雅祺从宏观角度探讨会展策划的独特方法，为会展策划增加了专业性的思考，也为会展策划业务提供了值得效仿的方法。

近几年会展策划教育引起了众多研究者的关注，如许传宏提出会展策划

---

① 许传宏主编《会展策划》，复旦大学出版社，2010，第1~17页。

② 朱沁夫、雷春编著《会展策划与管理》，哈尔滨工程大学出版社，2012，第2~15页。

③ 华谦生：《会展策划》，浙江大学出版社，2010。

④ 刘雅祺：《会展策划的借势、融势与造势》，载《中国会展》2008年第7期，第51~53页。

课程教学可以尝试“立体策划”，以培养学生会展策划设计的理论素养与实践能力①。张薇则提出要整合“PBL”和“LBL”教学模式的优势来创新设计“会展策划”课程的教学模式②。

（二）会展营销

会展营销是市场营销理论在会展领域的具体应用，即利用现代市场营销的理念与手段，把会展活动这一特殊的产品营销出去。庾为在其主编的《会展营销》一书中概括了会展营销的定义：会展活动的组织者以满足参展商和专业观众的需求为核心，组织和开展的一系列市场营销活动，包括对会展项目和会展服务的策划、设计、定价、宣传推广、招展、展后服务的计划和执行过程。他认为，由于会展行业所特有的一些属性，会展营销呈现出不少特殊性：营销产品特殊性、营销内容整体性、营销手段多样性以及营销对象参与性③。可以看出，会展营销虽然有会展活动自身的特色，但其研究基本沿用了市场营销的框架。

贺学良认为，会展营销是市场营销的一种创新。会展营销由7P组成：产品（Product）、价格（Price）、地点或渠道（Place）、促销（Promotion）、人员（People）、有形展示（Physical evidence）以及服务过程（Process），这是对市场营销经典的4P理论的拓展④。贺学良强调会展营销的创新性不仅是营销组合要素上的创新，更是会展营销观念和模式的创新。而对会展新型策略的研究也是学者们热议的话题。近年来，城市会展营销也引起了研究者的关注，如梁锐对创新城市会展营销战略进行了探讨⑤。

学者崔舒波认为，我国会展营销市场竞争激烈，缺乏高素质的专业会展营销人才，会展营销方式单一、会展营销手段简单，并且会展营销缺乏有效

---

① 许传宏：《会展策划课程教学方法探索》，载《装饰》2014年第3期，第127~128页。

② 张薇：《会展策划课程教学模式创新刍议》，载《内蒙古师范大学学报》（教育科学版）2014年第7期，第102~103页。

③ 庾为主编《会展营销》，南开大学出版社，2011。

④ 贺学良主编《会展营销》，高等教育出版社，2009。

⑤ 梁锐：《论城市会展营销的创新战略》，载《中国商贸》2014年第1期，第89~90页。

的宏观调控的行业自律[1]。崔舒波尖锐地指出了国内会展管理活动存在的不足，并提出一些有益的策略，但并没有体现真正的新型会展营销策略。

由此可以看出，对于会展营销的探讨和研究还处于起步阶段，期待学界有更加深入、真正有创造性的研究。

（三）会展管理

会展活动具有很强的实践性，为保证会展实践的高效、成功，会展策划和管理都是必不可少的。会展管理与会展策划一样，有自身的理论体系，也分各类实务应用，它是结合会展学和管理学的新兴课题。通过文献检索，近5年来有关“会展管理”的期刊文章有近400篇，专著有10多部，可谓一个新的学术热点。

胡平主编的《会展管理》明确阐述了会展管理的基本理论和内容。会展管理的基本理论框架大致来自管理学。而会展管理的基本内容则有：会展流程管理、会展人力资源管理、会展财务管理、会展场馆和设施设备管理、会展物流管理以及会展信息管理[2]。马勇在《会展学原理》中从组织、场馆、项目、市场营销、客户关系、信息、物流、旅游等多个角度介绍了会展管理知识，涵盖了会展活动的全主体和全链条[3]。这两本书都指出了会展管理的基本内容，并对其进行全面细致的描述，都是较为实用的实务书。

邵培仁在其主编的《会展管理》一书中指出了会展管理的架构和具体内容。他认为会展管理可以分为三个相互交叉的三个层次：宏观的行政与法规管理、中观的行业管理以及微观的企业管理。同时，邵培仁还总结了会展管理的观念，如产业经济观、市场运作观等，以及会展管理的三大模式：政府引导或干预模式、高度市场化环境下的企业自主模式以及行业中介模式[4]。该书有关会展流程和资源管理部分与胡平主编的《会展管理》一书中

---

① 崔舒波：《会展营销策略研究》，载《河北企业》2009年第5期，第58～59页。
② 胡平主编《会展管理》，高等教育出版社，2009。
③ 马勇主编《会展学原理》，重庆大学出版社，2015。
④ 邵培仁主编《会展管理》，上海人民出版社，2011。

的内容大体一致，但从公关、传播等角度总结会展管理的风险、品牌专题则是全新的，对会展管理实务有很大的参考意义。然而上述两部《会展管理》在理论部分稍显不足，缺少基本的会展管理内涵阐述。

会展管理从理论到实务都是当下学术研究的热点，而会展管理体制或者会展管理模式则是热点中的热点。黄向、李正欢在其主编的《会展管理：原理、案例》一书中总结了会展管理的四种模式：政府主导型模式、市场主导型模式、协会主导型模式和政府市场结合型模式①。两位学者以不同国家为代表详细描述了各种会展管理模式的实践，却没有提到我国。而许多学者也讨论了我国政府在会展管理中的角色和作用。史卫东认为，长期以来，我国政府对会展业的管理按照会展的性质、级别和类型，实施政府部门的归口管理，因此，会展的举办带有很强的行政色彩。而这样的管理模式具有政企不分等各种弊端②。其他学者也提出了更加适合我国的新型会展管理体制，如王冬梅认为，我国应建立政府引导、行业自律、企业自主、社会监督的会展管理模式③。有研究者从当前会展行业发展现状入手，指出会展管理方式、手段与当前会展业迅速发展具有较大差距，提出要建立适合中国会展持续发展的管理体制④。我国尚未形成统筹协调的会展业管理体制，也没有明确会展业管理的牵头部门，宏观管理体系尚不健全⑤。此类研究明确指出了会展管理存在的问题。

总之，会展管理研究不仅提炼了自身的理论体系，也提出了当今我国会展业发展的问题和对策，有很大的借鉴意义。

（四）会展设计

会展活动不仅涉及经济、营销领域，其场地布置、空间安排等更与艺

---

① 黄向、李正欢主编《会展管理：原理、案例》，暨南大学出版社，2009，第34～40页。

② 史卫东：《会展管理体制探讨》，载《黑龙江对外经贸》2008年第3期，第89～90页。

③ 王冬梅：《构建我国新型的会展管理体制》，载《产业与科技论坛》2009年第6期，第34～35页。

④ 王秀绒：《探讨会展管理体制改革》，载《企业研究》2014年第2期，第164页。

⑤ 商务部服务贸易与商贸服务业司、中国会展经济研究会：《中国会展行业发展报告》，2014，第10页。

术、设计分不开。陆金生和程睿认为，会展设计就是围绕会展的主题、目标和内容，通过视觉传达设计、空间环境设计、工业设计等手段，人为地创造出人与人、人与物、人与社会彼此交流的空间环境，它集美学、艺术学、社会学、行为科学、心理学等为一体，是时间与三维空间结合的一种四维设计。会展设计有自身原则：客户至上、以人为本、简洁美观、独特新颖、经济实用、安全第一和装卸方便。会展设计工作由两方面组成：一是文案工作，二是艺术设计工作。陆金生和程睿认为，会展设计应包含人体工程学的各种要素，应包括会展视觉识别设计、会展版面、会展场馆、会展展位、会展照明、会展节庆的设计等[①]。

林大飞认为会展设计有自己的特性：适用性、综合性、多维性和动态性，并对会展设计的步骤作了详细描述[②]。有研究者则从具体区域的会展设计发展情况入手，认为要充分重视会展设计人才培养在推动会展业转型升级中的作用[③]。

有学者认为，会展设计是一门综合的设计艺术，是会展活动的视觉展示。会展设计重点将转移到基于参观者角度出发的“体验设计”，对于信息的关注与记忆将由观众从交互行为与亲身体验的过程中去感受。而这种以观众为中心的设计方法正符合了会展活动“沟通交流”的本质[④]。还有研究者探讨在移动互联网技术背景下，会展设计中信息传播和展示方式的新趋势和新变化[⑤]。

这种观点从具体的经济和技术背景出发探讨了会展设计的新内涵，将视角从组织者转向参展者，体现了新的会展设计理念。

---

① 陆金生、程睿主编《会展设计》，高等教育出版社，2009。

② 林大飞编著《会展设计》，东北财经大学出版社，2009。

③ 郑智：《打造会展设计之城——厦门市会展文化创意设计发展情况》，载《中国会展》2014年第15期，第104～105页。

④ 张海林：《会展设计新概念及其信息传达形式研究》，载《艺术与设计（理论）》2010年第6期，第148～149页。

⑤ 黄蕴思：《移动互联网技术在会展设计中的应用》，载《苏州工艺美术职业技术学院学报》2014年第2期，第41～42页。

邬燕认为，当今我国会展设计行业存在不少问题：行业发展前景光明，但企业经营现状惨淡；社会对行业认识不足，行业内部竞争激烈、市场混乱等。针对这些问题，邬燕还提出了相应对策①。实际上，会展设计的这些问题也在一定程度上反映了我国当前会展业总体发展存在的问题。

（五）节事活动研究

节事活动是会展活动的一种具体形式，往往带有节日庆祝的色彩。卢晓认为，国内文献中对“节事”“节事活动”“节事旅游”的定义不明确，其内涵也界定不清，译名也不统一。他列举了一些节事活动的定义，并指出虽然我国学术界对其概念有不同认识，但也有一些共同点。节事有狭义和广义之分。狭义的节事即节庆，是各种节日和庆典；广义的节事不单是指发生的事件，而是指一些内涵丰富的项目，包括节日、地方特色产品展览、体育比赛、文化仪式等具有特色的活动或非日常发生的特殊事件。卢晓认为，节事活动的内涵应包括：举办目的、主题内容、形式、功能、实质、节事活动与会展的关系等六块内容②。由此可以看出，卢晓是从会展的狭义定义出发理解节事活动的。

刘敏和刘爱利研究了节事活动的影响效应与运营模式。他们对已有节事活动的运作模式进行了归纳，将其分为五类：领导模式、明星模式、搭台模式、联合模式以及市场模式，并对节事活动运作的适宜性进行分析，认为“联合模式”与“搭台模式”有其存在的合理性与阶段性③。张敏采用实证研究的方法对上海国际艺术节进行了研究，探讨了当代国际艺术节公共文化服务的现状与需求等问题④。

---

① 邬燕：《会展设计行业存在的问题与对策》，载《企业经济》2008 年第 7 期，第 138 ~ 140 页。

② 卢晓：《节事活动策划与管理》（第 2 版），上海人民出版社，2009。

③ 刘敏、刘爱利：《节事活动的影响效应与运营模式研究》，载《中国市场》2008 年第 48 期，第 10 ~ 12 页。

④ 张敏：《当代国际艺术节公共文化服务的现状与需求》，载《艺术百家》2012 年第 4 期，第 99 ~ 106 页。

也有学者从国际角度对节事活动的未来发展进行了思考。尤迪特·迈尔（Judith Mair）等认为，地方和全球环境的许多潜在趋势都可能对未来的节事旅游和节事活动产业产生影响，如全球经济问题、环境问题、技术问题、灾难应变等①。总之，从近五年已有的文献来看，关于节事活动的研究，有说服力的实证研究并不多见。

（六）主题公园研究

主题公园是一种大型的休闲娱乐场所，随着国民经济的发展，国人可自由支配的收入和时间增多，主题公园的发展也越来越快。

赵抗卫认为，主题公园作为旅游资源中一种创意性的人造旅游目的地形态，已成为现代旅游产品中的一种重要类型。他认为，主题公园作为娱乐场所，起源于人们生产劳动之余对娱乐休闲的需求，作为一种创意产业，主题公园的策划和设计是十分关键的。一个主题公园的建立需要有策划与可行性分析、创意设计，需要考虑其产业链和赢利模式、产品创新与生命周期，需要有创意的产业化过程，有文化内核及产业构成等②。赵抗卫从主题公园的内涵、特征谈到其策划、管理过程，还探讨了中国主题公园发展的现状，以及国外大型主题公园对国内市场的影响，从理论到实务的研究都十分有价值。

李广明等学者结合实际案例，分析了主题公园中企业的经营管理模式、游客消费特征、服务体系、主题公园品牌营销等方面的问题，多采用实证研究方法，从微观的角度对主题公园的运作进行深入挖掘，辅以鲜活的个案，对于了解主题公园的业务有不小的帮助③。

也有学者专门探讨了我国主题公园存在的问题。赵敬岚和陈坚认为，目前许多主题公园出现主题雷同、缺乏文化内涵、文化品位低、体验性项目设

---

① 尤迪特·迈尔（Judith Mair）、王骏川：《节事活动未来的发展方向》，载《旅游学刊》2013年第7期，第4~5页。

② 赵抗卫：《主题公园的创意和产业链》，华东师范大学出版社，2010。

③ 李广明、章牧、汪传才：《主题公园相关多元化经营管理研究》，暨南大学出版社，2015。

计途径单一、科技含量较低等问题。针对这些问题，学者们提出了自己的对策[①]。两位学者对中国主题乐园的审视也是从创意产业角度出发，总体上认为其创意性、文化性和科技性的缺失成为发展的不利因素。而今后的发展方向则不仅是主题公园的建立，更是如何更加合理、可持续地发展，如何让创意与产业紧密结合的问题。

四　会展经济研究

自20世纪80年代以来，我国会展业以年均20%的速度增长，这很大程度上要归功于我国经济的快速发展以及对外开放程度的不断深化[②]。会展业生来就属于经济领域，而会展经济研究也成为当代学术研究的一大热点。

（一）研究现状

会展经济研究不仅是会展研究的一个热点，也是当代学术研究的一个热点，甚至已经有会展经济学的学科体系。近五年来，对会展经济的研究逐年增加。从知网上的文献检索结果来看，2009年至今，与会展经济有关的研究文献多达5000多篇，相关著作也有20多部。中国国际贸易促进委员会以及相关领域的学者每年都会编纂《中国会展经济发展报告》，近年还有由上海大学上海会展研究院编写的会展蓝皮书《中外会展业动态评估研究报告》，分析当年中国会展经济的发展特征、相关问题以及变化趋势，探索中国会展经济内在发展的基本规律及其表现方式，并通过国际会展企业的比较，提出中国会展经济发展的专家建议。会展经济研究也被当成硕博士论文的重要选题，近五年来，不少硕博士毕业生选择会展经济作为论文研究课题，其研究内容也在逐年创新。

① 赵敬岚、陈坚：《试论我国主题公园存在的问题及发展对策》，载《山东林业科技》2011年第6期，第114~117页。

② 过聚荣主编《会展导论》，上海交通大学出版社，2006，第36页。

也有不少学者对会展经济研究现状进行探讨。方忠全等学者认为，目前的文献综述普遍认为国内的研究集中关注会展业发展的问题与对策研究、国外会展业发展的经验借鉴、会展业的运作模式、会展竞争力研究、会展产业链问题研究、会展业的经济影响研究、会展教育等几个方面①。总之，会展经济因其良好发展前景被称为“绿色产业”“无烟产业”，同时在国际上又被誉为“城市面包”或城市经济发展的“助推器”。因此，会展经济在学术界一直以来是研究热点。我国有关会展经济的研究也在不断深入，并出现了许多主要的关注点。

（二）主要关注点

会展经济研究的主要关注点是指在会展经济研究领域主要探讨的问题。结合近 5 年出版的专著和期刊文献，会展经济的主要关注点有以下几个。

1. 会展经济理论研究

对会展经济理论的探究是将会展经济当成学科来探讨其研究对象、研究方法、研究现状和研究框架。张恒龙和王方华主编的《会展经济》一书详细介绍了会展经济学理论。虽然学界对会展经济还没有统一的定义，但其包含四层含义：会展经济是服务型经济、会展经济是一种综合经济形态、会展经济具有强大的辐射效应、会展经济能够带来直接或间接的经济效益和社会效益。有学者认为会展经济学是研究会展经济活动的运行及其运行过程中所产生的经济现象、经济关系和经济规律的学问②。会展经济学的研究方法主要包含了经济学两大基础假设：理性行为人假设和要素稀缺性假设，实证分析与规范分析，静态分析、比较静态分析和动态分析，边际分析法，产业经济学分析法等。张恒龙和王方华等人的研究主张将会展经济学的研究框架归置于经济学研究的总体范畴③。

---

① 方忠权等：《会展经济研究回顾与未来方向》，载《广州大学学报》（社会科学版）2012 年第 7 期，第 49 ~ 53 页。

② 史国祥、贺学良编著《会展经济》，南开大学出版社，2008，第 26 页。

③ 张恒龙、王方华主编《会展经济》，上海人民出版社，2011。

2. 中国会展经济发展及区域会展经济

对中国整体会展经济发展的研究主要是每年的《中国会展经济发展报告》。从2004年至2012年，历年的中国会展经济发展蓝皮书是业内专家、理论工作者和教学科研人员了解中国会展经济发展问题的最新参考资料。通过对第一手资料的收集和问卷调查等实证研究方法，分析中国会展经济的发展特征、相关问题以及变化趋势，梳理中国会展业的主要状况，探索中国会展经济内在发展的基本规律及其表现方式，并通过与国际会展业的比较，提出发展中国会展经济的建议。区域经济研究是各地学者对本城市、本区域的会展经济，如学者对广州、武汉、陕西等区域会展经济的研究，或对我国二线城市、沿海城市的会展经济研究等。这些学者着眼于他们所关注的区域，或是探讨本地区的会展发展现状，或是指出问题、提出对策，从而提升地区的竞争力。

3. 会展经济与相关行业的实证研究

会展经济与相关行业研究最热的是物流业和旅游业。丁爽认为，会展物流业是对会展业发展有重要影响的事业，中国会展物流业方兴未艾，但制约因素也不少，包括各种内外部因素，如管理水平、市场开放度、专业人才等①。会展旅游的研究也十分热门。近五年来，在知网上有关会展旅游的期刊论文有1200多篇，著作也有近20部。会展旅游的研究主要包括：对城市会展旅游理论的探讨、会展旅游发展的研究、国内外会展旅游模式的研究、会展旅游产业链的研究、会展旅游服务质量评价研究等。对会展旅游的概念探讨是会展旅游研究最基本的问题。樊国敬认为，“会展旅游”是我国近些年来出现的新名称、新概念，而对其概念内涵的理解在学术界产生了不少分歧和争议。会展旅游的主要研究内容是各种形式的会展旅游的策划与管理，具体包括会展旅游对经济的贡献、不同类型会展旅游的运作以及会展旅游的管理②。

---

① 丁爽：《中国会展物流业的发展障碍及对策初探》，载《经济研究导刊》2009年第16期，第166～167页。

② 樊国敬主编《会展旅游》，华中科技大学出版社，2011。

贾晓龙指出，我国旅游界普遍将会展旅游定义为：通过举办各种类型的大型展览、博览会、交易会、运动会、招商会等，吸引大量游客前往洽谈贸易、旅游观光、进行技术合作、信息沟通、人员互访和文化交流，以带动相关产业的发展，是一种综合性的旅游服务形式①。然而，在国内会展旅游发展过程中，学术界对此概念一直存在不同意见，也存在一些认识误区，如认为会展旅游就是 MICE，或者泛化会展旅游的内涵，又或者重会展、轻旅游。

学者们对会展旅游的研究除了对会展旅游概念、特征、作用等的理论研究，还有实务方面的研究，包括会展旅游开发管理、会展旅游服务等。例如，郑四渭和王玲玲提出了会展旅游服务供应链的顾客价值创新模型，认为会展旅游应把握会展顾客需求，测评会展顾客满意度，探索新的价值空间②。吴书锋认为，如今会展旅游成为旅游企业争相开发的对象，而会展旅游应有自身的开发模式③。

会展经济的研究关注点远远不止上文提到的，还包括了会展经济产业链研究、会展业与城市发展研究、国内外会展理论与实践比较、会展经济创新性研究等等。笔者也相信，随着会展业和会展经济学的发展，更多的研究关注点将会出现，而这些新的课题则需要学者们更深入地研究和探讨。

（三）问题及期待

会展经济在我国发展态势良好，成为我国经济发展的新生力量。据《中国会展行业发展报告》数据，2013 年会展经济直接产值达到 3870 亿元人民币，较 2012 年增长 10.6%，约占全国国内生产总值 568845 亿元人民币

① 贾晓龙主编《会展旅游》，清华大学出版社，2011，第 7 页。

② 郑四渭、王玲玲：《会展旅游服务供应链的顾客价值创新》，载《商业研究》2010 年第 12 期，第 205 页。

③ 吴书锋：《会展旅游的开发模式分析》，载《江西财经大学学报》2010 年第 6 期，第 105 ~ 106 页。

的0.68%[①]。会展经济的不断发展也极大地带动了会展经济研究，特别是会展经济作为一门学科的出现体现了会展经济研究在当今学界的热门程度。但是会展经济研究，不论在理论上还是实务上都存在不少问题和不确定性。伍湘陵对近十年的会展经济研究进行了探讨，提出了会展经济研究的诸多问题。

首先是有关会展经济研究的基本概念、术语定义、标准口径的统一问题。其次是会展经济研究中各类评价指标体系的构建问题。最后，会展经济研究主要着眼于会展经济带来的积极效应，忽略了其可能的消极效应。在近几年国内有关会展经济研究的文献主要涉及的一般是会展经济的积极作用，很少有文章涉及其负面影响，而会展经济可能带来的负面影响包括通货膨胀、城市交通拥挤、犯罪率上升、环境污染和资源浪费等往往被忽视[②]。会展经济发展中的负面效应同样值得关注与研究，以便更好地采取有效措施减少或解决会展经济可能带来的负面影响。

对这些问题，笔者认为应该对未来会展经济研究有新的期待。

第一，在加强对会展经济实务研究的同时完善其指标体系构建，同时不能忽视对其机理的研究。建立的指标体系要客观、全面、系统地反映会展业发展的收益情况，既要反映经济效益，又要考虑到社会效益，各指标之间也有规范的联系。而对会展机理的研究则是当今学术界需要正视的问题。实务研究虽然务实有用，但若仅从实务角度看待会展经济难免会产生盲目、急躁等心态。对会展经济机理的研究要求学者们从会展活动的运行看到其模式、规律，探索其更深层次的法则，从而更好地指导会展活动运行。

第二，对会展经济的发展不能盲目乐观，而需要全面、可持续地看待。我们既要看到会展活动给社会经济发展带来的极大动力，也要看到其对社会环境、地区安全、资源使用等方面的负面效应，在发展会展经济的同时控制这些不利因素，使会展经济产生经济和社会双重效益。

---

① 商务部服务贸易与商贸服务业司、中国会展经济研究会：《中国会展行业发展报告》，2014，第2页。

② 伍湘陵：《近十年来我国会展经济研究综述》，载《财经政法资讯》2012年第5期，第66～67页。

五　总结

纵观 2009 ~2014 年关于会展研究的文献资料，笔者认为，我国现阶段的会展研究存在以下较为突出的问题。

（一）从整体来看，会展研究呈现一种不平衡状态

对一个对象的研究，我们往往从读史开始，然后消化理论，最后研究实务。但是对会展这类本身作为应用性特别强的活动研究对象来说，却是实务研究远远多于理论探讨，而理论探讨却远远多于史学梳理，也就是说，呈现一个完全的倒三角模式，而且底部和顶尖的差别很大。从上文可以看到，研究热点往往出现在会展实务研究内容中，如会展策划、会展管理、会展旅游、会展经济等，但对会展史的研究却少而浅，甚至没有形成连贯的会展史线索图。而在会展实务研究中，也有侧重。会展策划、营销、管理研究则比较火热，会展旅游的研究较多，而对主题公园的研究则相对较少。

（二）会展研究各具体对象的内涵、定义尚不明确

一个新兴的学科往往存在定义不明、含义不清、分类模糊、特征繁杂等问题。就“会展”定义本身而言，往往分为国外学者的解释和国内学者的解释，而国内学者又从广义和狭义的角度来解读，但最终并没有一个明确的通用的定义，而对其分类、功能等说法则更加不一。有些学者为了避免定义不明的情况，只能罗列以往文献中其他学者的定义，再列出其共同特征来解释。会展定义与学科归属在学界缺乏必要的归属感与认同感。

会展学的自身框架和学科地位还未确立。理论套用与包装现象比较多，如对会展营销的研究，不少研究者是站在营销学的视角来审视会展，简单地将营销学的理论套用到会展学，成为会展营销的研究。笔者认为，会展学科并不是将其他各个领域的理论套用到会展领域来拼凑，而是要从会展自身角

度出发去运用这些理论，总结会展活动的基本原理与规律，构建起会展学自身的学科体系，树立起自身的学科地位。

（三）会展研究不少文献内容雷同，创新研究不足

会展研究还处于不成熟的“前命名”时代，但各种研究层出不穷，推动着会展研究的发展。笔者在对近五年的会展研究进行综述时发现，不少研究都存在内容雷同的现象。同时，会展研究热点多，创新研究却不足，会展研究对现实会展活动或会展业的指导作用并没有充分发挥。

通过对中国近5年会展研究的考察，我们不难发现，目前中国会展研究还停留在初创阶段。总体而言，学科归属尚难确定，研究对象尚难明确，学科范式还未形成，相关研究受多重束缚。会展研究在产业需求的驱动下被动进行，在会展产业火热发展的背景下，行政性业务研究虚旺，应景之作较多，研究的功利性较强，深厚的基础理论研究较少。与传统学科相比，研究水平和层次还相对较低。

今后会展研究的努力方向，或许可以考虑笔者提出的上述问题。期待以后的会展研究在以下方面能有所突破。

首先，在学者们加强对会展实务研究的同时，注重会展理论和会展史的研究，缓和会展研究的倒三角状态。这并不是要求会展研究者减少对会展实务的探索，而是呼吁学者更加关怀理论建设和历史梳理，在研究实务的同时了解历史、发展理论。

其次，明确定义，划清范围。这或许是会展研究迫切需要解决的问题，关系到会展研究的未来发展。当然，对会展以及相关研究对象内涵和外延的解读需要参考各方意见，有全面和通用的要求，也必须随着时代发展增添或删减内容。

再次，树立学科意识，建立学科视角。这要求会展学建立学科体系、确立学科地位，而不只是套用其他学科的理论，或只从其他学科角度审视会展学。

最后，增加创新研究和强化以问题意识为导向的实务研究。会展活动是

集策划、营销、管理、设计等为一体的活动，它的每个分支都需要创新性研究。会展旅游、节事活动、主题公园、会展经济等都有创意性产业的性质，体现着时代特性与会展规律的契合。这都要求会展研究有创新思维，以新的角度思考会展、研究会展，提出新的观点和建议，推动会展活动发展。在强化以问题为导向的实务研究方面，可以探讨国际会展业经验总结和规律认知、各国会展业现状把握和特点概括、制约我国会展业发展的问题和未来策略等方面。在比较研究方面，可以突出国际和城际会展业实力比较、产业特色比较、强国强市模式比较，以及未来趋势探索和我国会展业发展策略研究。

B.15

后　记

2013年我们出版了会展蓝皮书《中外会展业动态评估年度报告(2012)》。它的雏形脱胎于我们2011年所做的“上海大虹桥国家会展中心项目可行性研究报告”。当时为了对国家会展中心（上海）的投资建设可行性进行评估，我们成立了以上海大学为主、上海多家高校联合的研究团队。在研究团队的精诚奉献和艰苦努力下，可行性研究取得了成功，受到了政府和各界的广泛赞誉。报告中有关中外会展业发展现状的调研内容，成为第一部蓝皮书的基础。项目研究还生成了另一“副产品”——上海会展研究院。正是在各级领导的关心下，以部市合作为框架，上海大学与多方机构联合组建了国内首家会展研究专门机构。

蓝皮书出版之后，我们一直在思考一个问题：如何依托上海会展研究院的资源，打造更具开拓精神的研究团队，以发挥我们的优势和特色，进一步提高蓝皮书的质量。其间我们曾多次组织力量开展新版蓝皮书的撰写与修订工作，相关的撰写修订也取得了一定的进展。然而由于种种原因，最后没有能够将成果汇编出版。随着新的研究力量的加入，我们逐渐开始探索新的研究视角和更加科学的研究方法，尝试对中外会展业动态进行新的调研和评估。2016年我们再次启动了蓝皮书的编撰工程。在社会各界各方力量的大力支持下，经过研究团队的辛勤努力，我们终于有幸出版了新版会展蓝皮书《中外会展业动态评估研究报告（2016）》。无论如何，这都是一件令人感到兴奋和鼓舞的事情。

值得一提的是，在您面前的这本全新的《中外会展业动态评估研究报告（2016）》中，我们使用了“会展指数”这一概念，对世界各国和全球城市的会展产业进行了综合评价。在上一部蓝皮书提出的三个维度（展馆维度、展会维度和展商维度）的基础上，我们立足于展馆、展会与组展企业三大系列指标，创立了 SMI 会展指数，构建了会展业发展综合评价模型，对世界各国的会展国力、全球会展城市实力作出了评估，当然重点关注的是我国会展的综合国力和我国会展城市的成长现状。尽管这一工作还有诸多值得提升和完善的地方，但是这种从经济全球化和跨境会展城市竞争的角度对会展业进行评估的尝试仍然值得继续坚持下去。

本书最终能够得以面世，得力于诸多研究人员为之付出的辛勤劳动。大家的贡献，研究院深表感激并将铭记在心。主要工作分工如下：张敏担任主编，主持课题并组织研讨，负责总体框架、摘要、前言、后记、总报告以及其他报告的起草、修改及统稿、定稿工作；任中峰、聂鑫焱、牛盼强担任副主编，负责 SMI 指数的研发、总报告的起草和编译报告的修改，以及编写工作的组织、督促和部分稿件的加工、修改工作；牛盼强、狄丹负责起草《全球会展国力报告》《世界会展城市实力报告》；吉薪元负责起草《中国会展城市成长现状》；王烨、张晓雲负责起草《全球场馆实力地图》；李翔负责起草《中国场馆展能报告》；徐苏杭负责起草《国内外场馆典型案例》；裘小婕、蓝晓丹负责起草《全球组展商实力报告》《组展商成长的驱动要素》；罗业云负责起草《世界商展百强评估》；戴宇菲负责起草《中国商展现状报告》；聂鑫焱、狄丹、王青璇负责编译《德国展览业年度回顾》；靳佳佳、聂鑫焱、狄丹负责编译《国际会议业发展动态》；肖荣春、张博负责起草《近年来会展研究综述》。此外还须强调，新一轮编撰工作是在以往研究工作的基础上进行的。前期参与相关工作的核心骨干和他们的贡献，我们将铭记在心。他们是孙琦琰、肖荣春、张超、朱晴、李凝、韩冷、孟洁、王海娟。

研究过程中我们使用了来自世界各国的会展组织、研究机构公开发布的报告、数据、案例、资料，在此向它们表示由衷的谢意。离开了大量的统计数据、实际案例等基础性实证性材料，进一步的研究思考无法进行。同时，我们也发现了研究中的诸多问题，希望能够在未来的工作中加以改进。例如，建立更加权威、覆盖面更加广泛的核心数据库，评价方法更加科学合理，分析更加准确、客观、系统、深入，研究团队的知识结构更加全面、均衡。

本书的编撰过程中，我们深深感受到了自己才疏识浅，能力不足。尽管做出了最大努力，目前书中仍然存在许多有待改进和完善的地方，希望读者能够不吝批评指教。对此，我们怀抱真诚的期待。

本书的出版，得到了上海大学和社会科学文献出版社的大力支持，在此一并深表谢意。

上海会展研究院执行院长

中外会展业动态评估研究报告课题组组长

上海大学教授、博士生导师　张敏

2016 年 8 月

Abstract

The research theme of this book is the current situation, development and trend of Chinese and foreign MICEE industry, the contents include many aspects which are the power of MICEE national and cities, global MICEE infrastructure, trade fair and exhibitor at home and abroad, translation and compilation of foreign MICEE institutes' reviews. It emphasizes professional points of view, academic logic, empirical foundation and quantitative analysis, moreover, it pays close attention to the MICEE industrial environment development process, the great phenomenon, hot issues, experiences and lessons and theoretical achievements, then seeks to build the sufficient and reliable material, stresses on collecting, sorting, refining, and analyzing of statistical data and typical cases. All of the data and cases are widely from professional materials available to the whole society, which includes official statement issued by public institutions, industrial associations, professional organizations of all levels both at home and abroad, the research achievements of MICEE study associations such as UFI, FKM, ICCA, organizational association, pavilion corporations, MICEE festival organizations, as well as special reports from authoritative media.

The study found that the confidence of the MICEE industry did not disappear with constraining from the increase in world economy. No matter the relatively stable MICEE industry in Europe or suffered a slight concussion of America and the Asian-Pacific MICEE industry, which further slight improvement slowly in the first half of 2016. This book based on the three indexes that include the pavilion, exhibition and exhibitor to formulate SMI MICEE index, construct the comprehensive assessment model of MICEE industry development, and assess the global MICEE national power synthetically according to the above discussion. Views are as follows. Firstly, Nowadays, the global MICEE development presents "Gradient" pattern, the comprehensive assessment among the continents indicates the largest absolute advantage attributes to Europe. There was no doubting that Germany ranks so highly in the three indexes of pavilion, exhibition and exhibitor. Chinese MICEE industry developed rapidly, which is in the second grade after catching up with the traditional MICEE superpower except the competitive power that should be further enhance. When it comes to MICEE cities power, MICEE cities from Europe are the strongest, Asian MICEE cities have made great progress, the pavilion index of Shanghai (China) has relative advantage. Secondly, There are the three powerful MICEE cities clusters, the three powerful MICEE city belts, and the two MICEE city special zones, Beijing, Shanghai, Guangzhou and Chongqing have been the developed MICEE cities. The second-grade cities also made progress, however the general MICEE power of third-grade cities still keeps low. In this respect of the MICEE infrastructure, the indoor capacity of MICEE pavilion develops slowly. China as a representative of the Asian-Pacific Region climbs sharply, but how to keep the sustainable development of pavilion becomes the focus attention. While discussing the trade fairs and organizer, the driving force of organizer growth includes regional industry, consumer market, tourism resources, government adjustment, comprehensive strength. In addition, the important factors of the trade fairs are specialization and internationalization. Overall, we should understand the impact of new technology on MICEE industry clearly, come back to the point that MICEE is the marketing communication tool, and play the important role in supply and demand.

Contents

Ⅰ General Report

B. 1 Global MICEE Industry 2015: Persistence and Hope on the Bumping Way / 001

Abstract: The increase of world economy was constrained again in 2015, the external pressure of MICEE industry continues increase, exhibitors facing the slow risks of regional economic recovery and internal management challenge to enhance the dual pressures, and yet for all that, the confidence of the MICEE industry did not disappear: no matter the relatively stable European MICEE industry, or suffered a slight concussion of America and the Asica-Pacific, which further slight improvement slowly in the first half of 2016, although domestic market and regional economic conditions will continue to become an important factor restricting the development of MICEE industry. In 2015, German MICEE industry index rose slightly. Throughout the world, Chinese MICEE industry is still the most dynamic: the report of the government frequently emphasized the importance of the development of the MICEE industry, from the central to local governments have issued some policies and laws, which has brought new opportunities and challenges to the MICEE industry. influnced by the new policies, government leading project downsizing, new market space has been developed, promote the upstream and downstream industry chain together to form a concerted mechanism.

Keywords: MICEE Industry; Global; Assessment; Development

Ⅱ MICEE Power of Various Countries and Cities

B. 2 Report on Global MICEE National Power Based on SMI Index Assessment / 045

Abstract: MICEE index is a set of basic data about the relative relationship of characterization, which is used to measure the development of MICEE industry in different periods and regions. This paper based on the three indexes that include the pavilion, exhibition and exhibitor, to formulate SMI MICEE index, construct the comprehensive assessment model of MICEE industry development, and assess the global MICEE national power synthetically according to the above discussion. In terms of its importance, the finding shows exhibition performance index, which is the first characterization of MICEE industry development from SMI index system, the exhibitors' turnover per year comes up to the second, while the third is the pavilion capacity as the industry infrastructure. Therefore, the study assessed global MICEE national power with the most influential exhibition, the most inspiring exhibitor, and the most competitive pavilion.

Nowadays, the global MICEE development presents "Gradient" pattern. The innovating of various indexes belongs to Europe, the comprehensive assessment about the continents indicates the largest absolute advantage attributes to Europe. There was no doubting that Germany ranks so highly in the three indexes of pavilion, exhibition and exhibitor. So does Germany when it comes to the comprehensive assessment. Chinese MICEE industry developed rapidly, which is in the second grade. The scores of Italy, USA, Spain, France and Russia are from 11 to 34 in the comprehensive assessment, they ranks the third grade. Spanish MICEE industry realized the leap frog development. As a traditional MICEE superpower, Italian MICEE industry achieved some certain advantages, France and America ranked forefront. However, there is still a long way to catch up with the superpower in the average level and the high-end competitiveness. What should be noted the British as a traditional superpower has been declined. American MICEE industry focuses on the demand of domestic market, besides the medium or small market, last but not the least, the development of cultural and entertainment industry. The fourth grade contains Britain, Switzerland, Thailand, Czechoslovakia, Belgium, Singapore, South Korea, Poland, Holland and Japan, theirs scores are all below 10.

Keywords: MICEE Index; Comprehensive Assessment; MICEE National Power; Pavilion; Exhibition; Exhibitor

B. 3 Report on MICEE Cities Power Based on SMI Index Assessment / 069

Abstract: The competition among the MICEE cities in the world is more and more diverse. The study based on the assessment model from SMI MICEE index, analyzed the power distribution, growth trend and future prospect of the MICEE cities in the world in the light of pavilion, exhibition and exhibitor, besides the level of MICEE cities power in the development process. The research shows that MICEE cities from Europe are the strongest, which accounted for 60% in the world; Asian MICEE cities have made great progress and accounted for a quarter. In fact, half of the top 10 MICEE cities comes from Germany. Concretely speaking, exhibition in Paris (France) is the most competitive; Pavilion in Shanghai (China) has the relative advantage; Exhibitor in London (Britain) is considered to own the most advantage. Ten cities from China rank in the MICEE cities in the world. Shanghai ranks the third.

Keywords: MICEE Cities in the World; Power; MICEE Index; Assessment; Pavilion; Exhibition; Exhibitor

B. 4 The Growth Status of Chinese MICEE Cities / 081

Abstract: According to the assessment model of MICEE index with the available data and information, this report is trying to analyze the power distribution, growth situation and future prospect of Chinese MICEE cities. This study shows that, in terms of the exhibition area, three powerful MICEE cities clusters including the Yangtze River Delta, the Zhujiang Delta and the Bohai Economic Rim, which are leading the development of nationwide MICEE industry. The Shandong Peninsula MICEE cities cluster is becoming stronger than before. Three main MICEE cities belts are well-developed and fast-growing, which are the West, the Northeast and the Central-section MICEE city belts. Also, the Silk Road MICEE cities belt is performing better and better. By comparison, the two MICEE cities special zones, involving Hainan and Haixi, which would be improved urgently; in terms of the MICEE city, Shanghai, Guangzhou, Chongqing and Beijing are the main MICEE growth cities that can be called the first grade MICEE cities in China. The second grade MICEE cities of Twenty-nine cities in China are blooming in different areas, while one hundred and forty-six MICEE cities which has tremendous growth in quantity but overall power is still low.

Keywords: Pavilion Development Index; Exhibition Development Index; Distribution of MICEE Cities Power; MICEE index Assessment

Ⅲ Infrastructures of MICEE Both at Home and Abroad

B. 5 A Map of Global Pavilion Power / 098

Abstract: MICEE could promote the development of economy, society and culture obviously. There will be emerging more and more MICEE pavilions which has huge scale and advanced facilities. This paper focuses on the deep comparison from the over 100000 square meters super pavilion, then it analyzes the scale, distribution, characteristics and development trend in recent years by the ways of data, case and chart.

Keyword: MICEE Pavilion Infrastructure; Indoor Pavilion Capacity; Brand Concentration; The Superpower of Pavilion Capacity

B. 6 Report on Chinese Pavilion Capacity / 113

Abstract: In recent years, with the improvement of market status, investment promotion, capital introduction and the raising of the MICCE industry, the investment of pavilion raises sharply across the country. The construction of infrastructure becomes the basic pattern of Chinese MICEE industry development. Many cities newly built or renovated pavilion, with a large amount, high speed, high standard for the ready of material MICEE industry development. This paper is trying to analyze the status and prospective of the MICCE industry infrastructure construction in China, which based on the 292 pavilions, then analyze the exhibition capacity, distribution and operation pattern.

Keywords: MICEE Pavilion; Indoor Pavilion Capacity; Power Distribution; Regional Development

B. 7 The Cases of Typical Pavilion at Home and Abroad / 136

Abstract: According to AUMA2014 statistics, there are 54 pavilions which is indoor exhibition area are over 100000 square meters in the world, 9 of them are in China. This paper based on several key factors of infrastructure, architecture, business model and fair type, meanwhile, 6 super pavilions from both local and global were selected to analyze as a typical case, on this account, we hope that it is good for the professional field.

Keywords: Fiera Milano; Orange County Convention Center; IMPACT Muang Thong Thani Bangkok; National Convention and Exhibition Center; CQEXPO; Shen Yang International Exhibition Center

Ⅳ Trade Fairs and Organizers at Home and Abroad

B. 8 Report on the Global MICEE Organizer's Power / 154

Abstract: Exhibitor which makes profit by the organization, preparation and operation of the exhibition as well as related facilities is the business subject of commercial exhibitions. Its purpose is to ensure the target group of exhibition participants and audience could establish contact and reach the consensus of benefits in an exhibition. Besides, to try to win the satisfaction and trust of target group is the key. At present, The total number of UFI (The Global Association of the Exhibition Industry) members is 690, including 361 Exhibition Organizers, 96 Hall Owners and Managers, 125 Exhibition Organizers & Hall Owner Managers and 49 Associations. In recent years, as the influence of economic crisis gradually decline, the indispensable important component of commercial exhibition, the global exhibitors gradually get rid of the economic crisis and become stable with sustained recovery.

Keywords: Organizer; Turnover; Profit Pattern

B. 9 Driving Factors of the Growth of Organizers / 203

Abstract: The essential function of exhibition industry is that ease the contradiction between supply and demand in the society. The demand of MICEE is the precondition of MICEE industry and the appearance of organizers. As the operating entities of trade fairs, the line of business of organizers includes exhibition organization and operation, pavilion operation and other related services. Organizers are growing strong with the development of MICEE industry. The growth of organizers over the world is driven by local industry status, commodity consumption market, tourism resources, the behaviors of government and so on, which has experienced the different distinctive growth process. In the process of the development of the capital operation, the mainly organizers from the four countries driving mode of growth, which is from Britain, Germany, America and China. This report starts with the driving factors of the organizers growth in the world, discusses the driving development models of organizers to provide a new perspective of the development in the future for more and more various organizers, which is in the beginning or in transition period.

Keywords: Organizer Driving Factor; Driving Mode; MICEE Industry

B. 10 Assessment of World Trade Fairs Top 100 / 232

Abstract: Via the research methods of data analysis, comparative study and case analysis, this report mainly reviewed the international competition situation, typical case, exhibition theme, development trend of the top 100 world class exhibitions. It will help us understand the international MICEE industry, as well as the world MICEE industry, existing problems and development direction of Chinese exhibition industry.

Keywords: Top100 World Class Exhibitions; International Distribution; Exhibition Stand Space; Exhibition Theme; Development Trend.

B. 11 Report on Chinese Trade Fairs Current Situation / 254

Abstract: This report mainly reviewed Chinese Trade Fairs in different aspects, such as the rank of World Trade Fairs Top 100, general situation of national trade fair, typical case analysis and development trend. In 2015, 20 trade fairs of the World Trade Fairs Top 100 are from China, with stand space of 3469920sq. m., only to be the second behind Germany. In a national wide view, Chinese trade fair has formed three main industrial cluster: Yangtze River delta, Zhujiang Delta, Bohai Economic Rim. They are the most mature area for exhibition industry in China and have formed their own development patterns.

Keywords: International Ranking; National Trade Fair; MICEE Industrial Cluster; Typical Cases; Development Trend.

V Compiling of Foreign MICEE Institutes Review and Literature Review

B. 12 German Trade Fair Industry Review / 285

Abstract: As the global trade fair center with the most developed exhibition industry in the world, German exhibitions owns an internationally prestigious reputation. There is a strong industrial basis in Germany, which is continuing to be benefit for German exhibition industry particularly. In 2014, the international and the national trade fairs in Germany also stayed on course-slight growth in key performance index. Exhibitors of German trade fairs increased by 1. 5%. The stand space grew by 0. 3%. Trade visitors rose by 0. 3%. The revenues of German trade fair organizers reached around 3. 4 billion according to preliminary calculations.

Keywords: Germany; Exhibition Industry; Review; AUMA

B. 13 Development Trends of International Meeting Industry / 325

Abstract: With the continuous improvement of information technology and economic power, international meeting has become one of the key means of communication, discussion, research and decision-making in contemporary society. As one of the branches of MICEE industry, meeting industry needs good performance of the city, venue and relevant hardware and software facilities because of its deep on-site aggregation of human, objects, and resources. In this paper, which based on ICCA official RESEARCH data reports, we make our dynamic assessment on the development of the industry in recent years from the different dimensions of the countries/cities distribution, data changes and differences, then looking forward to do some help for the enrichment of meeting industry research, especially, the MICEE industry.

Keywords: MICEE Research; Meeting Industry; International Meeting; Meeting Country Meeting City

B. 14 Research Summary of MICEE in Recent Years / 344

Abstract: With the driving of economic transformation and MICEE industry development, MICEE research was promoting in nearly five years. This paper mainly focused on the history of MICEE, MICEE theory, operation of MICEE and summarized the basic situation of Chinese MICEE and the issues. The study found, on the one hand, MICEE research was gotten much attention, there was a large number of related research, on the other hand, high-quality basic research had been relatively rare. Affiliation of MICEE subject was hard to be defined, subject paradigm had not been yet formed, the relevant research was carried out by the real demand.

Keywords: MICEE Research; MICEE Activities; MICEE

B. 15 Postscript / 366

法 律 声 明

S 子库介绍
Sub-Database Introduction

中国经济发展数据库

涵盖宏观经济、农业经济、工业经济、产业经济、财政金融、交通旅游、商业贸易、劳动经济、企业经济、房地产经济、城市经济、区域经济等领域，为用户实时了解经济运行态势、把握经济发展规律、洞察经济形势、做出经济决策提供参考和依据。

中国社会发展数据库

全面整合国内外有关中国社会发展的统计数据、深度分析报告、专家解读和热点资讯构建而成的专业学术数据库。涉及宗教、社会、人口、政治、外交、法律、文化、教育、体育、文学艺术、医药卫生、资源环境等多个领域。

中国行业发展数据库

以中国国民经济行业分类为依据，跟踪分析国民经济各行业市场运行状况和政策导向，提供行业发展最前沿的资讯，为用户投资、从业及各种经济决策提供理论基础和实践指导。内容涵盖农业，能源与矿产业，交通运输业，制造业，金融业，房地产业，租赁和商务服务业，科学研究环境和公共设施管理，居民服务业，教育，卫生和社会保障，文化、体育和娱乐业等 100 余个行业。

中国区域发展数据库

以特定区域内的经济、社会、文化、法治、资源环境等领域的现状与发展情况进行分析和预测。涵盖中部、西部、东北、西北等地区，长三角、珠三角、黄三角、京津冀、环渤海、合肥经济圈、长株潭城市群、关中—天水经济区、海峡经济区等区域经济体和城市圈，北京、上海、浙江、河南、陕西等 34 个省份及中国台湾地区。

中国文化传媒数据库

包括文化事业、文化产业、宗教、群众文化、图书馆事业、博物馆事业、档案事业、语言文字、文学、历史地理、新闻传播、广播电视、出版事业、艺术、电影、娱乐等多个子库。

世界经济与国际政治数据库

以皮书系列中涉及世界经济与国际政治的研究成果为基础，全面整合国内外有关世界经济与国际政治的统计数据、深度分析报告、专家解读和热点资讯构建而成的专业学术数据库。包括世界经济、世界政治、世界文化、国际社会、国际关系、国际组织、区域发展、国别发展等多个子库。